泉城文庫

傳世典籍叢書

〔清〕張爾岐／撰

儀禮鄭注句讀

濟南出版社

圖書在版編目（CIP）數據

儀禮鄭注句讀 /（清）張爾岐撰. -- 濟南：濟南出版社，2024. 7. --（傳世典籍叢書）. -- ISBN 978-7-5488-6583-4

Ⅰ. K892.9

中國國家版本館 CIP 數據核字第 20243WY673 號

儀禮鄭注句讀

YILI ZHENGZHU JUDOU

〔清〕張爾岐 / 撰

出 版 人　謝金嶺
出版統籌　葛　生　張君亮
責任編輯　趙志堅　李文文
裝幀設計　戴梅海

出版發行　濟南出版社
地　　址　濟南市二環南路一號（250002）
總 編 室　0531-86131715
印　　刷　山東黄氏印務有限公司
版　　次　2024 年 7 月第 1 版
印　　次　2024 年 7 月第 1 次印刷
開　　本　160mm × 230mm　16 開
印　　張　51.5
書　　號　ISBN 978-7-5488-6583-4
定　　價　198.00 元（全三册）

如有印裝質量問題　請與出版社出版部聯繫調換
電話：0531-86131736

《儀禮鄭注句讀》出版説明

爲深入學習貫徹黨的二十大精神，認真落實習近平總書記關于推動中華優秀傳統文化創造性轉化、創新性發展的重要指示要求，貫徹落實濟南市委『强省會』戰略及全面提升城市軟實力、推動文化『兩創』工作的要求，濟南出版社推出濟南文脉整理與研究工程《泉城文庫》。《傳世典籍叢書》是《泉城文庫》之一種，包含歷史上有重大影響力的濟南先賢著述以及其他地區人士撰寫的有關濟南的重要著作，有着較高的學術研究價值，對我們傳承傳統文化、樹立文化自信具有重要的意義。

《儀禮鄭注句讀》十七卷，附《儀禮監本正誤》一卷、《儀禮石本誤字》一卷，清張爾岐撰，乾隆八年濟陽高廷樞和衷堂刻本。前有昆山顧炎武序，長山劉孔懷序，張爾岐自序及乾隆八年黄叔琳序。末有捐刻姓氏及乾隆八年馮秉仁跋。張爾岐，字稷若，自號蒿菴處士，濟陽人，明末諸生，入清不求聞達，教授鄉里。熟通經史，兼及諸子百家，旁及太乙、奇門之學，著有《周易説略》《詩經説略》《春秋傳議》《老子説略》《蒿庵閑話》《蒿庵集》諸書。晚年精研『三禮』，尤爲時輩所稱，顧炎武所謂『獨精三禮，卓然經師，吾不如張稷若』是也。按『三禮』者，謂《周禮》《儀禮》《禮記》也，漢末鄭玄各有注，唐人爲之疏解，并列入『九經』，立于官學。其學至宋而微，至明殆絶。而《儀禮》一書，尤爲難讀，世所罕習，幾以故紙而弃之。爾岐年三十許即欲讀之，讀莫能通，又旁無師友可以質問，故屢讀屢止；康熙九年五十九歲，勉讀六閲月乃克卒業，遂章分條析，撰爲是編。是書于鄭《注》録其全，于賈《疏》擇其精，而時附己説。其所見皆確不可易，且多前人所未發，因其文古奥難通，故并爲之句讀。至于字句同异，考證尤詳：所附《儀禮監本正誤》一篇，以唐開成石經本、元吴澄本，參定「十三經」監本之脱者、誤者、羡者、倒置者、經注互淆者，凡二百餘字；《儀禮石本誤字》一篇，則考唐石經脱誤，凡五十餘字。蓋《儀禮》一經，習者愈少，傳刻之訛愈甚。爾岐兹編，于學《禮》者可謂有功非淺矣。顧爾岐生前未能刊刻，多賴抄本流傳。今臺灣所藏清康熙五十九年陳沂震手抄本八册，蓋現存之最早者。刊本之中，則以此本爲最早，即馮秉仁跋所云「同學諸君子因艾大司寇家所藏原本謀付剞劂」者也，時距爾岐之殁已六十餘年矣。高廷樞，字景垣，濟陽人，乾隆三年舉人，歷官魚臺、濰縣教諭。「艾大司寇」，即爾岐門人艾元徵也，亦濟陽人，順治三年進士，官至刑部尚書，康熙十五年先爾岐一年卒。此書又有《四庫全書》本、《摛藻堂四庫全書薈要》本、清同治七年金陵書局刻《十三經讀本》本、清同治十一年山東書局刻《十三經讀本》本等。

濟南出版社

二〇二四年七月

目録

儀禮鄭註句讀序

記曰優優大哉禮儀三百威儀三千禮者本於人心之節文以爲自治治人之具是以孔子之聖猶問禮於老聃而其與弟子答問之言雖節目之微無不備悉語其子伯魚曰不學禮無以立鄉黨一篇皆動容周旋中禮之效然則周公之所以爲治孔子之所以爲教舍禮其何以焉劉康公有言民受天地之中以生所謂命也是以有動作禮義威儀之則以定命也三代之禮其存於後世而無疵者獨有儀禮一經漢

鄭康成爲之註魏晉已下至唐宋通經之士無不講求於此自熙寧中王安石變亂舊制始罷儀禮不立學官而此經遂廢此新法之爲經害者一也南渡已後二陸起於金谿其說以德性爲宗學者便其簡易羣然趨之而於制度文爲一切鄙爲末事賴有朱子正言力辯欲脩三禮之書而卒不能勝夫空虛妙悟之學此新說之爲經害者二也沿至於今有坐臯比稱講師門徒數百自擬濂雒而終身未讀此經一徧者若天下之書皆出於國子監所須以爲定本而此

經誤文最多或至脫一簡一句非唐石經之尚存於關中則後儒無繇以得之矣濟陽張處士稷若篤志好學不應科名錄儀禮鄭氏註而采賈氏吳氏之說略以己意斷之名曰儀禮鄭註句讀又參定監本脫誤凡二百餘字并考石經脫誤凡五十餘字作正誤二篇附於其後藏諸家塾時方多故無能板行之者後之君子因句讀以辨其文因文以識其義因其義以通制作之原則夫子所謂以承天之道而治人之情者可以追三代之英而禮亡之歎不發於伊川矣

如稷若者其不爲後世太平之先倡乎若乃據石經刊監本復立之學官以習士子而姑勸之以祿利使毋失其傳此又有天下者之責也東吳顧炎武書

儀禮鄭註句讀序

余讀西漢書至河間獻王傳於實事求是一言深服膺焉蓋自惟材質庸鈍不能博涉羣書故凡所校閱必欲得確不可易者一一究心十三經內獨於儀禮未嘗展卷竊慊之癸丑夏於樂安李象先縢囊中見濟陽張稷若先生蒿菴集內有儀禮鄭註節釋序急欲得觀緣不識先生無由也因訪之歷下乃識其人未見其書怏怏而返今夏余門人于湜至濟上得識先生先生始以手錄儀禮付之易其名曰儀禮鄭註句

讀蓋以章句之儒自居謙也且以書屬余參訂余偕同人李君蓼園僭評數處卽標書上又命湜音字發聲凡三月乃卒業大約其書於鄭註則錄其全於賈疏則間有去取而時於段後附以己說所見皆確不可易且多前人所未發誠昌黎所謂味於衆人之所不味者朱子曰遭秦滅學漢晉諸儒悉力補緝竟無全書其頗存者三禮而已周禮固爲禮綱領至其儀法度數則儀禮乃其本經而禮記郊特牲冠昏祭鄉射等篇乃其義疏耳觀此則脩學好古以求是者舍

是奚從哉吾鄉惟堂邑張蓬玄先生鳳翔有禮經一刻今其書盛行此書出自與之竝傳不朽而實事求是處則且駕而上之矣康熙甲寅陽月中浣長山同學弟劉孔懷謹題

儀禮鄭註句讀序

在昔周公制禮用致太平據當時施於朝廷鄉國者勒爲典籍與天下共守之其大體爲周官其詳節備文則爲儀禮周德既衰列國異政典籍散亡獨魯號秉禮遺文尚在孔子以大聖生乎其地得其書而學焉與門弟子脩其儀定其文無所失墜子思曰仲尼祖述堯舜憲章文武孔子亦自謂曰吾學周禮今用之吾從周文王既沒文不在茲乎並謂此也秦氏任刑廢禮此書遂熄漢初高堂生傳儀禮十七篇武帝時有李氏得周官五

篇河間獻王以考工補冬官共成六篇奏之後復得古經五十六篇於魯淹中其中十七篇與高堂生所傳同餘三十九篇無師說後遂逸漢志所載傳禮者十三家其所發明皆周官及此十七篇之旨也十三家獨小戴大顯近代列於經以取士而二禮反日微蓋先儒於周官疑信各半而儀禮則苦其難讀故也夫疑周官者尚以新莽荆國爲口實儀禮則周公之所定孔子之所述當時聖君賢相士君子之所遵行可斷然不疑者而以難讀廢可乎愚三十許時以其周孔手澤慕而欲讀之

讀莫能通旁無師友可以質問偶於衆中言及或阻且笑之聞有朱子經傳通解無從得其傳本坊刻考註解詁之類皆無所是正且多謬誤所守者唯鄭註賈疏而已註文古質而疏說又漫衍皆不易了讀不數繙輒罷去至庚戌歲愚年五十九矣勉讀六閱月乃克卒業焉於是取經與註章分之定其句讀疏則節錄其要取足明註而止或偶有一得亦附於末以便省覽且欲公之同志俾世之讀是書者或少省心目之力不至如愚之屢讀屢止久而始通也因自嘆曰方愚之初讀之也遥

望光氣以爲非周孔莫能爲已耳莫測其所言者何等也及其砣砣乎讀之讀已又默存而心歷之而後其俯御揖遜之容如可睹也忠厚藹惻之情如將遇也周文郁郁其斯爲郁郁矣君子彬彬其斯爲彬彬矣雖不可施之行事時一神往焉彷彿戴弁垂紳從事乎其間忘其身之喬野鄙僿無所肖似也使當時遇難而止止而竟止不幾於望辟雝之威儀而卻步不前者乎噫愚則幸矣願世之讀是書者勿徒憚其難也

濟陽張爾岐撰

儀禮鄭註句讀

國於天地必有與立禮是也自秩宗有命載在虞書夏造殷因以周爲盛煌煌乎周公之制作萬世莫之能易也韓宣子聘魯觀書於太史氏歎周禮在魯知周之德周之所以王葢是時列國已自爲風氣舉典而忘其祖

固不獨一籍談矣孔子夢想周公問
剡問聃卒隆刪定之業至戰國而典
籍彌缺再經秦燄漢儒搜索於煨燼
之餘僅有存者則今之三禮是已周
禮爲周公致治之書而漢之劉氏宋
之王氏以誤用貽譏禮記本二戴之
遺雜以公孫尼子呂覽之文雜以盡

信惟儀禮爲高堂生所傳與淹中古經合儀禮即周儀也有周禮以爲綱領即有儀禮以詳其度數而禮記郊特牲冠義等篇特其義疏焉耳漢惟鄭註最顯唐賈公彥兼採黃慶李孟悊之說而爲之疏然賈疏冗漫往往略本文而敷別義又傳世久遠錯簡

訛字觸目生疑學者苦其難讀近代
以經義取士儀禮亦未列學官於是
幾成絕學濟陽張處士稷若積學好
古不求聞達取儀禮石經監本互讎
之刋誤辨疑章分節解全錄鄭註精
擇賈疏而附以已意勒成一書題曰
儀禮鄭註句讀余昔承乏京省獲見

是書亟加校釘期繡諸梓既以還
朝不果與彼都賢士大夫別猶以是書
未刻爲憾癸亥夏教諭高君走書都
下則以是書刻成乞序於余且曰此
公夙志也余撫書而歎竊惟制作之
體三代不相襲而日用常行之準必
納民於軌物而後能淑其性情合萬

物之性情成一道同風之治此非學
古有獲不能也今
天子方纂修三禮又開館局校理經史籤
帙一新是書前已進在
上方今復彫本行世文治光昌遺經畢顯
固運會使然乎處士於是書删煩就
簡劈理分肌殫皓首窮經之業乃覯

其自序之意不惟不欲以一家言增名山之藏并不欲以賈鄭功臣自居而惟欲明於詁訓而不苦於難讀令而後開數千百年塵封之籍家絃而户誦之詳其節目而觀其會通恍然見成周致治之隆而即爲黼黻太平之助庶幾無負處士嘉惠後學之苦

心與高君剞劂流傳之盛舉也夫旹

乾隆癸亥十月旣望北平黃叔琳序

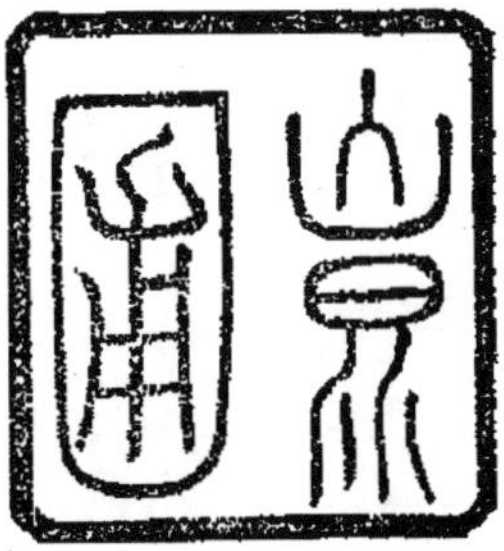

捐刻姓氏

高　佶　正君　男廷樞　濟陽

王振揚宗　昌子典子　濟陽

閆　忻　怡菴　濟陽

邢爲本　培元　男愚　張士登　瀛賓　濟陽

王子森　持久　濟陽

戴纘緒　振先　濟陽

張愼徽　五典　濟陽

王執禮　雅一　濟陽

吳　偉　子俊歷城

王錫珩　美石濟陽

趙國梅　艷雪齊東

霍　岱　東嶽濟陽

吳　濟　子舟歷城

張思慮　若谷歷城

趙　玵　東玉山西汾陽

王允久　化成濟陽　卽嵩菴門弟王日章閒生之孫

朱　洪斌振菴　尚斌華菴　濟陽

李　珎　景玉濟陽

高　庭　碩士濟陽

楊　瑗　仲玉濟陽

喬　鐙　武揚濟陽

陳來精　君佩濟陽

高豐年　登五惠民

王務智　錫園濟陽

王介蒲　瑞五濟陽

戴永新　景周濟陽

蒿菴先生閉戶窮經究心儀禮者三十餘年克成儀禮鄭註句讀一書同時東吳顧寧人先生偕修東誌見而好之曾手錄以歸厥後徐章仲黃崑圃兩先生次第視學山左俱購求是書急爲表章自是東士漸知讀儀禮顧七十年來未獲鋟板以傳士林憾之我

國家重熙累洽敦崇禮教

特命儒臣纂修三禮爰時有以是書聞於

上者歲辛酉部文到濟開列書名檄取家藏抄本以去癸亥春同學諸君子因艾大司寇家所藏原本謀付剞劂五閱月

而告成噫功亦偉矣諸君子或以德行著或以文學著或
以光明磊落著要皆以禮自持者也是書一行四海之內
循誦習傳俾古遺經不致廢墜於以助流
聖教誠非小補于百世下儀禮不磨諸君子亦不磨也蒿菴者
固姬公之功臣諸君子得非蒿菴之功臣也歟乾隆八年
癸亥秋八月後學靜山馮秉仁謹識

儀禮鄭註句讀

儀禮監本正誤

儀禮唐石經正誤並附

濟陽張爾岐稷若句讀

崑山顧炎武寧人訂正

長山劉孔懷友生

李斯孚蓼園　參訂

于　湜正夫音字

濟陽後學高之玥又振

高之璿蘊中　校字

是書經註句讀以及字畫圈點悉遵蒿菴先生手定原本間有一二字夏五盟密之疑亦不敢妄爲參訂姑存之以俟名公質焉　予幼遵　父訓手錄是書時　家君每日蒿菴三十餘年精神命脉畢萃於此惜力綿不能代梓爲一生憾事命爾輩手錄者固欲爾粗知大義亦藉之以衍其傳不致湮沒焉耳予每佩斯訓有志未逮癸亥二月適會城遇高苑學博單君雲谷蓬萊學博王君任木談及儀禮句讀二君素知此書深玉之授梓且代製徵刻文啟辭頗典麗歸里謀諸同人僉曰素志也遂公議捐資付之剞劂羣諉予董其事乃借同人取艾大司寇家所藏蒿菴先生手定原本與朱子經傳通解鄭註賈疏及曩日手抄舊本參互考証以定格式其時三十餘工齊集鄙舍所需瑣碎繁雜之用日不暇給而詳細對閱胥借力于男之琍侄之璿蓋若輩亦會手錄過也既敷于板又命侄之玫之璐對勘而後交工每刻一頁刷印數紙琍璿兩人對面唱答一點一畫不許輕易放過如是者又三繙乃敢云成其難其慎惟恐失先生苦心是年炎熱甚於往歲六月初旬午夜篝燈繙閱校對蚊蠅趨附汗流浹背復值旱魃肆虐物力維艱幸賴同人不惜資助共勷厥事克竣其工集腋爲裘不致虧於一簣也庶足以酬良友

之素志亦可以仰副　嚴君之夙願矣書成錄其原委附焉讀
者鑒諸乾隆八年桂月濟陽後學高廷樞景垣謹識

儀禮

鄭氏註　　濟陽張爾岐句讀

士冠禮第一

鄭目錄云、童子任職居士位、年二十而冠、主人玄冠朝服、則是仕於諸侯、天子之士、朝服皮弁素積、古者四民世事、士之子恒爲士、冠禮於五禮屬嘉禮、大小戴及別錄、此皆第一、○賈公彥序云、周禮、儀禮、並是周公攝政太平之書、疏云、周禮是統心、儀禮是踐履、外內相因、首尾是一、又云、儀禮亦名曲禮、言儀者見行事有威儀、言曲者見行事有曲折、士冠禮是童子任職爲士、年及二十、其父兄爲加冠之禮、鄭引齊語以證冠者與其父兄之皆士也、其云仕於諸侯、明非天子之士、實則天子之士、亦同此禮、惟主人冠服有異、疏又云、天子諸侯、同十二而冠、自有天子諸侯冠禮、但儀禮之內亡耳、士既三加、爲大夫早冠者、亦依士禮三加、若天子諸侯則多、故大戴禮公冠篇云、公冠四加、緇布皮弁爵弁後、加玄冕、天子亦四加、後當加袞冕矣、天子之子亦用士禮而冠、案家語冠頌云、王大子之冠擬冠、則天子元子亦擬諸侯、四加、若諸侯之子、不得四加、與士同三加可知、陳氏祥道云、玉藻曰玄冠朱組纓天子之冠也緇布冠績緌諸

侯之冠也、鄭氏曰、皆始冠之冠考之、於禮始冠緇布冠自諸
侯下達所以異於大夫士者續緌耳天子始冠則不以緇布
而以玄冠若然則諸侯始加緇布冠繢緌次加皮弁三加爵
弁四加玄冕天子則始加玄冠朱組纓次加皮弁三加爵弁
四加玄冕五加袞冕矣、疏又云冠禮於五禮屬嘉禮者、據周
禮大宗伯所掌五禮吉凶軍賓嘉而言、宗伯以嘉禮親萬民
下云以冠昏之禮、親成男女、是冠禮屬嘉禮也、鄭又云大小
戴及別錄此皆第一者、戴德戴聖、所錄、與劉向所爲別錄、皆
有此十七篇目、惟別錄所載、尊卑吉凶、次第倫叙、故鄭用之
於二戴則皆不從也、○愚案篇目下語、與經註同出康成、必
別之曰鄭目錄云者、以其自爲一篇、疏者始分於各篇之首、
故殊異於註也、又案註疏、於篇目下、繫儀禮鄭氏註五字疏
云、儀禮者、一部之大名、士冠者、當篇之小號、退大名在下者、
取配註之意也、蓋鄭本以目錄別爲一篇、註文正從士冠禮
筮于廟門起、故每篇以儀禮鄭氏註冠之、謂之配註、誠是也
疏既散目錄於每篇之首、乃以儀禮之名、屈居其下、雖曰存
舊實未當理、故寧從近本、又唐石經有經無註、亦
書儀禮鄭氏註五字、於篇目下、皆前人之偶失也、

士冠禮筮于廟門。筮者以蓍問日吉凶於易也冠必筮日於廟門者重以成人之禮成子孫也廟謂禰廟不於堂者嫌蓍之靈由廟神○將冠先筮日次戒賓至前期三日又筮賓宿賓前期一日又爲期告賓冠期前事凡五節○冠古亂反筮市例反禰乃禮反 主人玄冠朝服緇帶素韠即位于門東西面。主人將冠者之父兄也玄冠委貌也朝服者十五升布衣而素裳也衣不言色者衣與冠同也筮必朝服尊蓍龜之道也緇帶黑繒帶也士帶博二寸再繚四寸屈垂三尺素韠白韋韠也長三尺上廣一尺下廣二尺其頸五寸肩革帶博三寸天子與其臣玄冕以視朔皮弁以日視朝諸侯與其臣皮弁以視朔朝服以日視朝凡染黑五入爲緅七入爲緇玄則六入與○主人欲筮日先服此服即位禰廟門外以待事正行冠禮服玄端爵韠此服朝服故云尊蓍龜朝服以朝玄端以夕是朝服尊於玄端也玄端與朝服衣同而裳異士帶博二寸三句玉藻文再繚四寸再繞之乃四寸也○朝直遥反緇側其反韠音畢蔽膝也繒自陵反繚音了長直亮反廣古曠反弁皮彦反緅側留反 有司如主人服。即位于西方東面。北上。

有司，羣吏有事者，謂主人之吏，所自辟除府史以下也，今時卒吏及假吏皆是也。○羣吏與屬吏不同，屬吏，君命之士，羣吏則府史胥徒也。○辟必亦反，卒子忽反，假古雅反。

筮與席，所卦者，具饌于西塾。筮所以問吉凶，謂蓍也。所卦者，所以畫地記爻，易曰六畫而成卦。饌，陳也。具，俱也。西塾，門外西堂也。○廟門東西有四塾，內外各二。筮不正當門中，而在闑西西面，故將筮而蓍與席與畫地記爻之木，俱陳于門外西堂也。○饌直轉反，塾音孰，爻戶交反。

布席于門中，闑西閾外，西面。闑，門橛也。閾，閫也。古文闑爲槷，閾爲蹷。○布席將坐以筮也，前具之西塾，至此乃布之。云門中者，以大分言之，闑西閾外，則布席處也。註云今文古文者，今文高堂生所傳，古文魯恭王壞孔子宅所得也。鄭以今古字並較，擇義勝者著于經，其所不從者，疊見於註，或言古文某爲某，或言今文某爲某。○闑魚列反，閾音域，蹷其月反，槷魚列反，蹷子六反。

筮人執筴，抽上韇，兼執之，進受命於主人。筮人，有司主三易者也。韇，藏筴之器也，今時藏弓矢者謂之韇丸也。兼，并也。進，前也，自西方而前受命者，當知所筮也。○筴卽蓍，兼執之者，兼上韇與下韇而

并執之、此時蓍尚在下、韇待筮時、乃取出以筮、三易連山歸藏周易也、筮得一卦、而三人各據一易以占也、○韇初韋反、韇音獨

宰自右少退贊命。宰、有司主政教者也、自由也、贊佐也、命告也、佐主人告所以筮也、少儀曰、贊幣自左、詔辭自右、**筮人許諾。右還即席坐西面。卦者在左。**卽就也、東面受命、右還北行就席、卦者有司主畫地識爻者也、○士著三尺、故坐筮、大夫蓍五尺、則立筮矣、卦者在左、亦西向、○還音旋**卒筮書卦執以示主人。**卒已也、書卦者、筮人以方寫所得之卦也、○先畫地識爻、爻至六爻畢、卦體成、筮人更以方寫之、以示主人、方版也、**主人受眡反之。**反還也、○主人既知卦體、還之筮人、令占吉凶、**筮人還東面旅占。卒。進告吉。**旅衆也、還與其屬共占之、古文旅作臚**若不吉則筮遠日如初儀。**遠日旬之外、○疏曰、曲禮、吉事先近日、此冠禮是吉事、故先筮近日、不吉、乃更筮遠日、是上旬不吉、乃更筮中旬、又不吉、乃更筮下旬、云如初儀者、自筮於廟門已下、至告吉是也、愚案少牢云、若不吉、則及遠日、又筮日、如初、此大夫諏日而筮、上旬不吉、必待上旬

乃更筮之。其云如初，乃自筮于廟門已下至告吉也。此士冠禮若筮上旬不吉，即筮中旬，不吉更待他日，其云如初儀，止從進受命于主人以下至告吉而已，不自筮于廟門也。徹筮席。徹去也，斂也。宗人告事畢。宗人有司主禮者也。

右筮日

主人戒賓。賓禮辭許。戒警也，告也。賓主人之僚友。古者有吉事，則樂與賢者歡成之；有凶事，則欲與賢者哀戚之。今將冠子，故就告僚友使來。禮辭，一辭而許，再辭而許曰固辭，三辭曰終辭，不許也。○主人筮日訖，三日之前，廣戒僚友使來觀禮。戒賓者，主人親至賓大門外，賓西面，主人東面戒之。其戒辭、對辭並見後。主人再拜，賓答拜。主人退，賓拜送。退去也，歸也。

右戒賓

前期三日筮賓，如求日之儀。前期三日，空二日也。筮賓，筮其可使冠子者。賢者恒吉。冠義曰：古者冠禮筮日筮賓所以敬冠事敬冠事所以重禮重禮所以爲國本○前者戒賓況及僚友此又於僚友中專筮一人使爲加冠之賓也疏云命筮之辭蓋云主人某爲適子某加冠筮某爲賓庶幾從之若庶子則云庶子某愚意主人二字似未安亦言其銜位可耳

右筮賓

乃宿賓賓如主人服出門左西面再拜主人東面答拜宿進也宿者必先戒戒不必宿其不宿者爲衆賓或悉來或否主人朝服○既筮得吉遂進之使至冠日必來擯者傳辭入告賓賓如主人服出與相見乃宿賓賓許主人再拜賓答拜主人退賓拜送乃宿賓者親相見致其辭○重言乃宿賓者上文言主人往行此禮此乃親致宿之之辭也辭並見後宿贊冠者一人亦如之贊冠者佐賓爲冠事者謂賓若他官之屬中士若下士也宿之以筮賓之明日○佐賓爲冠事即下文坐櫛設纚卒紘諸

事助賓成禮故取其屬降於賓一等者為之

右宿賓宿贊冠者

厥明夕為期于廟門之外主人立于門東兄弟在其南少退西面北上有司皆如宿服立于西方東面北上 厥其也宿服朝服宿賓之明夕冠前一日之夕也為期猶言約期也

擯者請期宰告曰質明行事 擯者有司佐禮者在主人曰擯在客曰介質正也宰告曰日正明行冠事○擯必刃反

告兄弟及有司 擯者告也

告事畢 宗人告也

擯者告期于賓之家 ○前所戒賓皆告也

右為期

夙興設洗直于東榮南北以堂深水在洗東 夙早也興起也洗承盥洗者棄水器

也。士用鐵，榮屋翼也。周制自卿大夫以下，其室爲夏屋。水器尊卑皆用金罍，及大小異。○至期，先陳設冠服器物，主賓各就內外之位，主人迎賓及贊冠者入，乃行三加之禮，加冠畢，賓醴冠者，冠者見于母，賓字冠者，凡九節而冠禮成，賓出矣。盥手洗爵，皆一人挹水沃之，下有器承此滴水，其器曰洗。堂下設洗，其東西當屋東翼，其南北則以堂爲淺深，以罍貯水在洗之東。夏屋兩下爲之，故有東西翼，天子諸侯則四阿。釋文曰：凡度淺深曰深。○深，申鴆反。

陳服于房中西墉下，東領，北上。墉，牆。○所陳之服，即下文爵弁服、皮弁服、玄端三服也。房在堂上之東。北上者，爵弁服在北，皮弁服次南，玄端最南也。冠時先用卑服，北上便也。

爵弁服，纁裳，純衣，緇帶，韎韐。此與君祭之服。雜記曰：士弁而祭於公。爵弁者，冕之次，其色赤而微黑，如爵頭然，或謂之緅。其布三十升。纁裳，淺絳裳。凡染絳，一入謂之縓，再入謂之赬，三入謂之纁，朱則四入與。純衣，絲衣也。餘衣皆用布，唯冕與爵弁服用絲耳。先裳後衣者，欲令下近緇，明衣與帶同色。韎韐，緼韍也。士緼韍而幽衡，合韋爲之。士染以茅蒐，因以名焉。今齊人名蒨爲韎韐。韍之制似韠。冠弁者不與衣陳，而言於上，以冠名服耳。

今文纁皆作熏○此士助祭於公之服、服之尊者、云爵弁者冕之次者、謂諸冕之下、即次數爵弁、亦言其尊也疏云、凡冕以木爲體長尺六寸、廣八寸、績麻三十升布、上以玄、下以纁、前後有旒其爵弁制大同、唯無旒、又爲爵色、爲異、又名冕者俛也、低前一寸二分、故得冕稱、其爵弁則前後平、故不得冕名、其尊卑次於冕、故云冕之次也又云陳服則於房、緇布冠皮爵弁在堂下、是冠弁、不與服同陳、今以弁在服上並言之者、以冠弁表明其服耳、不謂同陳之也、愚按此服第三加所服也○纁許云反韎爲妹韐音閤縓七絹反頳丑貞反緼音温韍音弗蒨七見反

皮弁服。素積。緇帶。素韠。此與君視朔之服也、皮弁者、以白鹿皮爲冠、象上古也、積猶辟也、以素爲裳辟蹙其要中、皮弁之衣、用布亦十五升、其色象焉○此視朔時君臣同服之服、卑於爵弁、陳之在爵弁南、第二加所服、言裳不言衣者、用白布衣與冠同色、故不言衣也○要一遙反

玄端。玄裳。黃裳。雜裳可也。緇帶。爵韠。此莫夕於朝之服玄端即朝服之衣易其裳耳上士玄裳中士黃裳下士雜裳雜裳者、前玄後黃易曰夫玄黃者天地之雜也天玄而地黃士皆爵韋爲韠其爵同不以玄冠名服者是爲緇、

布冠陳之玉藻曰韠君朱大夫素士爵韋○此士向暮之時夕君之服服之下陳皮弁服南初加緇布冠所服也玄端與朝服同用緇色十五升布正幅爲之但朝服素韠韠裳同色此用三等裳爵韠故異其名也又此服平時皆著玄冠服之當以玄冠名其服今不言者以加冠時以配緇布冠故也

緇布冠缺項青組纓屬于缺緇纚廣終幅長六尺皮弁笄爵弁笄緇組紘纁邊同篋缺讀如有頍者弁之頍緇布冠無笄者著頍圍髮際結項中隅爲四綴以固冠也項中有繿亦由固頍爲之耳今未冠笄者著卷幘頍象之所生也滕薛名簂爲頍屬猶著纚今之幘梁也終充也纚一幅長六尺足以韜髮而結之矣笄今之簪有笄者屈組爲紘垂爲飾無笄者纓而結其絛纁邊組側赤也同篋謂此以上凡六物隋方曰篋○此所陳者飾冠之物非謂冠也缺項青組纓屬于缺共一物緇纚一物並緇布冠所用皮弁笄一物爵弁笄一物緇組紘皮弁爵弁各有一共二物凡六物同篋貯之待冠時隨各冠致用也註謂缺讀如有頍者弁之頍案詩自以頍爲弁之貌非弁上之物也陳氏祥道云鄭說缺項之制蓋有所傳讀缺爲頍無所經見今註及

疏所言缺項之制、蓋謂緇布冠制小、纔足容髮、又無笄、故別為缺項、圍繞髮際、上有綴以連冠、下有纓以結頤下、緇纚韜髮之具、加冠時、先以纚韜髮、結之、乃加冠也其緇組紘、則為二弁有笄者而設、加弁、以笄橫貫之、以一條組、於笄左頭繫定、遶頤下、自右向上、仰屬於笄、屈繫之、有餘、因垂為飾、故註云有笄者屈組為紘也○缺依註音頍去藥反屬章玉反纚山綺反緇紀屈反卷去圓反蔮古內反簪側金反隋他果反

櫛實于簞。簞笥也○櫛理髮具也○櫛莊乙反蒲筵二在南。筵席也、○一為冠子一為醴子也、在南在三服之南、通指缺項、纚笄組、櫛等不專言蒲筵、疏云、對下文側尊一甒醴在服北也

側尊一甒醴。在服北。有篚實勺觶角柶。脯醢。南上。側猶特也、無偶曰側、置酒曰尊、側者、無玄酒、服北者、纁裳北也、篚竹器如笒者、勺尊升、所以𣂪酒也爵三升曰觶柶狀如匕、以角為之者、欲滑也南上者、篚次尊、籩豆次篚、古文甒作廡○側尊、單設也、尊字作虛字用、○甒音武勺上若反觶之豉反柶音四醢音海笒力呈反𣂪九于反廡音武

爵弁。皮弁。緇布冠。各一匴。執以待于西坫南。南面東

上賓升則東面。爵弁者制如冕黑色但無繅耳周禮王之皮弁會五采玉璂象邸玉笄諸侯及孤卿大夫之冕皮弁各以其等爲之則士之皮弁又無玉象邸飾緇布冠今小吏冠其遺象也匴竹器名今之冠箱也執之者有司也坫在堂角古文匴爲篹坫爲襢○有司三人各執一冠豫在西階西以待冠事賓未入南面序立賓升堂則東面向賓也○匴素管反繅音早璂音其篹素管反襢以占反

右冠日陳設

主人玄端爵韠立于阼階下直東序西面。玄端士入廟之服也阼猶酢也東階所以答酢賓客也堂東西牆謂之序○案特牲祭服用玄端玄端是士自祭其先之服與上所陳爲子加緇布冠之玄端一服也但玄冠耳主人服此服立阼階下以待賓至其立處與堂上東墻相直○阼才故反酢才各反

兄弟畢袗玄立于洗東西面北上。兄弟主人親戚也畢猶盡也袗同也玄者玄衣玄裳也緇帶韠位在洗東退於主人不爵

韠者降於主人也古文袗爲均也○袗訓同同玄衣裳帶韠皆玄也。擯者玄端負東塾。東塾門內東堂負之北面○擯者立此以待傳命疏謂別言玄端不言如主人服則與主人不同可知當衣冠同而裳異也下文贊者別言玄端亦然。將冠者采衣紒在房中南面。采衣未冠者所服玉藻曰童子之飾也緇布衣錦緣錦紳并紐錦束髮皆朱錦也紒結髮古文紒爲結○紒音介字彙曰同結緣以絹反紐女九反賓如主人服贊者玄端從之立于外門之外。外門大門外

右主人與賓各就內外位

擯者告。告者出請入告主人迎出門左西面再拜賓荅拜。左東也出以東爲左入以東爲右主人揖贊者與賓揖先入。贊者賤揖之而已又與賓揖先入道之贊者隨賓每曲揖。周左宗廟入外門將東曲揖直廟將北曲又揖○疏云周左宗廟者祭義與小宗伯俱有此文對殷右宗廟也言此欲見

入大門東向入廟云入外門將東曲揖者主人在南賓在北俱向東是一曲故一揖也至廟南主人在東北面賓在西北面是一曲爲二揖通下將入廟又揖三也

至于廟門揖入三揖至于階三讓

入門將右曲揖將北曲揖當碑揖○上文每曲揖據入大門向廟時既入廟主人趨東階賓趨西階是主人將右欲背賓宜揖既當階主賓將北面趨階與賓相見又宜揖廟中測影麗牲之碑在堂下三分庭之一在北是庭中之大節至此又宜揖皆因變伸敬以道賓也

主人升立于序端西面賓西序東面

主人賓俱升立相鄉○鄉許亮反

贊者盥于洗西升立于房中西面南上

盥於洗西由賓階升也立于房中近其事也南上尊於主人之贊者古文盥皆作浣○贊者止一人云南上者與主人之贊者爲序也○盥音管浣戶管反

右迎賓及贊冠者入

主人之贊者筵于東序少北西面

主人之贊者其屬中士若下士筵布席也東序主人位也

適子冠於阼少北辟主人。○爲將冠者布席也將冠者出房南面。南面立於房外之西待賓命贊者
奠纚笄櫛于筵南端。贊者賓之贊冠者也奠停也古文櫛爲節賓揖將冠者。將冠者
即筵坐贊者坐櫛設纚。即就設施○古人坐法以膝著地兩蹠向後如今之跪經凡言坐皆然賓
降。主人降賓辭主人對。主人降爲賓將盥不敢安位也辭對之辭未聞賓盥卒壹揖壹
讓升主人升復初位。揖讓皆壹者降於初古文壹皆作一○復初位東序端也賓筵前坐正
纚興降西階一等執冠者升一等東面授賓。正纚者將加冠宜親之興起也降下
也下一等升一等則中等相授冠緇布冠也○疏云案匠人天子之堂九尺賈馬以爲傍九等爲階則諸侯堂宜七尺則七等
階大夫堂宜五尺則五等階士宜三尺則三等階故鄭以中等解之也賓右手執項左手執前進
容乃祝坐如初乃冠興復位贊者卒。進容者行翔而前鶬焉至則立祝坐如初坐筵前興

起也復位西序東面卒謂設缺項結纓也○項冠之後也非缺項○鶡七艮反冠者興賓揖之適房服玄端爵韠出房南面復出房南面者一加禮成觀衆以容體

右初加

賓揖之即筵坐櫛設笄賓盥正纚如初降二等受皮弁右執項左執前進祝加之如初復位贊者卒紘如初爲不見者言也卒紘謂繫屬之○即筵坐櫛者當再加皮弁必脫去緇布冠更櫛也方櫛訖即云設笄疏以爲此紒內安髮之笄非固冠之笄其固冠之笄則加冠時賓自設之○屬音燭興賓揖之適房服素積素韠容出房南面容者再加彌成其儀益繁○容者整其威儀容觀也方加緇布冠時其出亦有容至此益盛乃言之耳

右再加

賓降三等。受爵弁加之。服纁裳韎韐。其他如加皮弁之儀。降三等、下至地、他謂卒紘容出、

右三加

徹皮弁冠櫛筵。入于房。徹者、贊冠者主人之贊者爲之、○將醴冠者、冠者故徹去此等、冠緇布冠也、冠者著爵弁以受醴、至見姑姊訖、乃易服、

筵于戶西南面。筵主人之贊者、戶西、室戶西、○廟制、近北一架、西爲室、東爲房、室戶之西、客位也、

贊者洗于房中。側酌醴。加柶覆之。面葉。洗、盥而洗爵者、昏禮曰、房中之洗、在北堂、直室東隅、篚在洗東北面、盥、側酌者、言無爲之薦者、面、前也、葉、柶大端、贊酌者、賓尊、不入房、古文葉爲擖、○註引昏禮、證房中別有洗、非在庭之洗也、側酌者、贊者自酌還自薦也、柶類今茶匙、葉即匙頭、贊者前其葉以授賓者、欲賓得前其柄以授冠者、冠者得之、乃前其葉以扱醴而祭也、柶用時仰之、贊者不自用、故覆之以授也、

賓揖冠者。就

筵。筵西南面。賓授醴于戶東。加柶面枋。筵前北面。戶東室戶東今文枋為柄○酌醴者出房向西授賓賓至室戶東受之筵前北面致祝祝嘗在此時祝辭見後○枋彼命反冠者筵西拜受觶。賓東面答拜。筵西拜南面拜也賓還答拜於西序之位東面者明成人與為禮異於答主人○冠者拜訖進受觶賓既授觶乃復西序之位答之賓答主人拜當西階北面此西序東面故註云異於答主人薦脯醢。贊冠者也冠者即筵坐。左執觶。右祭脯醢。以柶祭醴三。興。筵末坐。啐醴。捷柶。興。降筵。坐奠觶。拜。執觶興。賓答拜。捷柶扱柶於醴中其拜皆如初古文啐為呼○三祭疏以為一如昏禮始扱一祭又扱再祭也○啐七内反捷初洽反扱音插

右賓醴冠者

冠者奠觶于薦東。降筵。北面坐取脯。降自西階。適東壁。北面見

于母。薦東、薦左。凡奠爵、將舉者於右、不舉者於左。適東壁者、出闈門也。時母在闈門之外、婦人入廟由闈門。母拜受。子拜送。母又拜。婦人於丈夫、雖其子、猶俠拜。○俠古洽反

右冠者見于母

賓降。直西序。東面。主人降。復初位。初位、初至階讓升之位。冠者立于西階東南面。賓字之。冠者對。對、應也。其辭未聞。○字辭見後。疏云、未字先見母、字訖乃見兄弟之等、急於母、緩於兄弟也。

右賓字冠者

賓出。主人送于廟門外。不出外門、將醴之。○此下冠禮既成、賓出就次、以後諸事。冠者見兄弟、見贊者、見姑姊、爲一節。易服、見君、見鄉大夫、先生、爲一節。主人醴賓、又一節。凡三節。請醴賓。賓禮辭。許。賓就

此醴當作禮。次門外更衣處也，必帷幕簟席爲之。

冠者見於兄弟，兄弟再拜，冠者答拜。見贊者西面拜，亦如之。

見贊者西面拜，則見兄弟東面拜。贊者後賓出。

入見姑姊，如見母。

入，入寢門也。廟在寢門外。如見母者，亦北面，姑與姊亦俠拜也。不見妹，妹卑。○疏云：不見父與賓者，蓋冠畢則已見也，不言者，從可知也。

右冠者見兄弟贊者姑姊

乃易服，服玄冠玄端爵韠，奠摯見於君，遂以摯見於鄉大夫鄉先生。

易服，不朝服者，非朝事也。摯，雉也。鄉先生，鄉中老人爲卿大夫致仕者。○見君見鄉大夫先生，非必是日，因見兄弟等，類言之耳。

右冠者見君與鄉大夫先生

乃醴賓以壹獻之禮。壹獻者主人獻賓而已卽燕無亞獻者獻酢酬賓主人各兩爵而禮成特牲少牢饋食之禮獻尸此其類也士禮一獻卿大夫三獻賓醴不用柶者泲其醴內則曰飲重醴清糟凡醴事質者用糟文者用清○註引內則者明醴有清有糟前醴子用糟此醴賓其清者也○泲子禮反

主人酬賓束帛儷皮。飲賓客而從之以財貨曰酬所以申暢厚意也束帛十端也儷皮兩鹿皮也古文儷爲離○酬賓大夫用束帛乘馬天子諸侯以玉將幣士束帛儷皮獻數多少不同其酬幣唯於奠酬之節一行之○儷音麗飲於鴆反

贊者皆與贊冠者爲介。贊者衆賓也皆與亦飲酒爲衆賓介賓之輔以贊爲介之尊之飲酒之禮賢者爲賓其次爲介○與音預

右醴賓

賓出主人送于外門外再拜歸賓俎。一獻之禮有薦有俎其牲未聞使人歸諸賓家也

右送賓歸俎

以上士冠禮正經頗疑數事冠於廟重成人也未冠不以告

旣冠不以見何也見于母而不見於父見贊者而不見賓疏

以爲冠畢已見似矣然醴畢即見于母儀節相承則見父見

賓當於何時豈在酌醴定祥之前與又言歸俎而不言載俎

其牲未聞註已陳

之要皆文不具也

若不醴則醮用酒。若不醴謂國有舊俗可行聖人用焉不改者也曲禮曰君子行禮不求變俗祭祀之禮居喪之服哭泣之位皆如其國之故謹修其法而審行之是也酌而無酬酢曰醮醴亦當爲禮○疏曰自此以上說周禮冠子之法自此以下至取籩脯以降如初說夏殷冠子之法愚按醴醮二法其異者醴側尊在房醮兩尊于房戶之閒醴用觶醮用爵醴篚從尊在房醮篚從洗在庭醴待三加畢乃一舉醮每一加即一醮醴薦用脯醢醮每醮皆用脯醢至三醮又有乾肉折俎醴贊冠者酌授賓賓不親酌醮則賓自降取爵升酌酒醴者每加入房易服出房立待賓命醮則每醮訖立筵西待賓命醴者每加冠必祝醴時又有醴辭醮者加冠時不祝至醮時有醮辭其餘儀節並不異也○醮子召反

尊于房戶之

閒兩甒有禁玄酒在西加勺南枋房中閒者房西室戶東也禁承尊之器也名之爲禁者因爲酒戒也玄酒新水也雖今不用猶設之不忘古也○兩甒一酒尊一玄酒尊也洗有篚在西南順洗庭洗當東榮南北以堂深篚亦以盛勺觶陳於洗西南順北爲上也○盛音成

始加醮用脯醢賓降取爵于篚辭降如初卒洗升酌始加者言一加一醮也加冠於東序醮之於戶西同耳始醮亦薦脯醢賓降者爵在庭酒在堂將自酌也辭降如初如將冠時降盥辭主人降也凡薦出自東房冠者拜受賓答拜如初贊者筵于戶西賓升揖冠者就筵乃酌冠者南面拜受賓授爵東面答拜如醴禮也於賓答拜贊者則亦薦之○賓亦筵前北面釋醮辭訖冠者乃南面拜受冠者升筵坐左執爵右祭脯醢祭酒興筵末坐啐酒降筵拜賓答拜冠者奠爵于薦東立于筵西冠者立俟賓命賓揖之則就東序之筵○降筵奠爵而後拜執爵興賓乃答拜拜訖冠者乃奠爵薦東其節亦當與醴同註云就東序之

筵謂當更加皮弁也徹薦爵筵尊不徹。徹薦與爵者辟後加也不徹筵尊三加可相因由便也加皮
弁。如初儀。再醮攝酒。其他皆如初。攝猶整也整酒謂撓之今文攝為聶○撓謂更益整頓之示新
也加爵弁如初儀。三醮有乾肉折俎。嚌之其他如初北面取
脯見于母。乾肉牲體之脯也折其體以為俎嚌嘗之○周禮腊人鄭註云大物解肆乾之謂之乾肉薄析曰脯捶之
而施薑桂曰腶脩乾肉與脯脩別言蓋豚解而七體以乾之及將升于俎則節折為二十一體與燕禮同故名乾肉折俎嚌之
亦祭而後嚌也再醮言攝酒此三醮當亦攝酒下文卒醮取籩脯以降此取脯當亦取籩脯皆不言者互文見義也○折之設
反嚌才計反腶音段若殺則特豚。載合升。離肺實于鼎。設扃鼏。特豚一豚也凡牲皆
用左胖煮於鑊曰亨在鼎曰升在俎曰載載合升者明亨與載皆合左右胖離割也割肺者使可祭也可嚌也今文扃為鉉古
文鼏為密○上醮子用乾肉不殺牲此下言其殺牲者又醮法之不同者也案特牲少牢及鄉飲酒皆用右胖此合升左右胖

或以嘉禮故異之與。註云。凡牲皆用左胖。疏以爲鄭據夏殷之法。未知然否。扃昇鼏。鼏覆鼏者也。○扃古螢反。鼏亡歷反。胖音半反。鑊戶郭反。亨音庚反。始醮如初。亦薦脯醢。徹薦爵。筵尊不徹矣。再醮。兩豆葵菹。蠃醢。兩籩栗脯。蠃醢。螔蝓醢。今文蠃爲蝸。○蠃力禾反。螔音移。蝓音俞。蝸力禾反。三醮。攝酒如再醮。加俎。嚌之。皆如初。嚌肺。攝酒如再醮。則再醮亦攝之矣。加俎嚌之。嚌當爲祭字之誤也。祭俎如初。如祭脯醢。○加俎者。不徹豆籩。而加設此牲俎也。其祭亦止祭俎肺。不復祭脯醢。鄭破嚌之爲祭之者。以先祭後嚌。此是定法。又不宜有二嚌。其所嚌。卽其所祭者也。卒醮。取籩脯以降。如初。○謂亦見于母。

右夏殷冠子之法

若孤子。則父兄戒宿。父兄。諸父諸兄。○士之無父者加冠之法。戒宿。戒賓宿賓也。冠之日。主人紒而迎賓。拜。揖。讓。立于序端。皆如冠主。禮於阼。冠主。冠者親父若宗兄也。

古文紒爲結今文禮作醴○有父加冠則將冠者紒而俟于房中孤子則紒而迎賓拜揖讓立皆如爲子加冠之主人有父加冠則醴子于室戶西孤子則醴于阼此其異也 凡拜北面于阼階上賓亦北面于西階上答拜○父在加冠受醴戶西拜于筵西南面賓答拜于序端東面此則與賓各專階北面也 若殺則舉鼎陳于門外直東塾北面○孤子得申禮盛之父在有鼎不陳于門外

右孤子冠法

若庶子則冠于房外南面遂醮焉○房外謂尊東也不於阼階非代也不醮於客位成而不尊○適子則冠于東序少北西面或醴或醮皆于戶西疏云周公作經於三代之下言之則三代庶子冠禮皆於房外同用醮矣又云周之庶子宜依適子一醴用一醮夏殷庶子亦依三醮

右庶子冠法

冠者母不在。則使人受脯于西階下。○母不在謂有他故非沒也使人受脯當於後見之

右見母權法

戒賓。曰。某有子某。將加布於其首。願吾子之教之也。吾子相親之辭吾我也子男子之美稱古文某為謀○此下列言冠禮中戒宿祝醮醴字之辭疏云上某主人名下某子之名加布初加緇布冠也云願吾子之教之也者即此加冠行禮為教之也賓對曰。某不敏。恐不能共事以病吾子。敢辭。病猶辱也古文病為秉○共音恭主人曰。某猶願吾子之終教之也。賓對曰。吾子重有命。某敢不從。敢不從許之辭○重直用反宿曰。某將加布於某之首。吾子將莅之。敢宿。賓對曰。某敢不夙興。莅臨也今文無對

右戒賓宿賓之辭

始加。祝曰。令月吉日。始加元服。令吉皆善也。元首也。棄爾幼志。順爾成德。壽考惟祺。介爾景福。爾女也。既冠爲成德。祺祥也。介景皆大也。因冠而戒。且勸之。女如是則有壽考之祥大女之大福也。○幼志幼年戲弄之志也。棄禁絕之也。順成德安養其成人之德也。冠義云。既冠將責以父子君臣長幼之禮。即所謂成德也。祝以有是德。即有是福。是勸之也。服蒲北反。福筆勒反。與德叶。再加曰。吉月令辰。乃申爾服。辰子丑也。申重也。敬爾威儀。淑愼爾德。眉壽萬年。永受胡福。胡猶遐也。遠也。遐遠無窮。古文眉作麋。○敬爾威儀。正其外也。淑愼爾德。謹其內也。內外夾持。順成德者當如是。三加。曰。以歲之正。以月之令。咸加爾服。正猶善也。咸皆也。皆加女之三服。謂緇布冠皮弁爵弁也。兄弟具在。以成厥德。黃耇無疆。受天之慶。黃黃髮也。耇凍棃也。皆壽徵也。疆竟。○兄弟具在以成厥德。言成此冠禮。是成其德也。首三句爲一聯。服叶德。慶叶疆音羌。正令二句又自相叶。○耇音苟。竟音敬。又音景

右加冠祝辭

醴辭曰。甘醴惟厚。嘉薦令芳。嘉善也。善薦謂脯醢芳香也。拜受祭之。以定爾祥。承天之休。壽考不忘。不忘長有令名。○定祥承休與易凝命之旨相類。天人之理。微見於此。

右醴辭

醮辭曰。旨酒既清。嘉薦亶時。亶誠也。古文亶爲癉。○癉丁但反。始加元服。兄弟具來。孝友時格。永乃保之。善父母爲孝。善兄弟爲友。時是也。格至也。永長也。保安也。行此乃能保之。今文格爲嘏。凡醮者不祝。○孝友時格。孝友極其至也。敎以盡孝友之道。乃可長保之也。註凡醮者不祝。謂用酒以醮者。每加冠畢。但用醮辭醮之。其方加冠時。不用祝辭也。詳醮辭始加元服等句。與祝辭相類。兼用之則複矣。疏以爲醮庶子不用祝辭。錯會註意。來力之反。與時之叶。○嘏古雅反。

再醮。曰。旨酒既湑。嘉薦伊脯。湑清也。伊惟也。乃申爾服。禮儀有序。祭此嘉爵。承天之祜。祜，福也。三醮曰。旨酒令芳。籩豆有楚。旨，美也。楚，陳列之貌。○疏云，用再醮之籩豆，不增改之，故云有楚。咸加爾服。肴升折俎。肴升折俎，亦謂豚。○乾肉折俎，與殺牲體，皆謂折俎。承天之慶。受福無疆。○亦兩句叶。

右醮辭

字辭曰。禮儀既備。令月吉日。昭告爾字。爰字孔嘉。昭，明也。爰，於也。孔，甚也。髦士攸宜。宜之于假。髦，俊也。攸，所也。于，猶爲也。假，大也。宜之是爲大矣。○此孔嘉之字，實髦士之所宜，且宜之而至於大也。永受保之。曰伯某甫。仲叔季。唯其所當。伯仲叔季，長幼之稱。甫，是丈夫之美稱。孔子爲尼甫，周大夫有家甫，宋大夫有孔甫，是其類。甫字或作父。○此辭，賓直西序東面，與子爲字，賓命之也。據釋文，備與日叶，爲一韻。字音滋，嘉叶居之反，爲一韻。假叶音古，與甫爲一韻。顧炎武云，備與字一韻，嘉與宜一韻，假與甫一韻。

古人文字錯綜不必二
句一韻也○甫音父

右字辭

屨夏用葛。玄端黑屨。青絇繶純。純博寸。屨者順裳色。玄端黑屨以玄裳爲正也。絇之言拘也。以爲行戒。狀如刀衣鼻。在屨頭。繶縫中紃也。純緣也。三者皆青博廣也○此下言三服之屨。不與上服同陳者。屨賤。故別言之。夏葛屨。冬皮屨。春秋熱則從夏。寒則從冬。此玄端黑屨。初加時所用。註云以玄裳爲正者。玄端兼有黃裳雜裳。屨獨用黑與玄同色。故云以玄裳爲正也。絇在屨頭。繶其牙底相接縫中之條。純謂繶口緣邊。三者皆青色也○絇其于反繶於力反純章允反縫扶用反紃音旬

素積白屨。以魁柎之。緇絇繶純。純博寸。魁蜃蛤柎注也○此皮弁服之屨。再加時所用。以魁蛤之灰注於上。使色白也○魁苦回反柎方夫反蜃上忍反蛤音閤

爵弁纁屨。黑絇繶純。純博寸。爵弁屨以黑爲飾。爵弁尊。其屨飾以繢次○此三加所用之屨。疏云爵弁尊其屨飾以繢次者

案冬官畫繢之事云青與白相次赤與黑相次玄與黃相次繢以爲衣青與赤謂之文赤與白謂之章白與黑謂之黼黑與青謂之黻繡以爲裳是對方爲繢次比方爲繡次又鄭註屨人云複下曰舄禪下曰屨凡舄之飾如繢之次凡屨之飾如繡之次上玄黑屨青飾白屨黑飾皆繡之次此爵弁纁屨而黑飾不取此方之色而以對方黑色爲飾是用繢次與舄同故云爵弁尊也朱子曰三屨經不言所陳處疑在房中既冠而適房改服弁得易屨也○繢戶內反

○冬皮屨可也不屨繐屨○繐屨喪屨也縷不灰治曰繐○疏云言此者欲見大功未可以冠子故於屨末因禁之也○繐音歲

右三服之屨

記冠義○周公作經後賢復爲作記疏云凡言記者皆是記經不備兼記經外遠古之言案喪服記子夏爲之作傳記當在子夏前愚謂此記已有孔子曰當在孔子後不知定誰所錄冠義又記中小目餘篇不復言某義者或欲舉一例餘也又戴記亦有冠義又後儒所爲故與此異也

始冠緇布之冠也太古冠布齊則緇之其緌也孔子曰吾未之聞也冠而敝之可也太古唐虞以上緌纓飾未之聞太古質無飾重古始冠冠其齊冠白布冠今之喪冠是也○記者以經有緇布冠皮弁爵弁玄冠四等之冠各記其所從來與古今因革之異此節記緇布冠爲太古齊冠本無緌又始冠加之以存古意加後不復更著也

適子冠於阼以著代也醮於客位加有成也三加彌尊諭其志也冠而字之敬其名也名者質所受於父母冠成人益文故敬之○著代明其將代巳也加有成加禮於有成德者也諭其志教諭之使其志存修德每進而上也敬其名敬其所受於父母之名非君父之前不以呼也此皆冠義之大者故記者釋之

委貌周道也章甫殷道也毋追夏后氏之道也或謂委貌爲玄冠委猶安也言

所以安正容貌章明也殷質言以表明丈夫也甫或爲父今文爲斧毋發聲也追猶堆也夏后氏質以其形名之三冠皆所常服以行道也其制之異同未之聞○此因冠者冠異易服玄冠故記之道猶制也言三代冠制此其同等者也**周弁殷冔夏收。**弁名出於槃槃大也言所以自光大也冔名出於幠幠覆也言所以自覆飾也收言所以收斂髮也齊所服而祭也其制之異未聞○此因三加爵弁而記其制之相等者殷則冔夏則收也○○冔況甫反槃畔于反幠火吳反**三王共皮弁素積。**質不變○言三代再加所同用也疑委貌以下節當在適子節之前與首節皆言冠制當以類從**無大夫冠禮而有其昏禮。古者五十而后爵何大夫冠禮之有。**據時有未冠而命爲大夫者周之初禮年未五十而有賢才者試以大夫之事猶服士服行士禮二十而冠急成人也五十乃爵重官人也大夫或時改娶有昏禮是也○自此至末皆明士冠禮可以上達之故此言大夫無冠禮如有未冠而爲大夫者其冠亦從乎士而已**公侯之有冠禮也夏之末造也。**造作也自夏初以上諸侯雖父死子繼年未滿五十者亦服士服行士禮五十乃命也至其衰末上下相亂篡弑所由生故作公侯冠禮以正君臣也坊記曰君不與同姓同車與異姓同車不同服示民不嫌也以此坊民民猶得同姓以弑其君者○此言不獨大夫無冠禮雖公侯冠禮亦夏末始作非古也據註訓造為作則末字當一讀近徐師曾解郊特牲云末造猶言末世則二字連讀制作義在末造之外讀者酌之

天子之元子猶士也天下無生而貴者也。元子世子也無生而貴皆由下升○天子之元子猶用士禮又不但公侯已也天下固無生而貴者也

繼世以立諸侯象賢也。象法也為子孫能法先祖之賢故使之繼世也○諸侯繼世而立疑其生而貴矣實以其象賢乃立之天子元子亦以象賢乃享天位均非生而貴者也故其冠皆用士禮也

以官爵人德之殺也。殺猶衰也德大者爵以大官德小者爵以小官○凡以官位爵人皆以德為等殺爵以待有德安得有生而貴者乎

死而謚今也。古者生無爵死無謚。今謂周衰記之時也古謂殷殷士生不為爵死不為謚周制以士為爵死猶不為謚耳下大夫也今記之時士死則

謚之非也謚之由魯莊公始也○爵以德升故冠從乎賤，
用士禮古者生不以士爲爵死不爲之立謚士固賤者也。

儀禮　鄭氏註　濟陽張爾岐句讀

士昏禮第二

鄭目錄云：士娶妻之禮，以昏爲期，因而名焉。必以昏者，陽往而陰來，日入三商爲昏。昏禮於五禮屬嘉禮，大小戴及別錄此皆第二。○商，漏刻之名，三商即三刻也。

昏禮下達。納采用鴈。

達，通達也。將欲與彼合昏姻，必先使媒氏下通其言，女氏許之，乃後使人納其采擇之禮。詩云：取妻如之何？匪媒不得。昏必由媒交接，設紹介，皆所以養廉恥。納采而用鴈爲摯者，取其順陰陽往來。○昏禮有六：納采、問名、納吉、納徵、請期、親迎是也。請期以上五禮，皆遣使者行之。春秋莊公二十二年穀梁傳曰：納幣，大夫之事也。公之親納幣，非禮也。○采，七在反。

主人筵于戶西，西上，右几。

主人，女父也。筵爲神布席也。戶西者，尊處。將以先祖之遺體許人，故受其禮於禰廟。席西上，右設几，神不統於人。席有首尾。○女家將受納采之禮，先設神坐，乃受之。西上，席首在西也。鄉射、燕禮等設席皆東上，以近主人爲上，是統於人。今以神尊，不統於人，取地道尊右之義，故席西上，几在右也。

使者玄端至。使者夫家之屬若羣吏使往來者玄端士莫夕之服又服以事其廟有司緇裳。○使所吏反莫音暮

擯者出請事。入告。擯者有司佐禮者請猶問也禮不必事雖知猶問之重慎也○前已有媒氏通言今使者至門當知有昏事而猶問之是重慎也

主人如賓服。迎于門外。再拜。賓不答拜。揖入。門外大門外不答拜者奉使不敢當其盛禮○當亦如士冠禮主人迎賓主人西面賓東面此時賓自執鴈

至于廟門。揖入。三揖。至于階。三讓。入三揖者至內霤將曲揖既曲北面揖當碑揖

主人以賓升。西面。賓升西階。當阿。東面致命。主人阼階上北面再拜。阿棟也入堂深示親親今文阿為庪○以賓升與賓俱升也疏云凡士之廟五架為之中脊為棟棟北一楣下有室戶棟南一架為前楣楣前接簷為庪鄉飲酒聘禮皆云當楣無當阿者今使者當阿是至中脊下近室處故註云入堂深示親親○庪君委反

授于楹間。南面。授於楹間明為合好其節同也南面並授也○授謂授鴈楹間兩楹之間凡授受敵者於楹間不敵

者不於楹間君行一臣行二是也今使者不敵而授於楹間明爲合好故其遠近之節同也賓降出主人降授老鴈老羣吏之尊者○納采禮畢故賓降自西階出廟門將行後禮主人降自阼階授老鴈立階下以待事擯者出請不必賓之事有無賓執鴈請問名主人許賓入授如初禮問名者將歸卜其吉凶古文禮爲醴○問名問女子之名將加諸卜也如初禮者亦如納采升堂致命授鴈而出也按記主人受鴈還西面對賓受命乃降是主人既受鴈還復阼階之位西面以女名對賓賓乃降階出門也此一使兼行二禮既采須卜其事相因故也擯者出請賓告事畢入告出請醴賓此禮亦當爲醴禮賓者欲厚之賓禮辭許禮辭一辭主人徹几改筵東上側尊甒醴于房中徹几改筵者鄉爲神今爲人側尊亦言無玄酒側尊於房中亦有篚有籩豆如冠禮之設○徹去其几後將授賓也改筵改西上而東上也爲人設則東上者統於主人也主人迎賓于廟門外揖讓如初升主人北面再拜賓西

階上北面答拜。主人拂几授校。拜送。賓以几辟。北面設于坐左之西階上答拜。

拂拭也拭几者尊賓新之也校几足辟逡遁古文校爲枝○疏云揖讓如初升者如納采時三揖三讓也主人北面再拜者拜賓至此堂飲之主人拂几者案有司徹主人西面左手執几縮之以右袂推拂几三二手橫執几進授於尸前凡敵者拂几皆若此卑於尊者則內拂之授校者凡授几之法卑者以兩手執几兩端尊者則以兩手於几間執之授設皆然又云受時或受其足或受於手間皆橫受之及其設之皆旋几縱執乃設之于坐南北面陳之位爲神則右之爲人則左之不坐設之者几輕故也愚謂此經授校是執其中間授之以其足以使者是彼羣吏亦不敵者也○校胡俤反辟房益反

贊者酌醴。加角柶。面葉。出于房。

贊佐也佐主人酌事也贊者亦洗酌加角柶覆之如冠禮矣出房南面待主人迎受古文葉作擸

主人受醴。面枋。筵前西北面。賓拜受醴。復位。主人阼階上拜送。

主人西北面疑立待賓即筵也賓復位於西階上北面明相尊敬此筵不主爲

飲食起○主人洗醴筵前西北面以待賓賓拜于西階上乃進筵前受醴受訖復西階北面之位主人乃於阼階上拜送此醴古人受爵送爵机拜之法率如此

贊者薦脯醢。○薦進

賓即筵坐。左執觶。祭脯醢。以柶祭醴三。西階上北面坐啐醴。建柶。興。坐奠觶。遂拜。主人答拜。即就也左執觶則祭以右手也凡祭於脯醢之豆閒必所爲祭者謙敬示有所先也啐嘗也嘗之者成主人意建猶扱也興起也奠停也○賓即筵坐而祭醴南面坐也啐醴則西階北面之位奠觶遂拜亦於西階遂拜者因事曰遂坐奠觶不起而遂拜也○扱初洽反

賓即筵。奠于薦左。降筵。北面坐取脯。主人辭。薦左籩豆之東降下也自取脯者尊主人之賜將歸執以反命辭者辭其親徹○即筵奠于薦左南面奠之因祭酒之面也

賓降。授人脯。出。主人送于門外。再拜。人謂使者從者授於階下西面然後出去○前迎于門外是大門外此送亦大門外

右一使兼行納采問名二禮及禮使者之儀

納吉用鴈。如納采禮。

歸卜於廟，得吉兆，復使使者往告，婚姻之事於是定。○如納采禮，其揖讓升階致命授鴈，及主人醴賓，取脯出門之節，並如之。

右納吉

納徵。玄纁束帛。儷皮。如納吉禮。

徵，成也。使使者納幣以成昏禮。用玄纁者，象陰陽備也。束帛，十端也。周禮曰：凡嫁子娶妻，入幣純帛，無過五兩。儷，兩也。執束帛以致命。兩皮為庭實。皮，鹿皮。今文纁皆作熏。○疏云：此納徵無鴈者，以有束帛為贄故也。周禮純帛，緇帛也，是庶人用緇無纁，士大夫乃以玄纁束帛，天子加以穀圭，諸侯加以大璋。雜記云：納幣一束，束五兩，兩五尋。然則每端二丈。玄纁束帛者，合言之陽奇陰偶，三玄二纁也。鄭註周禮以純為緇，故疏以緇為庶人之禮。陳氏祥道云：蘇秦傳錦繡千純，裴駰註曰：純，端名。則周禮所云純帛者，匹帛也。鄭改純為緇，誤矣。庶人亦用玄纁，但不必

五兩耳。純側其反

右納徵

請期用鴈主人辭賓許告期如納徵禮主人辭者陽倡陰和期日宜由夫家來也夫家必先卜之得吉日乃使使者往辭即告之。遞言三禮同節皆如納采

右請期

期初昏陳三鼎于寢門外東方北面北上其實特豚合升去蹄舉肺脊二祭肺二魚十有四腊一肫髀不升皆飪設扃鼏期取妻之日鼎三者升豚魚腊也寢壻之室也北面鄉內也特猶一也合升合左右胖升於鼎也去蹄蹄甲不用也舉肺脊者食時所先舉也肺者氣之主也周人尚焉脊者體之正也食時則祭之飯必舉之貴之也每皆二者夫婦各一耳凡魚之正十五而鼎減

一爲十四者，欲其敵偶也。腊，兎腊也。肫或作純，純，全也。凡腊用全。髀不升者，近竅賤也。飪，熟也。扃所以扛鼎。鼏，覆之。古文純爲鈞，髀爲脾。今文扃作鉉，鼏皆作密。○此下言親迎之禮。先陳同牢之饌，乃乘車往迎婦至成禮。共三節。舉肺脊，食時所祭之肺與脊也。祭肺則未食時祭之。疏云：祭時二肺俱有，生人唯有舉肺皆祭。今此得有祭肺者，鄭特牲論娶婦玄冕齋戒，鬼神陰陽也。故與祭祀同二肺也。魚十有四，夫婦各七，固取敵偶，亦合公食大夫一命七魚之數。凡他禮牲體用一胖，腊則左右體脊相配爲一，故得全名。唯大斂士虞皆用左胖，不全反吉故也。○去起呂反。肫音純。髀步米反。飪而甚反。竅苦弔反。扛音江

設洗于阼階東南。洗所以承盥洗之器棄水者。

饌于房中：醯醬二豆，菹醢四豆，兼巾之。黍稷四敦，皆蓋。醯醬者，以醯和醬。生人尚褻味。兼巾之者，六豆共巾也。巾爲禦塵，蓋爲尚溫。周禮曰：食齊視春時。○敦音對。齊才計反

大羹湆在爨。大羹湆，煮肉汁也。大古之羹，無鹽菜。爨，火上。周禮曰：羹齊視夏時。今文湆皆作汁。○湆去急反

尊于室中北墉下，有禁。玄酒在西。綌冪加勺，皆

南枋。墉，牆也。禁，所以庪甒者。玄酒，不忘古也。綌，粗葛。今文枋作柄。尊于房戶之東，無玄酒，篚在南，實四爵合巹。無玄酒者，畧之也。夫婦酌於內尊，其餘酌於外尊。合巹，破匏也。四爵兩巹凡六，為夫婦各三酳。一升曰爵。○鼏陳寢門外，洗設阼階東南，豆敦饌於房中，羹在爨，內尊在室，外尊在房戶東，爵巹篚在外尊南，此同牢饌設之次。○巹音謹，匏自交反，酳以似反。

右將親迎預陳饌

主人爵弁纁裳緇袘，從者畢玄端，乘墨車，從車二乘，執燭前馬。主人，壻也。壻為婦主。爵弁而纁裳，玄冕之次。大夫以上親迎，冕服。冕服迎者，鬼神之。鬼神之者，所以重之親之。纁裳者，衣緇衣。不言衣與帶而言袘者，空其文，明其與袘俱用緇。袘，謂緣。袘之言施，以緇緣裳，象陽氣下施。從者，有司也。乘貳車，從行者也。畢，猶皆也。墨車，漆車。士而乘墨車，攝盛也。執燭前馬，使從役持炬火，居前炤道。○主人，壻也。下文女父稱主人，男稱壻，此未至女家仍據男家而言故云主人一命大夫冕而無旒士變冕爲爵弁故云冕之次士助祭於公用之是士服之盛者大夫以上親迎則皆冕服矣疏以爲五等諸侯亦不過玄冕天子親迎當衮冕或然也大夫乘墨車士乘棧車今親迎乘大夫之車故云攝盛案巾車註云棧車不革鞔而漆之則士之棧車亦漆但無革鞔爲異○鞔以鼓反從才用反迎魚正反

婦車亦如之有裧○亦如之者車同等士妻之車夫家共之大夫以上嫁女則自以車送之裧車裳幃周禮謂之容車有容則固有蓋○如之者亦墨車及從車執燭等也○裧昌占反

至于門外○婦家大門之外

主人筵于戶西○西上右几○主人女父也筵爲神布席

女次純衣纁袡立于房中南面○次首飾也今時髲也周禮追師掌爲副編次純衣絲衣女從者畢袗玄則此衣亦玄矣袡亦緣也袡之言任也以纁緣其衣象陰氣上任也凡婦人不常施袡之衣盛昏禮爲此服喪大記曰復衣不以袡明非常○疏云不言裳者以婦人之服不殊裳周禮追師註云副之言覆所以覆首爲之飾其遺象若今步搖編編列髮爲之若今假紒矣次次第髮長短爲之所謂髲髢外內命婦衣鞠衣襢衣者服

綸衣褖者服次其副唯於三翟祭祀服之士服爵弁助祭之服
以迎則士之妻亦服褖衣助祭之服也又云此純衣即褖衣是
士妻助祭之服尋常不用纁爲袡今用之故
云盛昏禮爲此服○袡如占反髮皮義反　姆纚笄宵衣在其
右。○姆婦人年五十無子出而不復嫁能以婦道教人者若今時
乳母纚縚髮笄今時簪也纚亦廣充幅長六尺宵讀爲詩素
衣朱綃之綃魯詩以綃爲綺屬也姆亦玄衣以綃爲領因以
爲名且相別耳姆在女右當詔以婦禮○姆亡侯反綃音消　女
從者畢袗玄纚笄被顈黼在其後。○女從者謂姪娣也詩諸娣從
之祁祁如雲袗同也同玄者
上下皆玄也顈禪也詩云素衣朱襮爾雅云黼領謂之襮周禮
曰白與黑謂之黼天子諸侯后夫人狄衣卿大夫之妻刺黼以
爲領如今偃領矣士妻始嫁施禪黼於領上假盛飾耳言被明
非常服○陳氏云袗設飾也說文曰褧蘇也臬屬顈與褧蘇通
袗玄設飾以玄也顈黼以臬爲領而刺黼也○　主人玄端迎于
被皮義反顈若迥反黼音甫襮音博刺七亦反
門外。西面再拜。賓東面荅拜。賓揖主人揖入。賓執鴈從。至于廟門。

揖入。三揖，至于階。三讓。主人升，西面。賓升，北面。奠鴈，再拜稽首。降，出。婦從，降自西階。主人不降送。賓升奠鴈拜，主人不答，明主爲授女耳。主人不降送，禮不參。○疏云：賓升北面奠鴈再拜稽首，此時當在房外當楣北面。何休公羊傳註云：夏后氏逆於庭，殷人逆於堂，周人逆於戸。禮不參者，禮賓主宜各一人。壻御婦車，授綏。姆辭不受。壻御者，親而下之。綏所以引升車者。曲禮曰：僕人之禮，必授人綏。婦乘以几。姆加景。乃驅。御者代。乘以几者，尚安舒也。景之制蓋如明衣，加之以爲行道禦塵，令衣鮮明也。景亦明也。驅，行也。行車輪三周，御者乃代壻。今文景作憬。○景與裀褧音相近，義正同。○令，力呈反。壻乘其車，先俟于門外。壻車在大門外，乘之先者，道之也。男率女，女從男，夫婦剛柔之義自此始也。俟，待也。門外，壻家大門外。

右親迎

婦至。主人揖婦以入。及寢門，揖入，升自西階。媵布席于奧。夫入于室，即席。婦尊西，南面。媵御沃盥交。升自西階，道婦入也。媵，送也。謂女從者也。御，當為訝。訝，迎也。謂壻從者也。媵沃壻盥於南洗，御沃婦盥於北洗。夫婦始接，情有廉恥。媵御交道其志。○夫道婦入室，先自即席東面，婦尚在尊西南面，須設饌訖，乃設對席，然後揖婦即坐，為前後至之便故也。媵即姪娣，御夫家之女役。南洗在庭，北洗在北堂。○媵以證反，御音訝。

贊者徹尊冪。舉者盥，出，除鼏，舉鼎入，陳于阼階南，西面北上。匕俎從設。執匕者、執俎者，從鼎而入，設之。匕，所以別出牲體也。俎，所以載也。北面載，執而俟。執俎而立，俟豆先設。○執匕者南面別出牲體，執俎者北面承取，載之于俎，執之而俟，豆設乃設也。匕者逆退，復位于門東，北面西上。執匕者事畢，逆退，由便。至此乃著其位，略賤也。贊者設醬于席前，菹醢在其北。俎入，設于豆東。魚次。腊特于俎北。豆東，菹醢之東。○魚

次者、又在俎東也、腊特設俎北、若復東、則饌不得方、故也贊設黍于醬東。稷在其東。設湇于
醬南。饌要方也○二豆並列醬北、二敦直列醬東、此爲夫設、下對設二豆二敦、則爲婦、三俎夫婦共之、設對醬
于東。對醬、婦醬也、設之當特俎菹醢在其南。北上。設黍于腊北。其西稷。設湇
于醬北。御布對席。贊啓會。郤于敦南。對敦于北。啓發也、今文啓作開、古文郤爲
綌○會敦之蓋、郤仰也、開敦蓋、各仰置敦右○會古外反郤去逆反贊告具。揖婦即對筵。皆坐。皆
祭。祭薦黍稷肺。贊者西面告饌具也、揖婦使即席、薦菹醢、○其祭之序、由近及遠、肺指祭肺、非舉肺也贊
爾黍。授肺脊。皆食。以湇醬。皆祭舉食舉也。爾移也、移置席上、便其食也、皆食食黍也
以用也、用者謂用口啜湇、用指哂醬、古文黍作稷○舉即脊與肺也○哂子闔反三飯。卒食。卒已也、同牢示親、不
主爲食起、三飯而成禮也贊洗爵酌酳主人。主人拜受。贊戶內北面答拜。酳

婦亦如之。皆祭。酳漱也。酳之言演也，安也。漱所以潔口，且演安其所食。酳酌內尊。〇內尊，尊于室中北墉下者也。疏云：壻拜當東面，婦拜當南面，少牢饗答拜註云：在東面席者東面拜，在西面席者南面拜，故知婦拜南面，若贊答婦拜，亦於戶內北面也。〇漱所又反

贊以肝從，皆振祭。嚌肝，皆實于菹豆。肝，肝炙也。飲酒宜有肴以安之。〇從猶繼也。振猶擧也。

卒爵，皆拜。婦拜見上篇見母章，此篇婦見奠菜一章及內則女拜尚右手。贊答拜。受爵，再酳，如初，無從。三酳用巹，亦如之。亦無從也。〇如初者，如自贊洗爵以下，至答拜受爵，但無從爲異，無從，不以肝從也。三酳則並如再酳之無從，酳爵不襲，贊受爵，卽返之於篚，別取爵再酳，三酳則用巹也。

贊洗爵，酌于戶外尊。入戶，西北面奠爵，拜。皆答拜。坐祭，卒爵，拜，皆答拜，興。贊酌者，自酢也。主人出，婦復位。復尊西南面之位。乃徹于房中。如設于室，尊否。徹室中之饌，設于房中，爲媵御餕之。徹尊不設，有外尊也。主人說服于房，媵

受婦說服于室。御受。姆授巾。巾所以自絜清、今文說作稅、○說吐活反御衽于奧。媵衽良席在東。皆有枕。北止。衽臥席也、婦人稱夫曰良、孟子曰、將䚕良人之所之、止足也、古文止作趾○設衽曰衽、猶置尊曰尊、布筵曰筵也、上文媵受主人服、御受婦服、此御衽婦席、媵衽夫席、皆與媵御沃盥交、義同主人入。親說婦之纓。入者、從房還入室也、婦人十五許嫁、笄而禮之因著纓、明有繫也、蓋以五采爲之、其制未聞、燭出。昏禮畢、將臥息、媵餕主人之餘。御餕婦餘。贊酌外尊酳之。外尊、房戶外之東尊、媵侍于戶外。呼則聞。爲尊者有所徵求、今文侍作待、

右婦至成禮

夙興。婦沐浴。纚笄宵衣以俟見。夙早也、昏明日之晨、興、起也、俟待也、待見於舅姑寢門之外、古者命士以上、年十五、父子異宮、○此下言昏之明日、婦見舅姑、贊者於舅姑堂上醴婦、婦饋舅姑於室、舅姑饗婦、舅姑饗婦家

送者凡五節、質明贊見婦于舅姑。席于阼。舅卽席。席于房外南面。姑卽席。質平也、房外、房戶外之西、古文舅皆作咎、婦執笲棗栗。自門入。升自西階進拜。奠于席。笲竹器而衣者、其形蓋如今之筥𥫗簏矣、進拜者、進東面乃拜、奠之者、舅尊、不敢授也、○舅立阼階上、西面、婦自西階進、至舅前、東面拜、拜已、坐奠棗栗于舅席、○笲音煩、衣於旣反、𥫗羌居反 舅坐撫之。興答拜。婦還又拜。還又拜者、還於先拜處拜、婦人與丈夫為禮、則俠拜、○撫、撫棗栗笲也、撫之者、示受也、降階受笲腶脩。升進。北面拜。奠于席。姑坐舉以興。拜授人。人有司、姑執笲以起、答婦拜、授有司徹之、舅則宰徹之、○婦見舅訖、復自西階降、受腶脩以見姑、○腶丁亂反

右婦見舅姑

贊醴婦。醴當為禮、贊禮婦者、以其婦道新成、親厚之、○疏云、案司儀註、上於下曰禮、敵者曰儐、席于戶牖

閒。室戶西、牖東、南面位。側尊甒醴于房中。婦疑立于席西。疑正立自定之貌。○疑魚乙反

贊者酌醴。加柶面枋。出房。席前北面。婦東面拜受。贊西階上北面拜送。婦又拜。薦脯醢。婦東面拜、贊北面荅之、變于丈夫始冠成人之禮。婦升席。左執觶。右祭脯醢。以柶祭醴三。降席東面坐啐醴。建柶興拜。贊荅拜。婦又拜。奠于薦東。北面坐取脯。降出授人于門外。奠于薦東、升席奠之、取脯降出授人、親徹、且榮得禮、人謂婦氏人。○祭醴南面、啐醴東面、奠觶又南面、取脯則北面。

右贊者醴婦

舅姑入于室。婦盥饋。饋者、婦道既成、成以孝養。特豚合升。側載。無魚腊。無稷。竝南上。其他如取女禮。側載者、右胖載之舅俎、左胖載之姑俎、異尊卑。竝南上者、舅姑共席于奧、其饌

各以南爲上其他謂醬湆菹醢女謂婦也如取婦禮同牢時皆當作併○自側載以下南上以上皆與取女同牢之禮與至婿湆菹醢酒尊等則與之同婦贊成祭卒食一酳無從。贊成祭者授處之今文無成也○贊祭者品授之又處道之也席于北墉下。室中北墉下○疏曰此席將爲婦餕之位處也婦徹設席前如初。西上。婦餕舅辭易醬。婦餕者即席將餕也辭易醬者嫌淬汙婦餕姑之饌。御贊祭豆黍肺舉肺脊乃食卒姑酳之婦拜受姑拜送坐祭卒爵姑受奠之。奠于篚○舅姑之饌並設席前婦所餕則姑之饌婦徹于房中。媵御餕。姑酳之。雖無娣。媵先。於是與始飯之錯。古者嫁女必娣姪從之謂之媵姪兄之子娣女弟也娣尊姪卑若或無娣猶先媵客之也始飯謂舅姑錯者媵餕舅餘御餕姑餘也古文始爲姑○媵御餕于房姑亦酳之其酳之次先媵而後御娣姪具者媵固先雖無娣而以姪爲媵媵猶先也媵從婦而餕舅餘御從夫而餕姑餘是與舅姑始飯夫婦之位相交錯也

右婦饋舅姑

舅姑共饗婦以一獻之禮。舅洗于南洗。姑洗于北洗。奠酬。以酒食勞人曰饗、南洗在庭、北洗在北堂、設兩洗者、獻酬酢以潔清爲敬、奠酬者、明正禮成、不復舉、凡酬酒皆奠于薦左、不舉。其燕則更使人舉爵。○疏云、此饗婦之事、與上盥饋同日爲之、昏義云、舅姑入室、婦以特豚饋、明婦順也、厥明、舅姑共饗婦、鄭彼註云、容大夫以上禮多、或異日、故知此士同日可也、此與上事相因、亦於舅姑寢堂之上、與禮婦同在客位也、又云、案下記饗婦節註云、舅姑共饗婦、舅獻姑薦脯醢、但薦脯醢無盥洗之事、今云姑洗於北洗、洗者、洗爵、則是舅獻姑酬、共成一獻、仍無妨姑薦脯醢也、愚案註、其燕則更使人舉爵者、況言他經正獻後、更舉爵行酬之事、非此經所有、

舅姑先降自西階。婦降自阼階。授之室、使爲主、明代己。○疏云、曲禮云、子事父母、升降不由阼階、今舅姑降自西階、婦降自阼階、是授婦以室之事也、授之室、昏義文、

歸婦俎于婦氏人。言俎、則饗禮有牲矣、婦氏人丈夫送婦者、使有司歸

以婦俎，當以反命於女之父母，明其得禮。

右舅姑饗婦

舅饗送者以一獻之禮，酬以束錦。送者，女家有司也。爵至酬賓，又從之以束錦，所以相厚。古文錦皆作帛。○疏云，尊無送卑之法，士無臣，故知有司送之也。姑饗婦人送者，酬以束錦。婦人送者，隸子弟之妻妾。凡饗，速之。○疏云，凡速者皆就館速之。若異邦，則贈丈夫送者以束錦。贈送也，就賓館。○既於饗酬之，又就館贈之也。

右饗送者

若舅姑既沒，則婦入三月，乃奠菜。沒，終也。奠菜者，以篚祭菜也，蓋用菫。○此下言舅姑既沒者之禮。三月婦道既成，乃廟見，因禮婦，饗從者。疏云，若舅沒姑存，則當時見姑，三月廟見舅；若舅存姑沒，無廟可見，或更有繼

儀禮鄭注句讀卷二　士昏第二　七

室、自然、如常禮也、

席于廟奧東面右几。席于北方南面。

廟考妣之廟北方墉下、○席于奧者、舅席也、席于北方者、姑席也、舅姑別席異面、象生時婦見之禮、與常祭同几者不同也、

祝盥。婦盥于門外。婦執笲菜。祝帥婦以入。祝告稱婦之姓曰。某氏來婦。敢奠嘉菜于皇舅某子。

帥道也、入入室也、某氏者、齊女則曰姜氏、魯女則曰姬氏、來婦言來爲婦、嘉美也、皇君也、○疏云、盥于門外、此亦異于常祭、云某子者、言若張子、李子也、顧炎武云、婦人內夫家、無稱其舅爲張子李子者、某子云者、或謚或字之稱、愚謂疏之意、或以婦新入門、稱姓以告、故亦以姓稱其舅與、

婦拜扱地。坐奠菜于几東席上。還又拜如初。

扱地、手至地也、婦人扱地、猶男子稽首、○疏云、婦人以肅拜爲正、今云扱地、則婦人之重拜也、男子稽首、亦拜中之重、故以相況也、愚案此席上、在奧之席、又拜如初、又扱地也、○扱初洽反

婦降堂。取笲菜入。祝曰。某氏來婦。敢告于皇姑某氏。奠菜于席。如初禮。

降堂、階上也、室

事交乎戶、今降堂者、敬也、於姑言敢告、舅尊於姑、○此奠北、坐之、前、以見姑、也、室事交乎戶、禮器文、婦出。祝闔牖戶。凡廟無事則閉之、老醴婦于房中南面。如舅姑醴婦之禮。因於廟見禮之。○亦象舅姑生時因婦來見遂禮之也、房中、廟之房中、嘗疑此老、與前贊者、並是男子、乃使與新婦爲禮、在前聖必自有說、非末學所可臆度矣、壻饗婦送者丈夫婦人如舅姑饗禮。

右舅姑沒婦廟見及饗婦饗送者之禮

記

士昏禮。凡行事必用昏昕。受諸禰廟。辭無不腆無辱。用昕使者、用昏壻也、壻悉計反、從士從胥、俗作婿、女之夫、腆善也、賓不稱幣不善、主人不謝來辱、○昕朝旦也、壻用昏、親迎時也、使者用昕、納采問名、納吉納徵請期、使向女家時也、受諸禰廟、男家禮至、並於禰廟受之也、辭無不腆者、郊特牲云、告之以直信、信事人也、信婦德也。註云，此二者所以教婦正直信也。摯不用死，皮帛必可制。摯，鴈也。皮帛，儷皮束帛也。○摯必生鴈，皮帛必可制爲衣物。腊必用鮮，魚用鮒，必殽全。殽全者，不餒敗，不剝傷。○殽全，指魚，其體肉完好也。此並據同牢時所用。○鮒音附。餒，奴罪反。

右記昏禮時地辭命用物

女子許嫁，笄而醴之，稱字。許嫁，已受納徵禮也。笄女之禮，猶冠男也。使主婦女賓執其禮。○疏云，笄女許嫁者，用醴禮之；未許嫁者，當用酒醮之。祖廟未毁，教于公宮三月。若祖廟已毁，則教于宗室。祖廟，女高祖爲君者之廟也。以有緦麻之親，就尊者之宮，教以婦德、婦言、婦容、婦功。宗室，大宗之家。○此謂諸侯同族之女將嫁之前，教成之法。其與諸侯共高祖者，是緦麻之親，教之於公宮。其共曾祖、共祖、共禰廟者，皆教於公宮可知也。若與君絶服者，則於大宗之家教之。大宗之家，謂別子之世適長子，族人所宗事者也。

記笄女教女之事

問名主人受鴈還西面對賓受命乃降受鴈于兩楹閒南面還于阼階上對賓以女名

記問名對賓之節

祭醴始扱一祭又扱再祭賓右取脯左奉之乃歸執以反命反命謂使者問名納吉納徵請期還報于壻父○凡祭醴之法皆如此其記於此者以問名諸禮皆醴賓故也

記祭醴法

納徵執皮攝之內文兼執足左首隨入西上參分庭一在南攝猶辟也兼執足者左手執前兩足右手執後兩足左首象生曲禮曰執禽者左首隨入爲門中阨狹西上中庭位併○納徵之禮賓執束帛入別有二人執皮以爲庭實其執之之法襞攝之使文在內兩手兼執其四足首向左二人相隨入門至庭則併立

以西爲上。三分庭之一而在其南。○阸於責反。賓致命。釋外足見文。主人受幣。士受皮者自東出于後。自左受。遂坐攝皮。逆退適東壁。賓致命主人受幣庭實所用爲節。士謂若中士下士不命者。以主人爲官長。自由也。○賓堂上致命時。執皮者庭中釋皮外足見文。主人堂上受命時。主人屬吏受皮者。自東方出執皮者之後。至其左。北面受之。故註云賓致命。主人受幣。庭實所用爲節也。既受皮。遂坐攝之。復使內文。逆退適東壁者。初二人相隨自東而西。及退反東壁。則後者在前也。

記納徵禮庭實之節

父醴女而俟迎者。母南面于房外。女既次純衣。父醴之于房中。南面。蓋母薦焉。重昏禮也。女奠爵于薦東。立于位而俟壻。壻至。父出。使擯者請事。母出。南面房外。示親授壻。且當戒女也。女出于母左。父西面戒之。必有正焉。若衣若笄。母戒諸西階上。不降。必有正焉者。以託戒

之使不忘○母在房戶西南面女出房至母左時父阼階上西面戒之母送女至西階上乃戒之也父母不降送庶母及門內申父母之命

記父母授女

婦乘以几從者二人坐持几相對○持几者重慎之○疏云王后則履石大夫諸侯亦應有物履之但無文今人猶用臺

記婦升車法

婦入寢門贊者徹尊冪酌玄酒三屬于尊棄餘水于堂下階間○加勺○屬注也玄酒涗水貴新昏禮又貴新故事至乃取之三注于尊中○屬音燭涗舒說反音睢

記注玄酒之節

笲緇被纁裏，加于橋。舅答拜。宰徹笲。被表也。笲有衣者，婦見舅姑，以飾爲敬。橋所以庪笲，其制未聞。今文橋爲鎬。○笲音煩。

記笲飾及受笲之節

婦席薦饌于房。醴婦、饗婦之席薦也。饗婦，姑薦焉。舅姑共饗婦，舅獻爵，姑薦脯醢。婦洗在北堂，直室東隅。篚在東，北面盥。洗在北堂，所謂北洗。北堂，房中半以北。洗南北直室東隅，東西直房戶與隅間。○饗婦時，姑洗于北洗。疏云，房與室相連，謂之房，無北壁，故得北堂之名。婦酢舅，更爵自薦。更爵，男女不相因也。○婦得獻，卒爵，更爵酢舅，自薦脯醢，不以人贊也。不敢辭洗，舅降則辟于房。不敢拜洗。不敢與尊者爲禮。○辭洗拜洗，賓主敵者之禮，婦於舅則不敢也。舅饗婦，獻爵、酬爵皆洗。凡婦人相饗無降。姑饗婦人送者于房，無降者，以北洗篚在上。○疏云，言凡者，欲見舅姑共饗婦，及姑饗婦人送者皆然。

記醴婦饗婦饋具儀節

婦入三月。然後祭行。入夫之室三月之後、於祭乃行、謂助祭也、

記婦助祭之期

庶婦則使人醮之。婦不饋。庶婦庶子之婦也、使人醮之、不饗也、酒不酬酢曰醮、亦有脯醢適婦酌之以醴尊之、庶婦酌之以酒、卑之、其儀則同、不饋者共養統於適也。○亦昏之明日、婦見舅姑時、因使人醮之於房外之西、如醴婦之儀婦不饋則舅姑亦不饗也

記庶婦禮之不同於適婦者

昏辭曰。吾子有惠。貺室某也。昏辭擯者請事、告之辭、吾子、謂女父也、稱有惠明下達、貺賜也、室猶妻也、某壻名。○此下昏記昏禮中辭命　某有先人之禮。使某也請納采。某壻父名也、某也使

名也對曰。某之子惷愚。又弗能教。吾子命之。某不敢辭。對曰者擯出納賓之辭。某女父名也。吾子謂使者。古文弗爲不。無能字。○惷失容反致命曰。敢納采。○當有對辭文不具愚意亦當與擯出納賓之辭不異

納采之辭

問名曰。某既受命。將加諸卜。敢請女爲誰氏。某使者名也。誰氏者謙也。不必其主人之女。○疏以爲使者升堂致命之辭。愚意告擯者之辭當亦不異。對曰。吾子有命。且以備數而擇之。某不敢辭。卒曰某氏。不記之者。明爲主人之女。○案前記問名節註云還于阼階上對賓以女名

問名之辭

醴曰。子爲事故。至於某之室。某有先人之禮。請醴從者。言從者謙不敢

厈也。今文於爲乎、對曰某既得將事矣。敢辭。將行、先人之禮。敢固以請。主人

辭、固如故、某辭不得命。敢不從也。賓辭也、不得命者、不得辭已之命、

醴賓之辭

納吉曰。吾子有貺命。某加諸卜。占曰吉。使某也敢告。貺、賜也、賜命、謂許以

女名也、某壻父名、○疏於貺字截句、對曰某之子不教。唯恐弗堪。子有吉。我與在

某不敢辭。與、猶兼也、古文與爲豫、○子既得吉、我兼在吉中、榮幸之言也、○與音預

納吉之辭

納徵曰。吾子有嘉命。貺室某也。某有先人之禮。儷皮束帛。使某

也請納徵。致命曰。某敢納徵。對曰。吾子順先典。貺某重禮。某不

致辭。敢不承命。典。常也。法也。

納徵之辭

請期曰。吾子有賜命。某既申受命矣。惟是三族之不虞。使某也請吉日。三族謂父昆弟。已昆弟。子昆弟。虞。度也。不億度。謂卒有死喪。此三族者。已及子皆爲服期。期服則踰年。欲及今之吉也。雜記曰。大功之末。可以冠子嫁子。○皆賓與主人而相往復之辭。申受命者。自納采以來。每度受命也。○億。於力反。卒。七忽反 對曰。某既前受命矣。唯命是聽。前受命者。申前事也。○主人以期當自婿家來。故辭之。曰。某命某聽命于吾子。○曰某。婿父名也。 對曰。某固惟命是聽。使者曰。某使某受命。吾子不許。某敢不告期。曰某日。某。吉日之甲乙。○使者來時。本受吉期於婿父。初執謙請之。此乃因其固辭而告之也。 對曰。某敢不敬須。須。待也。

請期之辭

凡使者歸。反命曰。某既得將事矣。敢以禮告。告禮所執脯。○凡者。五禮使者皆然

主人曰。聞命矣。

使者反命之辭

父醮子。子，壻也。○父爲子將迎婦，以酒醮之於寢，其儀當如冠子醮法命之辭曰。往迎爾相。承我宗事。相，助也。宗事，宗廟之事。○相息亮反勗帥以敬先妣之嗣。若則有常。勗，勉也。若猶女也。勗帥婦道，以敬其爲先妣之嗣。女之行，則當有常，深戒之。詩云，太姒嗣徽音。○謂婦爲相，以其爲夫之助也。註以勗帥以敬八字爲句。愚謂當四字爲句，事嗣叶，相常首尾叶。若曰，令往迎爾相，以承我宗事，當勉帥以敬，使其惟先妣是嗣，女之敬必有常，不可敬始而怠終也。末句申勸之。○勗許玉反

子曰。諾。唯恐弗堪。不敢忘命。

父醮子辭

賓至擯者請。對曰吾子命某以茲初昏使某將請承命。賓壻也命某某壻父名、茲此也、將行也使某行昏禮來迎對曰某固敬具以須。

親迎至門告擯者辭

父送女命之曰戒之敬之夙夜毋違命。夙早也、早起夜臥、命舅姑之教命古文毋為無○即前記云、父西面戒之必有正焉之辭母施衿結帨曰勉之敬之夙夜無違宮事。帨佩巾、○即前記云、母戒諸西階上之辭、衿衣小帶、一云衣領、宮事、姑命婦之事○衿其鴆反帨舒銳反庶母及門內施鞶申之以父母之命命之曰敬恭聽宗爾父母之言夙夜無愆視諸衿鞶。庶母父之妾也、鞶鞶囊也、男鞶革、女鞶絲、所以盛帨巾之屬、為謹敬申重也、宗尊也、愆過也、諸之也示之以衿鞶皆託戒使識之也不示之以衣笄者尊者之戒不嫌忘之視乃正字今文作示俗誤行之○鞶大帶其訓囊者從糸不從革視諸衿鞶者教以見衿鞶即憶父母之言也○鞶步干反

父母送女戒命之辭

壻授綏姆辭曰未教不足與爲禮也○此節監本脫據石經及吳本補入或當有鄭註而今逸之矣

姆教人者

姆辭壻授綏之辭

宗子無父母命之親皆沒已躬命之○宗子者適長子也命之命使者母命之在春秋紀裂繻來逆女是也躬猶親也親命之則宋公使公孫壽來納幣是也言宗子無父是有有父者禮七十老而傳八十齊喪之事不及若是者子代其父爲宗子其取也父命之○此因請期以上五禮皆命使者行之故言使命所出必自其父若無父者則母

命之。用命之者，亦但命子之父兄師友使之命使，不得稱母命以通使也。親者沒，不得已，乃親命之，所以養廉遠恥也。註引紀裂繻逆女事，見春秋隱二年公羊傳；公孫壽事，見成八年。其昏禮不稱主人，母命不得通使之義，並見彼傳及何休註。

支子則稱其宗。支子，庶昆弟也。稱其宗，子命使者。弟則稱其兄。弟，宗子母弟。亦謂無父者。○

記使命所自出

若不親迎，則婦入三月，然後壻見，曰：某以得爲外昏姻，請覿。女氏稱昏，壻氏稱姻。覿，見也。○此下記不親迎者，婦入三月，壻見婦父母之辭命儀節。蓋周公制禮，因其舊俗而爲之節文。與自此至敢不從，並是壻在婦家大門外與擯者請對傳致之辭。

主人對曰：某以得爲外昏姻之數，某之子未得濯溉於祭祀，是以未敢見。今吾子辱，請吾子之就宮，某將走見。主人，女父也。以白造緇曰辱。○擯傳主人之言。未得濯溉於祭祀，謂三月以前婦未與祭也。辱，謂來至門、是自屈辱也、對曰、某以非他故。不足以辱命。請終賜見。非他故彌親之辭、命謂將走見之言、今文無終賜、○非他故謂以非他人之故而來見、疏云、是爲壻而來見、又似他故二字連讀、對曰、某以得爲昏姻之故。不敢固辭。敢不從。不言外、亦彌親之辭、○唐石經作某得以爲昏姻之故、主人出門左。西面。壻入門。東面。奠摯。再拜。出。出門出內門、入門入大門、出內門不出大門者、異於賓客也、壻見於寢、奠摯者、壻有子道、不敢授也、摯雉也、擯者以摯出。請受。欲使以賓客禮相見。壻禮辭。許。受摯入。主人再拜受。壻再拜送。出。出、已見女父、○疏云、擬出更與主婦相見也、愚謂壻出更以請見主婦、告擯者、乃入見也、見主婦。主婦闔扉。立于其內。主婦、主人之婦也、見主婦者、兄弟之道、宜相親也、闔扉者、婦人無外事、扉左扉、○扉、即主人所出之內門扉也、註兄弟之道、謂昏姻家爲兄弟、○扉音非、壻立于門外。東面。主婦一拜。壻答再拜。主婦又拜。壻出。必先一拜者，婦人於丈夫必俠拜。主人請醴。及揖讓入。醴以一獻之禮。主婦薦。奠酬。無幣。及，與也。無幣，異於賓客。○醴疑當作禮，若用醴則無酢酬儐賓。壻出。主人送再拜。

不親迎者見婦父母之禮

儀禮　鄭氏註　濟陽張爾岐句讀

士相見禮第三

鄭目錄云士以職位相親始承摯相見之禮雜記會葬禮曰相見也反哭而退朋友虞祔而退士相見於五禮屬賓禮大小戴及別錄皆第三○據經初言士相見禮次言士見於大夫又次言大夫相見又次言士大夫見於君末及見尊長諸儀皆自士相見推之故以士相見名篇目錄引雜記會葬禮原文又有相趨也出宮而退相揖也哀次而退相問也既封而退鄭引之者明相見者其恩誼較朋友為疏較相趨相揖相問者為厚也

士相見之禮○贄冬用雉○夏用腒音渠○左頭奉之曰某也願見無由達○某子以命命某見○贄所執以至者君子見於所尊敬必執贄以將其厚意也士贄用雉者取其耿介交有時別有倫也雉必用死者為其不可生服也夏用腒備腐臭也左頭頭陽也無由達言久無因緣以自達也某子今所因緣之姓名也以命者稱述主人之意今文頭為脰○士與士相見之禮再請返再辭贄而後見賓初以贄見次請賓反見次主人復還

贄見賓而禮成。腒乾雉也某也願見見賢遍反凡卑於尊曰見
敵而曰見謙敬之辭將見人必先因所知以通誠意主人許而
後往、以其許見故云某子以主人之命命
之見也○腒其居反奉芳勇反脰音豆　主人對曰。某子命某
見。吾子有辱。請吾子之就家也。某將走見。有文也某子命某往見、今吾子又自辱來
序其意也走猶往也今文無走○某子亦所因者之姓名以其
前來通意故主人自謙言其曾命某往見也某者主人自名也
賓對曰。某不足以辱命。請終賜見。命謂請吾子之就家○命謂主人請就家之命不足辱不
敢當也、　主人對曰。某不敢為儀。固請吾子之就家也。某將走見。不敢
為儀言不敢外貌為威儀忠誠欲往也固如故也今文
不為非古文云固以請○疏云固謂堅固堅固則如故　賓對曰。
某不敢為儀。固以請。言如固請終賜見也今文不為非　主人對曰。某也固辭。不
得命。將走見。聞吾子稱贄。敢辭贄。不得命者不得見許之命也走猶出也稱舉也辭其贄為

其大崇也古文曰某將走見　賓對曰某不以贄不敢見。見於所尊敬而無贄嫌大簡、　主人對曰某不足以習禮敢固辭。言不足習禮者、不敢當其崇禮來見已○不敢當其崇禮變文言某愚陋、不足與習禮也　賓對曰某也不依於贄不敢見固以請。言依於贄謙自卑也　主人對曰某也固辭不得命敢不敬從。○始聽其以贄見以上皆賓在門外擯者傳言以相往復　出迎于門外。再拜。賓荅再拜。主人揖。入門右。賓奉贄入門左。主人再拜受。賓再拜送贄。出。右、就右也左就左也受贄於庭、既拜受送、則出矣不受贄於堂、下人君也今文無也○凡門、出則以西爲右、以東爲左、入則以東爲右、以西爲左、入送贄訖、賓敬已將、故出、入君受贄於堂、此受於庭、是自下於君、不敢與同也今文無也指上文某也固辭句　主人請見。賓反見。退。主人送于門外。再拜。請見者、爲賓崇禮來相接以矜莊歡心未交也賓反見則燕矣下云、凡燕見於君、至凡侍坐於君子博記反見之燕義臣初見於君再拜奠贄而出○賓既出主人復請賓反入相見將以展懽燕註言臣初見於君再拜奠贄而出亦謂既出君亦當遣人留之燕也以上賓見主人

主人復見之以其贄曰鄉者吾子辱使某見請還贄於將命者。復見之者禮尚往來也以其贄謂鄉時所執來者也鄉曩也將猶傳也傳命者謂擯相也

主人對曰某也既得見矣敢辭。讓其來答已也○疏曰上言主人此亦言主人者上言主人者據前爲主人而言此云主人者謂前賓今在已家而說也此下凡稱主人者即前賓稱賓者即前主人

賓對曰某也非敢求見請還贄於將命者。言不敢求見嫌褻主人不敢當也

主人對曰某也既得見矣敢固辭。固如故也

賓對曰某不敢以聞固以請於將命者。言不敢以聞又益不敢當○不敢以聞謂不敢以還贄之事聞之主人但固請於將命者而已益自謙之辭

主人對曰某也固辭不得命敢不從。許受之也異日則出迎同日則否○此賓主之辭亦

皆擯者傳道、賓奉贄入。主人再拜受。賓再拜送贄出。主人送于門外。再拜。○以上還贄、

右士相見禮

士見於大夫，終辭其贄。於其入也，一拜其辱也。賓退，送，再拜。終辭其贄以將不親答也凡不答而受其贄唯君於臣耳大夫於士不出迎入一拜正禮也送再拜尊賓若嘗爲臣者，則禮辭其贄，曰：某也辭，不得命，不敢固辭。禮辭、一辭其贄而許也將不答而聽其以贄入有臣道也賓入，奠贄，再拜。主人答壹拜。奠贄、尊卑異、不親授也古文壹爲一、賓出。使擯者還其贄于門外，曰：某也使某還贄。還其贄者辟正君也賓對曰：某也既得見矣，敢辭。辭君還其贄也今文無也擯者對曰：某也命某，某非敢爲儀

也。敢以請。還贄者請使受之賓對曰。某也夫子之賤私。不足以踐禮。敢固辭。家臣稱私踐行也言某臣也不足以行賓客禮賓客所不答者不受贄擯者對曰。某也使某。不敢爲儀也。固以請。言使某尊君也或言命某傳言耳○擯者所稱某也疏云蓋主人之名賓言某也則自名也賓對曰。某固辭。不得命。敢不從。再拜受。受其贄而去之

右士見於大夫

下大夫相見以鴈。飾之以布。維之以索。如執雉。鴈取知時飛翔有行列也飾之以布謂裁縫衣其身也維謂繫聯其足○國有三卿五大夫此下大夫是五大夫也索繩也如執雉亦左頭奉之也○索悉各反上大夫相見以羔。飾之以布。四維之。結于面。左頭。如麛執之。上大夫卿也羔取其從帥羣而不黨也面前也繫聯四足交出背上於胷前結之也如麛執之者秋獻麛有成禮如之或曰麛

孤之摯也其禮蓋謂左執前足右執後足今文頭爲脰○疏云凡以贄相見之法唯有新升爲臣及聘朝及他國君來上國之臣見皆執贄相見常朝及餘會聚皆執笏無執贄之禮又執摯者或平敵或以卑見尊皆用摯尊無執摯見卑之法檀弓云哀公執摯見已臣周豐者彼謂下賢非正法也○麛莫兮反**如士相見之禮。**大夫雖摯異其儀猶如士○士與士相見敵者之禮也兩大夫相見亦敵者故其儀如之

右大夫相見

始見于君。執摯至下。容彌蹙。下謂君所也蹙猶促也促恭慤貌也其爲恭士大夫一也**庶人見於君。不爲容。進退走。**容謂趨翔○庶人謂在官者府史胥徒是也其見於君不爲趨翔之容進退唯疾走而已郎曲禮云庶人僬僬**士大夫則奠摯再拜稽首。君答壹拜。**言君答士大夫一拜則於庶人不答之庶人之摯鶩古文壹作一○案曲禮君於士不答拜此得與大夫同答一拜者新升爲士故答拜或新使反

也君答一拜疏以爲當作空首九拜中奇拜是也○稽音啓　若他邦之人。則使擯者還其摯。曰。寡君使某還摯。賓對曰。君不有其外臣。臣不敢辭。再拜稽首受。○疏云賓不辭即受摯以君所不臣禮無受他臣摯法賓如此法不敢亢禮於他君故不辭即受之也臣無境外之交今得以摯見他邦君者謂他國之君來朝此國之臣因見之非特行也

右臣見於君

凡燕見于君。必辯君之南面。若不得。則正方。不疑君。辯猶正也君南面則臣見正北面君或時不然當正東面若正西面不得疑君所處邪嚮之此謂特見圖事非立賓主之燕也疑度之○經本言士與士相見遞推至見大夫大夫與大夫相見士大夫見君見禮已備此下博言圖事進言侍坐侍食退辭稱謂諸儀法殆類記文體例矣註知此燕見是圖事非立賓主之燕者以燕禮君在阼階以西面爲正也　君在堂。升見無方階。

辯君所在。升見、升堂見於君也。君近東、則升東階、君近西、則升西階。○升堂無一定之階、或東或西、以近君者爲便。亦謂特見圖事、若立賓主之燕、則君升自阼階、賓主人升自西階矣。疏以爲兼反見之燕、恐亦於事理不合。疏蓋太泥前反見註文也。

右燕見於君

凡言非對也，妥而後傳言。凡言、謂已爲君言事也。妥、安坐也。傳言、猶出言也。若君問、可對則對、不待安坐也。古文妥爲綏。○此下言進言之法。凡進言、唯承尊者之問而對、則不待安坐。苟非對也、則必安坐而後出言。大傳曰、易其心而後語、亦此旨也。註專指爲君言、似泥。疏以妥爲君安坐、亦不可從。與君言，言使臣。與大人言，言事君。與老者言，言使弟子。與幼者言，言孝弟於父兄。與衆言，言忠信慈祥。與居官者言，言忠信。博陳燕見言語之儀也。言使臣者、使臣之禮也。大人、卿大夫也言事君者臣事君以忠也祥善也居官謂士以下○所與言之人不同則言亦各有所宜言雖多端大旨所主不離乎此衆謂衆庶居官謂凡有職位者

凡與大人言始視面中視抱卒視面毋改衆皆若是始視面謂觀其顏色可傳言未也中視抱容其思之且爲敬也卒視面察其納已言否也毋改謂傳言見答應之間當正容體以待之毋自變動爲嫌懈惰不虛心也衆謂諸卿大夫同在此者皆若是其視之儀無異也古文毋作無今文衆爲終○毋音無

若父則遊目毋上於面毋下於帶子於父主孝不主敬所視廣也因觀安否何如也今文父爲甫古文毋爲無

若不言立則視足坐則視膝不言則伺其行起而巳

右進言之法

凡侍坐於君子君子欠伸問日之早晏以食具告改居則請退可也君子謂卿大夫及國中賢者也志倦則欠體倦則伸問日晏近於久也具猶辦也改居謂自變動也古文伸作信早

作蚤。○欠引氣，伸擿體，問日早晚，御者以食具告主人自變動其尻處，皆倦怠厭客之意，故請退可也。夜侍坐，問夜，膳葷，請退可也。問夜，問其時數也。膳葷，謂食之葷辛物，葱薤之屬，食之以止臥。古文葷作薰。○薤，戶界反。

右侍坐於君子之法。

君賜之食，則君祭先飯，徧嘗膳，飲而俟，君命之食，然後食。君祭先飯，食其祭食，臣先飯，示爲君嘗食也。此謂君與之禮食。膳謂進庶羞，既嘗庶羞，則飲，俟君之徧嘗也。今文呫嘗膳。○若侍坐而君賜之食，則君祭而臣先飯，徧嘗庶羞，啜飲而俟，必待君命之食，然後食。疏以爲此膳宰不在，則侍食者自嘗。已前食非嘗君前食，與膳宰正嘗食有異，故云示爲君嘗食也。又云此小小禮食法，非正禮食。正禮食則公食大夫是也。彼君前無食，此君臣俱有食，故與彼異也。○呫，音貼，他篋反。若有將食者，則俟君之食，然後食。○將食，猶進食，謂膳宰也。膳宰進食，則臣不嘗食。周禮膳夫授祭，品嘗食，王乃食。君賜之爵，則下席，再拜稽首，受爵。升席祭。卒爵而俟。君卒爵。然後授虛爵。受爵者，於尊所。至於授爵，坐授人耳。必俟君卒爵者，若欲其釂然也。今文曰：若賜之爵，無君也。○此亦燕見賜爵法。若大燕飲禮，則君卒爵而後飲。案燕禮，常無算爵，後得君賜爵，待君卒爵乃飲是也。退。坐取屨。隱辟而後屨。君為之興，則曰：君無為興。臣不敢辭。君若降送之，則不敢顧辭。遂出。謂君若食之飲之而退也。隱辟，俛而逡巡。興，起也。辭君興而不敢辭其降，於已太崇，不敢當也。○君無為興，臣不敢辭，即臣辭興之語也。大夫則辭。退下，比及門，三辭。下，亦降也。○士卑，不敢辭降；大夫，臣中尊者，君為已退而降，則辭矣。○比，毗志反

右臣侍坐賜食賜飲及退去之儀

若先生、異爵者請見之，則辭。辭不得命，則曰：某無以見，辭不得命，將走見。先見之。先生，致仕者也。異爵，謂卿大夫也。辭，辭其自降而來。走，猶出也。先見之者，出先拜也。曲禮

曰主人敬賓則先拜賓○某

無以見言無故不敢輕見也

右尊爵者來見士

非以君命使則不稱寡大夫士則曰寡君之老○謂擯贊者辭也不稱寡君不言寡君之某言姓名而已大夫卿士其使則皆曰寡君之某檀弓曰仕而未有祿者君有饋焉曰獻使焉曰寡君之老○此經當有脫文註引檀弓亦多之老二字玉藻云大夫私事使私人擯則稱名公士擯則曰寡大夫寡君之老與此經相發明謂非以君命而有事他國則擯辭不得稱曰寡君之某稱名而已若以君命出聘公士爲擯下大夫則曰寡大夫上大夫則曰寡君之老

凡執幣者不趨容彌蹙以爲儀○不趨主愼也以進而益恭爲威儀耳今文無容○疏曰案小行人合六幣玉馬皮圭璧帛皆稱幣下文別云執玉則此幣謂皮馬享幣及禽摯皆是又云不趨者不爲疾趨

執玉者則唯舒武舉前曳踵○唯舒者重玉器尤愼也武迹也舉前曳踵備蹷跲也古文無者古文曳作抴○

執玉本朝聘鄰國之事因言執贄相見遂兼及之舒武舒徐其足武不敢疾趨也鄭乃於舒字斷句○躐音致跲其業反梱以制反

凡自稱於君。士大夫。則曰下臣。宅者在邦。則曰市井之臣。在野則曰草茅之臣。庶人。則曰刺草之臣。他國之人。則曰外臣。宅者謂致仕者去官而居宅或在國中或在野周禮載師之職以宅田任近郊之地今文宅或爲託古文茅作苗刺猶剗除也○與君言之時其自稱有此數者之異○刺七亦反

右博記稱謂與執贄之容

儀禮

鄭氏註　　濟陽張爾岐句讀

鄉飲酒禮第四

鄭目錄云：諸侯之鄉大夫三年大比，獻賢者能者於其君，以禮賓之，與之飲酒，於五禮屬嘉禮。大戴此乃第十，小戴及別錄此皆第四。○疏曰：凡鄉飲酒之禮，其名有四：案此賓賢能謂之鄉飲酒，一也；又案鄉飲酒義云「六十者坐，五十者立侍」，是黨正飲酒亦謂之鄉飲酒，二也；鄉射州長春秋習射於州序，先行鄉飲酒，亦謂之鄉飲酒，三也；案鄉飲酒義又有鄉大夫士飲國中賢者，用鄉飲酒，四也。疏言鄉飲有四，此篇所載，三年大比賓賢之禮也；常以正月行之。將射而飲，下篇所列是也，於春秋行之。黨正正齒位，於季冬蜡祭。鄉大夫飲國中賢者，則無常時。

鄉飲酒之禮。主人就先生而謀賓、介。主人，謂諸侯之鄉大夫也。先生，鄉中致仕者。賓、介，處士賢者。周禮大司徒之職，以鄉三物教萬民而賓興之：一曰六德，知、仁、聖、義、忠、和；二曰六行，孝、友、睦、婣、任、恤；三曰六藝，禮、樂、射、御、書、數。鄉大夫以正月之吉受灋于司徒，退而頒之于其鄉吏，使各以教其所治，以考其德行，察其道藝。及三年大比，而興賢者能者鄉老及鄉大夫帥其吏與其衆寡以禮禮賓之厥明獻賢能之書於王是禮乃三年正月而一行也諸侯之鄉大夫貢士於其君蓋如此云古者年七十而致仕老於鄉里大夫名曰父師士名曰少師而教學焉恒知鄉人之賢者是以大夫就而謀之賢者爲賓其次爲介又其次爲衆賓而與之飲酒是亦將獻之以禮禮賓之也今郡國十月行此飲酒禮以黨正每歲邦索鬼神而祭祀則以禮屬民而飲酒于序以正齒位之説然此篇無正齒位之事焉凡鄉黨飲酒必於民聚之時欲其見化知尚賢尊長也孟子曰天下有達尊三爵也德也齒也○案此飲酒禮有獻賓有樂賓有旅酬有無筭爵樂凡四大段而禮成此下至當楣北面答拜則將飲酒之始事初謀賓戒賓次陳設次速賓迎賓拜賓凡三節疏云周禮所言是天子鄉大夫貢士法諸侯鄉大夫貢士法亦如之若據鄉貢一人其介與衆賓不貢但輔賓行禮待後年還以貢之耳大國三鄉次國二鄉小國一鄉鄉送一人至君所其君簡試仍更行飲酒禮賓之於王○索色白反

主人戒賓。賓拜辱。主人答拜。乃請賓。賓禮辭。許。主人再拜。賓答拜。戒警也告也拜辱出拜其自屈辱至已門也請告以其所爲來之事不固辭者素所有志○主人戒賓言主人往至賓門欲相誓告非謂已戒之也至請賓方是發辭相戒耳一辭而許者德業既成欲及時而試也主人再拜拜其許已也主人退賓拜辱○退猶去也去又拜辱者以送謝之介亦如之○如戒賓也○如戒賓時拜辱請許諸儀也疏云衆賓必當遣人戒速但畧而不言

右謀賓戒賓

乃席賓主人介○席敷席也夙興往戒歸而敷席賓席牖前南面主人席阼階上西面介席西階上東面○註言敷席面位可訂近日鄉飲隅坐之失衆賓之席皆不屬焉○席衆賓於賓席之西不屬者不相續也皆獨坐明其德各特○疏云雖不屬猶統賓爲位同南面也尊兩壺于房戶間斯禁有玄酒在西○設篚于禁南東肆加二勺于兩壺○斯禁禁切地無足者玄酒在西上也肆陳也○兩壺酒與玄酒各一也斯禁以承壺玄酒在酒之西設篚貯爵在禁之南向東陳之其首在西壺各有勺以備挹酌疏云士之棜禁大夫

之斯禁名雖異其形同若天子諸侯承尊之物謂之豐上有舟、**設洗于阼階東南。南北以堂深。東西當東榮。水在洗東。篚在洗西。南肆。**榮屋翼○南北以堂深謂以堂廉北至屋壁之遠近爲洗去堂之遠近也疏云假令堂深二丈洗去堂亦二丈以此爲度是也堂上設篚此復設篚者上篚所貯三爵每一爵行畢即奠下篚、且貯餘爵也、

右陳設

羹定。肉謂之羹定猶孰也○疏云言羹定者以與速賓時節爲限、**主人速賓。賓拜辱。主人答拜。還。賓拜辱。**速召也、還猶退、**介亦如之。**如速賓也、**賓及衆賓皆從之。**從猶隨也言及衆賓介亦在其中矣○主人速賓而還、賓及衆賓後面隨至非同行相隨也、**主人一相迎于門外。再拜賓。賓答拜。拜介。介答拜。**相主人之吏、擯贊傳命者、○主人於羣吏中立一人以相禮與之迎賓於

庠門外、揖衆賓。差益卑也、拜介、揖衆賓、皆西南面。○疏云、賓介衆賓在門外、位以北爲上、主人與賓正東西相當、則介與衆賓差在南東面、主人正西面、拜賓則側身向西南拜介揖衆賓矣、主人揖。先入。揖、揖賓也、先入、入門而西面、○主人導賓先入、至內霤、西向以待、賓厭介。入門左。介厭衆賓。入衆賓皆入門左。北上。皆入門西、東面、賓之屬相厭、變於主人也、推手曰揖、引手曰厭、今文皆作揖、又曰衆賓皆入左、無門、○疏云、引手曰厭者、以手向身引之。○厭一涉反　主人與賓三揖。至于階。三讓。主人升。賓升。主人阼階上當楣北面再拜。賓西階上當楣北面答拜。三揖者、將進揖、當陳揖、當碑揖、楣、前梁也、復拜、拜賓至此堂、尊之、○陳、堂塗也、東西兩向堂之塗也、主人與賓三揖至階、介與衆賓亦相隨至西階下、主人升、賓乃升、爲賓之道、進宜難也、當楣拜、拜至也、

右速賓迎賓拜至

主人坐取爵于篚。降洗。將獻賓也。○此下至以爵降奠於篚、言主人獻賓介衆賓之儀、凡六節、賓降。從主人也。主人坐奠爵于階前。辭。重以已事煩賓也。事同曰讓、事異曰辭、賓對。對、答也。賓主之辭未聞、

主人坐取爵。興。適洗。南面坐奠爵于篚下。盥洗。已盥乃洗爵、致潔敬也。今文無奠。○篚下、當篚之下、非於篚也。盥洗者、盥訖取爵擬洗、亦非謂遽已洗也。下文因賓辭、復置爵而對、對已乃復取爵成洗、賓進。東北面辭洗。必進東行、示情。○賓降立當西序、至主人擬洗爵、乃進而東行、東北向主人辭洗。註云示情者、示謙下主人之情也、

主人坐奠爵于篚。興對。賓復位。當西序東面。言復位者、明始降時位在此、主人坐取爵。沃洗者西北面。沃洗者、主人之羣吏。○古人盥洗、並用人執罍灌沃、下別有器、承其棄水、故有沃洗者、卒洗。主人壹揖。壹讓。升。俱升。古文壹作一、賓拜洗。主人坐奠爵。遂拜。降盥。復盥、爲手坋汙。○因事曰遂、言遂拜者、主人坐奠爵、因不起而遂拜、

也後凡言遂者皆因上事○坋步困反 賓降主人辭賓對復位當西序卒盥揖讓

升賓西階上疑立 疑讀為仡然從於趙盾之仡正立自定之貌○盾徒本反 主人坐取爵

實之賓之席前西北面獻賓 獻進也進酒於賓○主人取爵實酒獻賓必西北面者賓在西階欲

其就席受爵故西北向之也 賓西階上拜主人少退 少退少避 賓進受爵以復位

主人阼階上拜送爵賓少退 復位復西階上位○賓進席前受爵復持此爵還西階上位 薦

脯醢 薦進也進之者主人有司○薦之席前 賓升席自西方 升由下也升必中席○疏云案曲禮云席

南鄉北鄉以西方為上今升席自西方云升由下者以賓統於主人以東方為上也 乃設折俎 牲體枝解節折在俎

主人阼階東疑立賓坐左執爵祭脯醢 坐坐於席祭脯醢者以右手 奠爵于

薦西興右手取肺卻左手執本坐弗繚右絕末以祭尚左手嚌

之。興。加于俎。興起也肺離之本端厚大者繚猶紾也大夫以上威儀多紾絶之尚左手者明垂紾之乃絶其末齊
嘗也○少儀云取俎進俎不坐是以取爵奠爵興至加于俎又
興也郤左手仰其左手也案鄉射禮取矢于楅郤手與覆手對
弗繚者直絶末以祭不必繚也繚祭以手從肺本循之至末乃
絶之絶祭不循其本但絶末而已大夫以上威儀多乃繚士則
否經文言弗繚以賓固士也他事皆從士禮
註疏獨於此處解作繚祭不敢從○繚音了
坐挩手。遂祭酒。挩拭
也古文挩作說○坐以帨巾拭
手遂執爵祭酒○挩始鋭反
興。席末坐。啐酒。啐亦嘗也○席末謂席之尾祭
薦祭酒嚌肺皆於席
中唯啐酒於席末
降席。坐奠爵。拜。告旨。執爵興。主人阼階上
答拜。降席席西也旨美也
賓西階上北面坐卒爵。興。坐奠爵。遂拜。執爵興。
主人阼階上答拜。卒盡也於此盡酒者明此席非專爲飲酒起

右主人獻賓

賓降洗。將酢主人主人降。亦從賓也降降立阼階東西面賓坐奠爵興辭。西階前也○疏云鄉射云賓西階前東面坐奠爵興辭降此亦然主人對。賓坐取爵適洗南北面。○擬洗主人阼階東南面辭洗。賓坐奠爵于篚。興對。主人復阼階東西面。○前獻賓主人既盥而後辭洗此則賓未盥而已辭洗故主人奠爵初在篚下繼乃於篚以初未聞賓命也賓奠爵即于篚以已聞主命也賓東北面盥。坐取爵卒洗。揖讓如初升。○如獻賓時一揖一讓主人拜洗。賓答拜興降盥。如主人禮。○如其從降辭對賓實爵主人之席前東南面酢主人。○主人在阼階賓自主人席前向之故東南面主人阼階上拜。賓少退。主人進受爵復位。賓西階上拜送爵。薦脯醢。○亦主人有司主人升席自北方設折俎。祭如賓禮。祭者祭薦俎及酒亦齊嚌不告旨。酒巳物也自席前適阼階上。北面坐卒爵。興。坐奠爵。遂拜。執爵興。賓西階上答拜。自席前者啐酒席末因從北方降由便也○案曲禮席東鄉西鄉以南方爲上南鄉北鄉以西方爲上凡升席由下降席由上今主人當降自南方以啐酒於席末遂因從席北頭降由席前以適阼階是由便也主人坐奠爵于序端。阼階上北面再拜崇酒。賓西階上答拜。東西牆謂之序崇充也言酒惡相充實○疏云奠爵于序端者擬後酬賓訖取此爵以獻介也李之藻云崇重也謝賓崇重己酒不嫌其惡也

右賓酢主人

主人坐取觶于篚。降洗。賓降。主人辭降。賓不辭洗。立當西序東面。不辭洗者以其將自飲○酬酒先自飲乃酬賓故卒洗揖讓註云將自飲獻用爵酬用觶一升曰爵三升曰觶升。賓西階上疑立。主人實觶酬賓。阼階上北面坐奠觶。遂拜。執

觶興。賓西階上答拜。酬勸酒也。酬之言周、忠信爲周。○先自飲、所以勸賓也、拜賓者、通其勸意也、答拜者、答其勸已也、坐祭。遂飲卒觶興。坐奠觶。遂拜執觶興。賓西階上答拜。○主人導飲訖主人降洗。賓降辭。如獻禮升不拜洗。不拜洗、殺於獻。○主人爲賓洗爵、故賓降辭如獻禮、但升堂不拜耳。賓西階上立。主人實觶賓之席前。北面。賓西階上拜。主人少退。卒拜。進坐奠觶于薦西。賓已拜、主人奠其觶。○奠觶西、欲賓舉此觶也、賓辭。坐取觶。復位。主人阼階上拜送。賓北面坐奠觶于薦東。復位。酬酒不舉、君子不盡人之歡、不竭人之忠、以全交也。○賓辭、疏以爲辭主人復親酌已、愚以主人方酌時不辭、殆非辭酌也、仍是辭其親奠、如鄉射二人舉觶時耳、

右主人酬賓

主人揖降。賓降立于階西，當序東面。主人將與介爲禮，賓謙，不敢居堂上。○揖降者，主人揖賓而自降，賓亦降辟階西，俟其與介爲禮也。主人以介揖讓升，拜如賓禮。主人坐取爵于東序端，降洗。介降。主人辭降。介辭洗。如賓禮。升，不拜洗。介禮殺也。○主人與賓三揖至階之時，介與衆賓亦相隨至階下。今此云以介揖讓升，惟有升堂揖讓耳，無庭中三揖矣。拜如賓禮，謂亦拜至如賓也。介西階上立。不言疑者，省文。主人實爵介之席前，西南面獻介。○介席東面，介立西階上，在席南，故主人西南面向之。介西階上北面拜。主人少退。介進，北面受爵，復位。主人介右北面拜送爵。介少退。主人拜于介右，降尊以就卑也。今文無北面。主人立于西階東。○在介右而又稍東，以設薦之時，介方升祭，主人無事，故立於此。薦脯醢。介升席自北方。設折俎。祭如賓禮。不嚌肺。不啐酒。不告

首。自南方降席。北面坐。卒爵。興。坐奠爵。遂拜。執爵興。主人介右答拜。不嚌啐、下賓。○北面坐、西階上北面坐也、

右主人獻介

介降洗。主人復阼階。降辭如初。如賓酢之時。○降辭如初者、介辭主人從已降、主人辭介爲已洗、一如賓酢時也、卒洗。主人盥。盥者、當爲介酌。○疏云、主人自飲而盥者、尊介也、介揖讓升。授主人爵于兩楹之間。就尊南授之、介不自酌、下賓、酒者賓主共、之。○揖讓升、一揖一讓升也、介但授虛爵不自酌者、介卑、不敢必主人爲已飲也、介西階上立。主人實爵。酢于西階上介右坐奠爵。遂拜。執爵興。介答拜。主人坐祭。遂飲。卒爵。興。坐奠爵。遂拜。執爵興。介答拜。主人坐奠爵于西楹南。介右再拜崇酒。介答

拜。○奠爵西楹南拜以爵獻衆賓

右介酢主人

主人復阼階。揖降。介降立于賓南。○向來主人與介行禮西階上事訖故復阼階揖降者將與衆賓爲禮也、主人西南面三拜衆賓。衆賓皆答壹拜。三拜、一拜、示徧不備禮也、不升拜賤也、○主人在阼階下、衆賓在賓介之南、故主人西南面拜之、云示徧、解主人三拜、不備禮、解衆賓答一拜、不升拜賤也、言主人不升衆賓於堂而拜之、以其賤、故畧之、與賓介升堂拜至者異也、主人揖升。坐取爵于西楹下。降洗。升實爵。于西階上獻衆賓。衆賓之長升拜受者三人。長其老者、言三人、則衆賓多矣、○主人揖升、主人自升也、衆賓尙在堂下、至主人于西階上獻爵、衆賓始一一升受之耳、經文自明、疏以揖升爲揖衆賓升、非也、又記云、衆賓之長一人辭洗如賓、當亦從堂下東行辭之、疏以爲降辭、亦未是、主人拜送。於衆賓右。坐祭。立飲。不拜既爵。授主人爵。降復位。既卒也。卒爵不拜。立飲立授。賤者禮簡。○一人飲畢授爵降。次一人乃升拜受也。衆賓獻。則不拜受爵。坐祭。立飲。次三人以下也。不拜。禮彌簡。○亦升受。但不拜耳。每一人獻。則薦諸其席。謂三人也。○席次賓介西。前經云。衆賓之席皆不屬焉是也。衆賓辯有脯醢。亦每獻薦於其位。位在下。今文辯皆作徧。○疏云。堂下立侍。不合有席。既不言席。知位在下。○辯與遍同。主人以爵降。奠于篚。不復用也。

右主人獻衆賓。自初獻賓至此。爲飲酒第一段

揖讓升。賓厭介升。介厭衆賓升。衆賓序升。即席。序。次也。即。就也。今文厭皆爲揖。○此下言一人舉觶。待樂賓後。爲旅酬之端也。揖讓升。謂主人蒙上以爵降之文也。衆賓序升。謂三賓堂上有席者。一人洗。升。舉觶于賓。一人。主人之吏。發酒端曰舉。實觶。西階上坐奠觶。遂拜。執觶

興。賓席末答拜。坐祭。遂飲。卒觶興。坐奠觶。遂拜。執觶興。賓答拜。降洗。升實觶。立于西階上。賓拜。賓拜、拜將受觶。○疏曰。云賓席末答拜者。謂於席西南面。非謂席上。近西謂末。以其無席上拜灋也。巳下賓拜皆然。進坐奠觶于薦西。賓辭。坐受以興。舉觶不授、下主人也。主坐受者。明行事相接。若親受謙也。○案主人酬賓。亦奠觶而不親授。似酬法當然。註以爲下主人。恐宜再議。舉觶者西階上拜送。賓坐奠觶于其所。所、薦西也。○作樂後。立司正。賓取此觶以酬主人。以其將舉。故奠之於右。舉觶者降。專巳。

右一人舉觶

設席于堂廉。東上。爲工布席也。側邊曰廉。燕禮曰。席工於西階上。少東。樂正先升。北面。此言樂正先升。立于西階東。則工席在階東。○此下作樂樂賓。有歌。有笙。有閒。有合。凡四節。疏云。註引燕禮。欲證工席在西階東。據樂正於西階東

而立在工西、則知工席更在階東、此言近堂廉、亦在階東、彼云階東、亦近堂廉也、

工四人。二瑟。瑟先相者二人。皆左何瑟。後首。挎〈音枯〉越。內弦。右手相。

四人、大夫制也、二瑟、二人鼓瑟、則二人歌也、瑟先者、將入、序在前也、相、扶工也、衆賓之少者爲之、每工一人、鄉射禮曰、弟子相工、如初入、天子相工、使視瞭者、凡工、瞽矇也、故有扶之者、師冕見及階、子曰、階也、及席、子曰、席也、固相師之道、後首者、變于君也、挎、持也、相瑟者、則爲之持瑟、其相歌者、徒相也、越、瑟下孔也、內弦、側擔之者、○燕禮、小臣左何瑟、面鼓、謂可鼓者在前、此後首不面鼓、是變於君也、瑟底有孔、以指深入、謂之挎、內弦、弦向內也、○何、戶可反、挎、口孤反、瞭、音了、擔、丁甘反、

樂正先升。立于西階東。

正、長也、

工入。升自西階。北面坐。相者東面坐。遂授瑟。乃降。

降立于西方、近其事、

工。歌鹿鳴。四牡。皇皇者華。

三者皆小雅篇也、鹿鳴、君與臣下及四方之賓燕、講道修政之樂歌也、此采其已有旨酒、以召嘉賓、嘉賓旣來、示我以善道、又樂嘉賓有孔昭之明德、可則傚也、四牡、君勞使臣之來樂歌也、此采其勤苦王

事念將父母、懷歸傷悲、忠孝之至、以勞賓也、皇皇者華、君遣使臣之樂歌也、此采其更是勞苦自以爲不及、欲諮謀于賢知、而以自光明也、

卒歌。主人獻工。工左瑟。一人拜。不興受爵。主人阼階上拜送爵。一人、工之長也、凡工賤、不爲之洗。○工左瑟者、移瑟于左、身在瑟右、以便受爵也、薦脯醢。使人相祭。使人相者、相其祭酒祭薦工飲。不拜既爵。授主人爵。坐授之衆工則不拜受爵。祭飲。辯有脯醢。不祭。祭飲、獻酒重、無不祭也、今文辯爲徧。○祭飲、祭而後飲也、大師則爲之洗。賓介降。主人辭降。工不辭洗。大夫若君賜之樂、謂之大師、則爲之洗、尊之也、賓介降、從主人也、工大師也、上既言獻工矣、乃言大師者、大師或瑟或歌也、其獻之、瑟則先歌則後○大師在瑟歌四人之內、通謂之工、獻之亦依瑟先歌後之序、但爲之洗爲不同

右升歌三終及獻工

笙入堂下。磬南。北面立。樂南陔。白華華黍。笙、吹笙者也。以笙吹此詩以爲樂也。南陔、白華、華黍、小雅篇也。今亡、其義未聞。昔周之興也、周公制禮作樂、采時世之詩、以爲樂歌、所以通情、相風切也。其有此篇明矣。後世衰微、幽厲尤甚、禮樂之書、稍稍廢棄。孔子曰、吾自衛反魯、然後樂正、雅頌各得其所。謂當時在者而復重雜亂者也。惡能存其亡者乎。且正考父校商之名頌十二篇于周太師、歸以祀其先王。至孔子二百年之間、五篇而已。此其信也。○磬縣南面、其南當有擊磬者。此笙入磬南北面、在磬者之南、北面也。詩序云、南陔、孝子相戒以養也。白華、孝子之潔白也。華黍、時和歲豐宜黍稷也。疏謂鄭君註禮時、尚未見詩序、故云其義未聞。先儒又以爲有其義、亡其辭。朱子則云、笙詩有聲無辭、古必有譜、如魯鼓薛鼓之類、而今亡矣。爲得之。○陔、古才反。風、方鳳反。

主人獻之于西階上。一人拜盡階。不升堂受爵。主人拜送爵。階前坐祭。立飲。不拜既爵。升授主人爵。一人、笙之長者也。笙三人、和一人、凡四人。鄉射禮曰、笙一人拜于下。○一人拜、謂在地拜。鄉射記云、三笙一和而成聲爾。

雅云、笙小者謂之和、前獻歌工、在阼階上、以工在西階東也、此獻笙、在西階上、以笙在階下也

衆笙則不拜受爵。坐祭立飲。辯有脯醢。不祭。亦受爵于西階上、薦之皆於其位、磬南、今文辯爲徧

右笙奏三終及獻笙

乃間歌魚麗。笙由庚。歌南有嘉魚。笙崇丘。歌南山有臺。笙由儀。間代也、謂一歌則一吹、六者、皆小雅篇也、魚麗言太平年豐物多也、此采其物多酒旨、所以優賓也、南有嘉魚、言太平、君子有酒、樂與賢者共之也、此采其能以禮下賢者、賢者纍蔓而歸之、與之燕樂也、南山有臺、言太平之治、以賢者爲本、此采其愛友賢者、爲邦家之基、民之父母、既欲其身之壽考、又欲其名德之長也、由庚崇丘由儀今亡、其義未聞、○間者、一歌畢、一笙繼之也、堂上歌魚麗方終、堂下笙卽吹由庚、餘篇皆然、詩序云、由庚、萬物得由其道也、崇丘、萬物得極其高大也、由儀、萬物之生、各得其宜也、○麗力知反

右閒歌三終

乃合樂周南關雎葛覃卷耳召南鵲巢采蘩采蘋。合樂謂歌樂與衆聲俱作。

周南召南國風篇也王后國君夫人房中之樂歌也關雎言后妃之德葛覃言后妃之職卷耳言后妃之志鵲巢言國君夫人之德采蘩言國君夫人不失職采蘋言卿大夫之妻能循其法度昔大王王季居于岐山之陽躬行召南之教以興王業及文王而行周南之教以受命大雅云刑于寡妻至于兄弟以御于家邦謂此也其始一國耳文王作邑于豐以故地爲卿士之采地乃分爲二國周周公所食召召公所食於時文王三分天下有其二德化被于南土是以其詩有仁賢之風者屬之召南焉有聖人之風者屬之周南焉夫婦之道生民之本王政之端此六篇者其教之原也故國君與其臣下及四方之賓燕用之合樂也鄉樂者風也小雅爲諸侯之樂大雅頌爲天子之樂鄉飲酒升歌小雅禮盛者可以進取也燕合鄉樂禮輕者可以逮下也春秋傳曰肆夏繁遏渠天子所以享元侯也文王大明緜兩君相見之樂也然則諸侯相與燕升歌大雅合小雅天子與次

國小國之君燕亦如之與大國之君燕升歌頌合大雅其笙間之篇未聞○案此合樂卽論語所謂關雎之亂者也○雎七徐反覃大南反卷九轉反召音邵蘋毗人反

工告于樂正曰正歌備樂正告于賓乃降○樂正降者以正歌備無事也降立西階東北面○疏云鄭知降立西階東北面者以其在堂上時在西階之東北面知降堂下亦然在笙磬之西亦得監堂下之樂故知位在此也

右合樂及告樂備此作樂樂賓是飲酒禮第二段並上段鄭氏以爲禮樂之正是也

主人降席自南方○不由北方由便○此下言旅酬之儀立司正以監酒司正安賓表位於是賓酬主人主人酬介介酬衆賓衆賓以次皆徧焉

側降○賓介不從○側特也降謂降階主人獨降而賓介不從者禮殺故也

作相爲司正○司正禮辭○許諾○主人拜司正答拜○作使也禮樂之正既成將留賓爲有懈惰

立司正以監之拜拜其許○相卽前一相迎賓門外者至此復使爲司正也○監古銜反主人升復席司正洗觶升自西階阼階上北面受命于主人主人曰請安于賓司正告于賓賓禮辭許爲賓欲去留之告賓於西階司正告于主人主人阼階上再拜賓西階上荅拜司正立于楹閒以相拜皆揖復席再拜拜賓許也司正既以賓許告主人遂立楹閒以相拜賓主人既拜揖就席

右司正安賓

司正實觶降自西階階閒北面坐奠觶退共少立階閒北面東西節也其南北當中庭共拱手也少立自正愼其位也已帥而正孰敢不正燕禮曰右還北面○右還北面謂降自西階至中庭時右還就位○共九勇反坐取觶不祭遂飲卒觶興坐奠觶遂拜執觶興洗北面

坐奠觶于其所。退立于觶南。洗觶奠之，示潔敬。立於其南以察眾。○疏云執觶與洗，不云盥。俗本有盥者誤。今案唐石經有此字。

右司正表位

賓北面坐取俎西之觶。阼階上北面酬主人。主人降席立于賓東。初起旅酬也。凡旅酬者，少長以齒，終於沃盥者，皆弟長而無遺矣。○俎西之觶，謂作樂前一人舉觶奠于薦右者也。今爲旅酬而舉之。前主人酬賓奠于薦東之觶不舉，故言俎西以別之。○主人降席不言自南自北。下記云主人介凡升席自北方，降席自南方，指此文也。註云終於沃盥，言酬爵之無不徧。賓連無筭爵而言。下記云主人之贊者西面北上，不與無筭爵，然後與。其賓旅酬時，尚未及沃洗也。賓坐奠觶。遂拜。執觶興。主人答拜。不祭立飲。不拜。卒觶。不洗。實觶。東南面授主人。賓立飲卒觶，因更酌以鄉主人，將授。主人阼階上拜。賓少退。主人受觶。賓拜送于主人之西。旅酬同階禮殺。○疏曰決上正酬時不同階，今同階，故云禮殺也。賓揖復席。酬主人訖。

右賓酬主人

主人西階上酬介。介降席自南方，立于主人之西。如賓酬主人之禮。主人揖復席。其酌實觶西南面授介，自此以下旅酬，酌者亦如之。○主人以所受于賓之觶往酬介，亦先拜介，自飲實觶，授介，拜送於其東。註自此以下旅酬，酌者亦如之，謂皆西南面授之也。

右主人酬介

司正升相旅。曰：某子受酬。受酬者降席。旅，序也。於是介酬衆賓，衆賓又以次序相酬。某者，衆賓姓也。同姓則以伯仲別之，又同則以其字別之。○顧炎武云：鄉射禮某酬某子，註某子者氏。云古人男子無稱姓者，從鄉射禮註爲得如左傳叔孫穆子子言叔仲子子服子之類 司正退立于序端東面。辟受酬者、又便其贊上贊下也、始升相、西階西北面。○疏曰、司正初時在堂上西階西北面命受酬者訖、退立于西序端東面者、一則案此下文衆受酬者受自左、即是司正立處、故須辟之二則東面時贊上贊下便也、 受酬者自介右。由介東也、尊介、使不失故位、 衆受酬者受自左。後將受酬者皆由西、變於介也、今文無衆酬也。○衆賓首一人受介酬、自介右受之、第二人以下、受其前一人酬、皆自其左受之也、凡授受之法、授由其右、受由其左、以尊介、故受由右、餘人自如常禮也、

拜興飲皆如賓酬主人之禮。嫌賓以下異也。 辯。卒受者以觶降坐奠于篚。辯、辯衆賓之在下者、鄉射禮曰、辯、遂酬在下者、皆升受酬于西階上。○辯、辯衆賓之在下者、謂既酬堂上、又及堂下無不徧也、引鄉射禮證此與彼同、 司正降復位。觶南之位

右介酬衆賓衆賓旅酬此飲酒禮之第三段

使二人舉觶于賓介洗升實觶于西階上皆坐奠觶遂拜執觶興賓介席末答拜皆坐祭遂飲卒觶興坐奠觶遂拜執觶興賓介席末答拜。二人亦主人之吏若有大夫則舉觶于賓與大夫燕禮曰媵爵者立于洗南西面北上序進盥洗。

此下言無筭爵初使二人舉觶次徹俎次坐燕飲酒之終禮也賓介席末答拜者賓於席西南面答介於席南東面答也註引燕禮證此二人將舉觶其盥洗亦如之也

逆降洗升實觶皆立于西階上賓介皆拜。於席末拜○逆降者二人先後之序與升時相反

皆進薦西奠之賓辭坐取觶以興介則薦南奠之介坐受以興退皆拜送降賓介奠于其所。賓言取介言受尊卑異文今文曰賓受○疏曰言皆進者一人之賓所奠觶于薦西一人之介所奠觶于薦南按此二人所舉之觶待升坐後賓介各舉以酬爲無筭爵者即此二觶

右二人舉觶

司正升自西階。受命于主人。主人曰。請坐于賓。賓辭以俎。至此盛禮俱成酒清肴乾賓主百拜強有力猶倦焉張而不弛弛而不張非文武之道請坐者將以賓燕也俎者肴之貴者辭之者不敢以禮殺當貴者○前此皆立行禮至此乃請坐燕主人請徹俎。賓許。亦司正傳請告之司正降。階前命弟子俟徹俎。西階前也弟子賓之少者俎者主人之吏設之使弟子俟徹者明徹俎賓之義司正升。立于序端。待事賓降席。北面。主人降席。阼階上北面。介降席。西階上北面。遵者降席。席東南面。皆立相須徹俎也遵者謂此鄉之人仕至大夫者也今來助主人樂賓主人所榮而遵灋者也因以為名或有無來不來用時事耳今文遵為僎或為全賓取俎。還授司正。司正以降。賓從之。主人取俎。還授弟子。弟子以降自西階。主人降自阼階。介取俎。還授弟子。弟子以降。介從之。若有諸公大夫。則使人受俎。如賓禮。衆賓皆降。取俎者皆鄉其席既授弟子皆降復初入之位。○還音旋

向席取俎轉身以授人註云復初入之位者東階西階相讓之位也

右徹俎

說屨揖讓如初。升坐。說屨者爲安燕當坐也必說於下者屨賤不空居堂說屨主人先左賓先右今文說爲稅。乃羞。羞進也所進者狗胾醢也鄉設骨體所以致敬也今進羞所以盡愛也敬之愛之所以厚賢也○胾壯吏反無筭爵。筭數也賓主燕飲爵行無數醉而止也鄉射禮曰使二人舉觶于賓與大夫又曰執觶者洗升實觶反奠於賓與大夫皆是○疏曰引鄉射禮者證此無筭爵從首至末更從上至下唯醉乃止無筭樂。燕樂亦無數或閒或合盡歡而止也春秋襄二十九年吳公子札來聘請觀于周樂此國君之無筭

右坐燕此飲酒第四段飲禮始畢

賓出奏陔。陔陔夏也陔之言戒也終日燕飲酒罷以陔爲節明無失禮也周禮鍾師以鍾鼓奏九夏是奏陔夏則有鍾鼓矣鍾鼓者天子諸侯備用之大夫士鼓而已蓋建於阼階之西南鼓鄉射禮曰賓興樂正命奏陔賓降及階陔作賓出衆賓皆出主人送于門外再拜。門東西面拜也賓介不答拜禮有終也

右賓出

賓若有遵者。諸公大夫。則既一人舉觶乃入。不干主人正禮也遵者諸公大夫也謂之賓者同從外來耳大國有孤四命謂之公○此下言諸公大夫來助主人樂賓主人與爲禮之儀遵不必至故曰若有當一人舉觶畢瑟笙將入之時乃入註云不干主人正禮謂主人獻酢之禮也樂作後又後樂賓故此時乃入席于賓東。公三重。大夫再重。席此二者於賓東尊之不與鄉人齒也天子之國三命者不齒於諸侯之國爵爲大

夫則不齒矣不言遵者遵者亦卿大夫○云席于賓東者賓在戶牖之間酒尊在房戶間正在賓東不容置席則席遵者當又在其東但繼賓而言耳其實在酒尊東也不與鄉人齒者衆賓之席繼賓而西是與相齒此特爲位於酒尊東不在衆人行列中故云不與齒也○重直龍反

公如大夫入主人降賓介降衆賓皆降復初位主人迎揖讓升公升如賓禮辭一席使一人去之如讀若今之若主人迎之於門內也辭一席謙自同於大夫○公若大夫入言或公入或大夫入其降迎皆如下文所云也如賓禮謂拜至獻酢酹並如之也○去起呂反

大夫則如介禮有諸公則辭加席委于席端主人不徹無諸公則大夫辭加席主人對不去加席加席上席也大夫席再重○如介禮其入門升堂獻酢等皆如介之殺於賓也

右遵者入之禮

明日。賓服鄉服以拜賜。拜賜、謝恩惠、鄉服、昨日與鄉大夫飲酒之朝服也不言朝服、未服以朝也、今文曰賓服鄉服。○此下至篇末、言鄉飲明日、拜謝勞息諸事**主人如賓服以拜辱。**拜賓復自屈辱也鄉射禮曰賓朝服以拜賜于門外、主人不見、如賓服、遂從之拜辱於門外、乃退。○引鄉射禮者、明此亦彼此賓主皆不相見、造門外拜謝而已、**主人釋服。**釋朝服、更服玄端也、古文釋作舍、**乃息司正。**息、勞也勞賜昨日贊執事者、獨云司正、司正、庭長也**無介。**勞禮畧也司正為賓、**不殺。**市買若因所有可也、不殺則無俎、○殺所八反、**薦脯醢。**羞同也**羞唯所有。**在有何物**徵唯所欲。**徵召也、**以告于先生君子可也。**告、請也先生不以筋力為禮、於是可以來君子、國中有盛德者、可者召不召唯所欲**賓介不與。**禮瀆則褻、古文與為預、○與音預**鄉樂唯欲。**鄉樂、周南召南六篇之中、唯所欲作、不從次也不歌鹿鳴魚麗者、辟國君也、鄉朝服而謀賓介皆使能不宿戒。鄉，鄉人，謂鄉大夫也。朝服，冠玄端，緇帶素韠，白屨，今郡國行鄉飲酒之禮，玄冠而衣皮弁服，與禮異。再戒為宿戒，禮將有事，先戒而後宿戒。○鄉謂鄉飲酒之禮，註指人，恐義不盡，謀即經文就先生而謀之也。宿戒戒之者，恐其容有不能，令得肄習。今鄉飲賓介皆使賢而能為禮者，故不煩宿戒也。

記鄉服及解不宿戒

蒲筵緇布純。筵，席也。純，緣也。○純，章允反，又之閏反。尊綌冪，賓至徹之。綌，葛也。冪，覆尊巾。

其牲狗也。狗取擇人。亨于堂東北。東北，陽氣之所始也。陽氣主養。易曰：天地養萬物，聖人養賢以及萬民。○亨，普庚反。

獻用爵，其他用觶。爵尊，不褻用之。其他，謂酬及旅酬。

薦脯五挺，橫祭于其上，出自左房。挺猶脡也。鄉射禮曰：祭半脡，脡長尺有二寸。在東，陽也。陽主養。房，饌陳處也。冠禮之饌，脯醢南上。曲禮曰：以脯脩置者，左朐右末。○薦脯用籩，其挺五，別有半挺橫於上，以待祭。脯本橫設人前，橫祭者，於脯為橫，於人為縮。

陳之左房至薦時乃出之○挺大頞反本亦作脡同朐其于反俎由東壁自西階升亨狗既孰載之俎饌於東方○及其設之由東壁適西階升設筵前不由阼階也賓俎脊脅肩肺主人俎脊脅臂肺介俎脊脅胣胳肺肺皆離皆右體進腠凡牲前脛骨三肩臂臑也後脛骨二膊胳也尊者俎尊骨卑者俎卑骨祭統曰凡爲俎者以骨爲上骨有貴賤凡前貴後賤離猶捼也腠理也進理謂前其本也今文胳作骼○胣胳卽註膊胳後脛二骨也賓主俎各三體而介俎胣胳並言者以肩臂之下留其貴者爲大夫俎若有一大夫則大夫用臑而介用胣若有二大夫則大夫用臑與胣而介用胳用體無常故胣胳兩見也○胳音格腠千豆反脛戶定反臑乃報反又奴刀切音猱捼苦圭反音奎

記器具牲羞之屬

以爵拜者不徒作作起也言拜既爵者不徒起起必酢主人○不拜既爵者則不酢也坐卒爵者

拜既爵。立卒爵者不拜既爵。隆殺各從其宜不使相錯唯工不從此禮。○工無目故不使立卒爵雖坐卒爵不拜既爵與立卒爵者同也。凡奠者於左。不飲者不欲其妨○主人酬賓之觶是也。將舉於右。便也○一人舉觶為旅酬使二人舉觶為無筭爵是也。衆賓之長一人辭洗如賓禮。於三人之中復差有尊者餘二人雖為之洗不敢辭其下不洗○主人統為衆賓三長一洗一人進與為禮餘二人不敢往參非又為二人各一洗也又按經文洗升實爵後始言衆賓之長升拜受者三人此時三人尚未升堂其辭洗亦自階下東行辭之疏於前經以主人揖升為揖衆賓升以此辭洗為降辭皆誤。立者東面北上。若有北面者則東上。賢者衆寡無常也或統於堂或統於門○立者堂下衆賓也東面北上統於堂也賓多東面立不盡即門西北面東上統於門也。樂正與立者皆薦以齒。謂其飲之次也尊樂正同於賓黨不言飲而言薦以明飲也既飲皆薦於其位樂正位西階東北面○樂正本主人官屬故以齒於賓黨為尊之○與音預凡舉爵三作而不徒爵。謂獻賓獻大夫、獻工皆有薦、樂作。大夫不入。後樂賢者。○大夫本爲助主人樂賢來時既後則不入矣。獻工與笙。取爵于上篚。既獻。奠于下篚。明其異器敬也、如是則獻大夫亦然、上篚三爵、○獻賓介衆賓一爵、獻大夫一爵、獻工與笙又一爵、以異器示敬、其笙則獻諸西階上。謂主人拜送爵也、於工、拜于阼階上者、以其坐於西階東也、古文無上、磬。階間縮霤。北面鼓之。縮從也、霤以東西爲從、鼓猶擊也、大夫而特縣、方賓鄉人之賢者、從士禮也、射則磬在東、古文縮爲蹙。○周禮春官小胥掌正樂縣之位、王宮縣、諸侯軒縣、卿大夫判縣、士特縣、凡縣鍾磬、半爲堵、全爲肆、宮縣四面皆縣、如宮有墻也、軒縣去其南面、判縣又去其北面、特縣又去其西面、特立一面而已、鍾磬編縣之、十六枚在一簴、謂之堵、鍾一堵、磬一堵、謂之肆、諸侯之卿大夫半天子之卿大夫、西縣鍾、東縣磬、士亦半天子之士、縣磬而已、此鄉飲酒本諸侯卿大夫、合鍾磬俱有、而亦有磬者、以方賓賢、俯從上禮也○縮所六反霤力又反從子容反

主人。介。凡升席。自北方。降自南方。席南上、升由下、降由上、由

便。司正。旣舉觶而薦諸其位。司正主人之屬也無獻因其舉觶而薦之凡旅不洗。敬禮殺也不洗者不祭。不甚潔也旣旅士不入。後正禮也旣旅則將燕矣○士本爲觀禮來徹俎。賓介遵者之俎。受者以降。遂出授從者。送之○從者從賓介遵者來者也○從才用反

主人之俎。以東。藏於東方樂正命奏陔。賓出。至于階。陔作。○命命擊鼓者賓出至階其節也若有諸公。則大夫於主人之北西面。其西面者北上統於公○疏曰若無諸公則大夫南面西上統於尊也主人之贊者。西面北上。不與。贊佐也謂主人之屬佐助主人禮事徹鼏沃盥設薦俎者西面北上統於堂也與及也不及謂不獻酒○與音預無算爵。然後與。燕乃及之○以其主人之屬故不與獻至燕乃得酒也

記禮樂儀節隆殺面位次序

儀禮　鄭氏註　濟陽張爾岐句讀

鄉射禮第五

鄭目錄云州長春秋以禮會民而射於州序之禮謂之鄉者州鄉之屬鄉大夫或在焉不改其禮射禮於五禮屬嘉禮大戴十一小戴及別錄皆第五○據註此州長射禮而云鄉射者周禮五州為鄉一鄉管五州鄉大夫或宅居一州之內來臨此射禮又鄉大夫大比興賢能訖而以鄉射之禮五物詢衆庶亦行此禮故名鄉射禮也

鄉射之禮。主人戒賓。賓出迎。再拜。主人答再拜。乃請。主人州長也鄉大夫若在焉則稱鄉大夫也戒猶警也語也出迎出門也請告也告賓以射事不言拜辱此為習民以禮樂不主為賓已也不謀賓者時不獻賢能事輕也今郡國行此禮以季春周禮鄉老及鄉大夫三年正月獻賢能之書於王退而以鄉射之禮五物詢衆庶諸侯之鄉大夫既貢士於其君亦用此禮射而詢衆庶乎○案此射禮先與賓飲酒如鄉飲酒之儀及立司正將旅酬乃暫止不旅而射射已更旅酬坐燕並如鄉飲凡賓至之前賓退之後其儀節並不殊也此下言將射戒賓陳設速賓凡三節皆禮初事註云鄉大夫若在則稱鄉大夫者謂鄉大夫來臨此禮則州長戒賓之時不自稱而稱鄉大夫以戒之也賓以州中處士賢者爲之若大夫來爲遵則易以公士五物詢衆庶周禮鄉大夫職文五物者一曰和六德之一也二曰容卽六行之孝也容爲孝者人有孝行則性行含容三曰主皮貫革也四曰和容行禮有容儀也五曰興舞比於樂節也

賓禮辭許。主人再拜。賓答再拜。主人退。賓送再拜。退還射宮省錄射事無介。雖先飲酒主於射也其序賓之禮畧

右戒賓

乃席賓。南面。東上。不言於戶牖之間者此射於序○鄉飲酒於庠庠有室故言於戶牖之間此射於序序無室無戶牖可言約其席處亦當戶牖耳衆賓之席繼而西。言繼者甫欲習衆庶未有所殊別○鄉飲酒則衆賓之席不屬席主人於阼階上。西面。阼階東階尊於賓席之東。兩壺。斯禁。

左玄酒皆加勺篚在其南東肆斯禁禁切地無足者也設尊者北面西曰左尙之也肆陳也○兩壺酒與玄酒篚以貯爵觶尊南東向陳之首在西設洗於阼階東南南北以堂深東西當東榮水在洗東篚在洗西南肆榮屋翼也○下篚亦以貯觶○深申鳩反縣於洗東北西面此縣謂磬也縣於東方辟射位也但縣磬者半天子之士無鍾○鍾磬編縣之十六枚在一虡謂之堵鍾一堵磬一堵謂之肆天子之卿大夫判縣東西各一肆士特縣唯東一肆諸侯之卿大夫士半於天子之卿大夫士卿大夫判縣者分一肆於兩廂東縣磬西縣鍾士特縣分取磬而已州長諸侯之士故但磬無鍾也○縣音玄乃張侯下綱不及地武侯謂所射布也綱持舌繩也武迹也中人之迹尺二寸侯象人綱即其足也是以取數焉○侯制有中有躬有舌有綱有縜中其身也方一丈倍中以爲躬中之上下橫接一幅各二丈謂之躬倍躬爲左右舌用布四丈接於躬上左右各出一丈爲舌下舌半上舌用布三丈接躬下左右各出五尺也其持舌之繩謂之綱維其綱於榦者又謂之縜上下各有

綱，下綱去地之節，則尺二寸。不繫左下綱，中掩束之。事未至也。○侯向堂爲面，以西爲左。射事未至，故且不繫左下綱，並綱與舌向東掩束之，待司馬命張侯，乃脫束繫綱也。○中，丁仲反。

乏，參侯道，居侯黨之一，西五步。容謂之乏，所以爲獲者御矢也。侯道五十步，此乏去侯北十丈，西三丈。○乏狀類曲屏，以革爲之，唱獲者於此容身，故謂之容；矢力不及，故謂之乏。黨，旁也。三分侯道而居旁之一，偏西者五步，此設乏之節也。侯道五十步，步六尺，計三十丈，乏之居三之一，西五步，故云北十丈，西三丈。必於此者，取可察中否，唱獲聲達堂上也。

右陳設

羹定。肉謂之羹。定，猶熟也。謂狗熟可食。○定，多佞反。主人朝服，乃速賓，賓朝服出迎，再拜。主人答再拜，退。賓送，再拜。速，召也。射賓輕也，戒時玄端，今郡國行此鄉射禮，皮弁服，與禮爲異。

賓及衆賓遂從之。

右速賓

及門。主人一相。出迎于門外。再拜。賓答再拜。相主人家臣擯贊傳命者○此下言飲賓之事迎賓拜至主人獻賓賓酢主人主人酬賓主人獻衆賓一人舉觶爲旅酬之端遵入主人獻遵自酢工笙合樂樂賓主人獻工與笙乃立司正以安賓察衆凡十節皆與鄉飲酒禮同此爲射而飲其後即詳射事○相息亮反 揖衆賓。衆賓差卑禮宜異○同是鄉人無爵者唯據立爲賓者尊故於衆賓云差卑 主人以賓揖先入。以猶與也先入入門右西面 賓厭衆賓。衆賓皆入門左。東面北上。賓少進。引手曰厭少進差在前也今文皆曰揖衆賓 主人以賓三揖。皆行。及階。三讓。主人升一等。賓升。三讓而主人先升者是主人先讓於賓不俱升者賓客之道進宜難也○疏云言皆行者賓主既行衆賓亦行 主人阼階上當楣北面再拜。賓西階上當楣北面答再拜。主人拜賓至此堂

右迎賓拜至

主人坐取爵于上篚，以降。（將獻賓也。）賓降。（從主人也。）主人阼階前西面坐奠爵，興，辭降。（重以主人事煩賓也。今文無阼階。）賓對。（對，答。）主人坐取爵，興，適洗，南面坐奠爵于篚下，盥洗。（盥手又洗爵，飲潔敬也。古文盥皆作浣。）賓進，東北面辭洗。（必進者，方辭洗，宜違位也。言東北面，則位南於洗矣。○鄉飲酒此處註異，彼於東字句，此於進字句。）主人坐奠爵于篚，興對。賓反位。（反從降之位也。鄉飲酒曰當西序東面。）主人卒洗，壹揖壹讓，以賓升。賓西階上北面拜洗。主人阼階上北面奠爵，遂答拜，乃降。（乃降，將更盥也。古文壹皆作一。）賓降。主人辭降。賓對。主人卒盥，壹揖壹讓升。賓升，西階上疑立。（疑，止也，有矜莊之色。○疑，魚乙反。）主人坐取爵，實之賓席之前，西北面獻賓。進於賓也。凡進物曰獻。賓西階上北面拜。主人少退。少退猶少辟也。賓進受爵于席前。復位。復位西階上位。主人阼階上拜送爵。賓少退。薦脯醢。薦進。賓升席自西方。賓升降由下也。○疏云。以主人在東。又於席西拜。便故升降由下。乃設折俎。牲體枝解節折。以賓俎也。主人阼階東疑立。賓坐左執爵。右祭脯醢。奠爵于薦西。興取肺。坐絕祭。郤左手執本。右手絕末以祭也。肺離上爲本。下爲末。○註郤左手執本。用鄉飲酒交。尚左手嚌之。嚌嘗也。右手在下。絕以授口嘗之。興加于俎。坐挩手。執爵。遂祭酒。興。席末坐啐酒。挩拭也。啐嘗也。古文挩作說。降席坐奠爵。拜告旨。降席席西也。旨美也。○告主人曰旨酒。執爵興。主人阼階上答拜。賓西階上北面坐卒爵。興。坐奠爵。遂拜。執爵興。卒盡。主人阼階上答拜。

右主人獻賓

賓以虛爵降。將洗以酢主人主人降。從賓也降立阼階東西面當東序賓西階前東面坐奠爵。興辭降。主人對。賓坐取爵。適洗北面坐奠爵于篚下。興。盥洗。賓北面盥洗自外來主人阼階之東南面辭洗。賓坐奠爵于篚。興對。主人反位。反位從降之位也主人辭洗進也賓卒洗。揖讓如初升。如初者一揖一讓如獻賓時主人拜洗。賓答拜。興降盥。如主人之禮。賓升。實爵。主人之席前東南面酢主人。酢報主人阼階上拜。賓少退。主人進受爵。復位。賓西階上拜送爵。薦脯醢。主人升席自北方。乃設折俎。祭如賓禮。祭薦俎及酒亦濟啐不告旨。酒己物自席前適阼階上。北面坐卒爵。興。坐奠爵遂拜執爵興賓西階上北面答拜自由也啐酒於席末由前降便也主人坐奠爵于序端阼階上再拜崇酒賓西階上答再拜序端東序頭也崇充也謝酒惡相充滿也○奠爵序端擬獻衆賓用之

右賓酢主人

主人坐取觶于篚以降將酬賓賓降主人奠觶辭降賓對東面立主人坐取觶洗賓不辭洗不辭洗以其將自飲卒洗揖讓升賓西階上疑立主人實觶酬之阼階上北面坐奠觶遂拜執觶興酬勸酒賓西階上北面答拜主人坐祭遂飲卒觶興坐奠觶遂拜執觶興賓西階上北面答拜○主人先自飲所以爲勸也主人降洗賓降辭如獻禮以將

酌已、升不拜洗。酬禮殺也 賓西階上立。主人實觶賓之席前北面。酬賓 賓西階上拜。主人坐奠觶于薦西。賓辭。坐取觶以興。反位。賓辭、辭主人復親酌已、主人阼階上拜送賓。北面坐奠觶于薦東。反位。酬酒不舉

右主人酬賓

主人揖降。賓降。東面立于西階西。當西序。主人將與衆賓為禮、賓謙、不敢獨居堂。主人西南面三拜衆賓。衆賓皆答壹拜。三拜示徧也、壹拜不備禮也、獻賓畢、乃與衆賓拜、敬不能並、主人揖升。坐取爵于序端。降洗。升實爵。西階上獻衆賓。衆賓之長升拜受者三人。長其老者、言三人則衆賓多矣、國以多德行道藝為榮、何常數之有乎、主人拜送。拜送爵於衆賓右 坐祭。立飲。不拜既爵。授主人爵。降復位。旣盡

○降復賓南東面位衆賓皆不拜受爵坐祭立飲自第四以下又不拜受爵禮彌畧○亦升受但不拜每一人獻則薦諸其席諸於○此堂上三人有席者衆賓辯有脯醢薦於其位○堂下之位主人以虛爵降奠于篚不復用

右主人獻衆賓

揖讓升賓厭衆賓升衆賓皆升就席一人洗舉觶于賓一人主人之吏升實觶西階上坐奠觶拜執觶興賓席末答拜舉觶者坐祭遂飲卒觶興坐奠觶拜執觶興賓答拜降洗升實之西階上北面將進奠觶賓拜拜受觶舉觶者進坐奠觶于薦西不授賤不敢也賓辭坐取以興若親受然舉觶者西階上拜送賓反奠于其所舉觶者降○射後賓將舉

之爲旅酬故奠于薦西、

右一人舉觶

大夫若有遵者則入門左。謂此鄉之人爲大夫者也謂之遵者方以禮樂化民欲其遵法之也其士也於旅乃入鄉大夫士非鄉人禮亦然主於鄉人耳今文遵爲僎○言若有者或有或無不定也按鄉飲酒於篇末畧言遵者之禮此經乃著其詳主人降。迎大夫於門內也不出門別於賓、賓及衆賓皆降。復初位。不敢居堂俟大夫入也初位門內東面、主人揖讓以大夫升拜至大夫答拜。主人以爵降。大夫降。主人辭降。大夫辭洗如賓禮席於尊東。尊東明與賓夾尊也不言東上統於尊也○遵席西上、升不拜洗主人實爵席前獻于大夫。大夫西階上拜。進受爵反位。主人大夫之右拜送。大夫辭加席。主人對。不去加席。辭之者，謙不以己尊加賢者也。不去者，大夫再重席，正也。賓一重席。○疏云：公士爲賓，亦一重。乃薦脯醢。大夫升席。設折俎。祭如賓禮。不嚌肺。不啐酒。不告旨。西階上卒爵。拜。主人答拜。凡所不者，殺於賓也。大夫升席由東方。大夫降洗。將酢主人也。大夫若衆，則辯獻長乃酢。主人復阼階。降辭如初。卒洗。主人盥。盥者，雖將酌自飲，尊大夫不敢褻。揖讓升。大夫授主人爵于兩楹間。復位。主人實爵以酢于西階上。坐奠爵。拜。大夫答拜。坐祭。卒爵。拜。大夫答拜。主人坐奠爵于西楹南。再拜崇酒。大夫答拜。主人復阼階。揖降。將升賓。○奠爵楹南，擬旅時獻士用之。大夫降。立于賓南。雖尊，不奪人之正禮。○賓及衆賓自大夫升堂時，已立西階下。主人揖讓以賓升。大夫及衆賓皆升。就席。

右遵入獻酢之禮

席工于西階上，少東。樂正先升，北面立于其西。言少東者，明樂正西側階，不欲大東，辟射位。○按鄉飲酒不射，席工亦與此同。此註云辟射位，恐非經意，或是欲其當賓席耳。工四人，二瑟。瑟先，相者皆左何瑟，面鼓，執越，内弦，右手相。入，升自西階，北面東上。工坐。相者坐授瑟，乃降。瑟先，賤者先就事也。相，扶工也。面前也，鼓在前，變於君也。執越内弦，右手相，由便也。越，瑟下孔，所以發越其聲也。前越言執者，内有弦結，手入之淺也。相者降，立西方。○面鼓者，瑟首在前也。鼓謂可鼓處。與鄉飲酒不同者，在鄉飲酒欲其異於燕，在鄉射欲其異於大射，皆爲變於君也。笙入，立于縣中，西面。堂下樂相從也。縣中，磬東立西面。○縣音玄。乃合樂：周南關雎、葛覃、卷耳，召南鵲巢、采蘩、采蘋。不歌，不笙，不間，志在射，略於樂也。不略合樂者，周南、召南之風，鄉樂也，不可略其正也。昔大王、王季、文王，始居岐山之陽，射行以成王業，至三分天下，乃宣周南、召南之化，本其德之初，刑于寡妻，至于兄弟，以御于家邦，故謂之鄉樂，用之房中，以及朝廷饗燕、鄉射、飲酒，此六篇其風化之原也。是以合金石絲竹而歌之。工不興，告于樂正曰：「正歌備。」不興者，瞽矇禮略也。樂正告于賓，乃降。樂正降者，堂上正樂畢也。降立西階東，北面。○疏云：云正樂者，對後無算樂非正樂也。下射雖歌騶虞，亦是堂下，非堂上，故以堂上決之也。

右合樂樂賓

主人取爵于上篚，獻工。大師則爲之洗。尊之也。君賜大夫樂，又從之以其人，謂之大師也。賓降，主人辭降。大夫不降，尊也。工不辭洗。卒洗，升實爵。工不興，左瑟。一人拜受爵。左瑟，辭主人授爵也。一人，無大師，則工之長者。○左瑟者，身在瑟右，向主人也。主人阼階上拜送爵。薦脯醢。使人相祭。人相者。工飲，不拜既爵，授主人爵。衆工不拜受爵。祭飲。辯有脯醢。不祭。祭飲、不與受爵、坐祭坐飲、不洗。遂獻笙于西階上。不洗者、賤也。衆工而不洗矣、而衆笙不洗者、笙賤於衆工、正君賜之猶不洗也。笙一人拜于下。盡階。不升堂受爵。主人拜送爵。階前坐祭立飲。不拜既爵。升授主人爵。衆笙不拜受爵。坐祭立飲。辯有脯醢。不祭。主人以爵降奠于篚。反升就席。亦揖讓以賓升、衆賓皆升、

右獻工與笙

主人降席自南方。禮殺、由便、側降。賓不從降、作相爲司正。司正禮辭。許諾。主人再拜。司正答拜。爵備樂畢、將留賓以事、爲有懈倦失禮、立司正以監之、察儀法也、詩云、既立之監、或佐之史、主人升就席。司正洗觶。升自西階。由楹內適阼階上北面

受命于主人。洗觶者當酌以表其位顯其事也楹內楹北、○受命受請安于賓之命、西階上北面請安于賓。傳主人之命、賓禮辭許。司正告于主人。遂立于楹間以相拜。相謂贊主人及賓相拜之辭、主人阼階上再拜賓。西階上答再拜。皆揖就席。爲已安也今文揖爲升、司正實觶。降自西階。中庭北面坐奠觶。興退少立。奠觶表其位也少立自修正、慎其位也古文曰少退立、進坐取觶興。反坐不祭。遂卒觶。興坐奠觶拜。執觶興洗。北面坐奠于其所。今文坐取觶無進、又曰坐奠之拜、興少退。北面立于觶南。立觶南亦其故擯位未旅。旅序也未以次序相酬以將射也旅則禮終也○鄉飲酒、立司正卽行旅酬、今此禮主於射、故且未旅、意在射也、

右立司正

三耦俟于堂西南面東上。司正既立，司射選弟子之中德行道藝之高者，以爲三耦，使俟事於此。○自此以下，始言射事，射凡三番，第一番三耦之射，獲而不釋獲。第二番賓主大夫衆賓耦射，釋獲升飲。第三番以樂節射。此下至乃復求矢加于楅，言三耦之射。司射請射于賓，命弟子納射器。此三耦，司馬命張侯，又命倚旌，樂正遷樂器，三耦取弓矢，司射誘射，乃作三耦射，司馬命設楅取矢，凡九節，射之第一番也。

司射適堂西，袒決遂，取弓于階西。兼挾乘矢，升自西階，階上北面告于賓。曰：弓矢既具，有司請射。司射，主人之吏也。於堂西袒決遂者，主人無次，隱蔽而已。袒，左免衣也。決猶闓也，以象骨爲之，著右大擘指，以鉤弦闓體也。遂，射韝也，以韋爲之，所以遂弦者也。其非射時，則謂之拾。拾，斂也，所以蔽膚斂衣也。方持弦矢曰挾。乘矢，四矢也。大射曰挾乘矢於弓外，見鏃於弣南，巨指鉤弦。古文挾皆作接。○袒，徒旱反。挾音協。乘，繩證反。闓音開。擘，補革反。韝，古侯反。鏃，七木反。弣，芳甫反。

賓對曰：某不能，爲二三子。許諾。言某不能，謙也。二三子，謂衆賓已下。○爲，于僞反。

司射適阼階上東北面告于主人曰請射于賓賓許

右司射請射

司射降自西階階前西面命弟子納射器弟子賓黨之年少者也納內也射器弓矢決拾旌中籌楅豐也賓黨東面主人之吏西面○楅音福乃納射器皆在堂西賓與大夫之弓倚于西序矢在弓下北括衆弓倚于堂西矢在其上上堂西廉矢亦北括○倚於綺反括古活反主人之弓矢在東序東亦倚于東序也矢在其下北括

右弟子納射器

司射不釋弓矢遂以比三耦于堂西三耦之南北面命上射曰某御於子命下射曰子與某子射比選次其才相近者也古文曰某從於子○御進也侍也

進而侍射於子尊

辭也○比毗志反

右司射比三耦

司正爲司馬兼官由便也立司正爲涖酒爾今射司正無事司馬命張侯弟子說束遂繫左下綱事至也今文說皆作稅○說土活反司馬又命獲者倚旌于侯中爲當負侯也獲者亦弟子也謂之獲者以事名之獲者由西方坐取旌倚于侯中乃退

右司馬命張侯倚旌

樂正適西方命弟子贊工遷樂于下當辟射也贊佐也遷徙也弟子相工如初入降自西階阼階下之東南堂前三笴西面北上坐笴矢幹也今文無南○相工如初入者亦左何瑟右手相也矢幹長三尺三笴者去堂九尺也○笴古可反樂正北面立于

其南。北面鄉堂不與工序也。

右樂正遷樂。

司射猶挾乘矢。以命三耦。各與其耦讓取弓矢拾。猶有故之辭。拾更也。○各與其耦讓取弓矢拾、即司射之所以命三耦者。拾其劫反、更迭也。○拾其劫反、除決拾之外皆同、三耦皆袒決遂。有司左執弣右執弦而授弓。有司、弟子納射器者也。凡納射器者、皆執以俟事。遂授矢。受於納矢而授之。三耦皆執弓。搢三而挾一个。未違俟處也。搢、插也。插於帶右。司射先立于所設中之西南。東面。○中、謂鹿中、以釋獲者。其設之之處、南當福、西當西序。此時尚未設中。云所設中之西南者、擬將來設中之處也。三耦皆進。由司射之西。立于其西南。東面北上而俟。

右三耦取弓矢俟射

司射東面立于三耦之北。搢三而挾一个。爲當誘射也。固東面矣。復言之者，明卻時還。○據註及疏，言司射本立于中之西南，今命三耦已，復還立此。經上文先字，非先後之先，乃舊先之先。愚詳經文，似當仍作先後字爲妥。此復言之者，欲言其將誘射，故復從立處說起耳。揖進。當階北面揖。及階揖。升堂揖。豫則鉤楹內。堂則由楹外。當左物北面揖。鉤楹，繞楹而東也。序無室，可以深也。周立四代之學於國，而又以有虞氏之庠爲鄉學。鄉飲酒義曰：主人迎賓於庠門外，是也。庠之制，有堂有室也。今言豫者，謂州學也。讀如成周宣榭災之榭。周禮作序。凡屋無室曰榭，宜從榭。州立榭者，下鄉也。左物，下物也。今文豫爲序。序乃夏后氏之學，亦非也。○射者升堂揖訖，東行向物。豫無室，物近北，故鉤楹北而東。庠之堂有室，物近南，故由楹南而東也。物者以丹若墨畫地作十字形，射者履之以射。左物下射所履，故云下物也。○豫音榭，出註。及物揖。左足履物。不方足。

還。視侯中。俯正足。方猶併也。志在於射，左足至，右足還，併足，則是立也。南面視侯之中，乃俯視併正其足。○左足履物，不及併足，右足初旋已南面，視侯乃俯正足而立，是其志在於射也。不去旌。以其不獲。誘射。誘猶教也。將乘矢。將行也，行四矢，象有事於四方。執弓不挾。右執弦。不挾，矢盡。南面揖。揖如升射。降。出于其位南，適堂西，改取一个，挾之。改，更也。不射而挾之，示有事也。今文曰適序西。○司射位在所設中之西南，東面，今乃出其位南，北迴適堂西者，疏以爲教衆耦威儀之法故也。衆耦射畢，皆當自此適堂西釋弓，脫決拾也。遂適階西，取扑，搢之以反位。扑所以撻犯教者，書云扑作教刑。○反位，所設中之西南東面也。

右司射誘射

司馬命獲者執旌以負侯。欲令射者見侯與旌，深有志於中。○上文命張侯倚旌，疏云同是西階前至此未有他事當亦西階前命之也獲者適侯。執旌負侯而俟。俟待也今文俟爲立司射還。
當上耦西面作上耦射。還左還也作使也○三耦在司射之西南東面今欲西面命射故知左還司
射反位。上耦揖進。上射在左。並行。當階北面揖。及階揖。上射先
升三等。下射從之。中等。中猶閒也上射升堂。少左。下射升。上射揖。並
行。並併也併東行○升堂少左辟下射升階也皆當其物。北面揖。及物揖。皆左足履
物。還視侯中。合足而俟。○當物上射當右物下射當左物履物還視侯中皆做誘射之儀司馬
適堂西。不決遂。袒執弓。不決遂因不射不備出于司射之南。升自西階。鉤
楹。由上射之後。西南面立于物間。右執簫南揚弓。命去侯。鉤楹以當
由上射者之後也簫弓末也大射曰左執弣揚猶舉也獲者執旌許諾。聲不絕。以至于乏。

坐東面偃旌興而俟。聲不絕，不以宮商，不絕而已。鄉射威儀省，偃猶仆也。○仆音赴。司馬出于下射之南，還其後，降自西階，反由司射之南，適堂西，釋弓，襲，反位，立于司射之南。圍下射者，明為二人命去俟。司射進與司馬交于階前，相左，由堂下西階之東北面視上射，命曰：無射獲，無獵獲。上射揖。司射退反位。射獲，謂矢中人也。獵，矢從傍。○疏云：相左之時，在西階之西，司馬由北而西行，司射由南而東行，各以左相近，故云相左也。○無射之射，食亦反。乃射。上射既發，挾弓矢，而后下射射，拾發以將乘矢。后，後也。當從后。○上射發第一矢，復挾一矢，下射乃發矢，如是更發，以至四矢畢。獲者坐而獲。射者中，則大言獲。獲，得也。射，講武田之類，是以中為獲也。舉旌以宮，偃旌以商。宮為君，商為臣。聲和律呂相生。獲而未釋獲。但大言獲，未釋其算。○釋算，所以識中之多寡。註上下文皆言大言獲，疏乃以宮為大言獲，商爲小言獲，是一矢而再言獲，恐未是。或一聲漸殺，各有所合歟。卒射，皆執弓不挾，南面揖。揖如升射。不挾，亦右執弦，如司射。上射降三等，下射少右，從之，中等，並行，上射於左。降下。○並行，既降，降階而並行。與升射者相左，交于階前，相揖。○相左者，降者由西，升者由東也。由司馬之南，適堂西，釋弓，說決拾，襲而俟于堂西，南面東上。三耦卒射亦如之。司射去扑，倚于西階之西，升堂，北面告于賓曰：「三耦卒射。」去扑乃升，不敢佩刑器即尊者之側。賓揖。以揖然之。

右三耦射

司射降，搢扑，反位。司馬適堂西，袒，執弓，由其位南，進與司射交于階前，相左，升自西階，鉤楹，自右物之後，立于物間，西南面，揖弓。命取矢。揮、推之也。獲者執旌許諾。聲不絕。以旌負侯而俟。俟弟子取矢以旌指教之。司馬出于左物之南。還其後。降自西階。遂適堂前。北面立于所設楅之南。命弟子設楅。楅、猶幅也、所以承笴齊矢者。○所設楅謂所擬以設楅之處。乃設楅于中庭。南當洗。東肆。東肆、統於尊。○疏云、弟子設楅、司馬教之。司馬由司射之南。退。釋弓于堂西。襲。反位。弟子取矢。北面坐委于楅。北括。乃退。司馬襲進。當楅南。北面坐。左右撫矢而乘之。撫拊之也。就委矢左右手撫而四四數分之也。上既言襲矣、復言之者、嫌有事卽袒也。凡事升堂乃袒。○疏云、若司射不問堂上堂下、有事卽袒。○拊者甫反。數所主反。若矢不備。則司馬又袒執弓。如初升。命曰。取矢不索。索、猶盡也。弟子自西方。應曰諾。乃復求矢。加于楅。增故曰加。鄉獲者許諾、至此弟子曰諾、事同、互相明。

右取矢委楅第一番射事竟

司射倚扑于階西。升請射于賓。如初。賓許諾。賓主人。大夫。若皆與射。則遂告于賓。適阼階上。告于主人。主人與賓爲耦。言若者、或射或否、在時欲耳、射者、繹己之志、君子務焉、大夫、遵者也、告賓曰、主人御于子、告主人曰、子與賓射、○自此至釋獲者少西辟薦反位、言賓主大夫衆賓耦射、釋獲、升飲之儀、射之第二番也、司射請射、比耦、三耦取矢于楅、衆耦受弓矢序立、乃設中、爲釋獲之射、三耦射、賓主人射、大夫射、衆賓射、司馬取矢乘矢、司射視釋獲者數獲、設豐飲不勝者、獻獲者、獻釋獲者、凡十三節、遂告于大夫。大夫雖衆。皆與士爲耦。以耦告于大夫曰。某御于子。大夫皆與士爲耦、謙也、來觀禮、同爵自相與耦、則嫌自尊別也、大夫爲下射、而云御于子、尊大夫也、士、謂衆賓之在下者、及羣士來觀禮者也、禮、一命已下、齒於鄉里、西階上。北面作衆賓射。作、使、司射降。搢扑。由司馬之南適堂西立比衆耦。衆耦大夫耦及衆賓也命大夫之耦曰子與某子射其命衆耦如三耦。

衆賓將與射者皆降。由司馬之南適堂西繼三耦而立東上。大夫之耦爲上若有東面者則北上。言若有者大夫士來觀禮及衆賓多無數也○司馬位在司射之南若有東面者或賓多南面列不盡也

賓主人與大夫皆未降。言未降者見其志在射○三耦卒射乃降就其耦俱升射也

司射乃比衆耦辯。衆賓射者降比之耦乃徧

右司射請射比耦

遂命三耦拾取矢司射反位。反位者俟其袒決遂來○遂命者承上比耦畢遂命之也

三耦拾取矢皆袒決遂執弓進立于司馬之西南。必袒決遂者明將有射事

司射作上耦取矢。作之者還當上耦如作射

司射反位上耦揖進當楅北面揖及

楅揖。當楅，楅正南之東西。○上耦發位東行時，一南一北並行，及至楅南，北面向楅，亦一東一西相並也。上射東面，下射西面。上射揖進，坐，橫弓，卻手自弓下取一个，兼諸弣，順羽且興，執弦而左還，退反位，東面揖。橫弓者，南踣弓也。卻手由弓下取矢者，以左手在弓表，右手從裏取之便也。兼，并矢於弣。當順羽，既又當執弦也。順羽者，手放而下，備不整理也。不言毋周，在阼，非君，周可也。○疏曰：言順羽且興者，謂以右手順羽之時，則興，或云且興也。言左還者，以左手向外而西回，東面揖者，揖下射使取矢也。註云不言毋周，對大射禮而言，彼有君在阼，周則背君故也。○弣，芳甫反。踣，蒲北反。下射進，坐，橫弓，覆手自弓上取一个，興，其他如上射。覆手由弓上取矢者，以左手在弓裏，右手從表取之，亦便。○亦南踣弓，左手執弓，仰而向上，故右手覆拾矢為便也。既拾取乘矢，揖，皆左還，南面揖，皆少進，當楅南，皆左還，北面，搢三挾一个。楅南，鄉當楅之位。○拾取乘矢，更遞而取，各得四矢也。楅南，前者進時北面揖之位也。今退至此，皆左還北面搢三矢而挾一矢。揖，皆左還，上射於右。上射轉居右，便其反位也。下射左還，少南行，乃西面。○搢挾已而揖，皆左還西面並行。前者進時，上射在北，是在左；今仍在北，是於右。取其反位北上爲便也。與進者相左，相揖退，反位。相左，皆由進者之北。○進者自南東行，反位者自北西行，故得相左。三耦拾取矢，亦如之。後者遂取誘射之矢，兼乘矢而取之，以授有司于西方，而后反位。取誘射之矢，挾五个。弟子逆受於東面位之後。○以授者，以誘射之矢授也。

右三耦拾取矢

衆賓未拾取矢，皆袒決遂，執弓，搢三挾一个，由堂西進，繼三耦之南而立，東面北上，大夫之耦爲上。未，猶不也。衆賓不拾者，未射，無楅上矢也。言此者，嫌衆賓三耦同倫、初時有射者、後乃射、有拾取矢、禮也。○衆賓初射、當於堂西受弓矢於有司、故不拾取矢、案三耦初射時、亦云各與其耦讓取弓矢拾、則衆賓不拾取矢、又不僅以未射也、

右衆賓受弓矢序立

司射作射如初。一耦揖升如初。司馬命去侯。獲者許諾。司馬降。釋弓反位。司射猶挾一个去扑。與司馬交于階前。升請釋獲于賓。猶有故之辭、司射既誘射、恒執弓挾矢、以掌射事、備尚未知、當教之也、今三耦卒射、衆足以知之矣、猶挾之者、君子不必也、賓許。降搢扑。西面立于所設中之東。北面命釋獲者設中。遂視之。視之、當教之、○疏云、教之謂教其釋算安置左右、及數算告勝負之事、釋獲者執鹿中。一人執算以從之。鹿中、謂射於榭也、於庠、當兕中、○中、形如伏獸、鑿其背以受八算、算、射籌也、釋獲者坐

設中南當楅西當西序東面興受算坐實八算于中橫委其餘于中西南末興共而俟興還北面受算反東面實之○共九勇反司射遂進由堂下北面命曰不貫不釋貫猶中也不中正不釋算也古文貫作關○貫古亂反上射揖司射退反位釋獲者坐取中之八算改實八算于中興執而俟執所取算○八算者八四矢一耦八矢一矢則一算實八算擬後來者用之

右司射作射請釋獲

乃射若中則釋獲者坐而釋獲每一个釋一算上射於右下射於左若有餘算則反委之委餘算禮尚異也委之合於中西○釋猶舍也以所執之算坐而舍于地中首東鄉其南爲右其北爲左中西則其後也○中丁仲反又取中之八算改實八算于中

與執而俟三耦卒射

右三耦釋獲而射

賓主人大夫揖皆由其階降揖主人堂東袒決遂執弓搢三挾一个賓於堂西亦如之皆由其階階下揖升堂揖主人爲下射皆當其物北面揖及物揖乃射卒南面揖皆由其階階上揖降階揖賓序西主人序東皆釋弓說決拾襲反位升及階揖升堂揖皆就席或言堂或言序亦爲庠榭互言也賓主人射大夫止於堂西

右賓主人射

大夫袒決遂執弓搢三挾一个由堂西出于司射之西就其耦

大夫爲下射。揖進。耦少退。揖如三耦。及階。耦先升。卒射。揖如升射。耦先降。降階。耦少退。皆釋弓于堂西。襲。耦遂止于堂西。大夫升就席。耦於庭下不並行，尊大夫也。在堂如上射之儀，近其事，得申。

右大夫與耦射

衆賓繼射。釋獲皆如初。司射所作。唯上耦。於是言唯上耦者，嫌賓主人射亦作之。大射三耦卒射，司射請于公與賓。○疏云：記云：賓主人射，則司射擯升降，是雖不作，猶爲擯相之，但不請也。卒射。釋獲者遂以所執餘獲升自西階。盡階。不升堂。告于賓曰：左右卒射。降反位。坐委餘獲于中西。興。共而俟。司射不告卒射者，釋獲者於是有事，宜終之也。餘獲，餘算也。無餘算，則空手耳。俟，俟數也。

右衆賓繼射釋獲告卒射

司馬袒決執弓升命取矢如初獲者許諾以旌負侯如初司馬降釋弓反位弟子委矢如初大夫之矢則兼束之以茅上握焉兼束大夫矢優之是以不拾也束於握上則兼取之順羽便也握謂中央也不束主人矢不可以殊於賓也言大夫之矢則矢有題識也肅慎氏貢楛矢銘其括今文上作尚○楛音戶司馬乘矢如初

右司馬命取矢乘矢

司射遂適西階西釋弓去扑襲進由中東立于中南北面視算釋弓去扑射事已釋獲者東面于中西坐先數右獲固東面矣復言之者爲其少南就右獲○右獲上射之獲二算爲純純猶全也耦陰陽一純以取實于左手十純則縮

而委之。縮從也於數者東西為從古文縮皆為蹙每委異之。易校數有餘純則橫於下。
又異之也自近為下一算為奇。奇則又縮諸純下。奇猶虧也又從之興自前適左。
東面。起由中東就左獲少北於故東面鄉之坐兼斂算實于左手一純以委十則
異之。變於右○於右獲則自地而實於左手數至十純則委之於左獲則自左手而委於地數至十純則異之是其變也
其從橫之法則同其餘如右獲。謂所縮所橫司射復位。釋獲者遂進取賢獲
執以升自西階盡階不升堂告于賓賢獲勝黨之算也齊之而取其餘○賢猶多也賢獲
所多之算若右勝則曰右賢於左若左勝則曰左賢於右以純數告。
若有奇者亦曰奇賢猶勝也言賢者射之以中為儁也假如右勝告曰右賢於左若干純若干奇若左
右鈞則左右皆執一算以告曰左右鈞。降復位坐兼斂算實八

算于中。委其餘于中西。興共而俟。○歛算或實或委，為後射豫設也。

右數獲

司射適堂西。命弟子設豐。將飲不勝者，設豐所以承其爵也。豐形蓋似豆而卑。弟子奉豐升。設于西楹之西。乃降。勝者之弟子洗觶。升酌。南面坐奠于豐上。降。袒執弓。反位。勝者之弟子，其少者也。耦不酌，下無能也。酌者不授爵，略之也。執弓反射位，不俟其黨已酌，有事。司射遂袒執弓。挾一个。搢扑。北面于三耦之南。命三耦及衆賓。勝者皆袒決遂。執張弓。執張弓，言能用之也。右手執弦，如卒射。不勝者皆襲。說決拾。卻左手。右加弛弓于其上。遂以執弣。固襲說決拾矣，復言之者，起勝者也。執弛弓，言不能用之也。兩手執弣，又不得執弦。○弛，尸紙反。司射先反位。居前俟所命來。○所命，謂三耦衆賓。

三耦及衆射者皆與其耦進立于射位北上司射作升飲者如作射一耦進揖如升射及階勝者先升堂少右（先升尊賢也少右辟飲者也亦相飲之位疏云相飲者皆北面於西階授者在東飲者在西）不勝者進北面坐取豐上之觶興少退立卒觶進坐奠于豐下興揖（立卒觶不祭不拜受罰爵不備禮也右手執觶左手執弓）不勝者先降（後升先降略之不由次）與升飲者相左交于階前相揖出于司馬之南遂適堂西釋弓襲而俟（俟復射）有執爵者（主人使贊者代弟子酌也於既升飲而升自西階立于序端）執爵者坐取觶實之反奠于豐上升飲者如初（每者輒酌以至於徧）三耦卒飲賓主人大夫不勝則不執弓執爵者取觶降洗升實之以授于席前（優尊也）受觶以適西階上北面立

飲。受罰爵者，不宜自尊別。卒觶，授執爵者，反就席。大夫飲，則耦不升。以賓主人飲，耦在上，嫌其升。若大夫之耦不勝，則亦執弛弓，特升飲。尊者可以衆，孤無能對。

賓繼飲射爵者辯，乃徹豐與觶。徹，猶除也。設豐者反豐於堂西，執爵者反觶於篚。

右飲不勝者

司馬洗爵，升實之，以降，獻獲者于侯。鄉人獲者賤，明其主以侯為功，得獻也。薦脯醢，設折俎，俎與薦皆三祭。皆三祭，為其將祭侯也。祭侯三處也。○皆三祭，脯之半脡，俎之離肺皆三也。獲者負侯北面拜受爵，司馬西面拜送爵。負侯，負侯中也。拜送爵不同面者，辟正主也。其設薦俎，西面錯，以南為上。為受爵于侯，薦之於位。古文曰再拜受爵。○負侯北面拜受爵，是受爵於侯。下云左个之西北三步東面設薦，是薦之於位。經言東面，註云西面錯者，據設人而言。獲者執爵，使人執其薦與俎從之，適右个。設薦俎。獲者以侯爲功，是以獻焉。人謂主人贊者，上設薦俎者也。爲設籩在東，豆在西，俎當其北也。言使設新之。○侯東方幹爲右个，以北面爲正也。○个音幹獲者南面坐，左執爵，祭脯醢。執爵興，取肺，坐祭，遂祭酒。爲侯祭也。亦二手祭酒，反注，如大射。興，適左个，中亦如之。先祭左个後中者，以外即之至中，若神在中也。左个之西北三步，東面設薦俎。獲者薦右東面立飲，不拜既爵。不就乏者，明其享侯之餘也。立飲薦右，近司馬，於是司馬北面。司馬受爵，奠于篚，復位。獲者執其薦，使人執俎從之，辟設于乏南。遷設薦俎就乏，明已所得禮也。言辟之者，不使當位，辟舉旌偃旌也。設于南，右之也。凡他薦俎皆當其位之前。○辟扶益反獲者負侯而俟。○俟後復射也。

右司馬獻獲者

司射適階西。釋弓矢。去扑。說決拾。襲。適洗。洗爵。升實之。以降。獻釋獲者于其位。少南。薦脯醢。折俎。有祭。不當其位辟中。釋獲者薦右東面拜受爵。司射北面拜送爵。釋獲者就其薦坐。左執爵。祭脯醢。興。取肺。坐。祭。遂祭酒。興。司射之西北面立。飲。不拜既爵。司射受爵。奠于篚。釋獲者少西辟薦。反位。辟薦少西之者爲復射、妨司射視筭也亦辟俎、

右司射獻釋獲者第二番射事竟

司射適堂西。袒決遂。取弓于階西。挾一个。搢扑。以反位。爲將復射。○司射獻釋獲者。事畢。反位。自此下至退中與筭而俟。言以樂節射之儀。司射又請射命耦。三耦賓主人大夫衆賓皆拾取矢。司射作上射。升射。請以樂爲節。三耦賓主人大夫衆賓卒射。又命取矢。乘矢。又視筭數獲。又設豐飲不勝者。又拾取矢授有司。乃說

侯綱、退旌、退楅、退中與算、共九節、射之第三番也、

司射去扑、倚于階西。升請射于賓。如初。賓許。司射降、搢扑。由司馬之南、適堂西。命三耦及衆賓、皆袒決遂、執弓、就位。位、射位也、不言射者、以當序取矢、○位、司馬之西南東面位也、司射先反位。言先三耦及衆賓也、既命之、卽反位、不俟之也、鄕不言先三耦、未有拾取矢位、無所先、○初三耦在司射西南、及司馬立司射之南、三耦拾取矢、移位於司馬之西南、是拾取矢時射位始定、故註云未有拾取矢位、無所先也、又射者堂下凡三位、堂西南面、比耦之位、司射西南東面、三耦初射之位、司馬西南東面、則拾取矢以後至終射之位也、○先悉薦反、下同、三耦及衆賓皆袒決遂。執弓。各以其耦進。反于射位。以、猶與也、今文以爲與、

右司射又請射命耦反射位

司射作拾取矢。三耦拾取矢如初。反位。賓主人大夫降揖如初。

主人堂東賓堂西皆袒決遂執弓皆進階前揖。南面相俟而揖行也及楅

揖。拾取矢如三耦。及楅當楅東西也主人西面賓東面相揖拾取矢不北面揖由便也卒北面搢

三挾一个。亦於三耦為之位〇與三耦揖三挾一之處同也揖退。皆已揖左還各由其塗反位賓堂

西。主人堂東皆釋弓矢襲。及階揖升堂揖就席。將袒先言主人將襲先言賓尊

賓也大夫袒決遂執弓就其耦。降袒決遂於堂西就其耦於射位與之拾取矢揖皆進如

三耦。耦東面大夫西面大夫進坐說矢束。說矢束者下耦以將拾取興反位

而后耦揖進坐兼取乘矢順羽而興反位揖。兼取乘矢者尊大夫不敢與之拾也

相下相尊君子之所以相接也大夫進坐亦兼取乘矢如其耦北面搢三挾一

个。亦於三耦為之位揖退耦反位大夫遂適序西釋弓矢襲升即席。大夫

不序於下尊也衆賓繼拾取矢皆如三耦以反位。

右三耦賓主人大夫衆賓皆拾取矢

司正猶挾一个以進作上射如初一耦揖升如初。進前也鄉言還當上耦西面是言進終始互相明也今文或言作升射司馬升命去侯獲者許諾司馬降釋弓反位。司射與司馬交于階前去扑襲升請以樂樂于賓賓許諾。司射降搢扑東面命樂正曰請以樂樂于賓賓許。東面於西階之前也不就樂正命之者傳尊者之命於賤者遜虢命之可也樂正亦許諾猶北面不還以賓在堂。○樂樂下字音洛司射遂適階間堂下北面命曰不鼓不釋。不與鼓節相應不釋算也鄉射之鼓五節歌五終所以將八矢一節之間當拾發四節四拾其一節先以聽也上射揖司射退反位樂正東面命大師。

曰奏騶虞間若一。東面者進還鄉大師也騶虞國風召南之詩篇也射義曰騶虞者樂官備也其詩有一發五豝五豵于嗟騶虞之言樂得賢者衆多嘆思至仁之人以充其官此天子之射節也而用之者方有樂賢之志取其宜也其他賓客鄉大夫則歌采蘋間若一者重節○疏云云間若一者重節者謂五節之間長短希數皆如一則是重樂節也大師不興許諾。樂正退反位。

右司射請以樂節射

乃奏騶虞以射。三耦卒射。賓主人。大夫衆賓繼射。釋獲如初。卒射降。○皆應鼓與歌之節乃釋算降者衆賓○賓主人大夫卒射皆升堂釋獲者執餘獲升告左右卒射如初。卒已也今文曰告于賓

右三耦賓主人大夫衆賓以樂射

司馬升命取矢獲者許諾司馬降釋弓反位弟子委矢司馬乘之皆如初

右樂射取矢數矢

司射釋弓視算如初算獲算也今文曰視數也釋獲者以賢獲與鈞告如初降復位

右樂射視算告獲

司射命設豐設豐實觶如初遂命勝者執張弓不勝者執弛弓升飲如初

右樂射飲不勝者

司射猶袒決遂。左執弓。右執一个。兼諸弦。面鏃。適堂西。以命拾取矢。如初。側持弦矢曰執。面猶尚也。并矢於弦。尚其鏃。將止變於射也。○方持弦矢曰挾者。矢橫弦上而持之。側持矢曰執者。矢順并於弦而持之。尚其鏃者。鏃向上也。

司射反位。三耦及賓主人大夫衆賓皆袒決遂。拾取矢。如初。矢不挾。兼諸弦弣以退。不反位。遂授有司于堂西。不挾。亦皆執之如司射也。不以反射位。授有司者。射禮畢。○兼諸弦弣。疏以爲一矢并於弦。三矢并於弣。

辯拾取矢。揖。皆升就席。謂賓大夫及衆賓也。相俟堂西。進立于西階之前。主人以賓揖升。大夫及衆賓從升。立時少退于大夫。三耦及弟子自若留下。○衆賓謂堂上三賓。

右拾取矢授有司

司射乃適堂西。釋弓。去扑。說決拾。襲。反位。○司射扑在階西。今於堂西釋弓。亦去扑。

以不復射也。司馬命弟子說侯之左下綱而釋之。說，解也。釋之，不命復射，奄束之。獲者以旌退。命弟子退福。司射命釋獲者退中與算而俟。諸所退皆俟堂西，備復射也。旌言以者，旌恒執也。獲者、釋獲者亦退其薦俎。○註云備復射者，旅酬後容欲燕射也。

右退諸射器射事竟

司馬反為司正，退復觶南而立。當監旅酬。○此下言射訖飲酒之事，旅酬、二人舉觶、徹俎、坐燕、送賓，以至明日拜賜、息司正，諸儀並同鄉飲酒禮。觶南者，司正北面監眾之位。樂正命弟子贊工即位。弟子相工，如其降也，升自西階，反坐。贊工，遷樂也。降時如初入。樂正反自西階東北面。○西階東北面，樂正告樂備，從降立之位。遷樂于下，則立阼階東南北面。今當命弟子又復來此也。遷工反位，為旅酬後將有無算樂也。賓北面坐取俎西之觶，興，阼階上北面酬主人。主人降席

臣

立于賓東。賓坐奠觶，拜，執觶興。主人答拜。賓不祭，卒觶，不拜，不洗。賓之進，東南面。所不者酬而禮殺也賓立飲○俎西之觶將射前一人舉觶于賓賓奠于薦西者也主人阼階上北面拜。賓少退。少退少逡遁也主人進受觶。賓主人之西北面拜送。旅酬而同階禮殺也賓揖就席。主人以觶適西階上酬大夫。大夫降席，立于主人之西，如賓酬主人之禮。其既實觶進西南面立鄉所酬主人揖就席。若無大夫，則長受酬，亦如之。○長謂以長幼之次酬衆賓○註衆賓謂堂上三賓司正升自西階，相旅，作受酬者曰：某酬某子。某者字也某子者氏也稱酬者之字受酬者曰某子旅酬下爲上尊之也春秋傳曰字不若子此言某酬某子者射禮略於飲酒飲酒言某子受酬以飲酒爲主受酬者降席。司正退立于西序端，東面。○退立俟後酬者也始升相立階西北面衆受酬者拜興飲皆如賓酬主人之禮辯遂酬在下者皆升受酬于西階上。在下謂賓黨也鄉飲酒記曰主人之贊者西面北上不與無算爵然後與此異於賓○疏云引鄉飲酒記者欲見主黨不與酬之義卒受者以觶降奠于篚。

右旅酬

司正降復位使二人舉觶于賓與大夫二人主人之贊者以起無算爵舉觶者皆洗觶升實之西階上北面皆坐奠觶拜執觶興賓與大夫皆席末答拜舉觶者皆坐祭遂飲卒觶興坐奠觶拜執觶興賓與大夫皆答拜舉觶者逆降洗升實觶皆立于西階上北面東上賓與大夫拜舉觶者皆進坐奠于薦右。坐奠之不敢授賓與大夫辭坐受觶以興。辭辭其坐奠觶舉觶者退反位。皆拜送。乃降。賓與大夫坐反奠于其所興。不舉者盛禮已崇古文曰反坐退反位反西階上北面飲酬之位若無大夫則唯賓。長一人舉觶如燕禮媵爵之為

右司正使二人舉觶

司正升自西階。阼階上受命于主人。適西階上北面請坐于賓。請坐欲與賓燕盡殷勤也至此盛禮已成酒清肴乾賓有力者猶倦焉賓辭以俎。俎者肴之貴者也辭之者不敢以燕坐褻貴肴反命于主人。主人曰。請徹俎。賓許。司正降自西階。階前命弟子俟徹俎。弟子賓黨也俎者主人贊者設之今賓辭之使其黨俟徹順賓意也上言請坐于賓此言主人曰互相備耳司正升立于序端。賓降席北面。主人降席自南方。阼階

上北面大夫降席席東南面侯弟子升受俎賓取俎還授司正司正以降自西階賓從之降遂立于階西東面司正以俎出授從者授賓家從來者也古者與人飲食必歸其盛者所以厚禮之主人取俎還授弟子弟子受俎降自西階以東主人降自阼階西面立以東授主人侍者大夫取俎還授弟子弟子以降自西階遂出授從者大夫從之降立于賓南凡言還者明取俎各自鄉其席衆賓皆降立于大夫之南少退北上從降亦為將燕

右請坐燕因徹俎

主人以賓揖讓說屨乃升大夫及衆賓皆說屨升坐說屨者將坐空屨褻賤不宜在堂也說屨則摳衣為其被地○疏云尊卑在室則尊者說屨在戶內其餘說屨於戶外尊卑在堂則亦尊者一人說

屨在堂其餘說堂下是以燕禮大射臣皆說屨階下公不見說屨之文明公爲在堂此鄉射酒賓主人行敵禮故皆說屨堂下也

乃羞○羞進也所進者狗胾醢也燕設㬈具所以案酒○㬈徒覽反

無算爵使二人舉觶賓與大夫不興取奠觶飲卒觶不拜○二人謂鄉者二人也使之升立于西階上賓與大夫將旅當執觶也卒觶者固不拜矣著之者嫌坐卒爵者拜既爵此坐于席禮既殺不復崇

執觶者受觶遂實之○賓觶以之主人大夫之觶長受長衆賓長而錯○皆不拜○錯者實主人之觶以之次賓也實賓長之觶以之次大夫其或多者迭飲於坐而已皆不拜受禮又殺也○大夫與衆賓等則得交相酬或大夫多於賓或賓多於大夫則多者無所酬自與其黨迭飲也

辯○卒受者興以旅在下者于西階上○衆賓之末飲而酬主人之贊者大夫之末飲而酬賓黨亦錯焉不使執觶者酌以其將旅酬不以已尊於人也其末若皆衆賓則先酬主人之贊者若皆大夫則先酬賓黨而已執觶者酌在上辯降復位

長受酬○酬者不拜○乃飲○

卒觶以賓之。言酬者不拜者，嫌酬堂下異位，當拜也。古文曰受酬者不拜。受酬者不拜受。禮殺，雖受尊者之酬，猶不拜。辯旅皆不拜。主人之贊者，於此始旅，嫌有拜。執觶者皆與旅。嫌已飲不復飲也。上使之勸人耳，非逮下之惠也，亦自以齒與於旅也。卒受者以虛觶降奠于篚。執觶者洗升實觶，反奠于賓與大夫。復奠之者，燕以飲酒為歡，醉乃止，主人之意也。今文無執觶，及賓觶大夫之觶皆爲實觶。觶爲之。○旅於西階上，故卒受者降奠觶。復奠于賓大夫者，當復相酬以徧，所謂無算爵也。無算樂。合鄉樂，無次數。

右坐燕無算爵無算樂射後飲酒禮竟

賓興，樂正命奏陔。陔，陔夏。其詩亡。周禮，賓醉而出，奏陔夏。陔夏者，天子諸侯以鍾鼓，大夫士鼓而已。賓降及階，陔作。賓出，衆賓皆出。主人送于門外，再拜。拜送賓于門東，西面。賓不

答拜、禮有終、

右賓出送賓

明日、賓朝服以拜賜于門外。拜賜、謝恩惠也。主人不見。如賓服、遂從之。拜辱于門外、乃退。不見、不褻禮也。拜辱、謝其自屈辱、

右明日拜賜

主人釋服、乃息司正。釋服、說朝服服玄端也。息猶勞也。勞司正、謂賓之與之飲酒、以其昨日尤勞倦也。月令曰、勞農以休息之。無介。勞禮略、貶於飲酒也。此已下皆記禮之異者、不殺。無俎故也。使人速。速、召賓。迎于門外、不拜。入升、不拜至、不拜洗。薦脯醢、無俎。賓酢主人、主人不崇酒、不拜衆賓。既獻衆賓、一人舉觶、遂無算爵。言遂者、明其間闕也

賓坐奠觶于其所擯者遂受命于主人請坐于賓賓降說屨升坐矣不言遂請坐者請坐主于無算爵無司正。使擯者而已不立之賓不與。非日至尊不可褻也古文與作豫徵唯所欲。徵召也謂所欲請呼以告于鄉先生君子可也。告請也鄉先生鄉大夫致仕者也君子有大德行不仕者羞唯所有。用時見物鄉樂唯欲。不歌雅頌取周召之詩在所好

右息司正

記

大夫與則公士爲賓。不敢使鄉人加尊於大夫也公士在官之士鄉賓主用處士使能不宿戒。能者敏於事不待宿戒而習之其牲狗也。狗取擇人亨于堂東北。鄉飲酒義曰祖陽氣之所發也

尊綌冪。賓至徹之。以綌爲冪取其堅潔、

蒲筵。緇布純。筵席也、純緣、

西序之席北上。衆賓統於賓、○堂上自正賓外衆賓三人而已今乃有西序東面之席豈三人非定法歟疏以爲大夫多尊東不受則於尊西賓近於西則三賓東面未知然否要之爲地狹不容者擬設耳、

獻用爵。其他用觶。爵尊不可褻也以爵拜者不徒作。以爵拜謂拜既爵徒猶空也作起也不空起言起必酢主人、

薦脯用籩。五膱。祭半膱橫于上。醢以豆。出自東房。膱長尺二寸。脯用籩籩宜乾物也醢以豆豆宜濡物也膱猶脡也爲記者異耳祭橫于上殊之也於人爲縮膱廣狹未聞也古文膱爲胾今文或作植○曲禮云以脯脩置者左朐右末是橫設人前祭半脡橫其上於脯爲橫於人則爲縮也○膱音職

俎由東壁。自西階升。狗既亨載于東方。賓俎。脊脅肩肺。主人俎。脊脅臂肺。肺皆離。皆右體也。進腠。以骨名肉貴骨也賓俎用肩主人用臂尊賓也離猶挫也腠膚理也進理謂前其本右體周所貴也若有尊者則俎其餘體也○註尊者當作遵者經云大夫若有遵者此所指正大夫也餘體謂臑若膞若胳也

凡舉爵三作而不徒爵。謂獻賓獻大夫獻工皆有薦

凡奠者於左。不飲不欲其妨將舉者於右。便其舉也

衆賓之長。一人辭洗如賓禮。尊之於其黨○疏云獻三賓之時主人唯爲長者一人洗賓愚謂此爲衆賓統一洗但辭之者一人耳

若有諸公則如賓禮。大夫如介禮。無諸公則大夫如賓禮。尊卑之差

諸公大國之孤也○鄉射無介此樂作大夫不入後樂
以飲酒禮中之賓介明其差等也賢也

樂正與立者齒謂其飲之次也尊樂正同於賓黨鄉飲酒記曰與立者皆薦以齒

三笙一和而成聲三人吹笙一人吹和凡四人也爾雅曰笙小者謂之和○和戶臥反

獻工與笙取爵于上篚既獻奠于下篚其笙則獻諸西階上奠爵于下篚不復用也今文無與笙

立者東面北上賓黨○疏云此謂來觀禮者與堂下衆賓齒

司正既舉觶而薦諸其位薦於觶南

三耦者使弟子司射前戒之弟子賓黨之少者也前戒謂先射請戒之○請射于賓之前即戒之也

司射之弓矢與扑倚于西階之西。便其事也。扑普卜反

司射既袒決遂而升司馬階前命張侯遂命倚旌。著並行也。古文曰遂命獲者倚旌。○司射升堂告賓請射之時，司馬階前命張侯倚旌，經文序司射事訖，乃及司馬，故記著其行事相並也。

凡侯天子熊侯白質諸侯麋侯赤質大夫布侯畫以虎豹士布侯畫以鹿豕。此所謂獸侯也，燕射則張之，鄉射及賓射當張采侯二正，而記此者，天子諸侯之燕射，各以其鄉射之禮而張此侯，則釋獸侯是也，由是云焉。白質赤質，皆謂采其地，其地不采者，白布也。熊麋虎豹鹿豕，皆正面畫其頭象於正鵠之處耳。君畫一，臣畫二，陽奇陰耦之數也。燕射射熊虎豹，不忘上下相犯，射麋鹿豕，志在君臣相養，其畫之皆毛物之。○侯制有三，大射、賓射、燕射。大射之侯用皮，王三等，虎熊豹；諸侯二等，熊豹；卿大夫用麋，所謂棲皮之鵠。梓人云張皮侯而棲鵠，則春以功是也。賓射之侯用布，畫以為正，王五正，中朱，次白，次蒼，次黄，而玄在外；諸侯三正，損玄黄；大夫士二正，去白蒼，畫朱綠

所謂畫布曰正梓人云張五采之侯則遠國屬是也燕射之侯畫獸以象正鵠此記所言是也梓人亦云張獸侯以息燕也此鄉射當張采侯二正而記燕射之侯者以燕射亦用此鄉射之禮但張侯爲異耳疏云據大射之侯若賓射之侯則三分其侯正居一焉若燕射之侯則獸居一焉故云象其正鵠之處

凡畫者丹質。賓射之侯燕射之侯皆畫雲氣於側以爲飾必先以丹采其地丹淺於赤

射自楹間。物長如笴。其間容弓。距隨長武。自楹間者謂射於庠也楹間中央東西之節也物謂射時所立處也謂之物者物猶事也君子所有事也長如笴者謂從畫之長短也笴矢幹也長三尺與跬相應射者進退之節也間容弓者上下射相去六尺也距隨者物橫畫也始前足至東頭爲距後足來合而南面爲隨武跡也尺二寸。樹鉤楹內堂由楹外雖不同皆當以楹中央爲東西之節註云謂射於庠恐未是

序則物當棟。堂則物當楣。是制五架之屋也正中曰棟次曰楣前曰庪。序無室堂有室故物深淺異設此物南北之節也

命負侯者由其位。於賤者禮略。○司馬自在己位遥命之。

凡適堂西皆出入于司馬之南。唯賓與大夫降階遂西取弓矢。尊者宜逸。由便也。

旌各以其物。旌總名也。雜帛爲物。大夫士之所建也。言各者，鄉射或於庠，或於榭。○疏云，周禮司常云，九旗通帛爲旜，雜帛爲物，全羽爲旞，析羽爲旌，各別。今名物爲旌者，散文通，故云旌總名也。通帛者，通體並是絳帛。雜帛者，中絳緣邊白也。大夫士同建物，而云各者，大夫五仭，士三仭，不同也。無物則旌，射時獲者所執，各用平時所建，故云各以其物也。

以白羽與朱羽糅，杠長三仭，以鴻脰韜上二尋。無物者，謂小國之州長也。其鄉大夫一命，其州長士不命。不命者無物，此翿旌也。翿亦所以進退衆者。糅者，雜也。杠，橦也。七尺曰仭。鴻，鳥之長脰者也。八尺曰尋。今文糅爲縚，韜爲翿。○不命之士不得用物，則以赤白雜羽爲翿旌以射，其杠三仭，又以鴻脰韜杠之上，長二尋，鴻脰之制註疏皆不言，疑亦纚帛爲之，其圜長若鴻項然也。○糅女又反。杠音江。脰音豆。韜吐刀反。翿徒刀反。橦直江反。

凡挾矢，於二指之間橫之。二指謂左右手之第二指，此以食指將指挾之。○將，子匠反。

司射在司馬之北。司馬無事不執弓。以不主射故也。

始射獲而未釋獲。復釋獲。復用樂行之。君子取人以漸。

上射於右。於右物射。

楅長如笴，博三寸，厚寸有半，龍首，其中蛇交，韋當。博，廣也。兩端爲龍首，中央爲蛇身相交也。蛇龍，君子之類也。交者，象君子取矢於楅上也。直心背之衣曰當，以丹韋爲之。司馬左右撫矢而乘之，分委於當。○韋當者，以韋束楅之中央，如人心背之衣也。

楅髤，橫而奉之，南面坐而奠之，南北當洗。髤，赤黑漆也。○楅用漆爲飾，設之者橫而奉之，南面坐奠中庭，其南北與洗相直。○髤，虛求反。

射者有過則撻之。過謂矢揚中人。凡射時矢中人、當刑之。今鄉會衆賢以禮樂勸民、而射者中人本意在侯、去傷害之心遠、是以輕之、以扑撻於中庭而已。書曰、扑作教刑。

衆賓不與射者不降。不以無事亂有事。古文與爲豫。

取誘射之矢者、既拾取矢、而后兼誘射之乘矢而取之。謂反位已、禮成、乃更進取之、不相因也。○疏曰、云不相因者、既自拾取已之乘矢反位、東西望訖、上射乃更向前兼取誘射之矢、禮以變爲敬、故亦不相因。註所謂反位已者、非司馬西南東面之位、乃福東西取矢之位、前經所云上射東面下射西面者也。但彼處疏云是下射取之、此乃云上射、未審何者爲是。

賓主人射、則司射擯升降。卒射、即席、而反位卒事。擯賓主人升降者、皆尊之也。不使司馬擯其升降、主於射也。○司馬本是司正、不主射事。

鹿中。髤。前足跪鑿背容八算。釋獲者奉之先首。前足跪者、象教擾之獸、受負也。○先首、首向前也、

大夫降立于堂西以俟射。尊大夫、不使久列於射位、○賓主人大夫同時降、賓主先射、大夫且立于堂西、其耦在射位、俟當射大夫乃就其耦、升射、

大夫與士射袒纁襦。不肉袒、殊於耦、○襦如朱反

耦少退于物。下大夫也、既發則然、

司射釋弓矢視算與獻釋獲者釋弓矢。惟此二事休武主文釋弓矢耳、然則揖升降不釋、

禮射不主皮。主皮之射者勝者又射。不勝者降。禮射謂以禮樂射也、大射賓射燕射是矣、不主皮者、貴其容體比於禮、其節比於樂、不得中爲雋也、言不勝者降、則不復升射也、主皮者無侯、張獸皮而射之

主於獲也。尚書傳曰：戰鬬不可不習，故於蒐狩以閑之也。閑之者，貫之也。貫之者，習之也。凡祭，取餘獲陳於澤，然後卿大夫相與射也。中者，雖不中也取；不中者，雖中也不取。何以然？所以貴揖讓之取也，而賤勇力之取。嚮之取也於囿中，勇力之取。今之取也於澤宮，揖讓之取也。澤，習禮之處，非所於行禮，其射又主中，此主皮之射與？天子大射張皮侯，賓射張五采之侯，燕射張獸侯。○不主皮，當依論語作主於中而不主於貫革，爲礭貫革之射，習戰之射也。其射當亦三番，故勝者又射，不勝者則不復射也。

主人亦飲于西階上。就射爵而飲也。已無俊才，不可以辭罰。○疏云：此謂主人在不勝之黨，受罰爵之時也。

獲者之俎，折脊脅肺臑。臑，若膊胳觳之折，以大夫之餘體。○註言臑若膊胳觳之折者，見科取其一，不定，有臑則用臑，無臑則三者皆可用之，唯視大夫之有無多寡，取其餘體而已。○臑，奴報反

東方謂之右个。侯以鄉堂為面也、

釋獲者之俎。折脊脅肺。皆有祭。皆皆獲者也、祭、祭肺也、以言肺、謂刌肺不離、嫌無祭肺○獲者釋獲者之俎、切肺之外、皆別有祭肺○刌寸本反、寸上聲割也

大夫說矢束。坐說之。明不自尊別也、○謂拾取矢時、

歌騶虞。若采蘋。皆五終。射無算。謂眾賓繼射者眾賓無數也、每一耦射、歌五終也、

古者於旅也語。禮成樂備、乃可以言語、先王禮樂之道也、疾今人慢於禮樂之盛、言語無節、故追道古也

凡旅不洗。敬殺不洗者不祭。不盛既旅。士不入。從正禮也、既旅、則將燕矣、士入齒於鄉人、○從正禮當是後正禮、

大夫後出。下鄉人、不干其賓主之禮、主人送于門外。再拜。拜送大夫、尊之也、主人送賓還、入門、

揖大夫乃出拜送之

鄉侯上个五尋。上个爲最上幅也八尺曰尋上幅用布四丈○橫長之數中十尺。方者也用布五尺今官布幅廣二尺二寸旁削一寸考工記曰梓人爲侯廣與崇方謂中也○中即正也廣崇皆十尺布幅廣二尺故用布五丈

侯道五十弓弓二寸以爲侯中。言侯中所取數也量侯道以貍步而云弓者侯之所取數宜用射器也正二寸者骹中之博也今文改弓爲肱也○侯之遠近五十弓每弓取二寸以爲侯中之數故中十尺也骹中之博謂弓弣把中側骨之處博二寸○骹若交反倍中以爲躬。躬身也謂中之上下幅也用布各二丈○中上中下各橫接一幅長二丈倍躬以爲左右舌。謂上个也居兩旁謂之个左右出謂之舌○即最上四丈之橫幅隨所目而異名左右出各一丈下舌半上舌。半者半其出於躬者也用布三丈所以半上舌者侯人之形類也上个象臂下个象足中人張臂八尺張足六尺五八四十五六三十以此爲衰也凡鄉侯用布十六丈數起侯道五十弓以計道七十

弓之侯用布二十五丈二尺道九十弓之侯用布三十六丈○用布三丈横綴下躬之下左右出於躬各五尺

箭籌八十○箭篠也籌算也籌八十者略以十耦爲正貴全數其時衆寡從賓○箭竹也以竹爲籌釋獲者所執之算也八四矢耦八籌也○篠息小反

長尺有握握素○握本所持處也素謂刊之也握本一作膚○握四指即四寸算長尺四寸其四寸則刊之使白也

楚扑長如笴刊本尺○刊其可持處○刊削之也○刊苦干反

君射則爲下射上射退于物一笴既發則答君而俟○答對也此以下雜記也今文君射則爲下

君樂作而后就物君袒朱襦以射○君尊

小臣以巾執矢以授○君尊不搢矢不挾矢授之稍屬

若飲君如燕則夾爵○謂君在不勝之黨也賓飲君如燕賓媵觚于公之禮則夾爵夾爵者君既卒爵復自酌

君國中射則皮樹中以翿旌獲白羽與

朱羽糅。國中城中也。謂燕射也。皮樹獸名。以翿旌獲。尚文德也。今文皮樹爲繁豎。糅爲縟。古文無以。○知城中是燕射者。燕在寢故也。賓射大射則不在國中。以其燕主歡心。故旌從不命之士。於郊則閭中以旌獲。於郊謂大射也。大射於大學。王制曰小學在公宮之左。大學在郊。閭獸名。如驢一角。或曰如閭岐蹏。周書曰北唐以閭。析羽爲旌。○疏云。云大射於大學者。據諸侯而言也。天子大射則虞庠小學。以天子大學在國中。小學在郊。於竟則虎中龍旜。於竟謂與鄰國君射也。畫龍於旜。尚文章也。通帛爲旜。○與鄰國君射則賓射也。大夫兕中各以其物獲。兕獸名。似牛一角。○大國小國大夫命數不同。故云各以其物。士鹿中。翿旌以獲。唯君有射于國中。其餘否。臣不習武事於君側也。古文有作又。今文無其餘否。君在。大夫射則肉袒。不袒纁襦。厭於君也。今文無射。

儀禮

鄭氏註　　濟陽張爾岐句讀

燕禮第六

鄭目錄云：諸侯無事，若卿大夫有勤勞之功，與羣臣燕飲以樂之。燕禮於五禮屬嘉禮。大戴第十二，小戴及別錄皆第六。○疏曰：案上下經註，燕有四等。目錄云，諸侯無事而燕，一也；卿大夫有王事之勞，二也；卿大夫有聘而來，還，與之燕，三也；四方聘客與之燕，四也。

燕禮。小臣戒與者。小臣相君燕飲之法。戒與者，謂留羣臣也。君以燕禮勞使臣，若臣有功，故與羣臣樂之。小臣則警戒告語焉。飲酒以合會為歡也。○自此至公升就席，皆燕初戒備之事。有戒與，設具，有納諸臣立於其位，有命大夫為賓，有請命執役，有納賓，凡五節。疏云：周禮太僕職云：王燕飲，則相其法。小臣職云：凡大事佐太僕，則王燕飲，太僕相，小臣佐之。此諸侯禮，降於天子，故宜使小臣相。下文小臣師一人在東堂下，師，長也，諸侯小臣之長，猶天子之有太僕，正君之服位者也。

膳宰具官饌于寢東。膳宰，天子曰膳夫，掌君飲食膳羞者也。具官饌，具其官之所饌，謂酒也，牲也，脯醢也。

寢路寢、樂人縣。縣鐘磬也、國君無故不撤縣、言縣者、爲燕新之、設洗篚于阼階東南。當東霤。罍水在東。篚在洗西。南肆。設膳篚在其北。西面。設此不言其官、賤也、當東霤者、人君爲殿屋也、亦南北以堂深、肆、陳也、膳篚者、君象觚所饌也、亦南陳、言西面、尊之、異其文、○疏云、漢時殿屋、四向流水、故舉漢以況周、言東霤、明亦有西霤、司宮尊于東楹之西。兩方壺。左玄酒。南上。公尊瓦大兩。有豐。冪用綌(音隙)若錫。在尊南。南上。尊士旅食于門西。兩圜壺。司宮、天子曰小宰、聽酒人之成要者也、尊方壺、爲卿大夫士也、臣道直方、於東楹之西、予君專此酒也、玉藻曰、唯君面尊、玄酒在南、順君之面也、瓦大、有虞氏之尊也、禮器曰、君尊瓦甒、豐形似豆、卑而大、冪用綌若錫、冬夏異也、在尊南、在方壺之南也、尊士旅食者用圜壺、變於卿大夫也、旅、衆也、士衆食、謂未得正祿、所謂庶人在官者也、今文錫爲緆(音錫)、○諸侯之司宮、與天子之小宰、所掌同、公席阼階上西向、尊在東楹之西、南北竝列、尊面向君、設之與鄉飲酒賓主共之者不同、故註云予君專此酒也在尊南註云在方壺之南謂尨大在方壺南疏以爲其羃未是南上亦玄酒在左也圜壺無玄酒○大音泰綌去逆反錫悉歷反圜音圓甒亡甫反緆悉歷反

司宮筵賓于戶西東上無加席也筵席也席用蒲筵緇布純無加席燕私禮臣屈也諸侯之官無司几筵也○諸侯兼官使司宮設尊竝設席○純之閏反又章允反

射人告具告事具於君射人主此禮以其或射也○周禮射人掌三公孤卿大夫之位又以射法治射儀

右告戒設具

小臣設公席于阼階上西鄉設加席公升即位于席西鄉周禮諸侯酢席莞音官筵紛純加繅席畫純後設公席者凡禮卑者先即事尊者後也○註引周禮司几筵文酢音義如酢酢席祭祀受酢之席也引之者欲見燕席與酢席同○莞音官

小臣納卿大夫卿大夫皆入門右北面東上士立于西方東面北上祝史立于門東北面東上小臣師

一人在東堂下。南面。士旅食者立于門西。東上。納者以公命引而入也自士以下從而入即位耳師長也小臣之長一人猶天子大僕正君之服位者也凡入門而右由闑東左則由闑西。○疏云卿大夫入門右北面東上此是擬君揖位君爾之始就庭位士立于西方東面北上此士之定位士賤不待君揖即就定位也又云註凡入門而右由闑東者臣朝君之法左則由闑西者聘賓入門之法、公降立于阼階之東南。南鄉爾卿。卿西面北上。爾大夫。大夫皆少進。爾近也移也揖而移之近之也大夫猶北面少前、

右君臣各就位次

射人請賓。命當由君出也。○疏云其君南面射人北面請可知公曰。命某爲賓。某大夫也射人命賓。賓少進。禮辭。命賓者東面南顧禮辭辭不敏也反命。射人以賓之辭告於君又命之。

賓再拜稽首許諾。又復射人反命。告賓許賓出立于門外東面。當更以賓禮入公揖卿大夫乃升就席。揖之入之也

右命賓

小臣自阼階下北面請執冪者與羞膳者。執冪者執瓦大之冪也方圜壺無冪羞膳羞於公謂庶羞乃命執冪者。執冪者升自西階立于尊南北面東上。以公命於西階前命之也東上玄酒之冪為上也羞膳者從而東由堂東升自北階房中西面南上不言之者不升堂畧之也膳宰請羞于諸公卿者。小臣不請而使膳宰於卑者彌畧也禮以異為敬

右請命執役者

射人納賓。射人為擯者也今文曰擯者賓入及庭公降一等揖之。及至也至庭謂既入

而左、北面時、**公升就席。**以其與主人爲禮、不參之也、

右納賓

賓升自西階。主人亦升自西階、賓右北面至再拜。賓答再拜。主人宰夫也、宰夫、太宰之屬、掌賓客之獻飲食者也、其位在洗北西面、君於其臣、雖爲賓、不親獻、以其尊、莫敢伉禮也、至再拜者、拜賓來至也、天子膳夫爲獻主。○主人亦升自西階者、代君爲獻主、不敢由阼階也、自此至以虛爵降奠于篚、主人獻賓、賓酢主人、主人獻公、主人受公酢、主人酬賓、二人媵觶于公、公取媵觶酬賓、遂旅酬、凡七節、此初燕之盛禮也、**主人降洗。洗南西北面。**賓將從降、鄉之、**賓降。階西東面。主人辭降。賓對。**對、答、**主人北面盥。坐取觚洗。賓少進辭洗。主人坐奠觚于篚。興對。賓反位。**賓少進者、又辭、宜違其位也、獻不以爵、辟正主也、古文觚皆爲觶、○凡觴、一升曰爵、二升曰觚、三升曰觶、四升曰角、五升曰散、**主**

人卒洗。賓揖。乃升。賓每先升。尊也。主人升。賓拜洗。主人賓右奠觚。答拜。降盥。主人復盥。爲拜手坋塵也。○坋步困反 賓降。主人辭。賓對。卒盥。賓揖升。主人升。坐取觚。取觚將就瓦大酌膳。執冪者舉冪。主人酌膳。執冪者反冪。君物曰膳。膳之言善也。酌君尊者。尊賓也。主人筵前獻賓。賓西階上拜。筵前受爵。反位。主人賓右拜送爵。賓既拜前受觚。退復位。膳宰薦脯醢。賓升筵。膳宰設折俎。折俎。牲體骨也。鄉飲酒記曰。賓俎脊脅肩肺。○引鄉飲酒記。明此亦同也。賓坐。左執爵。右祭脯醢。奠爵于薦右。興。取肺。坐絕祭。嚌之。興。加于俎。坐挩手。執爵。遂祭酒。興。席末坐。啐酒。降席。坐奠爵。拜。告旨。執爵興。主人答拜。降席。席西也。旨。美也。○疏云。降席坐奠爵拜。鄭云。降席。席西。不言面。案前例。降席席西拜者。皆南面。拜訖則告旨。賓西階上北

面坐卒爵興坐奠爵遂拜主人答拜遂拜拜既爵也

右主人獻賓

賓以虛爵降將酢主人主人降賓洗南坐奠觚少進辭降主人東面對上既言爵矣復言觚者嫌易之也大射禮曰主人西階西東面少進對今文從此以下觚皆爲爵賓坐取觚奠于篚下盥洗篚下篚南主人辭洗謙也今文無洗賓坐奠觚于篚興對卒洗及階揖升主人升拜洗如賓禮賓降盥主人降賓辭降卒盥揖升酌膳執冪如初以酢主人于西階上主人北面拜受爵賓主人之左拜送爵賓既南面授爵乃之左主人坐祭不啐酒辟正主也未薦者臣也正主人皆有啐酒唯不告旨賓獻訖卽薦脯醢此主人是臣故酢時不薦至獻大夫後乃薦于洗北不拜酒不告

旨。主人之義遂卒爵。興。坐奠爵。拜。執爵興。賓答拜。主人不崇酒。以虛爵降奠于篚。崇充也不以酒惡謝賓甘美君物也、

右賓酢主人

賓降。立于西階西。既受獻矣、不敢安盛射人升賓。賓升立于序內東面。東西墻謂之序大射禮曰、擯者以命升賓主人盥。洗象觚。升實之。東北面獻于公。象觚觚有象骨飾也取象觚者東面、公拜受爵。主人降自西階。阼階下北面拜送爵。士薦脯醢。膳宰設折俎。升自西階。薦進也大射禮曰、宰胥薦脯醢由左房。○疏云、凡此篇內、公應先拜者、皆後拜之尊公故也此公先拜受爵者、受獻禮重也、又云引大射禮者、證此脯醢從左房來天子諸侯有左右房故言左房大夫士無右房故言東房公祭如賓禮。膳宰贊授肺。不拜酒。立卒爵。坐奠

爵。拜。執爵興。凡異者君尊變於賓也　主人答拜。升受爵以降。奠于膳篚。

右主人獻公

更爵。洗。升酌膳酒以降。酢于阼階下。北面坐奠爵。再拜稽首。公答再拜。更爵者不敢襲至尊也古文更為受○疏云獻君自酢同用觚必更之者不敢因君之爵　主人坐祭。遂卒爵。再拜稽首。公答再拜。主人奠爵于篚。

右主人自酢于公

主人盥洗。升媵觚于賓。酌散。西階上坐奠爵。拜。賓降筵北面答拜。媵送也讀或謂揚揚舉也酌散者酌方壺酒也於膳為散今文媵皆作騰○疏云案賓前受獻訖立于序內以來未有升筵之事且鄉飲酒大射酬前賓皆無逆在席者此言降筵蓋誤○媵以證反散思旦反　主人坐祭。遂飲。

賓辭。卒爵拜。賓答拜。辭者辭其代君行酒不立飲也此降於正主酬也主人降洗。賓降。主人辭降。賓辭洗。卒洗。揖升不拜洗。不拜洗酬而禮殺主人酌膳。賓西階上拜。拜者拜其酌也受爵于筵前反位。主人拜送爵。賓升席坐祭酒。遂奠于薦東。遂者因坐而奠不北面也奠之者酬不舉也○疏曰案鄉飲酒鄉射主人酬賓皆主人實觶席前北面賓始西階上拜此及大射主人始酌膳時賓已西階上拜者以其燕禮大射皆是主人代君勸酒其賓是臣急承君勸不敢安暇故先拜也主人降復位。賓降筵西東南面立。賓不立於序內位彌尊也位彌尊者其禮彌卑記所謂一張一弛者是之類與○疏云賓初得獻立序內此酬訖立席西漸近賓筵是位彌尊酬禮漸殺故云禮彌卑也

右主人酬賓

小臣自阼階下請媵爵者。公命長。命長使選卿大夫之中長幼可使者○媵爵者舉爵于公

以爲旅酬之端也長幼可使當云年長而可使者、小臣作下大夫二人媵爵。作使也卿爲上大夫不使之者、爲其尊、媵爵者阼階下皆北面再拜稽首公答再拜。再拜稽首拜君命也媵爵者立于洗南西面北上序進盥洗角觶升自西階序進酌散交于楹北降阼階下皆奠觶再拜稽首執觶興公答再拜。序次第也猶代也楹北西楹之北也交而相待於西階上既酌右還而反往來以右爲上、○疏云西面北上、未盥相待之位序進盥則北面向洗又云二大夫先升者由西楹之北向散尊酌訖右還復由西楹之北向西階上北面相待後升者亦由西楹之北進向尊所酌訖右還而反二人往來相遇于楹之北先媵酌者待後酌者至乃次第而降故註云交而相待於西階上媵爵者皆坐祭遂卒觶興坐奠觶再拜稽首執觶興公答再拜媵爵者執觶待于洗南。待命君也小臣請致者。請使一人與二人與優君也、○或皆致或一人

致取君進止 君君命皆致。則序進奠觶于篚。阼階下皆再拜稽首。公答再拜。媵爵者洗象觶。升實之。序進。坐奠于薦南。北上。降。阼階下皆再拜稽首。送觶。公答再拜。序進往來由尊北交於東楹之北奠于薦南不敢必君舉也大射禮曰媵爵者皆退反位○疏云前二人酌酒降自西階故交於西楹之北此酌酒奠於君所故交於東楹之北先酌者東面酌訖由尊北又楹北往君所奠訖右還而反後酌者亦於尊北又於楹北與反者相交先者於南西過後者於北東行奠訖亦右還而反相隨降自西階凡奠爵將舉者於右今媵爵於公爲將舉旅當奠薦右而奠於薦左是不敢必君之舉也引大射禮者見此二人阼階下拜訖亦反門右北面位也

右二人媵爵於公

公坐取大夫所媵觶。興以酬賓。賓降西階下再拜稽首。公命小

臣辭。賓升成拜。興以酬賓就其階而酬之也升成拜復再拜稽首也先時君辭之於禮若未成然、公坐奠觶答再拜。執觶興。立卒觶。賓下拜。小臣辭。賓升再拜稽首。不言成拜者為拜故下實未拜也下不輙拜禮殺也此賓拜于君之左不言之者不敢敵偶於君、公坐奠觶答再拜。執觶興。賓進受虛爵。降。奠于篚。易觶洗。君尊不酌故也凡爵不相襲者於尊者言更自敵以下言易更作新易有故之辭進受虛爵尊君也不言公酬賓於西階上及公反位者亦尊君空其文也○愚謂易猶更也不敢襲用君爵尊君也註於更易二義太生分別疏家援証雖多亦未見確據公有命則不易不洗。反升酌膳觶。下拜。小臣辭。賓升再拜稽首。下拜、下亦未拜、凡下未拜有二或禮殺或君親辭君親辭則聞命即升升乃拜是以不言成拜、公答再拜。拜於作階上也於是賓請旅侍臣賓以旅酬於西階上。旅序也以次序勸卿大夫飲酒射人作大夫長升受旅。言作大夫則卿存矣長者尊先而卑後。○卿稱上大夫旅三卿徧次至五大夫賓。大夫之右坐奠觶拜執觶興大夫答拜。賓在右者相飲之位。○疏云，賓在西階上酬卿，賓與卿遂北面，賓在東，卿在西，是賓在大夫之右，賓位合在西，而今在東者，相飲之位也。賓坐祭立飲。卒觶不拜。酬而禮殺。○對酢之時，坐卒爵拜既爵，是禮盛也。若膳觶也。則降更觶洗升實散。大夫拜受賓拜送。言更觶，卿尊也。○膳觶本非臣所可襲，以君命故得一用，至酌他人則必更矣。註釋更字義亦未可信。大夫辯受酬如受賓酬之禮。不祭。卒受者以虛觶降奠于篚。卒猶後也。大射禮曰，奠于篚，復位。今文辯皆作徧。○辯受酬，皆拜受拜送，但賓初酬有坐祭，後酬者則不祭，為異。云大夫辯受酬，不及於士也。註引大射禮奠觶復位，復門右北面之位。

右公舉媵爵酬賓，遂旅酬，初燕盛禮成。

主人洗升實散獻卿于西階上。酬而後獻卿，別尊卑也。飲酒成於酬也。○成於酬，謂成於旅酬。自此至降奠于篚，主人獻卿，又二大夫媵觶於公，公又舉媵酬賓，若長，遂旅酬，凡三節。此獻卿而酬燕禮之稍殺也。司宮兼卷重席，設于賓左，東上。言兼卷，則每卿異席也。重席，重蒲筵緇布純也。卿坐東上，統於君也。席自房來。○重席，但一種席重設之，故註云重蒲筵緇布純也。加席則於席上設異席，如公食大夫記云司宮具几，與蒲筵常，緇布純，加萑席尋，玄帛純，是也。○卷居逺反，重直容反卿升拜受觚，主人拜送觚，卿辭重席。司宮徹之。徹猶去也。重席雖非加，猶爲其重累去之，辟君也。○以君有加席兩重，此雖蒲筵一種重設，嫌其兩重，與君同也。乃薦脯醢。卿升席坐，左執爵，右祭脯醢，遂祭酒，不啐酒，降席西階上北面坐卒爵，興，坐奠爵，拜，執爵興。主人答拜，受爵。卿降復位。不酢，辟君也。卿無俎者，燕主於羞。○獻公，主人酢于阼階下，此不酢者，嫌與獻公同也。辯獻卿主人以虛爵降。奠于篚。今文無奠于篚 射人乃升卿。卿皆升就席。若有諸公。則先卿獻之。如獻卿之禮。諸公者謂大國之孤也孤一人言諸者容牧有三監○鄭司農註典命云上公得置孤卿一人後鄭從之是孤卿本一人也王制云天子使其大夫爲三監監於方伯之國國三人是方伯之國或有三公故云諸公也疏又云立三監是殷法周使伯佐牧不置監其有監者因殷不改者也故鄭云容容有異代之法也 席于阼階西。北面東上。無加席。席孤北面爲其大尊屈之也亦因阼階西位近君近君則屈親寵苟敬私昵之坐

右主人獻卿或獻孤

小臣又請媵爵者二大夫媵爵如初。又復○二大夫媵爵自阼階下皆北面再拜稽首至執觶待于洗南皆與前二人媵爵者同也 請致者。若命長致。則媵爵者奠觶于篚。一

人待于洗南。長致。致者阼階下再拜稽首。公答再拜。命長致者公或時未能舉自優暇也。○前媵爵云若命皆致此媵爵云若命長致皆不定之辭非謂前必二人後必一人也欲互見其儀耳洗象觶。升實之。坐奠于薦南。降。與立于洗南者二人皆再拜稽首送觶。公答再拜。奠于薦南者於公所用酬賓觶之處二人俱拜以其共勸君。○前二人媵觶奠二觶於薦南公取上觶為賓舉旅下觶仍在今又媵一觶奠于薦南知其在公所用酬賓觶之空處也

右再請二大夫媵觶

公又行一爵。若賓。若長。唯公所酬。一爵先媵者之下觶也若賓若長則賓禮殺矣長公卿之尊者也賓則以酬長長則以酬賓以旅于西階上。如初。大夫卒受者以虛觶降。奠于篚。○疏曰言如初者一如上為賓舉旅之節

右公又行爵爲卿舉旅燕禮之再成

主人洗升獻大夫于西階上大夫升拜受觚主人拜送觚大夫坐祭立卒爵不拜既爵主人受爵大夫降復位既盡也不拜之者禮又殺○前獻卿不酢已是禮殺今獻大夫不但不酢又不拜既爵故云禮又殺自此下至樂正告公主人獻大夫未及旅而樂作獻工後乃舉旅旅已奏笙間歌合樂爵樂更作以成三旅禮又殺而樂大備所以致和樂之情也胥薦主人于洗北西面脯醢無脀胥膳宰之吏也主人大夫之下先大夫薦之尊之也不於上者上無其位也脀俎實○此主人是宰夫代君爲獻主君在阼階上則已不得于正主之位而薦之堂下故註云上無其位也○脀之承反辯獻大夫遂薦之繼賓以西東上徧獻之乃薦略賤也亦獻而后布席也卒射人乃升大夫大夫皆升就席

右主人獻大夫兼有胥薦主人之事

席工于西階上少東樂正先升北面立于其西。工瞽矇歌諷誦詩者也凡執技藝者稱工少牢饋食禮曰皇尸命工祝樂記師乙曰乙賤工也樂正于天子樂師也凡樂掌其序事樂成則告備小臣納工工四人二瑟小臣左何瑟面鼓執越內弦右手相入升自西階北面東上坐小臣坐授瑟乃降。工四人者燕禮輕從大夫制也面鼓者燕尚樂可鼓者在前也越瑟下孔也內弦弦為主也相扶工也後二人徒相天子大僕二人也小臣二人祭僕六人御僕十二人皆同官工歌鹿鳴四牡皇皇者華。三者皆小雅篇也鹿鳴君與臣下及四方之賓宴講道修政之樂歌也此采其已有旨酒以召嘉賓嘉賓既來示我以善道又樂嘉賓有孔昭之明德可則傚也四牡君勞使臣之來樂歌也此采其勤苦王事念將父母懷歸傷悲忠孝之至以勞賓也皇皇者華君遣使臣之樂歌也此采其更是勞苦自以為不及欲諮謀於賢知，而以自光明也。

右升歌

卒歌，主人洗，升獻工。工不興，左瑟。一人拜受爵，主人西階上拜送爵。工歌乃獻之，賤者先就事也。左瑟，便其右。一人，工之長者也。工拜於席。薦脯醢。輒薦之，變於大夫也。○大夫徧獻乃薦，此獻一人即薦，禮尚異，故變於大夫也。使人相祭。使扶工者相其祭薦、祭酒。卒爵不拜。賤不備禮。主人受爵。將復獻眾工也。眾工不拜受爵，坐祭，遂卒爵，辯有脯醢，不祭。主人受爵，降，奠于篚。遂猶因也。古文曰卒爵不拜。

右獻工

公又舉奠觶。唯公所賜。以旅于西階上，如初。言賜者，君又彌尊，賓長彌卑。○奠觶

勝爵者奠於薦南之觶也公舉之爲大夫旅酬也如初如爲賓爲卿舉旅之節也

右公三舉旅以成獻大夫之禮

卒旅畢也笙入立于縣中奏南陔白華華黍以笙播此三篇之詩縣中縣中央也鄉飲酒禮曰磬南北面奏南陔白華華黍皆小雅篇也今亡其義未聞昔周之興也周公制禮作樂采時世之詩以爲樂歌所以通情相風切也其有此篇明矣後世衰微幽厲尤甚禮樂之書稍稍廢棄孔子曰吾自衛反魯然後樂正雅頌各得其所謂當時在者而復重襍亂者也惡能存其亡者乎且正考父校商之名頌十二篇于周大師歸以祀其先王至孔子二百年之間五篇而已此其信也○諸侯軒縣故笙入奏縣中軒縣止闕南面

右奏笙

主人洗升獻笙于西階上一人拜盡階不升堂受爵降主人拜

送爵。階前坐祭。立卒爵。不拜既爵。升授主人。一人笙之長者也鄉射禮曰笙一人拜于下

衆笙不拜受爵。降坐祭。立卒爵。辯有脯醢。不祭。

右獻笙

乃間歌魚麗。笙由庚。歌南有嘉魚。笙崇丘。歌南山有臺。笙由儀。間代也謂一歌則一吹也六者皆小雅篇也魚麗言太平年豐物多也此采其物多酒旨所以優賓也南有嘉魚言太平君子有酒樂與賢者共之也此采其能以禮下賢者賢者纍蔓而歸之與之宴樂也南山有臺言太平之治以賢者爲本也此采其愛友賢者爲邦家之基民之父母既欲其身之壽考又欲其名德之長也由庚崇丘由儀今亡其義未聞

遂歌鄉樂。周南關雎葛覃卷耳。召南鵲巢采蘩采蘋。周南召南國風篇也王后國君夫人房中之樂歌也關雎言后妃之德葛覃言后妃之職卷耳言后妃之志鵲巢言國君夫人之德采蘩言國君夫人不失職也采蘋言

卿大夫之妻能修其法度也昔太王王季居於岐山之陽躬行召南之教以興王業及文王而行周南之教以受命大雅云刑于寡妻至于兄弟以御于家邦謂此也其始一國爾文王作邑于豐以故地爲卿士之采地乃分爲二國周周公所食也召召公所食也於時文王三分天下有其二德化被于西土是以其詩有仁賢之風者屬之召南焉有聖人之風者屬之周南焉夫婦之道者生民之本王政之端此六篇者其教之原也故國君與其臣下及四方之賓燕用之合樂也鄉樂者風也小雅爲諸侯之樂大雅頌爲天子之樂鄉飲酒升歌小雅禮盛者可以進取燕合鄉樂者禮輕者可以逮下也春秋傳曰肆夏繁遏渠天子所以享元侯也文王大明緜兩君相見之樂也然則諸侯之相與燕升歌大雅合小雅也天子與次國小國之君燕亦如之與大國之君燕升歌頌合大雅其笙間之篇未聞○鄉樂者大夫士所用之樂也鄉飲酒禮云合樂周南召南謂歌與衆聲俱作此歌鄉樂當亦然也

大師告于樂正曰正歌備。

大師上工也掌合陰陽之聲教六師以六律爲之音者也子貢問師乙曰吾聞聲歌各有宜也如賜者宜何歌也是明其掌而知之也正歌者升歌及笙各三終間歌三終合

樂三終、爲一備、備亦成也。○六師、周禮磬鍾笙鎛韎籥等六師也、樂正由楹內東楹之東告于公乃降復位。言由楹內者以其立於堂廉也、復位位在東縣之北。○初樂正與工俱在堂廉今告樂備復降在東縣北北面也、

右歌笙閒作遂合鄉樂而告樂備

射人自阼階下請立司正。公許。射人遂爲司正。君許其請因命用爲司正、君三舉爵、樂備作矣將留賓飲酒更立司正以監之、察儀法也、射人俱相禮其事同。○自此至無算樂皆坐燕盡歡之事、既立司正安賓、次主人獻士及旅食、次或射以樂賓、次賓媵觶于公爲士舉旅酬、次主人獻庶子以下諸臣、乃行無算爵無算樂、凡六節、而燕禮備、司正洗角觶。南面坐奠于中庭。升東楹之東受命西階上北面命卿大夫。君曰以我安。卿大夫皆對曰諾敢不安。洗奠角觶于中

庭、明其事以自表威儀多也、君意殷勤、欲留賓飲酒、命卿大夫以我故安、或亦其實不主意於賓也。○司正述君之言以命卿大夫、我者君自我也、言我欲留賓、當爲我安坐以留之也、司正降自西階。南面坐取觶。升酌。散。降。南面坐奠觶。右還。北面少立。坐取觶。興。坐不祭。卒觶。奠之。興。再拜稽首。右還將適觶南先西面也、必從觶西爲君之在東也、少立者自嚴正愼其位也、左還南面。坐取觶。洗。南面反奠于其所。反奠虛觶、不空位也。○司正奠觶取觶、皆南面、明將監堂下酒儀也北面拜者、明監酒出君命也、升自西階。東楹之東請徹俎。降。公許。告于賓。賓北面取俎以出。膳宰徹公俎。降自阼階以東。膳宰降自阼階以賓親徹若君親徹然、卿大夫皆降。東面北上。以將坐、降待賓反也、賓反入。及卿大夫皆說屨。升就席。公以賓及卿大夫皆坐。乃安。凡燕坐必說屨、屨賤不在堂也、禮者尚敬、敬多則不親燕安坐相親之心也、羞庶羞。謂膷肝膋狗胾醢也、骨體所以致敬也、庶羞所以盡愛也、敬之愛之、厚賢之道、大夫祭薦。燕乃祭薦、不敢於盛成禮也、司正升受命皆命君曰無不醉賓及卿大夫皆興對曰諾敢不醉皆反坐。皆命者、命賓命卿大夫也、起對必降席、司正退立西序端

右立司正命安賓

主人洗升獻士于西階上。士長升拜受觶。主人拜送觶。獻士用觶、士賤也、今文觶作觚士坐祭立飲不拜既爵。其他不拜坐祭立飲。他、謂衆士也、亦升受爵、不拜乃薦司正與射人一人司士一人執冪二人立于觶南東上。天子射人司士、皆下大夫二人、諸侯則上士、其人數亦如之司正爲上、○疏云、此等皆士而先薦者、以其皆有事、故先薦司士掌羣士爵祿廢置之事、士中之尊、故亦先薦、又云、士位在西、有事者別在、觶南北面東上也、四者皆士、意亦於此時獻之

而後爲、辯獻士。士既獻者立于東方。西面北上。乃薦士。每已獻而卽位于東方、蓋尊之、畢獻、薦於其位。○疏云、庭中之位、卿東方西面、大夫北面、士西方東面、是東方尊、今卿大夫得獻升堂、位空、士得獻、卽東方卿位、是尊之也、祝史小臣師。亦就其位而薦之。次士獻之、已不變位、位自在東方。○上設位之時、祝史在門東、小臣在東堂下、是在東方也、主人就旅食之尊而獻之。旅食不拜受爵。坐祭。立飲。北面酌、南鄉獻於尊南、不洗者、以其賤畧之也、亦畢獻乃薦之、主人執虛爵奠于篚、復位、

右主人辯獻士及旅食

若射。則大射正爲司射。如鄉射之禮。大射正、射人之長者也、如鄉射之禮者、燕爲樂卿大夫、宜從其禮也、如者、如其告弓矢既具、至退中與算也、納射器而張侯、其告請先于君、乃以命賓及卿大夫、其爲司正者、亦爲司馬、君與賓爲耦、鄉射記曰、自君射至龍旜、亦其異者也、薦旅食乃射者、是燕射主於飲酒、○經云若射、不定之辭、或射或否

唯君所命，若不射，則主人獻旅食後，賓卽媵觶舉酬。註云薦旅食乃射，是燕射主於飲酒，以大射主於射，末爲大夫舉旅，卽射也。

右因燕而射以樂賓

賓降洗，升媵觚于公，酌散，下拜，公降一等，小臣辭，賓升，再拜稽首，公答再拜。此當言媵觶，酬之禮皆用觶，言觚者，字之誤也。古者觶字或作角旁氏，由此誤爾。○陸氏觚依註音觶。賓坐祭，卒爵，再拜稽首，公答再拜。賓降洗象觶，升酌膳，坐奠于薦南，降拜，小臣辭，賓升成拜，公答再拜，賓反位。反位，反席也。今文曰洗象觶。公坐取賓所媵觶，興，唯公所賜。至此又言興者，明公崇禮不倦也。今文觶又爲觚。受者如初受酬之禮。○如其自賓降至進受虛爵也。降更爵，洗，升酌膳，下拜，小臣辭。升成拜。公答拜。乃就席坐行之。坐行之若今坐相勸酒、有執爵者。士有盥升主酌授之者。○前三舉旅皆酬者自酌授人、至此乃有代酌授之者、唯受于公者拜。公所賜者也、其餘則否、司正命執爵者爵辯。卒受者興以酬士。欲令惠均、○前三舉旅皆止於大夫、今爲士舉旅、故命之、相旅、固司正職也、執爵者爵辯、卒受者興以酬士、卽其命之之辭。大夫卒受者以爵興。西階上酬士。士升。大夫奠爵拜。士答拜。興酬士者士立堂下、無坐位、大夫立卒爵。不拜。實之。士拜受。大夫拜送。士旅于西階上。辯。祝史小臣、旅食皆及焉、士旅酌。旅序也、士以次序自酌相酬、無執爵者、卒。

右賓媵觶于公公爲士舉旅酬

主人洗。升自西階。獻庶子于阼階上。如獻士之禮。辯。降洗。遂獻左右正與內小臣皆于阼階上如獻庶子之禮庶子掌正六牲之體及舞位使國子修德學道世子之官也而與膳宰樂正聯事樂正亦教國子以舞左右正謂樂正僕人正也小樂正立于西縣之北僕人正僕人師僕人士立于其北北上大樂正立于東縣之北若射則僕人正僕人士陪于工後內小臣奄人掌君陰事陰令后夫人之官也皆獻于阼階上別於外內臣也獻正下及內小臣則磬人鍾人鑮人鼓人僕人之屬盡獻可知也凡獻皆薦也○諸侯之庶子即大子之諸子皆世子之官也左右正據庭中之位而言大樂正在東縣北故曰左正僕人正在西縣北故曰右正別於外內臣者在鄉遂采地者爲外臣在朝廷者爲內臣庶子以下皆人君近習故云別於外內臣也

右主人獻庶子以下于阼階

無筭爵筭數也爵行無次無數唯意所勸醉而止士也有執膳爵者有執散爵者執膳爵者酌以進公公不拜受執散爵者酌以之公命所賜所賜

者興受爵降席下奠爵再拜稽首。公答拜。席下席西也古文曰公答再拜。○疏云旅酬以前受公爵皆降階下拜至此不復降拜者禮殺故也又云賓與卿大夫席皆南面統於君皆以東爲上故知席下爲席西也。受賜爵者以爵就席坐公卒爵然後飲。不敢先虛爵明此勸惠從尊者來也執膳爵者受公爵酌反奠之。宴歡在於飲酒成其意受賜爵者興授執散爵執散爵者乃酌行之。予其所勸者坐而勸坐而受○唯受爵於公者拜卒受爵者興以酬士于西階上。士升大夫不拜乃飲實爵。乃猶而也○此實爵當是大夫自酌與之不使人代士不拜受爵大夫就席士旅酌亦如之。○亦旅於階上而不拜也公有命徹幂則卿大夫皆降西階下北面東上再拜稽首公命小臣辭。公答再拜。大夫皆辟。命徹幂者公意殷勤必盡酒也小臣辭不升成拜明雖醉正臣禮也、不言賓、賓彌臣也、君答拜於上、示不虛受也、遂升反坐。士終旅於上如初。卿大夫降而爵止、於其反席卒之、○士方酬旅、以卿大夫降而遂止、及其拜訖反席、士復終旅於西階上、無算樂。升歌間合無數也、取歡而已、其樂章亦然、

右燕末無算爵無算樂

宵則庶子執燭於阼階上。司宮執燭於西階上。甸人執大燭於庭。閽人為大燭於門外。宵、夜也、燭、燋也、甸人、掌共薪蒸者、庭大燭、為位廣也、閽人、門人也、為、作也、作大燭、以俟賓客出、賓醉。北面坐取其薦脯以降。取脯、重得君賜、奏陔。陔、陔夏、樂章也、賓出奏陔夏、以為行節也、凡夏以鍾鼓奏之、賓所執脯、以賜鍾人於門內霤。遂出。必賜鍾人、鍾人掌以鍾鼓奏九夏、今奏陔以節已、用賜脯以報之、明雖醉不忘禮、古文賜作錫、卿大夫皆出。隨賓出也、公不

送。賓禮訖、是臣也、

右燕畢賓出

公與客燕。謂四方之使者、○此下言國君將與異國臣燕、使卿大夫就館戒客及客應對之辭、其儀節與燕本國諸臣同、唯戒賓爲異、故於禮末見之、曰寡君有不腆之酒以請吾子之與寡君須臾焉使某也以請。君使人戒客辭也、禮、使人各以其爵、寡鮮也、猶言少德謙也、腆善也、上介出請入告、古文腆皆作殄、今文皆曰不腆酒、無之、對曰寡君君之私也君無所辱賜于使臣臣敢辭。上介出答主國使者辭也、私謂獨受恩厚也、君無所爲辱賜於使臣、謙不敢當也、敢者、怖懼用勢決之辭、寡君固曰不腆使某固以請寡君君之私也君無所辱賜于使臣臣敢固辭。重傳命固、如故、○使者重傳命戒客、客重使上介致辭、寡君固曰不腆使某固以請某固辭不得命敢不從（許之也於是出見主國使者辭以見許爲得命今文無使某○使者三請而客許之）致命曰寡君使某有不腆之酒以請吾子之與寡君須臾焉（親相見致君命辭也）君既寡君多矣又辱賜于使臣臣敢拜賜命（既賜也猶愛也敢拜賜命從使者拜君之賜命猶謙不必辭也）

記

燕朝服於寢（朝服者諸侯與其羣臣日視朝之服也謂冠玄端緇帶素韠白屨也燕於路寢相親暱也今辟雍十月行此燕禮玄冠而衣皮弁服與禮異也）其牲狗也（狗取擇人也明非其人不與爲禮也）亨于門外東方（亨於門外臣所掌也）若與四方之賓燕則公迎之于大門內揖讓升（四方之賓謂來聘者也自戒至

於拜至皆如公食亦告饌具而後公卽席小臣請執冪請羞者乃迎賓也。○告饌具請執冪等又公食所無、

賓爲苟敬。席于阼階之西北面。有脀。不嚌肺。不啐酒。其介爲賓。

苟且也假也主國君饗時親進醴于賓今燕又宜獻焉人臣不敢褻煩尊者至此升堂而辭讓欲以臣禮燕爲恭敬也於是席之如獻諸公之位言苟敬者賓實主國所宜敬也脀折俎也不嚌啐似若尊者然也介門西北面西上公降迎上介以爲賓揖讓升如初禮主人獻賓獻公既獻苟敬乃媵觚羣臣卽位如燕也。○苟敬者坐近君側而簡於禮儀疑於苟矣賓則敬之故立以爲名、

無膳尊。無膳爵。

降尊以就卑也。○欲敬異國之賓故不自殊異也、

與卿燕。則大夫爲賓。與大夫燕。亦大夫爲賓。

不以所與燕者爲賓者燕爲序歡心賓主敬也公父文伯飲南宮敬叔酒以路堵父爲客此之謂也君但以大夫爲賓者大夫卑雖尊之猶遠于君今文無則下無燕、○此謂與巳臣子燕法也、

羞膳者。與執冪者。皆士也。尊君也。膳宰卑於士。羞卿者。小膳宰也。膳宰之佐也。以經不辨其人、故記者指言之。

若以樂納賓則賓及庭。奏肆夏。賓拜酒主人答拜而樂闋。公拜受爵而奏肆夏。公卒爵主人升受爵以下而樂闋。肆夏樂章也今亡、以鍾鎛播之鼓磬應之所謂金奏也記曰入門而縣興示易以敬也卿大夫有王事之勞則奏此樂焉○闋苦穴反

升歌鹿鳴。下管新宮。笙入三成。新宮小雅逸篇也管之入三成謂三終也遂合鄉樂。鄉樂周南召南六篇言遂者不閒也若舞則勺。勺頌篇告成大武之樂歌也其詩曰於鑠王師遵養時晦又曰實維爾公允師既合鄉樂萬舞而奏之所以美王侯勸有功也○升歌不盡鹿鳴以下三篇而但歌鹿鳴下管不奏南陔白華華黍而管新宮不用閒歌笙入三終而遂合鄉樂又或爲之舞而歌勺以爲節皆與常燕異初既以樂納之及作正樂又有此異節以其有王事之

勞，故特異之也。○勺音灼

唯公與賓有俎。主於燕，其餘可以無俎。

獻公。曰：臣敢奏爵以聽命。授公釋此辭，不敢必受之。○謂主人獻公及賓媵爵皆釋此辭。

凡公所辭，皆栗階。栗蹙也，謂越等急趨君命也。○辭者，辭其拜下，命之升也。凡栗階，不過二等。其始升猶聚足連步，越二等，左右足各一發而升堂。○疏云栗階不過二等，據上等而言，故鄭云其始升猶聚足連步也。聚足謂前足躡一等，後足從之併；連步謂足相隨不相過，即聚足也。至近上二等，左右足各一發而升堂也。

凡公所酬，既拜，請旅侍臣。既拜謂自酌升拜時也。擯者阼階下告于公，還西階下告公許，旅行也。請行酒于羣臣，必請者，不專惠也。○賓受公虛爵自酌升拜，公答拜，於是時請之。

凡薦與羞者，小膳宰也。謂於卿大夫以下也。上特言羞卿者，小膳宰欲絕於賓，羞賓者亦士。

有內羞。謂羞豆之實，酏食、糝食；羞籩之實，糗餌、粉餈。○酏以支反。糝素感反。餌音二。餈才私反。

君與射，則爲下射，袒朱襦，樂作而后就物。君尊。小臣以巾授矢，稍屬。君尊，不搢矢。○發一矢，復授一矢。不以樂志。辟不敏也。○不以樂爲節也。既發，則小臣受弓，以授弓人。侯復發也。不使大射正，燕射輕。上射退于物一笴，既發，則答君而俟。○答，對也，而鄉君也。○笴，工但反。又弓老反。若飲君，燕，則夾爵。謂君在不勝之黨，賓飲之，如燕媵觚，則又夾爵。○夾爵者，將飲君，先自飲，及君飲訖，又自飲也。君在，大夫射，則肉袒。不纁襦，厭於君。○鄉射大夫與士射則袒纁襦。○厭，一涉反。

若與四方之賓燕，媵爵，曰：臣受賜矣。臣請贊執爵者。受賜，謂公鄉者酬之至燕，主人事賓之禮殺，賓降洗，升媵觶于公，答恩惠也。○賓媵爵在坐燕之後，故註云事賓之禮殺。相者對曰：吾子無自辱焉。辭之也，對答也，亦告公，以公命答之也。

有房中之樂。弦歌周南召南之詩，而不用鍾磬之節也。謂之房中者，后夫人之所諷誦以事其君子。○疏云：承上文與四方之賓燕乃有之。愚謂常燕有無筭樂，恐亦未必不有也。

儀禮　鄭氏註　濟陽張爾岐句讀

大射儀第七

鄭目錄云：名曰大射者，諸侯將有祭祀之事，與其羣臣射，以觀其禮，數中者得與於祭，不數中者不得與於祭。射義於五禮屬嘉禮。大戴此第十三，小戴及別錄皆第七。

大射之儀，君有命戒射。將有祭祀之事，當射，宰告於君，君乃命之。言君有命，政教宜由尊者。〇自此至羮定，皆射前戒備之事：戒諸官，張射侯，設樂縣，陳燕具，凡四節。

宰戒百官有事於射者。宰於天子冢宰，治官卿也，作大事則掌以君命戒於百官。〇諸侯無冢宰，立司徒以兼之。此言宰，即司徒也。其掌誓戒百官，與天子冢宰同。

射人戒諸公卿大夫射，司士戒士射與贊者。射人掌以射法治射儀，司士掌國中之士治，凡其戒令，皆司馬之屬也。殊戒公卿大夫與士，辨貴賤也。贊，佐也，謂士佐執事不射者。〇上文宰承君命既總戒之，此射人司士又分別戒之也。

右戒百官

前射三日。宰夫戒宰及司馬。射人宿視滌。宰夫、冢宰之屬、掌百官之徵令者、司馬、於天子政官之卿、凡大射、則合其六耦、滌、謂溉器、掃除射宮、○前者宰已戒百官、至此宰夫又以射期將至、來告于宰、上下交飭也、又及司馬者、此日量道張侯、司馬職也、射人宿視滌、掃除濯溉、又在前射三日之前一夕、故云宿、

司馬命量人量侯道與所設乏以貍步。大侯九十。參七十。干五十。設乏各去其侯西十北十。量人、司馬之屬、掌量道巷塗數者、侯、謂所射布也、尊者射之以威不寧侯、卑者射之以求為侯、量侯道、謂去堂遠近也、容謂之乏、所以為獲者之禦矢、貍之伺物、每舉足者止視遠近、為發必中也、是以量侯道取象焉、鄉射記曰、侯道五十弓、考工記曰、弓之下制六尺、則此貍步六尺明矣、大侯、熊侯、謂之大者、與天子熊侯同、參讀為糝、糝、雜也、雜侯者、豹鵠而麋飾、下天子大夫也、干讀為豻、豻侯者、豻鵠豻飾也、大夫將祭於己、射麋侯、士無臣、祭不射、○三侯皆以布為之而

以皮爲鵠旁又飾以皮王大射用虎侯熊侯豹侯畿內諸侯二侯以熊侯爲首畿外諸侯得用三侯熊侯糝侯豻侯以熊侯同於天子故云大侯三侯共道逓近以二十步爲率尊者射遠卑者射近侯遠則鵠大侯近則鵠小○參依註音糝素感反干依註音豻五旦反

遂命量人巾車張三侯大侯之崇見鵠於參參見鵠於干干不及地武不繫左下綱設乏西十北十凡乏用革○

巾車於天子宗伯之屬掌裝衣車者亦使張侯侯巾類崇高也高必見鵠鵠所射之主射義曰爲人君者以爲君鵠爲人臣者以爲臣鵠爲人父者以爲父鵠爲人子者以爲子鵠言射中此乃能任已位也鵠之言較較直也射者所以直已志或曰鵠鳥名射之難中中之爲俊是以所射於侯取名也淮南子曰鳱鵠知來然則所云正者正也亦鳥名齊魯之間名題肩爲正正鵠皆鳥之捷黠者考工記曰梓人爲侯廣與崇方參分其廣而鵠居一焉則大侯之鵠方六尺糝侯之鵠方四尺六寸大半寸豻侯之鵠方三尺三寸少半寸及至也武迹也中人之足長尺二寸以豻侯計之糝侯去地一丈五寸少半寸大侯去地二丈二尺五寸少半寸

凡侯北面西方謂之左前射三日張侯設之欲使有事者豫志焉○大侯之鵠見參侯之上參侯之鵠見于侯之上干侯下綱則去地一尺二寸此三侯高下之法也註知三侯之鵠廣狹之數者以侯之廣狹取則於侯道之遠近每弓取二寸九十弓者十八尺七十弓者十四尺五十弓者十尺每侯之鵠又各取其侯三分之一故推知之也設之西十北十西與北各去侯六丈也云凡乏三侯各有乏也

右前射三日戒宰視滌量道張侯

樂人宿縣于阼階東笙磬西面其南笙鐘其南鎛皆南陳（笙猶生也東爲陽中萬物以生春秋傳曰太簇所以金奏贊陽出滯姑洗所以修絜百物考神納賓是以東方鐘磬謂之笙皆編而縣之周禮曰凡縣鐘磬半爲堵全爲肆有鐘有磬爲全鎛如鐘而大奏樂以鼓鎛爲節○諸侯軒縣三面各有一肆此其東一肆也笙磬笙鐘先儒以爲聲與笙協應故名笙○鎛音博）建鼓在阼階西南鼓應鼙在其東南

鼓。建、猶樹也、以木貫而載之、樹之跗也、南鼓、謂所伐面也、應鼙應朔鼙也、先擊朔鼙、應鼙應之、鼙、小鼓也、在東、便其先擊小後擊大也、鼓不在東縣南、為君也、○此鼓本在東縣之南、與磬鐘鑮共為一肆、移來在此者、鄭以為為君、以君在阼階上、近君設之、故云為君也、下建鼓言一、此不一言、因移並言之、

西階之西。頌磬東面。其南鐘。其南鑮。皆南陳。一建鼓在其南。東鼓。朔鼙在其北。言成功曰頌、西為陰中、萬物之所成、春秋傳曰、夷則所以詠歌九則、平民無貳、無射所以宣布哲人之令德、示民軌儀、是以西方鐘磬謂之頌、朔、始也、奏樂先擊西鼙、樂為賓所由來也、鐘不言頌、鼙不言東鼓、義同省文也、古文頌為庸、○此西一肆也、頌鐘頌磬、先儒以為歌頌則奏之、故名頌。○頌音容

一建鼓在西階之東。南面。言面者、國君於其羣臣備三面爾、無鐘磬、有鼓而已、其為諸侯則軒縣、○軒縣、三面皆縣、北面合、有一肆、以其與羣臣射、故闕之以辟射位、猶設一建鼓者、姑備三面耳、故言南面、與笙磬頌磬同例、而與上文建鼓之自東縣移來者、異文也、

簜在建鼓之間。簜、竹也、謂笙簫之屬、倚於堂、鼗

倚于頌磬西紘。鼗如鼓而小，有柄，賓至搖之以奏樂也。紘，編磬繩也。設鼗在磬西，倚于紘也。王制曰：天子賜諸侯樂，則以柷將之；賜伯子男樂，則以鼗將之。○紘音宏

右射前一日設樂縣。

厥明。司宮尊于東楹之西，兩方壺，膳尊兩甒在南。有豐。冪用錫若絺，綴諸箭。蓋冪。加勺，又反之。皆玄尊。酒在北。膳尊，君尊也。後陳之，尊之也。豐以承尊也。說者以為若井鹿盧，其為字從豆，幽聲，近似豆，大而卑矣。冪，覆尊巾也。錫，細布也。絺，細葛也。箭，篠也。為冪蓋卷辟，綴於篠，橫之也。又反之，為覆勺也。皆玄尊，二者皆有玄酒之尊，重本也。酒在北，尊統於君，南為上也。唯君面尊，言專惠也。今文錫或作緆，絺或作綌，古文箭作晉。○諸侯將射，先行燕禮，故此下皆陳燕具。綴諸箭者，綴錫若絺於箭而張之以覆也。蓋冪加勺又反之，此覆尊之法，勺加冪上，復撩冪之垂者以覆勺。

尊士旅食于西鑮之南，北面，兩圜

壺。旅衆也士衆食未得正祿謂庶人在官者圜壺變於方也賤無玄酒又尊于大侯之乏東北兩壺獻酒。爲隸僕人巾車摻侯豻侯之獲者獻讀爲沙沙酒濁特泲之必摩沙者也兩壺皆沙酒郊特牲曰汁獻涗于醆酒服不之尊侯時而陳于南統于侯皆東面○註引郊特牲以証沙酒之義涗泲也泲沙酒者和以醆酒而摩挲之以出鬱鬯之汁也以其祭侯故用鬱鬯設服不之尊在飲不勝者以後故註云侯時明此尊不爲服不氏設也○獻素何反泲子禮反涗始銳反設洗于阼階東南。罍水在東。篚在洗西。南陳。設膳篚在其北。西面。或言南陳或言西面異其文也又設洗于獲者之尊西北。水在洗北。篚在南。東陳。亦統於侯也無爵因服不也有篚爲奠虛爵也服不之洗亦侯時而陳於其南○此篚中不設爵將因獻服不之爵而用之也小臣設公席于阼階上。西鄉。司宮設賓席于戶西。南面。有加席。卿席賓東。東上。小卿賓西。東上。大夫繼而東上。若有東面者則北上席工于西階之東東上諸公阼階西北面東上雖賓及公席布之也其餘樹之於位後耳小卿命於其君者也席于賓西射禮辨貴賤也諸公大國有孤卿一人與君論道亦不典職如公矣官饌百官各饌其所當共之物羹定烹肉熟也射義曰諸侯之射也必先行燕禮燕禮牲用狗

右射人陳燕具席位

射人告具于公公升即位于席西鄉小臣師納諸公卿大夫諸公卿大夫皆入門右北面東上士西方東面北上大史在于侯之東北北面東上士旅食者在士南北面東上小臣師從者在東堂下南面西上大史在于侯東北士旅食者在士南爲有侯故入庭深也小臣師正之佐也正相君出入君之大命○自此至南面反奠于其所北面立皆將射先燕之事公命賓納賓以來主人獻賓賓酢主人主人獻公主人受公

酢、主人酬賓、二人舉觶、公取觶酬賓、遂旅酬、主人獻卿、二人再舉觶、公爲卿舉旅酬、主人獻大夫、工入奏樂、凡十二節、皆與燕禮同、容有小異、主於射故也、公降。立于阼階之東南。南鄉。小臣師詔揖諸公卿大夫。諸公卿大夫西面北上。揖大夫。大夫皆少進。詔、告也、變爾言揖、亦以其入庭深也、上言大夫、誤衍耳、大射正擯。大射正、射人之長、擯者請賓。公曰命某爲賓。求大夫名、擯者命賓。賓少進。禮辭。命賓者東面南顧、辭、辭以不敏、反命。以賓之辭告於君、又命之。賓再拜稽首受命。又、復、擯者反命。賓出。立于門外。北面。公揖卿大夫。卿大夫升就席。小臣自阼階下北面。請執冪者與羞膳者。請士可使執君兩甒之冪、及羞脯醢庶羞於君者、方圜壺、獻無冪、乃命執冪者。執冪者升自西階。立于尊南。北面東上。命者於西階前以公命命之東上、執玄尊之冪爲上、羞膳者從而東、由堂東升自北階立于房中西面南上不言命者不升堂略之。膳宰請羞于諸公卿者。膳宰請者異於君也。擯者納賓。賓及庭。公降一等揖賓。賓辟。及至也辟逡遁不敢當盛。公升即席。以賓將與主人爲禮不參之。

右命賓納賓

奏肆夏。肆夏樂章名今亡呂叔玉云肆夏時邁也時邁者太平巡守祭山川之樂歌其詩曰明昭有周式序在位又曰我求懿德肆于時夏奏此以延賓其著宣王德勸賢與周禮曰賓出入奏肆夏。賓升自西階。主人從之。賓右北面至再拜。賓答再拜。主人宰夫也又掌賓客之獻飲食君於臣雖爲賓不親獻以其莫敢亢禮。主人降洗。洗南西北面。賓將從降鄉之不於洗北辟正主。賓降階西東面。主人辭降。賓對。對答。主人北面盥。坐取觚洗。賓少進辭洗。主人坐奠觚于篚。興。對。賓反位。〔賓少進者，所辭異，宜違其位也。獻不用爵，辟正主。〕主人卒洗。賓揖乃升。〔賓每先升，揖之。〕主人升。賓拜洗。主人賓右奠觚答拜。降盥。賓降。主人辭降。賓對。卒盥。賓揖升。主人升。坐取觚。〔取觚，將就瓦甒酌膳。〕執冪者舉冪。主人酌膳。執冪者蓋冪。酌者加勺。又反之。〔反之，覆勺。〕筵前獻賓。賓西階上拜。受爵于筵前。反位。主人賓右拜送爵。〔賓既拜於筵前，受爵，退復位。〕宰胥薦脯醢。〔宰胥，宰官之吏也。不使膳宰薦，不主於飲酒，變於燕。〕賓升筵。庶子設折俎。〔庶子，司馬之屬，掌正六牲之體者也。鄉射記曰：賓俎脊脅肩肺。不使膳宰設俎，爲射變於燕。〕賓坐。左執觚。右祭脯醢。奠爵于薦右。興。取肺。坐。絕祭。嚌之。興。加于俎。坐。挩手。執爵。遂祭酒。興。席末坐。啐酒。降席。坐。奠爵。拜。告旨。執爵興。主人答拜。

降席，席西。樂闋。闋，止也。樂止者，尊賓之禮盛於上也。○唯盛得
也，言美也。樂闋，有樂也。燕禮記云：賓及庭而奏肆夏，賓拜酒，主
人答拜而樂闋，亦謂啐酒告旨時，此燕已臣子法，郊特牲
云：賓入大門而奏肆夏，卒爵而樂闋，彼燕朝聘之賓法也。賓西
階上北面坐，卒爵，興，坐奠爵，拜，執爵興。主人答拜。

右主人獻賓

賓以虛爵降。既卒爵，將酢也。主人降。賓洗南西北面坐奠觚，少進，辭降。
主人西階西東面少進對。賓坐取觚，奠于篚下，盥洗。篚下，篚南。主人
辭洗。賓坐奠觚于篚，興對。卒洗，及階，揖升。主人升，拜洗，如賓禮。
賓降盥，主人降。賓辭降，卒盥，揖升，酌膳，執冪如初，以酢主人于
西階上。主人北面拜受爵。賓主人之左拜送爵。賓南面授爵，乃於左拜。凡授爵

鄉所受者。主人坐祭。不啐酒。辟正主也。未薦者臣也。不拜酒。主人之義。燕禮曰。不拜酒。不告旨。遂卒爵。興。坐奠爵。拜。執爵興。賓答拜。主人不崇酒。以虛爵降。奠于篚。不崇酒。辟正君也。崇充也。謂謝酒惡相充實。賓降。立于西階西。東面。既受獻矣。不敢安盛。擯者以命升賓。賓升。立于西序。東面。命。公命也。東西墻謂之序。

右賓酢主人

主人盥。洗象觚。升酌膳。東北面獻于公。象觚。觚有象骨飾也。取象觚東面。不言實之。變於燕。公拜受爵。乃奏肆夏。言乃者。其節異於賓。〇賓及庭奏。君受爵乃奏也。主人降自西階。阼階下。北面拜送爵。宰胥薦脯醢。由左房。庶子設折俎。升自西階。自。由也。左房。東房也。人君左右房。鄉射記曰。主人俎。脊脅臂肺也。公祭如賓禮。庶子贊授胏。不拜酒。立卒爵。坐奠爵。拜。執爵興。凡異者君尊變於賓 主人答拜。樂闋。

升受爵。降奠于篚。

右主人獻公

更爵洗。升酌散以降。酢于阼階下。北面坐奠爵。再拜稽首。公答拜。更易也易爵不敢襲至尊古文更爲受 主人坐祭。遂卒爵。興。坐奠爵。再拜稽首。公答拜。主人奠爵于篚。

右主人受公酢

主人盥洗。升媵觚于賓。酌散。西階上坐奠爵。拜。賓西階上北面答拜。媵送也散方壺之酒也古文媵皆作騰 主人坐祭。遂飲。賓辭。卒爵興。坐奠爵。

拜。執爵興。賓答拜。辭者，辭其代君行酒不立飲也，此於正主酬也。主人降洗。賓降。主人辭降。賓辭洗。卒洗。賓揖升。不拜洗。不拜洗，酬而禮殺也。主人酌膳。賓西階上拜。受爵于筵前。反位。主人拜送爵。賓升席。坐祭酒。遂奠于薦東。遂者，因坐而奠之，不北面也。奠之者，酬不舉也。主人降。復位。賓降筵西。東南面立。賓不立於序內，位彌尊。

右主人酬賓

小臣自阼階下請媵爵者。公命長。命之使選於長幼之中也。卿則尊，士則卑。小臣作下大夫二人媵爵。作，使。媵爵者阼階下皆北面再拜稽首。公答拜。再拜稽首，拜君命。媵爵者立于洗南。西面北上。序進盥洗角觶。升自西階。序進酌散交于楹北。降適阼階下。皆奠觶。再拜稽首。執觶興。公答拜。序次第也。猶代也。先者既酌。右還而反。與後酌者交於西楹北。相左俟於西階上。乃降往來以右爲上。古文曰降造阼階下、媵爵者皆坐祭。遂卒觶。興。坐奠觶。再拜稽首。執觶興。公答再拜。媵爵者執觶待于洗南。待待君命小臣請致者。請君使一人與二人與。不必君命、若命皆致。則序進奠觶于篚。阼階下皆北面再拜稽首。公答拜。媵爵者洗象觶。升實之。序進。坐奠于薦南。北上。降適阼階下。皆再拜稽首送觶。公答拜。既酌而代進。往來由尊北。交於東楹北。亦相左。奠於薦南。不敢必君舉、媵爵者皆退反位。反門右北面位。

右二人媵觶將爲賓舉旅酬

公坐取大夫所媵觶興以酬賓賓降西階下再拜稽首小臣正辭賓升成拜公起酬賓於西階降尊以就卑也正長也小臣長辭變於燕升成拜復再拜稽首先時君辭之於禮若未成然公坐奠觶答拜執觶興公卒觶賓下拜小臣正辭賓升再拜稽首不言成拜者為拜故下實未拜也下不就拜禮也下亦降也發端言降拜因上事言下拜公坐奠觶答拜執觶興賓進受虛觶降奠于篚易觶興洗賓進以臣道就君受虛爵君不親酌凡爵不相襲者於尊者言更自敵以下言易更作新易有故之辭也不言公酬賓於西階上及公反位者尊君空其文也○公授賓爵卽反位公有命則不易不洗反升酌膳下拜小臣正辭賓升再拜稽首公答拜不易君義也不洗臣禮也○公答拜於阼階上賓告于擯者請旅諸臣擯者告于公公許旅序也賓欲以次序勸諸臣酒賓以旅大夫于西階上擯

者作大夫長升受旅作使也使之以長幼之次先孤賓大夫之右坐奠觶拜執觶興大夫答拜賓坐祭立卒觶不拜若膳觶也則降更觶洗升實散大夫拜受賓拜送遂就席大夫辯受酬如受賓酬之禮不祭酒卒受者以虛觶降奠于篚復位

右公取媵觶酬賓遂旅酬

主人洗觚升實散獻卿于西階上司宮兼卷重席設于賓左東上卿升拜受觚主人拜送觚卿辭重席司宮徹之徹猶去也重席雖非加猶為其重累辭之辟君乃薦脯醢卿升席庶子設折俎卿折俎未聞蓋用脊脅臑折肺卿有俎者射禮尊卿坐左執爵右祭脯醢奠爵于薦右興取肺坐絕祭不嚌

肺興加于俎坐挩手取爵遂祭酒執爵興降席西階上北面坐卒爵興坐奠爵拜執爵興陳酒肴君之惠也不嚌肺亦自貶於君主人答拜受爵卿降復位復西面位不酢辟君辯獻卿主人以虛爵降奠于篚擯者升卿卿皆升就席若有諸公則先卿獻之如獻卿之禮席于阼階西北面東上無加席公孤也席之北面為大尊屈之也亦因阼階上近君近君則親寵苟敬私昵之坐

右主人獻卿

小臣又請媵爵者二大夫媵爵如初請致者若君命長致則媵爵者奠觶于篚命長致者使長者一人致也公或時未能舉自優暇一人待于洗南不致者長致者阼階下再拜稽首公答拜再拜稽首拜君命洗象觶升實之坐奠

于薦南降奠立于洗南者二人皆再拜稽首送觶公答拜奠於薦南先媵者上觶之處也二人皆拜如初共勸君飲之

右二人再媵觶

公又行一爵若賓若長唯公所賜一爵先媵者之下觶也若賓若長禮殺也長孤卿之尊者也於是言賜射禮明尊卑以旅于西階上如初賜賓則以酬長賜長則以酬賓大夫長升受旅以辯大夫卒受者以虛觶降奠于篚

右公又行一觶為卿舉旅

主人洗觚升獻大夫于西階上大夫升拜受觚主人拜送觚大夫坐祭立卒爵不拜既爵主人受爵大夫降復位既盡也大夫卒爵不拜賤

不備禮。胥薦主人于洗北。西面。脯醢。無脀。胥宰官之吏。主人下大夫也。先大夫薦之。尊之也。不薦于上。辟正主。脀俎實。辯獻大夫。遂薦之。繼賓以西。東上。若有東面者。則北上。卒。擯者升大夫。大夫皆升就席。辯獻乃薦。畧賤也。亦獻後布席也。○每獻一人訖。降階。獻徧。擯者乃總升之就席。就席訖。乃薦之。

右主人獻大夫

乃席工于西階上。少東。小臣納工。工六人。四瑟。工謂瞽矇善歌諷誦詩者也。六人。大師少師各一人。上工四人。四瑟者。禮大樂衆也。僕人正徒相大師。僕人師相少師。僕人士相上工。徒。空手也。僕人正。僕人之長。師。其佐也。士。其吏也。天子視瞭相工。諸侯兼官。是以僕人掌之。大師少師。工之長也。凡國之瞽矇正焉。杜蒯曰。曠也大師也。於是分別工及相者。射禮明貴賤。○蒯苦怪反。相者皆左何瑟。後首。內弦。挎越。右手相。謂相上工者後首主於射畧於此樂也內弦挎越以右手相工由便也越瑟下孔所以發越其聲者也古文後首為後手後者徒相入。謂相大師少師者也上列官之尊卑此言先後之位亦所以明貴賤凡相者以工出入小樂正從之。從大師也後升者變於燕也小樂正於天子樂師也升自西階。北面東上。工六人坐授瑟乃降。相者也降立於西縣之北小樂正立于西階東。不統於工明工雖衆位猶在此○燕禮工四人樂正升立于工之西在西階東此工六人數衆疑位移近西乃樂正猶立西階東不變是統於階而不統於工也乃歌鹿鳴三終。鹿鳴小雅篇也人君與臣下及四方之賓燕講道修政之樂歌也言已有旨酒以召嘉賓與之飲者樂嘉賓之來示我以善道又樂嘉賓有孔昭之明德可則傚也歌鹿鳴三終而不歌四牡皇皇者華主於講道畧於勞苦與諮事主人洗升實爵獻工。工不興。左瑟。工歌而獻之以事報之也洗爵獻工辟正主也獻不用爵工賤異之也工不興不能備禮左瑟便其右大師無瑟於是言左瑟者節也。一人拜受爵。謂太師也言一人者工賤同之也工拜於席。主人西階上拜送爵。薦脯醢。輒薦之變於大夫。使人相祭。使人相者相其祭薦祭酒。卒爵不拜。主人受虛爵。眾工不拜受爵。坐祭。遂卒爵。辯有脯醢。不祭。相者相其祭酒而已。主人受爵。降奠于篚。復位。大師及少師上工。皆降立于鼓北。羣工陪于後。鼓北西縣之北也言鼓北者與鼓齊面餘長在後也羣工陪于後三人爲列也於是時小樂正亦降立于其南北面工立僕人立于其側坐則在後考工記曰鼓人爲皐陶長六尺有六寸○註鼓北西縣之北也句可疑。乃管新宮三終。管謂吹簜以播新宮之樂其篇亡其義未聞笙從工而入既管不獻畧下樂也立于東縣之中○註立于東縣之中句可疑愚案燕禮笙入立于縣中註云縣中縣中央也鄉飲酒禮曰磬南北面疏云諸侯軒縣闕南面而已故得言縣中鄉飲酒唯以磬縣而已不得言縣中而云磬南註引鄉飲酒者欲見此雖軒縣近北面縣之南也此經初設樂無北面縣但移東縣建鼓在阼階西又設一建鼓在西階東正當北面一縣之處簜在建鼓之閒註云簜謂笙簫之屬倚于堂又與燕禮笙入所立之位同疑設之在此者亦奏之于此至此管新宮三終註乃云立于東縣之中不知於經何據若云辟射位射事未至無可辟也且上文太師等立于鼓北亦當是此建鼓之北註以為西縣之北不知西縣何以單名為鼓竊疑太師等立此或亦以將奏管故臨之非徒立也至下管三終乃相率而東耳既從工而入工升堂笙即立堂下亦其宜也姑存此疑以質知者

奏管○太師及少師上工○皆東坫之東南西面北上坐○不言縣北統於堂也於是時大樂正還北面立于其南

右作樂娛賓射前燕禮備

擯者自阼階下請立司正○三爵既備上下樂作君將留羣臣而射宜更立司正以監之察儀法也

公許○擯者遂為司正○君許其請因命用之不易之者俱相禮其事同也

司正適洗洗角

觶。南面坐奠于中庭。奠觶者，著其位以顯其事，威儀多也。升東楹之東受命于公。西階上北面命賓諸公卿大夫。公曰：以我安賓諸公卿大夫。皆對曰：諾，敢不安。以我安者，君意殷勤，欲留之，以我故安也。○公曰以我安，卿司正命衆之辭，言公有命如此也。司正降自西階，南面坐取觶，升酌散，降，南面坐奠觶，奠於中庭故處。興，右還，北面少立，坐取觶，興，坐不祭，卒觶，奠之，興，再拜稽首，左還，南面坐取觶，洗，南面反奠于其所，北面立。皆所以自昭明於衆也。將於觶南北面，則右還於觶北；南面，則左還。如是得從觶西往來也。必從觶西往來者，爲君在阼，不背之也。○還音旋，後同。

右將射立司正安賓祭儀

司射適次，袒決遂，執弓，挾乘矢於弓外，見鏃於弣，右巨指鉤弦。

司射射人也次若今時更衣處帳幃席爲之耦次在洗東南袒
左免衣也決猶闓也以象骨爲之著右巨指所以鉤弦而闓之
遂射韝也以朱韋爲之著左臂所以遂弦也方持弦矢曰挾乘
矢四矢弣弓把也見鏃焉順其射也右巨指右手大擘以鉤弦
弦在旁挾由便也古文挾皆作接○此下及射事有三耦不
釋獲之射有三耦衆耦釋獲之射有以樂射共三番射亦畧如
鄉射之節自此至左右撫之與反位皆言三耦不釋獲之
射司射納器比耦司射誘射三耦乃射射已取矢凡四節自阼

階前曰○爲政請射○爲政謂司馬也司馬政官主射禮○司射請于君曰爲政之官請行射禮遂告曰○

大夫與大夫士御於大夫○因告選三耦於君御由侍也大夫與大夫爲耦不足則士侍於大夫與爲耦也令文於爲于○既請射得命遂告君以比耦也遂適西階前東面右顧○命有司納射

器○納內也○有司士佐執事不射者也士在西階南東面射器故於西階前右顧命之必東面者君在阼宜向之也

皆入○君之弓矢適東堂○賓之弓矢與中籌豐皆止于西堂下○衆

弓矢不挾總衆弓矢楅皆適次而俟中閭中算器也籩算也豐可奠射爵者衆弓矢三耦及卿大夫以下弓矢也司射矢亦止西堂下衆弓矢不挾則納公與賓弓矢者挾之楅承矢器今文俟作待工人士與梓人升自北階兩楹之間疏數容弓若丹若墨度尺而午射正莅之工人士梓人皆司空之屬能正方圜者一從一橫曰午謂畫物也射正司射之長○左為下物右為上物卒畫自北階下司宮埽所畫物自北階下埽物重射事也工人士梓人司宮位在北堂下○既畫復埽之取畧辨縱橫而已太史俟于所設中之西東面以聽政中未設也太史俟焉將有事也鄉射禮曰設中南當楅西當西序東面○中尚未設而云所設中之西謂其擬設中之地之西也周禮春官太史職云凡射事飾中舍算執其禮事司射西面誓之曰公射大侯大夫射參士射于射者非其侯中之不獲卑者與尊者為耦不異侯太史許諾

誓猶告也古文誓作辭○侯以尊卑異同耦則卑者得與尊者共侯也

遂比三耦比選次之也不言面者大夫在門右北面上西方東面○疏云天子大射賓射六耦三侯畿內諸侯二侯四耦畿外諸侯二侯三耦若燕射則天子諸侯同三耦一侯而已卿大夫士例同一侯三耦

三耦俟于次北西面北上未知其耦今文俟爲立○但知爲三耦未知孰與孰耦也

司射命上射曰某御於子命下射曰子與某子射卒遂命三耦取弓矢于次取弓矢不拾者次中隱蔽處○鄉射堂西取矢則拾取拾取更迭而取也

右請射納器誓射比耦

司射入于次搢三挾一个出于次西面揖當階北面揖及階揖升堂揖當物北面揖及物揖由下物少退誘射搢扱也挾一个挾於弦也个猶枚也由下物而少退謙也誘猶教也夫子循循然善誘人

射三侯將乘矢始射干又射參大

侯再發。將、行也、行四矢、象有事於四方、詩云、四矢反兮、以御亂兮、卒射。北面揖。揖於當物之處、不南面者、爲不背卿、及階揖降。如升射之儀。遂適堂西。改取一个挾之。改、更也、不射而挾矢、示有事也、遂取扑搢之。以立于所設中之西南東面。扑所以撻犯教者也、於是言立、著其位也、鄉射記曰、司射之弓矢與扑倚于西階之西、

右司射誘射

司馬師命負侯者執旌以負侯。司馬師、正之佐也、欲令射者見侯與旌、深志於侯中也、負侯、獲者也、天子服不氏下士一人、徒四人、掌以旌居乏待獲、析羽爲旌、負侯者皆適侯。執旌負侯而俟。司射適次。作上耦射。作、使也、司射反位。上耦出次。西面揖。進上射在左。並行。當階北面揖。及階揖。上射先升三等。下射從之中

等○上射在左、便射位也、中、猶間也○發位、並行、及升、上射升堂○
上射皆居左、履物南面、上射乃在右、右物爲上也
少左○下射升○上射揖○並行○並、併也、併東行、皆當其物北面揖○及物揖○皆
左足履物○還視侯中○合足而俟○視侯中、各視其侯之中、大夫耦
則視參中、參中十四尺、士耦則
視干中干
中十尺、司馬正適次○袒決遂○執弓○右挾之○出○升自西階○適下
物○立于物間○左執弣○右執簫○南揚弓○命去侯○司馬正、政官之屬、
簫、弓末、揚弓者、執
下末、揚、猶舉也、適下物、由上射後東過也、命去
侯者、將射當獲也、鄉射禮曰西南面立於物間、負侯皆許諾以
宮趨○直西○及乏南○又諾以商○至乏○聲止○宮爲君、商爲臣、其聲和
相生也、鄉射禮曰獲者
執旌許諾右
文聲爲磬、授獲者退立于西方○獲者興○共而俟○大侯服不氏
負侯徒一人
居乏相代而獲、參侯、干侯徒負侯、居乏不相代、鄉射禮曰獲者
執旌許諾、聲不絕以至於乏、坐東面偃旌、興而俟、右文獲皆作

護非也。○授獲者，謂以旌授代巳而獲之人，指大侯也。餘二侯，則負侯獲者本一人，但偃旌而俟，如鄉射禮所云也。司馬正出于下射之南，還其後，降自西階，遂適次，釋弓，說決拾，襲，反位。拾，遂也。鄉射禮曰：司馬反位，立于司射之南。司射進與司馬正交于階前，相左，由堂下西階之東，北面視上射，命曰：「毋射獲，毋獵獲。」上射揖。司射退反位。射獲，矢中乏也。從旁為獵。○司射位在所設中之西南，東面。乃射。上射既發，挾矢，而后下射射，拾發以將乘矢。拾，更也。將，行也。獲者坐而獲，坐言獲也。舉旌以宮，偃旌以商。等言獲也。獲而未釋獲。但言獲，未釋算。古文釋為舍。卒射，右挾之，北面揖，揖如升射。右挾之，右手挾弦。上射降三等，下射少右，從之，中等，並行，上射於左，與升射者相左，交于階前，相揖，適次，釋弓，說決拾，襲反位。上射於左、由下射階上少右、乃降待之言襲者、凡射皆袒、三耦卒射亦如之。司射去扑。倚于階西。適阼階下。北面告于公曰。三耦卒射。反搢扑。反位。

右三耦射

司馬正袒決遂。執弓。右挾之。出。與司射交于階前。相左。出出于埒亦適次。○疏曰、次也袒凡袒襲皆於隱處、升自西階。自右物之後。立于物間。西南面。揖弓。命取矢。揖推之、負侯許諾。如初去侯。皆執旌以負其侯而俟。侯小臣取矢以旌指教之。○負侯許諾、如初去侯、如去侯時之諾以宮、又諾以商也、司馬正降自西階。北面命設楅。此出于下射之南、還其後而降之、小臣師設楅。司馬正東面。以弓為畢。畢所以教助執事者、鄉射記曰、乃設楅于中庭、南當洗、東肆、○以弓謂畢、謂以弓指授、如載鼎之用畢然、引鄉射記文、證此設楅之處也旣設楅司馬正適次釋弓說決拾襲反位小臣坐委矢于楅北括司馬師坐乘之卒乘四四數之若矢不備則司馬正又袒執弓升命取矢如初曰取矢不索乃復求矢加于楅卒司馬正進坐左右撫之興反位左右撫分上下射此坐皆北面

右三耦射後取矢射禮第一番竟

司射適西階西倚扑升自西階東面請射于公倚扑者將卽君前不敢佩刑器也升堂者欲諸公卿大夫辯聞也○此下言三耦衆耦釋獲之射其在方射時者有命耦有三耦取矢于楅有三耦再射釋獲有公與賓射有卿大夫士皆射凡五節其在射以後者有取矢有數獲有飲不勝者有獻服不及隸僕巾車獲者有獻釋獲者亦五節射之第二番也公許遂適西階上命賓御于公諸公卿則以耦告

于上大夫。則降。即位而後告。告諸公卿於堂上、尊之也。司射自西階上。北面告于大夫曰。請降。司射先降。搢扑。反位。大夫從之降。適次。立于三耦之南。西面北上。適次由次前而北、西面立。○疏曰、上云司射等適次、謂入次中、此適次大夫降自西階東行適次所、過向堂東西面、立、因過次爲適次、非入次也。司射東面于大夫之西。比耦。大夫與大夫。命上射曰。某御於子。命下射曰。子與某子射。卒。遂比衆耦。衆耦、士也。衆耦立于大夫之南。西面北上。若有士與大夫爲耦。則以大夫之耦爲上。爲上、居羣士之上。○爲上、指立位而言。命大夫之耦曰。子與某子射。告於大夫曰。某御於子。士雖爲上射、其辭猶尊大夫。命衆耦如命三耦之辭。諸公卿皆未降。言未降者、見其志在射。

右將射命耦

遂命三耦各與其耦拾取矢皆袒決遂執弓右挾之此命入次之事也司射既命而反位不言之者、上射出當作取矢事未訖、一耦出西面揖當楅北面揖及楅揖三耦同入次、其出也一、上射出、西面立、司射作之、乃揖行也、當楅、楅正南之東西、上射東面下射西面上射揖進坐橫弓郤手自弓下取一个兼諸弣興順羽且左還毋周反面揖橫弓者南踣弓也郤手自弓下取矢者以左手在弓表右手從裏取之便也兼并也并矢於弣當順羽既又當執弦順羽者手放而下備不整理也左還反其位毋周右還而反東面也君在阼還周則下射將背之古文且為阻○踣步北反下射進坐橫弓覆手自弓上取一个兼諸弣興順羽且左還毋周反面揖橫弓亦南踣弓也人東西鄉以南北為橫覆手自弓上取矢以左手在弓裏右手從表取之、便也、既拾取矢梱之。梱、齊等之也、古文梱作魁、○梱、疑當作捆孟子注、捆猶叩椓也、叩椓有取齊之義、若梱則門橛耳、兼挾乘矢皆內還南面揖。內還者、上射左、下射右、不皆左還亦以君在阼、嫌下射故左還而背之也、上以陽爲內、下以陰爲內、因其宜可也、適楅南皆左還北面揖搢三挾一个。楅南、鄉當楅之位也、揖以耦左還上射於左。以、猶與也、言以者、耦之事成於此、意相人耦也、上射轉居左、便其反位也、上射少北、乃東面、退者與進者相左相揖退釋弓矢于次說決拾襲反位。二耦拾取矢亦如之。後者遂取誘射之矢兼乘矢而取之以授有司于次中皆襲反位。有司納射器、因留主授受之、○三耦反位、反次北西面北上之位、

右三耦拾取矢于楅

司射作射如初。一耦揖升如初。司馬命去侯。負侯許諾如初。司馬降。釋弓反位。司射猶挾一个。去扑。與司馬交于階前。適阼階下。北面請釋獲于公。猶守故之辭。於此言之者，司射既誘射，恒執弓挾矢以掌射事，備尚未知當教之也。今三耦卒射，衆以知之矣，猶挾之者，君子不必也。公許。反搢扑。遂命釋獲者設中。以弓爲畢。北面。北面立于所設中之南，當視之也。鄉射禮曰：設中，南當楅，西當西序。大史釋獲。小臣師執中。先首坐設之。東面退。大史實八算于中。橫委其餘于中西。興。共而俟。先猶前也。命大史而小臣師設之，國君官多也。小臣師退反東堂下位。鄉射禮曰：橫委其餘于中西，南末。○中，形爲伏獸，鑿其背以置獲籌，執之則前其首，設之則東其面，面首一也。司射西面命曰。中離維綱。揚觸。梱復。公則釋獲。衆則不與。離猶過也，獵也。侯有上下綱，其邪制躬舌之角者爲維。或曰維當爲絹絹綱耳揚觸者謂矢中他物揚而觸侯也梱復爲矢至侯不著而還復復反也公則釋獲優君也衆當中鵠而著古文梱作䰯、唯公所中中三侯皆獲。値中一侯則釋獲、釋獲者命小史小史命獲者。傳告服不使知此司射所命、司射遂進由堂下北面視上射命曰不貫不釋。上射揖。司射退反位。貫猶中也射不中鵠不釋算古文貫作關、釋獲者坐取中之八算。改實八算與執而俟。執所取算、乃射若中則釋獲者每一个釋一算。上射於右。下射於左。若有餘算則反委之。委餘算禮貴異。又取中之八算。改實八算于中。與執而俟。三耦卒射。

右三耦再射釋獲、

賓降。取弓矢于堂西。不敢與君竝俟告取之以升俟君事畢。○君待告乃取弓矢。諸公卿則適次。繼三耦以南。（言繼三耦，明在大夫北。○此適次，亦適次前，至堂東三耦之南，西面立也。）公將射。則司馬師命負侯皆執其旌以負其侯而俟。（君尊若始焉。）司馬師反位。隸僕人埽侯道。（新之。）司射去扑，適阼階下，告射于公，公許，適西階東告于賓。（告當射也。今文曰阼階下無適。）遂搢扑反位。小射正一人取公之決拾于東坫上。一小射正授弓拂弓，皆以俟于東堂。（授弓，當授大射正，拂弓去塵。）公將射，則賓降，適堂西，袒決遂，執弓，搢三挾一个，升自西階，先待于物北，北一笴，東面立。（不敢與君併。笴，矢幹。東面立，鄉君也。）司馬升，命去侯，如初，還右，乃降，釋弓，反位。（還右，還君之右也。猶出下射之南，還其後也。今文曰右還。）公就物。小射正奉決拾以笥，大射正執弓，皆以從於物。（笥，萑葦器。大射正，舍司正。）

親其職。○大射正，初爲擯者，復自擯者立爲司正，至此又舍司正，來執弓也、小射正坐奠笥于物南。遂拂以巾，取決，興，贊設決，朱極三。極、猶放也、所以韜指，利放弦也、以朱韋爲之、三者、食指將指無名指、無極、放弦契於此指、多則痛、小指短、不用、小臣正贊袒。公袒朱襦。卒袒。小臣正退俟于東堂。小射正又坐取拾，興，贊設拾，以笥退奠于坫上，復位。既袒、乃設拾、拾當以韝襦上、大射正執弓，以袂順左右隈，上再下壹，左執附，右執簫，以授公。公親揉之。順、放之也、隈、弓淵也、揉、宛之、觀其安危也、今文順爲循、古文揉爲紐、○隈烏回反 揉而九反 小臣師以巾內拂矢，而授矢于公，稍屬。內拂、恐塵及君也、稍屬、不搢矢、○稍屬者、發一矢乃復授一矢、接續而授也、○屬之玉反 大射正立于公後，以矢行告于公。若不中、使君當知而改其度、下曰留，上曰揚，左右曰方。留、不至也、揚、過去也、方、出旁也、公既發大射正受弓而俟拾發以將乘矢公下射也而先發不留尊也公卒射小臣師以巾退反位大射正受弓受弓以授有司於東堂小射正以笥受決拾退奠于坫上復位大射正退反司正之位小臣正贊襲公還而后賓降釋弓于堂西反位于階西東面階西東面賓降位公即席司正以命升賓賓升復筵而后卿大夫繼射

右君與賓耦射

諸公卿取弓矢于次中袒決遂執弓搢三挾一个出西面揖揖如三耦升射卒射降如三耦適次釋弓說決拾襲反位衆皆繼射釋獲皆如初諸公卿言取弓矢衆言釋獲互言也卒射釋獲者遂以所執餘獲

適阼階下。北面告于公曰：左右卒射。司射不言告者，釋獲者於是有事，宜終之也。餘獲，餘算也。無餘算則無所執。古文曰餘算。反位。坐委餘獲于中西，興，共而俟。

右公卿大夫及衆耦皆射

司馬袒執弓升，命取矢如初。負侯許諾，以旌負侯如初。司馬降，釋弓如初。小臣委矢于楅，如初。司馬，司馬正。於是司馬師亦坐乘矢。賓諸公卿大夫之矢，皆異束之以茅，卒，正坐左右撫之，進束，反位。異束大夫矢，尊殊之也。正，司馬正也。進，前也。又言束，整結之，示親也。賓之矢，則以授矢人于西堂下。是言矢人，則納射器之有司，各以其器名官職。不言君矢，小臣以授矢人于東堂下，可知。司馬釋弓反位，而后卿大夫升就席。此言其升，前小臣委矢于楅。○方司馬釋弓反位，卿大夫即升就席，是其升在小臣委矢之前，以上文類

言如初諸事故至此始特言之、

右射訖取矢、

司射適階西釋弓去扑襲進由中東立于中南北面視算釋弓去扑、射事巳也。釋獲者東面于中西坐先數右獲固東面矣復言之者少南就右獲、二算爲純。純猶全也、耦陰陽也、一純以取實于左手十純則縮而委之。縮從也於數者東西爲從古文縮皆作蹙每委異之易校數、有餘純則橫諸下。又異之也、自近爲下、一算爲奇。奇則又縮諸純下。又從之、興自前適左從中前北也、更端故起、東面坐。少北於故坐兼斂算。實于左手一純以委十則異之。變於右也其餘如右獲。謂所縮所橫者○按釋獲者在中西東面而釋獲其右獲之算在中南左獲之算在中北故此數右獲則註云少南就右獲數左獲則註云從中前北又云少北於故也司射復位。釋獲者遂進取賢獲執之由阼階下北面告于公。賢獲勝黨之算也執之者齊而取其餘若右勝則曰右賢於左。若左勝則曰左賢於右。以純數告若有奇者亦曰奇。告曰某賢於某若干純若干奇若左右鈞則左右各執一算以告曰左右鈞。還復位坐兼斂算實八算于中。委其餘于中西。興共而俟。

右數左右獲算多少

司射命設豐。當飲不勝者射爵司宮士奉豐由西階升北面坐設于西楹西降復位。勝者之弟子洗觶升酌散南面坐奠于豐上降反位。弟子其少者也不授者射爵猶罰爵畧之司射遂袒執弓挾一个搢扑東面于三耦之西。命三耦及衆射者、勝者皆袒決遂執張弓。執張弓、言能用之也。右手挾弦。不勝者皆襲。說決拾、卻左手右加弛弓于其上、遂以執弣。固襲說決拾矣、復言之者、起勝者也。不勝者執弛弓、言不能用之也。兩言執弣、無所挾也。司射先反位。若前俟所命入次而來飲。三耦及衆射者皆升飲射爵于西階上。不勝之黨無不飲。○疏曰、大射者所以擇士以助祭、今若在於不勝之黨、雖數中、亦受罰、及其助祭、雖飲射爵、亦得助祭、但在勝黨、雖不飲罰爵、若不數中、亦不得助祭。飲罰據一黨而言、助祭取一身之藝、義固不同也。小射正作升飲射爵者如作射。一耦出、揖如升射。及階、勝者先升、升堂少右。先升、尊賢也。少右、辟飲者、亦因相飲之禮然。○獻酬之禮、獻者在右也。不勝者進、北面坐取豐上之觶、興、少退、立、卒觶、進、坐奠于豐下、興、揖。立卒觶、不祭、不拜、受罰爵、不備禮也。右手執觶、左手執弓。不勝者先降。

後升先降，略之，不由次也。降而少右，復並行。與升飲者相左，交于階前，相揖。適次，釋弓，襲，反位。僕人師繼酌射爵，取觶實之，反奠于豐上，退，俟于序端。僕人師，酌者。君使之代弟子也。自此以下，辯爲之酌。升飲者如初。三耦卒飲。若賓、諸公、卿、大夫不勝，則不降，不執弓，耦不升。此耦謂士也。諸公卿或闕，士爲之耦者，不升。其諸公卿大夫相爲耦者，不降席，重恥尊也。僕人師洗，升實觶以授賓、諸公、卿、大夫。受觶于席，以降，適西階上，北面立飲，卒觶，授執爵者，反就席。雖尊，亦西階上立飲，不可以已尊枉正罰也。授爵而不奠豐，尊大夫也。若飲公，則侍射者降，洗角觶，升酌散，降拜。侍射，賓也。飲君則不敢以爲罰，從致爵之禮也。○角觶，疏以爲以兕角爲之，對下文飲君象觶而言。仍是三升之觶，非四升曰角之角也。公降一等，小臣正辭。賓升再拜稽首。公答再拜。賓坐祭卒爵。再拜稽首。公答再拜。賓降洗象觶。升酌膳以致。下拜。小臣正辭。升再拜稽首。公答再拜。公卒觶。賓進受觶。降洗散觶。升實散。下拜。小臣正辭。升再拜稽首。公答再拜。賓復酌自飲者，夾爵也。但如致爵，則無以異於燕也。夾爵亦所以恥公也。所謂若飲君燕則夾爵。○註末引鄉射文若云若飲君用燕禮致爵之法，其異者夾爵耳。賓坐不祭卒觶。降奠于篚。階西東面立。不祭象射爵。擯者以命升賓。賓升就席。擯者，司正也。今文席爲筵。若諸公卿大夫之耦不勝，則亦執弛弓特升飲。此耦亦謂士也。特猶獨也。以爵爲耦而又不勝，使之獨飲，若無倫匹孤賤也。衆皆繼飲射爵如三耦。射爵辯，乃徹豐與觶。徹，除也。

右飲不勝者

司宮尊侯于服不之東北，兩獻酒，東面南上，皆加勺。設洗于尊西北。篚在南，東肆。實一散于篚。為大侯獲者設尊也。言尊侯者，獲者之功由侯也。不於初設之者，不敢必君射也。君不射則不獻大侯之獲者。散，爵名，容五升。○獻，素何反。司馬正洗散，遂實爵獻服不。言服不者，著其官，尊大侯也。服不，司馬之屬，掌養猛獸而教擾之者。洗酌皆西面。○服不即獲者也。前此皆言獲者，以其事名之；至此乃著其官，是尊大侯也。服不侯西北三步，北面拜受爵。近其所為獻。○服不得獻以侯之故，則侯是其所為獻也，故近侯而不近之。司馬正西面拜送爵，反位。不俟卒爵，略賤也。此終言之。獻服不之徒乃反位。○此段鄭註可疑，當以經文為正。服不之徒或在司馬師所獻之中耳。宰夫有司薦。庶子設折俎。宰夫有司，宰夫之吏也。鄉射記曰：獲者之俎，折脊、脅、肺。宰錯獲者適右个。

薦俎從之。不言服不言獲者國君大侯服不負侯其徒居之待右个明此獻已巳歸功於侯也適右个由侯內鄉射記曰東方謂之右个○信如註言司馬正並獻二人當用二爵經文明言實一散于篚安得有二爵乎司馬正所獻決是服不氏一人其徒則司馬師獻隸僕巾車後乃獻之服不本下士其徒庶人在官者故可後也○圖解錯音厝个音幹

獲者左執爵右祭薦俎二手祭酒。祭俎不奠爵不備禮也二手祭酒者獲者南面於俎北當爲侯祭於豆間爵反注爲一手不能正也此薦俎之設如於北面人焉天子祝侯曰唯若寧侯無或若女不寧侯不屬於王所故抗而射女彊飲彊食詒女曾孫諸侯百福諸侯以下祝辭未聞○祝之又反

適左个祭如右个中亦如之。先祭个後中者以外即之至中若神在中鄉射禮曰獻獲者俎與薦皆三祭

卒祭左个之西北三步東面。北鄉受獻之位也不北面者嫌爲侯卒爵

設薦俎立卒爵。不言不拜既爵司馬正已反位不拜可知也鄉射禮曰獲者薦右東面立飲

司馬師受虛爵洗。

獻隸僕人。與巾車。獲者。皆如大侯之禮。隸僕人埽侯道、巾車張大侯及參侯干侯之獲者、其受獻之禮、如服不也、隸僕人、巾車、於服不之位受、之功成於大侯也、不言量人者、此自後以及先可知、卒司馬師受虛爵。奠于篚。獲者之篚、獲者皆執其薦。庶子執俎從之。設于乏少南。少南、爲復射妨旌也、隸僕人、巾車、量人、自服不而南、服不復負侯而俟。

右獻獲者

司射適階西。去扑。適堂西。釋弓。說決拾。襲。適洗。洗觚。升。實之。降。獻釋獲者于其位少南。獻釋獲者、與獲者異、文武不同也、去扑者、扑不升堂也、少南辨中、○釋獲者太史也、少南辨中者、獻釋獲者於其位之南、欲其稍遠乎中、與獻獲者近侯有異也、薦脯醢。折俎。皆有祭。俎與服不同、雖祭一爲異、○服不之俎與薦皆有三祭、以其祭侯三處各用其一也、釋獲者薦右東面拜受爵司射北面拜送爵釋獲者就其薦坐左執爵右祭脯醢興取肺坐祭遂祭酒祭俎不與爵亦賤不備禮興司射之西北面立卒爵不拜既爵司射受虛爵奠于篚釋獲者少西辟薦反位辟薦少西之者爲復射妨司射視算亦辟俎也司射適堂西袒決遂取弓挾一个適階西搢扑以反位爲將復射

右獻釋獲者第二番射事竟

司射倚扑于階西適阼階下北面請射于公如初不升堂賓諸公卿大夫既射矣聞之可知○此下言第三番射以樂爲節之儀射前有諸公卿大夫拾取矢正射不鼓不釋射後三耦及衆射者又拾取矢此三事爲異其餘並如釋獲之射及搢扑適次命三耦皆袒決遂執弓序出取

矢。鄭言拾、是言序互言耳、司射先反位。言先先三耦也、司射既命三耦以入次之事、即反位、三耦入次、袒決遂執弓挾矢、乃出反次外西面位、鄭不言司射先反位、三耦未有次外位、無所先也。○註挾矢字衍三耦拾取矢如初。小射正作取矢如初。小射正、司射之佐、作取矢禮殺代之三耦既拾取矢。諸公卿大夫皆降。如初位。與耦入於次。皆袒決遂。執弓。皆進當楅。進坐。說矢束。上射東面。下射西面。拾取矢。如三耦。皆進當楅、進三耦揖之位也、凡繼射、命耦而已、不作射、不作取矢、從初、○降如初位、三耦南之位也、註繼射、謂繼三耦而射、從初、謂從三耦之法、繼射者皆從耦法、故不再命之也若士與大夫爲耦。士東面。大夫西面。大夫進坐。說矢束。退反位。說矢束、自同於三耦、謙也、○欲與其耦拾取也耦揖進。坐兼取乘矢。興。順羽。且左還。毋周。反面揖。兼取乘矢、不敢與大夫拾、大夫進坐。亦兼取乘矢。如其耦北面搢三挾一个揖進大夫與其耦皆適次釋弓說決拾襲反位諸公卿升就席大夫反位諸公卿乃升就席大夫與已上下位○諸公卿大夫自爲耦者拾取矢在前大夫與士耦者取矢在後前取矢者待于三耦之南衆至大夫與耦取矢反位乃與之同升就席以爵同故相待也射者繼拾取矢皆如三耦遂入于次釋弓矢說決拾襲反位

右將以樂射射者拾取矢

司射猶挾一个以作射如初一耦揖升如初司馬升命去侯負侯許諾司馬降釋弓反位司射與司馬交于階前倚扑于階西適阼階下北面請以樂于公公許請奏樂以爲節也始射獲而未釋獲復釋獲復用樂行之君子之於事始取苟能中課有功終用成法教化之漸也射用應樂爲難孔子曰射者何以聽循聲而發發而不失正鵠者其

唯賢者乎。司射反搢扑。東面命樂正。曰命用樂。言君有命用樂射也。樂正在工南北面。○疏曰此時工在洗東西面。樂正在工南北面。司射在西階下東面。經云命樂正者。東面遙命之。樂正曰諾。司射遂適堂下北面。眡上射。命曰不鼓不釋。不與鼓節相應。不釋算也。鼓亦樂之節。學記曰。鼓無當於五聲。五聲不得不和。凡射之鼓節。投壺其存者也。周禮射節。天子九。諸侯七。卿大夫以下五。上射揖。司射退反位。樂正命大師曰。奏貍首。間若一。樂正西面受命。左還東面命大師。以大射之樂章使奏之也。貍首。逸詩。曾孫也。貍之言不來也。其詩有射諸侯首不朝者之言。因以名篇。後世失之。謂之曾孫。曾孫者。其章頭也。射義所載詩曰。曾孫侯氏是也。以爲諸侯射節者。采其旣有弧矢之威。又言小大莫處。御於君所。以燕以射。則燕則譽。有樂以時會君事之志也。間若一者。調其聲之疏數。重節。○聲之疏數。必使勻適如一。以射禮所重。在於能循此節也。○圖解貍里之反大師不興。許諾。樂正反位。奏貍首以射。三耦卒射。賓待于物如初公樂作而后就物稍屬不以樂志其他如初儀不以樂志君之射儀遲速從心其發不必應樂辟不敏也志意所擬度也春秋傳曰吾志其目○云如初者皆如上第二番射法唯作樂爲異耳卒射如初賓就席諸公卿大夫衆射者皆繼射釋獲如初卒射降反位釋獲者執餘獲進告左右卒射如初

右以樂節射

司馬升命取矢負侯許諾司馬降釋弓反位小臣委矢司馬師乘之皆如初司射釋弓視算如初釋獲者以賢獲與鈞告如初復位

右樂射後取矢數獲

司射命設豐實觶如初遂命勝者執張弓不勝者執弛弓升飲如初卒退豐與觶如初

右樂射後飲不勝者

司射猶袒決遂左執弓右執一个兼諸弦面鏃適次命拾取矢如初側持弦矢曰執面猶向也兼矢於弦向鏃將止變於射也司射反位三耦及諸公卿大夫眾射者皆袒決遂以拾取矢如初矢不挾兼諸弦面鏃退適次皆授有司弓矢襲反位不挾亦謂執之如司射卿大夫升就席

右樂射後拾取矢

司射適次釋弓說決拾去扑襲反位司馬正命退福解綱小臣

師退福。巾車量人解左下綱。司馬師命獲者以旌與薦俎退。解猶釋也、今文司馬師無司馬、司射命釋獲者退中與算。而俟。諸所退射器皆俟、備君復射、釋獲者亦退其薦俎、

右三番射竟、退諸射器、將坐燕、以終禮、

公又舉奠觶。唯公所賜。若賓若長。以旅于西階上。如初。大夫卒受者。以虛觶降奠于篚。反位。

右為大夫舉旅酬、

司馬正升自西階。東楹之東。北面告于公。請徹俎。公許。射事既畢、禮殺人倦、宜徹俎燕坐、遂適西階上。北面告于賓。賓北面取俎以出。諸公卿

取俎如賓禮。遂出授從者于門外。自其從者大夫降復位。門東北面位。○疏云、大夫降者、大夫雖無俎、以賓公卿皆送俎、不可獨立於堂、故降復位。云門東北面位、初小臣納卿大夫門東北面揖位也。下文賓諸公卿皆入門東面北上、謂在西階下、知大夫不在西階下者、以其西階下舊無位、此云復位、故知非西階下也。公卿入西階下、以將燕亦因從賓。此時公卿未入、大夫無可從、不可獨居西階、故在門東北面也。庶子正徹公俎。降自阼階以東。降自阼階、若親徹也。以東、去藏。賓諸公卿皆入門東面北上。諸公卿不入門而右、以將燕亦因從賓、司正升賓。賓諸公卿大夫皆說屨。升就席。公以賓及卿大夫皆坐乃安。鄉命以我安、臣於君尚猶蹴踖、至此乃敢安、羞庶羞。羞進也、庶衆也、所進衆羞、謂膷肝膋、狗胾醢也、或有炮鼈、膾鯉、雉兔、鶉鴽、大夫祭薦。燕乃祭薦、不敢於盛成禮。○賓與卿皆於獻時祭薦。司正升受命、皆命。公曰衆無不醉。賓及諸公卿大夫皆興對。

曰諾。敢不醉。皆反位坐。皆命者，命賓、命諸公、命卿大夫，皆鄉其位也。興對必降席，敬也。司正退立西序端。○疏云：經直云興，不言降席，鄭知降席者，以爲反坐，故知降席也。知司正退立西序端者，案司正監酒，此將獻士，事未訖，亦如鄉飲酒監旅時立于西序端也。

右徹俎安坐。

主人洗酌獻士于西階上。士長升拜受觶。主人拜送。獻士用觶，士賤也。今文觶作觚。士坐祭立飲。不拜既爵。其他不拜坐祭立飲。其他謂衆士也。升不拜受爵。乃薦司正與射人于觶南北面東上。司正爲上。司正、射人，士也。以齒受獻。既乃薦之也。司正，大射正也。射人，小射正。畧其佐。○疏曰：案燕禮薦司正與射人一人、司士一人、執冪二人，此不言其數，又不言司士與執冪，文不具。辯獻士。士既獻者立于東方西面北上。乃薦士。既獻易位者以鄉大夫在堂臣位尊東也畢獻薦之畧賤祝史小臣師亦就其位而薦之。亦者亦士也辯獻乃薦也祝史門東北面東上主人就士旅食之尊而獻之。旅食不拜受爵坐祭立飲。主人既酌西面士旅食北面受之不洗者於賤畧之也主人執虛爵奠于篚。復位。

右主人獻士及旅食

賓降洗。升媵觶于公。酌散。下拜。公降一等。小臣正辭。賓升再拜稽首。公答再拜。賓受公賜多矣禮將終宜勸公序厚意也今文觶爲觚公答拜無再拜賓坐祭卒爵再拜稽首。公答再拜。賓降洗象觚。升酌膳。坐奠于薦南。降拜。小臣正辭。賓升成拜。公答拜。賓反位。反位反席也此觚當爲觶○疏云戸牖之間位則有席。凡旅酬皆用觶，故知觚當爲觶。公坐取賓所媵觚興。唯公所賜。受者如初受酬之禮，降更爵洗，升酌膳，下再拜稽首。小臣正辭，升成拜，公答拜。乃就席，坐行之。坐行之，若今坐相勸酒。有執爵者。士有盥升，主酌授之。唯受于公者拜。公所賜者拜，其餘則否。司正命執爵者爵辯，卒受者興以酬士。欲令惠均。○司正以酬士命大夫，下文方言酬節，此其命之辭也。大夫卒受者以爵興，西階上酬士。士升。大夫奠爵拜，士答拜。興酬士者，士立堂下，與上坐者異。大夫立卒爵，不拜，實之。士拜受。大夫拜送。士旅于西階上，辯。祝史、小臣師，旅食皆及焉。士旅酌。旅，序也。士以次自酌相酬，無執爵者。

右賓舉爵爲士旅酬。

若命曰復射則不獻庶子。獻庶子則正禮畢後無事。士旅酬後當獻庶子等、如下節所陳、若復射則暫止俟射畢乃獻。司射命射唯欲。司射命賓及諸公卿大夫射、欲者則射、不欲者則止、可否之事從人心也。卿大夫皆降。再拜稽首。公答拜。拜若樂與臣下執事無已、不言賓、賓從羣臣禮在上。壹發。中三侯皆獲。其功一也、而和者益多、向歡樂也、矢揚觸或有參中者。○卿大夫主射參侯、士主射豻侯、矢或揚觸容中別侯、皆得釋獲、禮殺尙歡、故優假之也。

右坐燕時、或復射、

主人洗升自西階。獻庶子于阼階上。如獻士之禮。辯獻。降洗。遂獻左右正與內小臣。皆於阼階上。如獻庶子之禮。庶子既掌正六牲之體、又正舞位、授舞器、與膳宰樂正聯事、又掌國子戒令教治、世子之官也、左右正、謂樂正僕人正也、位在中庭之左右、小樂正在頌磬之北右也工在西則北面工遷於東則東面大樂正在笙磬之北左也工在西則西面工遷於東則北面僕人正相大師工升堂與其師士降立于小樂正之北北上工遷於東則陪其工後國君無故不釋縣二正君之近官也內小臣奄人掌君陰事陰令后夫人之官也獻三官於阼階別內外臣也同獻更洗以時事不聯也獻正下及內小臣則磬人鍾人鑮人鼓人僕人師僕人士盡獻可知也庶子內小臣位在小臣師之東少退西上

右主人獻庶子等獻禮之終也

無筭爵。筭數也爵行無次數唯意所勸醉而止士也有執膳爵者有執散爵者執膳爵者酌以進公公不拜受執散爵者酌以之公命所賜所賜者興受爵降席下奠爵再拜稽首公答再拜席下席西受賜爵者以爵就席坐公卒爵然後飲。酬之禮爵代舉今爵並行嫌不代也並行猶代者明勸惠從尊者來執膳爵者。受公爵。酌。反奠之。燕之歡在飲酒、成其意也。受賜者興。授執散爵者。

執散爵者乃酌行之。與其所歡者、唯受于公者拜。卒爵者興。以酬士

于西階上。士升。大夫不拜乃飲。實爵。乃猶而也。士不拜受爵。大夫就

席。士旅酌。亦如之。亦如大夫之不拜而飲、飲畢遂實爵也。公有命徹冪。則賓及諸

公卿大夫皆降西階下。北面東上。再拜稽首。命徹冪者、公意殷勤、欲盡酒。公

命小臣正辭。公答拜。大夫皆辟。升反位。升不成拜、於將醉正臣禮。士終旅於

上如初。卿大夫降而爵止、於其反席卒之。無算樂。升歌間、合、無次數、唯意所樂。

右燕末盡歡、

宵。則庶子執燭於阼階上。司宮執燭於西階上。甸人執大燭於

庭。閽人爲燭於門外。宵夜也燭燋也甸人掌共薪蒸者庭大燭爲其位廣也爲作也作燭俟賓出

醉。北面坐取其薦脯以降。取脯重得君之賜

奏陔。陔夏樂章也其歌頌類也以鐘鼓奏之其篇今亡

賓所執脯以賜鐘人于門內霤遂出。必賜鐘人鐘人以鐘鼓奏陔夏賜之脯明雖醉志禮不忘樂

卿大夫皆出。從賓出

公不送。臣也與之安燕交歡嫌亢禮也

公入驁。驁夏亦樂章也以鐘鼓奏之其詩今亡此公出而言入者射宮在郊以將還爲入燕不驁者於路寢無出入也○諸侯大學在郊是其大射之所○驁音熬

右賓出公入

儀禮　　鄭氏註　　濟陽張爾岐句讀

聘禮第八

鄭目錄云大問曰聘諸侯相於久無事使卿相問之禮小聘使大夫周禮曰凡諸侯之邦交歲相問也殷相聘也世相朝也於五禮屬賓禮大戴第十四小戴第十五別錄第八○疏云事謂盟會之屬若有事事上相見故鄭據久無事而言又云大行人云上公九介侯伯七介子男五介諸侯之卿各下其君二等上公七介侯伯五介子男三介若小聘使大夫又下其卿二等此聘禮是侯伯之卿大聘以其經云五介又及竟張旜孤卿建旜據侯伯之卿之聘也

殷相聘三年一大聘也

聘禮。君與卿圖事。圖謀也謀聘故及可使者謀事者必因朝其位君南面卿西面大夫北面士東面○自此至不辭言命使人之事疏云儀禮之內見諸侯三朝燕朝燕禮是也射朝大射是也不見路門外正朝當與二朝面位同燕禮大射皆云卿西面大夫北面士東面公降階南面揖之是以知正朝面位然也○聘匹正反　遂命使者。遂猶因也既謀其人因命之聘使卿○使所吏反使者再拜稽首辭。辭以不敏君不許。乃退。退反位也受命者必進○不許者不許其辭也既圖事。戒上介。亦如之。既已也戒猶命也已謀事乃命上介難於使者易於介○亦如其再拜辭不許乃退也宰命司馬戒衆介。衆介皆逆命不辭。宰上卿貳君事者也諸侯謂司徒爲宰衆介者士也士屬司馬周禮司馬之屬司士掌作士適四方使爲介逆猶受也○疏云天子有六卿諸侯兼官而有三卿立地官司徒兼冢宰立夏官司馬兼春官立冬官司空兼秋官故諸侯謂司徒爲宰也衆介不辭副使賤不敢辭

右命使

宰書幣。書聘所用幣多少也宰又掌制國之用○自此至所受書以行言授幣命宰夫官具。宰夫宰之屬也命之使衆官具幣及所宜齎○命之者宰也宰既書用幣之數遂命宰夫使官具之周禮宰夫掌百官府之徵令及

期。夕幣。及猶至也夕幣先行之日夕陳幣而視之重聘也使者朝服帥衆介夕。視其事也古文

帥皆作率管人布幕于寢門外。管猶館也館人謂掌次舍帷幕者也布幕以承幣寢門外朝也古文管作

官今文布作敷○鄭註布幕以承幣此幕非在上之幕乃布之地以爲藉者官陳幣。皮北首西上。加

其奉於左皮上。馬則北面奠幣于其前。奉所奉以致命謂束帛及玄纁也馬言則者此

享主用皮或時用馬馬入則在幕南皮馬皆乘古文奉爲卷今文無則使者北面衆介立于其左。

東上。既受行同位也位在幕南○未受命行已前卿西面大夫北面士東面面位各異卿大夫在幕東。

西面北上。大夫西面辟使者○疏曰此謂處者大夫常北面今與卿同西面故云辟使者宰入告具于

君。君朝服出門左。南鄉。入告入路門而告史讀書展幣。展猶校錄也史幕東西面讀書

賈人坐撫其幣每者曰在必西面者欲君與使者俱見之也○疏云賈人當在幕西東面撫之○賈音嫁宰執書告

備具于君。授使者。使者受書。授上介。史展幣畢、以書還授宰。宰既告備、以授使者。其受授皆北面、○疏曰、云其授受皆北面者、當宰以書授使者之時、宰來至使者之東北面授使者、使者北面授介。三者皆北面、向君故也。

公揖入。揖、禮羣臣。

官載其幣。舍于朝。待旦行也、○官謂官人從賓行者、舍止于朝、須守幣也、

上介視載者。監其安處之畢乃出。所受書以行。爲當復展、○上介所受之書、則將之以行、爲至彼國竟上當復展也、

右授幣

厥明。賓朝服釋幣于禰。告爲君使也。賓、使者、謂之賓、尊之也。天子諸侯將出、告羣廟、大夫告禰而已、凡釋幣、設洗盥如祭、○自此至亦如之、言使者與上介將行、告禰、告無牲、直用幣而已、執幣須潔、當有洗以盥手、其設洗如祭時、

有司筵几于室中。祝先入。主人從入。主人在右。再拜。祝告。又再

拜。更云主人者，廟中之稱也。祝告，告釋幣。制玄纁束，奠于几下，出。以主人將行也。○主人亦謂使者。祝釋之也。凡物十曰束。玄纁之率，玄居三，纁居二。朝貢禮云，純四只，制丈八尺。○制玄纁束，丈八尺之玄纁，其數十卷也。疏云，純謂幅之廣狹，制謂舒之長短。○率音律，只音紙。主人立于戶東，祝立于牖西。少頃之間，示有俟於神。又入取幣。降。卷幣。實于笲。埋于西階東。又入者，祝也。埋幣必盛以器，若藏之然。○笲音煩。又釋幣于行。告將行也。行者之先，其古人之名未聞。天子諸侯有常祀在冬。大夫三祀，曰門，曰行，曰厲。喪禮有毀宗躐行，出于大門，則行神之位在廟門外西方。不言埋幣，可知也。今時民春秋祭祀有行神，古之遺禮乎。遂受命。賓須介來，乃受命也。言遂者，明自是出，不復入。上介釋幣亦如之。如其於禰與行。

右將行告禰與行

上介及衆介俟于使者之門外。俟，待也。待於門外，東面北上。○自此至斂旜，言賓介向君朝受

命卽行

使者載旜。帥以受命于朝。旜、旌旗屬也、載之者、所以表識其事也、周禮曰、通帛爲旜、又曰、孤卿建旜、至于朝門、使者北面東上、古文旜皆爲膳、○疏云、凡諸侯三門、皐、應、路、路門外有常朝位、下文君臣皆朝列位、乃使卿進使者、使者乃入至朝、卽此朝門者、皐門外矣、○旜之然反

君朝服南鄉。卿大夫西面北上。

君使卿進使者。進之者、使者謙、不敢必君之終使已

使者入。及衆介隨入。北面東上。

君揖使者進之。上介立于其左。接聞命。進之者、有命宜相近也、接、猶續也、○接聞命者、上介所立之位、近于使者、使者述命、可接續而聞也

賈人西面坐啓櫝。取圭。垂繅。不起而授宰。賈人、在官知物賈者、繅、所以藉圭也、其或拜、則奠于其上、今文繅作璪、○疏謂繅有二種、一者以木爲中幹、以韋衣之、其或拜、則以藉圭、一者以絇組爲之、所以繫玉於韋版、此云垂繅屈繅、則絇組之繅也、愚謂據疏所言、仍是一物、韋版絇組、相待爲用、何得言一也、

宰執圭。屈繅。自公左授使者。屈繅者、斂之、禮以相變爲敬也、自公

左贊幣之義○少儀云詔辭自右贊幣自左使者受圭同面垂繅以受命○同面者宰就使者北面竝授之既授之而君出命矣凡授受者授由其右受由其左既述命同面授上介○述命者循君之言重失誤○使者受命又重述之以告上介故上文云接聞命也上介受圭屈繅出授賈人眾介不從○賈人將行者在門外北面○對上賈人是留者受享束帛加璧受夫人之聘璋享玄纁束帛加琮皆如初○享獻也既聘又獻所以厚恩惠也帛今之璧色繒也夫人亦有聘享者以其與已同體為國小君也其聘用璋取其半圭也君享用璧夫人用琮天地配合之象也圭璋特達瑞也璧琮有加往德也周禮曰瑑圭璋璧琮以覜聘○束帛玄纁前授幣時已授矣此復言者以方授璧琮取其相配之物兼言之如云享時束帛上所加之璧玄纁束帛上所加之琮耳周禮曰瑑圭璋璧琮以覜聘出聘之玉以瑑為文非君所執之圭與璧也如初者如受圭之儀也○瑑大轉反音篆遂行舍於郊○於此脫舍衣服乃即道也曲禮曰凡為君使已受命君言不宿於家斂旜○

此行道耳未有事也斂藏也

右受命遂行

若過邦。至于竟。使次介假道。束帛將命于朝。曰請帥。奠幣。至竟而假道諸侯以國爲家不敢直徑也將猶奉也帥猶道也請道已道路所當由○自此至執策立于其後言過他邦假道之禮

下大夫取以入告。出許。遂受幣。言遂者明受其幣非爲許故也容其辭讓不得命也餼之以其禮。上賓大牢。積唯芻禾。介皆有餼。凡賜人以牲生曰餼餼猶稟也給也以其禮者尊卑有常差也常差者上賓上介牲用太牢羣介用少牢米皆百筥牲陳于門內之西北面米設于中庭上賓上介致之以束帛羣介則牽羊焉上賓有禾十車芻二十車禾以秣馬○積唯芻禾謂所致之積唯芻與禾無米車也介但有餼無積○餼許氣反積子賜反秣音末

士帥。沒其竟。沒盡誓于其竟。賓南面。上介西面。衆介北

面東上。史讀書。司馬執策立于其後。此使次介假道止而誓也賓南面專威信也史於衆介之前北面讀書以勑告士衆為其犯禮暴掠也禮君行師從卿行旅從司馬主軍法者執策示罰○疏云此誓當在使次介假道之時止而誓因上說彼國禮法訖乃更却本而言之不謂此士帥没竟後

右過他邦假道

未入竟。壹肄。謂於所聘之國竟也肄習也習聘之威儀重失誤○自此至不習私事言將至豫習威儀爲壝壇畫階。帷其北。無宮。壝土象壇也帷其北宜有所鄉依也無宮不壝土畫外垣也○疏曰案覲禮與司儀同為壇三成宮方三百步此則無外宮其壇壝土為之無成又無尺數象之而已○案廣韻壝埒也壇也盖壇之形埒也壇須築土高厚有階級壝則畧除地聚土令有形埒而已此壝壇兼言壝亦有壇名也○壝以垂反朝服。無主。無執也。不立主人主人尊也不執玉不敢褻也徒習其威儀而已介皆與。北面西上。入門左之位也古文與作

豫。

習享士執庭實。士，士介也。庭實必執之者，皮則有攝張之節。習夫人之聘享。亦如之。習公事不習私事。公事致命者也。○公事謂君聘享、夫人聘享及問卿大夫皆致君命行之者。私事謂私覿於君、私面於卿大夫之事。

右豫習威儀

及竟。張旜誓。及，至也。張旜，明事在此國也。張旜，謂使人維之。○自此至遂以入竟，言賓至竟謁關迎入之事。誓，亦警戒從人，使勿犯禮。乃謁關人。謁，告也。古者竟上爲關，以譏異服、識異言。○周禮司關職云：凡四方之賓客叩關，則爲之告。關人問從者幾人。欲知聘問且爲有司當共委積之具。○疏曰：不問使人而問從者，關人卑者，不敢輕問尊者，故問從者。又云問得從者，卽知使者是大聘、是小聘。卿行旅從，大夫小聘當百人從也。○幾，居豈反。以介對。以所與受命者對，謙也。聘禮：上公之使者七介，侯伯之使者五介，子男之使者三介。以其代君交於列國，是以貴之。周禮曰凡諸侯之卿其禮各下其君二等○上公介九人諸侯介七人子男介五人卿下其君二等大夫又各下卿二等不以從者對而以介對註云謙也因是亦以知介數卽爲聘爲問可知其從者多少亦可知也君使士請事遂以入竟。請猶問也問所爲來之故也遂以入因道之○賓向來猶停闗外君使士請事訖因道以入本使士迎之而必先請事者君子不必人也

右至竟迎入

入竟。斂旜。乃展。復校錄幣重其事斂旜變於始入○自此至賈人之館言入竟二度展幣之事布幕。賓朝服立于幕東。西面。介皆北面。東上。賈人北面坐拭圭。拭清也側幕而坐乃開櫝遂執展之。持之而立告在上介北面視之。退復位。言退復位則視圭進違位退圭。圭璋尊不陳之陳皮。北首西上。又拭璧展之。會諸其幣。加于左皮上。

上介視之。退。會合也。諸於也。古文曰陳幣北首。○疏曰。璧言合諸幣者。享時當合。故今亦合而陳之。馬則幕南北面奠幣于其前。前當前幕上。展夫人之聘享亦如之。賈人告于上介。上介告于賓。展夫人聘享上介不視。貶於君也。賈人既拭璋琮。南面告于上介。上介於是乃東面以告賓。亦所謂放而文之類。有司展羣幣以告。羣幣。私覿及大夫者。有司。載幣者。自展自告。及郊。又展如初。郊。遠郊也。周制。天子畿內千里。遠郊百里。以此差之。遠郊上公五十里。侯伯三十里。子男十里也。近郊各半之。及館。展幣於賈人之館如初。館舍也。遠郊之內有候館。可以小休止沐浴。展幣不于賓館者。爲主國之人有勞問已者。就焉便疾也。

右入竟展幣

賓至于近郊。張旜。君使下大夫請行。反。君使卿朝服用束帛勞

請行問所之也雖知之謙不必也士請事大夫請行卿勞彌尊賓也其服皆朝服○自此至遂以賓入言賓至近郊君與夫人使人

勞賓。上介出請，入告。賓禮辭，迎于舍門之外，再拜。出請出門西面請所以來事也入告入北面告賓也每所及至皆有舍其有來者與皆出請入告于此言之者賓彌尊事彌錄勞者不答拜。凡爲人使不當其禮賓揖，先入，受于舍門內。不受于堂此主於侯伯之臣也公之臣受勞於堂○疏曰知公之臣受勞於堂者案司儀云諸公之臣相爲國客及大夫郊勞三辭拜辱三讓登聽命是公之臣受勞於堂之事勞者奉幣入，東面致命。東面鄉賓○疏曰賓在館如主人當入門西面故勞者東面向之也賓北面聽命，還，少退，再拜稽首，受幣。勞者出。北面聽命若君南面然少退象降拜授老幣。老賓之臣出迎勞者。欲儐之○司儀註云上於下曰禮敵者曰儐此言儐者欲見賓以禮禮使者勞者禮辭。賓揖，先入，勞者從之。乘皮設。設於門內也物四曰乘皮麋鹿皮也○設乘皮以儐勞者每皮

一人執之賓用束錦儐勞者。言儐者賓在公館如家之義、亦以來者爲賓、○儐必刃反勞者再拜

稽首受。稽首尊國賓也、賓再拜稽首送幣。受送拜皆北面象階上、○疏云案歸饔餼賓儐大夫時賓楹間北面授幣、大夫西面受、此賓亦宜與彼同北面授還北面拜送、若然、云受送拜皆北面者誤、當云授送拜皆北面並據賓而言也、愚謂如疏言則拜字不得連下讀、當云授拜送、不當作送拜、勞者揖皮出。乃退、賓送再拜。

揖皮出、東面揖執皮者而出、○疏云、執皮者在門內當門、勞者在執皮之西、故知東面揖皮、揖之若親受之、又執皮是賓之使者、執皮者得揖從出、勞者從人當訝受之、夫人使下大夫勞以二竹簋方、玄被纁裏、

有蓋。竹簋方者、器名也、以竹爲之、狀如簋而方、如今寒具筥、筥者圓、此方耳、○簋音甫其實棗蒸栗擇。

兼執之以進。兼猶兩也、右手執棗、左手執栗、賓受棗大夫二手授栗。受授不游手、愼之也、

○疏云、初兩手俱用、既授棗、而不兩手共授栗、則是游暇一手、不愼也、賓之受如初禮。如卿勞之儀、○如其

北面再拜也。儐之如初。下大夫勞者遂以賓入。出以東錦授從者，因東面釋辭，請導之以入，然則賓送不拜。

右郊勞

至于朝。主人曰：不腆先君之祧，埽席前曰拚既拚以俟矣。賓至外門，下大夫入告，出釋此辭。主人者，公也。不言公而言主人，主人，接賓之辭，明至欲受之，不敢稽賓也。腆，猶善也。遷主所在曰祧。周禮，天子七廟，文武爲祧，諸侯五廟，則祧始祖也。是亦廟也。言祧者，祧尊而廟親，待賓客者上尊者。○自此至皆少牢，言賓初至，不即行禮，主國致館設飧之事。○拚方門反音儐賓曰：俟閒。賓之意不欲奄卒主人也，且以道路悠遠，欲沐浴齋戒，俟閒未敢聞命。○俟閒者，俟君燕閒，乃敢進見也。○卒寸忽反，齋側皆反大夫帥至于館。卿致館。致，至也。賓至此館，主人以上卿禮致之，所以安之也。○以上卿禮致之，謂使上卿以束帛之禮致之也。周禮司儀職云：諸公之臣相爲國客，致館如初之儀、鄭註云、如郊勞也、不償耳、郊勞用束帛、則此致館亦用束帛可知也、**賓迎再拜。卿致命。賓再拜稽首。卿退。賓送再拜。**卿不俟設飧之畢、以不用束帛致故也、不用束帛致之者、明為新至、非大禮也、○註不用束帛致之指設飧而言也、設飧禮輕故可畧也、致館有束帛、致飧空以辭致君命、無束帛、○飧音孫、**宰夫朝服設飧。**食不備禮曰飧、詩云、不素飧兮、春秋傳曰、方食魚飧、皆謂是、**飪一牢在西。鼎九。羞鼎三。腥一牢在東。鼎七。**中庭之饌也、飪熟也、熟在西、腥在東、象春秋也、鼎西九東七、凡其鼎實、與其陳、如陳饔餼、羞鼎則陪鼎也、以其實言之則曰羞、以其陳言之則曰陪、○疏曰、云中庭之饌也者、對下文是堂上及門外之饌也、云鼎西九東七者、九謂正鼎九、牛、羊、豕、魚、腊、腸胃、膚、鮮魚、鮮腊、東七者、腥鼎無鮮魚鮮腊、故七、陪鼎三、則下云膷臐膮是也、**堂上之饌八。西夾六。**八六者、豆數也、凡饌以豆為本、堂上八豆八簋六鉶兩簠八壺、西夾六豆六簋四鉶兩簠六壺、其實與其陳、亦如饔餼、**門外米禾皆二十車。**禾槀實并刈者也、諸侯之禮車米視生牢、禾視死牢、牢十車大夫之禮皆視死牢而已雖有生牢不薪芻倍禾○各四十車取數焉米陳門東禾陳門西○刈魚廢反凡此之陳亦如饔餼上介餼一牢在西鼎七羞鼎三堂上之饌六門外米禾皆十車薪芻倍禾○西鼎七無鮮魚鮮腊衆介皆少牢○亦餼在西鼎五羊豕腸胃魚腊新至尚熟堂上之饌四豆四簋兩鉶四壺無簋

右致館設飧

厥明訝賓于館○此訝下大夫也以君命迎賓謂之訝訝迎也亦皮弁○自此至賓不顧皆主國廟中所行之禮其爲公禮者有五聘一享一聘夫人一享夫人一若有言者又一於是主君禮賓其爲私禮者有二賓私覿一介私覿一公乃送賓出又有問君問大夫之儀此聘之正禮也分爲四節賓皮弁聘至于朝賓入于次○服皮弁者朝聘主相尊敬也諸侯視朔皮弁服入于次者侯辦也次在大門外之西以帷爲之○下記云宗人授次次以帷少退于君之

次、○辨蒲莧反**乃陳幣。**有司入于主國廟門外、以布幕陳幣、如展幣焉、圭璋貿人執櫝而俟**卿為上擯。大夫為承擯。士為紹擯。擯者出請事。**擯、爲主國之君所使出接賓者也、紹、繼也、其位相承繼而出也、主君公也、則擯者五人、侯伯也、則擯者四人、子男也、則擯者三人、聘義曰、介紹而傳命、君子於其所尊、不敢質、敬之至也、既知其所爲來之事、復請之者、賓來當與主君爲禮、爲其謙不敢斥尊者、啓發以進之、於是時、賓出次、直闑西、北面、上擯在闑東闑外西面、其相去也、公之使者七十步、侯伯之使者五十步、子男之使者三十步、此旅擯耳、不傳命、上介在賓西北東面、承擯在上擯東南、西面、各自次序而下、末介末擯旁相去三丈六尺、上擯之請事、進南面揖賓、俱前、賓至末介、上擯至末擯、亦相去三丈六尺、止、揖而請事、還入告于公、天子諸侯朝覲、乃命介紹傳命耳、其儀、各鄉本受命、反面傳而下、及末、則鄉受之、反面傳而上、又受命傳而下、亦如之、此三丈六尺者、門容二徹參个旁加各一步也、今文無擯、○註云此旅擯耳、不傳命者、謂卿大夫聘問、上擯受公命出門、南面遥揖賓、使前、上擯漸南行、賓至末介北東面、上擯至末擯南西面、東西立定、乃揖而請所為來之事賓對訖上擯入告公上擯與賓親自問對是旅擯不傳命也若諸侯朝天子受享於廟或諸侯自相朝則擯受命而出遥傳於介介傳於賓介又受賓之辭遥傳於擯擯又傳而入謂之交擯此介紹傳命法也註云門容二轍參个者車轍廣八尺天子之門容二十四尺是爲八尺者三又加二步一十二尺爲三丈六尺

公皮弁迎賓于大門內。大夫納賓。公不出大門降于待其君也大夫上擯也謂之大夫者上序可知從大夫總無所別也於是賓主人皆裼○裼西歷反

賓入門左。內賓位也衆介隨入北面西上少退擯者亦入門而右北面東上上擯進相君

公再拜。南面拜迎

賓辟不答拜。辟位逡遁不敢當其禮

公揖入每門每曲揖。每門輒揖者以相人偶爲敬也凡君與賓入門賓必後君介及擯者隨之竝而鴈行既入則或左或右相去如初玉藻曰君入門介拂闑大夫中棖與闑之間士介拂棖賓入不中門不履閾此賓謂聘卿大夫也門中門之正也不敢與君竝由之敬也介與擯者鴈行卑不踰尊者之迹亦敬也賓之介猶主人之擯○棖直庚反

及廟門。公揖入立于中庭。公揖先入省內事也

既則立於中庭以俟賓不復出如此得君行一臣行二於禮可矣公迎賓大門內卿大夫以下入廟門即位而俟之○方君在大門內時卿大夫當於廟中在位矣**賓立接西塾**。接猶近也門側之堂謂之塾立近塾者已與主君交禮將有出命俟之於此介在幣南北面西上上擯亦隨公入門東東上少進於士

几筵既設擯者出請命。有几筵者以其廟受宜依神也賓至廟門司宮乃于依前設之神尊不豫事也席西上上擯待而出請受賓所以來之命重停賓也至此言命事彌至言彌信也周禮諸侯祭祀席蒲筵繢純右彫几○依前之依於豈反本又作扆爾雅釋宮牖戶之間謂之扆但天子以屏風設於扆諸侯無屏風為異

賈人東面坐啓櫝取圭垂繅不起而授上介。賈人鄉入陳幣東面俟於此言之就有事也授圭不起賤不與為禮也不言裼襲者賤不裼也繅有組繫也

上介不襲執圭屈繅授賓。上介北面受圭進西面授賓不襲者以盛禮不在於己也屈繅并持之也曲禮曰執玉其有藉者則裼無藉者則襲○疏以屈繅為無藉垂繅為有藉曲禮陳氏註以圭璋特達為無藉琮璧有束帛為有藉陳說

得之詳見記中。賓襲執圭。執圭盛禮，而又盡飾，爲其相蔽敬也。玉藻曰，服之襲也，充美也。是故尸襲，執玉龜襲也。○觀此註，知疏以垂繅屈繅爲有藉無藉誠誤也。○盡，津忍反。擯者入告，出辭玉。擯者，上擯也。入告公以賓執圭將致其聘命，圭，贄之重者，辭之，亦所以致尊讓也。○疏云致尊讓，鄉飲酒義文。案文公十二年左氏傳云，秦伯使西乞術來聘，襄仲辭玉，賓對曰，不腆敝器，不足辭也。納賓。賓入門左。公事自闑西。○玉藻云公事自闑西，註云，聘享也。又云，私事自闑東，註云，覿面也。介皆入門左，北面西上。隨賓入也。介無事，止於此，今文無門。○此後，惟擯者得入相君禮，介則止於此也。三揖。君與賓也。入門，將曲揖，既曲北面，又揖，當碑揖。○疏云，公先在庭南面，賓入門，將曲揖，既曲賓又揖，二者主君皆向賓揖之，再揖訖，主君亦東面向堂，塗北行，當碑，賓主又相向揖，是君行一，臣行二，非謂賓入門時，主君更向內當相近而揖也。至于階。三讓。讓升。公升二等。先賓升二等，亦欲君行一，臣行二。賓升西楹西，東面。與主君相鄉。擯者退中庭。鄉，公所立處，退者以公宜親受賓命，不用擯相也、賓致命。致其君之命也。公左還北鄉。當拜、擯者進。進作階西、釋辭於賓、相公拜也。公當楣再拜。拜貺也、貺惠賜也、楣謂之梁、賓三退負序。三退、三逡遁也、不言辟者、以執圭將進授之、

公側襲受玉于中堂與東楹之間。側、猶獨也、言獨見其尊賓也、佗日公有事、必有贊爲之者、

凡襲于隱者、公序坫之間可知也、中堂南北之中也、入堂深、尊賓事也、東楹之間、亦以君行一臣行二、○兩楹之間、爲賓主處中、今於東楹之間、更侵東半間、故云君行一臣行二、

擯者退負東塾而立。反其等位、無事。賓降。介逆出。逆出、由便、賓出。聘事畢、公側授宰玉。使藏之、授於序端、裼降立。裼者、免上衣、見裼衣、

凡當盛禮者、以充美爲敬、非盛禮者、以見美爲敬、禮尚相變也、玉藻曰、裘之裼也、見美也、又曰、麛裘青豻褎、絞衣以裼之、論語曰、素衣麛裘、皮弁時或素衣、其裘同、可知也、裘者爲溫、表之爲其褻也、寒暑之服、冬則裘、夏則葛、凡禮裼者左、降立、俟享也、亦於中庭、古文裼皆作賜、○以上、聘禮、

擯者出請。不必賓事之有無、賓裼。

○褎、詳又反、豻、五旦反、絞、戸交反

奉束帛加璧享。擯者入告，出許。許受之。庭實皮則攝之，毛在內。內攝之，入設也。皮，虎豹之皮。攝之者，右手并執前足，左手并執後足，毛在內，不欲文之豫見也。內攝之者，兩手相鄉也。入設亦參分庭一在南。言則者，或以馬。凡君於臣，臣於君，麋鹿皮可也。賓入門左，揖讓如初，升致命。張皮。張者，釋外足，見文也。當賓於堂上致命之時，庭實卽張之，見文相應爲節也。公再拜受幣。士受皮者自後右客。自，由也。從東方來，由客後西，居其左受皮也。執皮者旣授，亦自前西而出。當公於堂上受幣，士亦於堂下受皮。賓出，當之坐攝之。象受于賓。士初受皮，仍如前張之，及賓出，降至庭，乃對賓坐而攝之。當，對也。公側授宰幣，皮如入，右首而東。如入，左在前。皮右首者，變于生也。執皮者初入時，行在前者立在左，此受皮者東行，亦立在左，者行在前，故云如入也。曲禮云：執禽者左首。此右首，是變於生。以上享禮。

聘于夫人，用璋，享用琮，如初禮。如公立于中庭以下。此約言聘享夫人之禮，亦公受之。若有言，則以束帛如享禮。有言，有所告請，若有所問也。記曰：有故則束帛加書以將命。春秋，臧孫辰告糴于齊，公子遂如楚乞師，晉侯使韓穿來言汶陽之田，皆是也。無庭實也。○此容有告請之禮。擯者出請事。賓告事畢。公事畢。

右聘享

賓奉束錦以請覿。覿，見也。鄉將公事，是欲交其歡敬也。不用羔，因使而見，非特來。○自此至訝受馬，言賓請私覿主君，不許，而先禮賓。擯者入告，出辭。客有大禮，未有以待之。請禮賓。賓禮辭，聽命。擯者入告。告賓許也。宰夫徹几改筵。宰夫又主酒食者也。將禮賓，徹神几，改神席，更布也。賓席東上。公食大夫禮曰：蒲筵常，緇布純，加萑席尋，玄帛純。此筵上下大夫也。周禮曰：筵國賓于牖前，莞筵紛純，加繅席畫純，左彤几者，則是筵孤也。孤，彤几，卿大夫其漆几與。○莞音官。公出迎賓以入，揖讓如初。公出迎者，已之禮更端也。公升，側受几于序端。漆几也。今文無升。宰夫內拂几三，奉兩端以進。內拂几，不欲塵坋尊者，以進，自東箱來授君。○坋，蒲悶反。公東南鄉，外拂几三，卒，振袂，中攝之，進，西鄉。進，就賓也。擯者告。告賓以公授几。賓進，訝受几于筵前，東面俟。未設也。今文訝為梧。○梧，五故反。公壹拜送。公尊也。古文壹作一。賓以几辟，辟位，逡遁。北面設几，不降，階上答再拜稽首。不降，以主人禮未成也。啐酒則禮成。凡賓左几。○云凡賓左几者，對神右几也。宰夫實觶以醴，加柶于觶，面枋。酌以授君也。君不自酌，尊也。宰夫亦洗，升，實觶以醴，自東箱來，不面擸，不訝受也。○公西面向賓，宰夫以醴自東箱來公旁，並授與公，公不訝受，故面枋，不面擸也。公側受醴。將以飲賓。賓不降，壹拜，進筵前受醴，復位。公拜送醴。賓壹拜者，醴質，以少為貴。宰夫薦籩豆脯醢，賓升筵，擯者退，負東塾。事未畢，擯者不退中庭，以有宰夫也。○事未畢，當在中庭，今負東塾者以有宇夫陳飲食也、賓祭脯醢。以柶祭醴三。庭實設。庭實、乘馬、降筵北面。
以柶兼諸觶。尚擸。坐啐醴。降筵就階上。○擸音獵、又音拉、折也、又持也、於義並難通、案冠禮昏禮面
葉、葉、柶大端也、古文葉作擖、擖音葉、貧舌也、與匙頭相類、可以借用擸字或擖字之譌、尚擸即尚葉也、尚葉者仰柶端向上也、
○擸以涉反、公用束帛。致幣也、言用尊于下也、亦受之于序端、建柶北面奠于薦東。糟醴
不啐。○啐字誤、擯者進相幣。贊以辭、賓降辭幣。不敢當公禮也、公降一等辭。辭賓降也、
栗階升聽命。栗階、趨君命尚疾、不連步。○聽命、聽致幣之命、既命又降拜以受也、降拜。拜受公辭。不降
一等、殺也、升。再拜稽首。受幣。當東楹。北面。亦訝受而北面者、禮主於已、已臣也、○疏云、前行聘
享時、賓東面、主君西面、訝授受、但以奉君命、故不北面、此以主君禮已、已臣也、故北面受、異於聘享時也、退東面俟。
俟君拜也、不北面者、謙若不敢當階然、公壹拜。賓降也。公再拜。不俟公再拜者、不敢當公之盛也、公

再拜者事畢成禮賓執左馬以出受尊者禮宜親之也效馬者并左右靮授之餘三馬主人牽者從出也○靮丁歷反上介受賓幣從者訝受馬從者士介

右主君禮賓

賓覿奉束錦總乘馬二人贊入門右北面奠幣再拜稽首不請不辭鄉時已請也覿用束錦倂享幣也總者總八轡牽之贊者居馬門扣馬也入門而右私事自闑右奠幣再拜以臣禮見也贊者賈人之屬介特覿也○自此至序從之言私覿之事不升堂入幣是以臣禮見也不以介從故贊者止是賈人之屬以其介將各自特覿也擯者辭辭其臣賓出事畢擯者坐取幣出有司二人牽馬以從出門西面于東塾南將還之也贊者有司受馬乃出凡取幣于庭北面擯者請受請以客禮受之賓禮辭聽命賓受其幣贊者受馬牽馬右之入設庭實先設客禮也右之欲人居馬左

在右手便也、於是牽馬者四人、事得申也、曲禮曰、效馬效羊者右牽之、賓奉幣入門左。介皆入門左。西上。以客禮入、可從介、公揖讓如初。升。公北面再拜。公再拜者、以其初以臣禮見、新之也、賓三退。反還負序。反還者、不敢與授主同、振幣進授。當東楹北面。不言君受、略之也、士受馬者。自前還牽者後。適其右受。自由也、適牽者之右而受之也、此亦並授者、不自前左、由便也、便其已授而去也、受馬自前、變於受皮○牽馬者四人、各在馬西、右手牽馬北面立、士受馬者從東方來、由馬前、各適牽馬者之後、在人東馬西而受之、牽馬者自前西行而出、此受馬亦視堂上受幣以為節也○還戶患反牽馬者自前西乃出。自由也、賓降階東拜送。君辭。拜送幣于階東、以君在堂、辭之、○疏云賓拜送幣、私覿己物故也、前享幣不拜送、致君命、非己物也、拜也。君降一等辭。君乃辭之而賓由拜、敬也、擯者曰。寡君從子。雖將拜。起也。此禮固多有辭矣、未有著之者、是其志而煩乎、未敢明說、栗階升。公西鄉。賓階上再拜稽首。成拜公少退。爲敬賓降出。公側授宰幣。馬出。廟中宜清公降立。賓覿、○以上擯者出請。上介奉束錦。士介四人皆奉玉錦束請覿。玉錦錦之文纖縟者也禮有以少文爲貴者後言束辭之便也○縟音辱擯者入告。出許。上介奉幣儷皮。二人贊。儷猶兩也上介用皮變於賓也皮麋鹿皮皆入門右。東上。奠幣。皆再拜稽首。皆者皆衆介也贊者奠皮出、擯者辭。亦辭其臣介逆出。亦事畢也擯者執上幣。士執衆幣。有司二人舉皮從其幣出請受。此請受請于上介也擯者先即西面位請之釋辭之時衆執幣者隨立門中而俟、委皮南面。擯者既釋辭執衆幣者進即位有司乃得委之南面便其復入也委皮當門、執幣者西面北上。擯者請受。請于上介也上言其次此言其位互約文也○疏云以理推之上當言擯者執幣士四人北面東上坐取幣從有司二人坐舉皮從其幣出隨立於

儀禮[illegible] 聘禮第八 二九

門中擯者出門西面于東塾南請受士執幣者進立擯前西面北上執皮者南面委皮於門中北上如是乃為文備也介禮辭。聽命。皆進。訝受其幣。此言皆訝受者嫌擯者一一受之上介奉幣皮先入門左奠皮。皮先者介隨執皮者而入也入門左介至揖位而立執皮者奠皮以有不敢授之義古文重入。○註入門左介至揖位而立揖位即門左北面之位賓至此待揖而後進故云揖位享禮庭實使人執之以授主人有司此奠之於地介出後有司二人坐舉皮是不敢授也公再拜。拜中庭也不受于堂介賤也介振幣自皮西進北面授幣。退復位。再拜稽首送幣。進者北行參分庭一而東行當君乃復北行也介出。宰自公左受幣。不側受介禮輕有司二人坐舉皮以東。○上介覿禮竟擯者又納士介。納者出道入也士介入門右奠幣。再拜稽首。終不敢以客禮見擯者辭。介逆出。擯者執上幣以出。禮請受。賓固辭。禮請受者一請受而聽之也賓為之辭士介賤不敢以言通於主君、固衍字、當如面大夫也、公答再拜。擯者出。立于門中以相拜。擯者以賓辭入告、還立門中閾外、西面、公乃遙答拜也、相者贊告之、士介皆辟。俟於其東面位逡遁也、士三人東上。坐取幣。立。俟擯者執上幣來也、○士介之幣、奠者四、擯者執其上幣出請、故別用士三人執其餘幣、俟擯者入而同授之宰也、擯者進。就公所也、○疏曰以公在庭、故擯者自門外來、進向公左、授幣與宰也、宰夫受幣于中庭。以東。使宰夫受于士、士介幣輕也、受之于公左、賓幣公側授宰、上介幣、宰受于公左、士介幣、宰夫受于士、敬之差、○註云、使宰夫受于士、賓則宰夫止受賓者所執、其餘、則執幣者執以從之、而東、經文自明、執幣者序從之。序從者、以宰夫當一一受之、○以上衆介覿、

右私覿

擯者出請。賓告事畢。賓既告事畢衆介逆道賓而出也、擯者入告。公出送賓。公出、

衆擯亦逆道、紹擯及賓竝行、間亦六步、

及大門內。公問君。鄉以公禮將事、無由問也、賓至始入門之位、北面將揖而出、衆介亦在其右、少退西上、於此可以問君居處何如、序殷勤也、時承擯紹擯亦於門東北面東上、上擯往來傳君命、南面、遷伯玉使人於孔子、孔子問曰、夫子何爲、此公問君之類也、賓對。公再拜。公拜其無恙、公拜賓亦辟、公問大夫。賓對。公勞賓。賓再拜稽首。公答拜。勞以道路之勤、公勞介。介皆再拜稽首。公答拜。賓出。公再拜送賓。不顧。公既拜、客趨辟、君命上擯送賓出、反告賓不顧、於此君可以反路寢矣、論語說孔子之行曰、君召使擯、色勃如也、足躩如也、賓退、必復命曰、賓不顧矣、

右賓禮畢出公送賓

賓請有事於大夫。請問、問卿也、不言問聘、聘亦問也、嫌近君也、上擯送賓出、賓東面而請之、擯者反命、因告之、〇自此至亦如之、言賓請問卿、卿先徃勞賓、其請辭、宜云有事于某子、公禮辭。許。禮辭、一辭、賓卽館。少休

息也即就也○疏云此一日之間其事多矣明旦行問卿暫時止息卿大夫勞賓。賓不見。以已公事未行

上介以賓辭辭之○仍有問大夫之公事未行也大夫奠鴈再拜。上介受。不言卿卿與大夫同執鴈

下見于國君周禮凡諸侯之卿見朝君皆執羔○註見朝君見來朝之君也卿見來朝之君執羔此見來聘之賓執鴈是下於

見朝君也勞上介。亦如之。○亦如之者亦勞於其館上介不見而士介代受鴈

右卿勞賓

君使卿韋弁歸饔餼五牢。變皮弁服韋弁敬也韋弁韎韋之弁兵服也而服之者皮韋同類取相近

耳其服蓋韎布以爲衣而素裳牲殺曰饔生曰餼今文歸或爲饋○自此至無儐言主君使卿大夫饋饔餼之事此下言卿饋

賓周禮春官司服祭服下先云韋弁服後云皮弁服韋弁尊於皮弁故云敬也上介請事。賓朝服禮辭。

朝服示不受也受之當以尊服有司入陳。○入賓所館之廟陳其積饔。謂飪與腥飪一牢。鼎九。設

于西階前陪鼎當內廉東面北上上當碑南陳牛羊豕魚腊腸胃同鼎膚鮮魚鮮腊設扃鼏膷臐膮蓋陪牛羊豕陪鼎三牲臛膷臐膮陪之庶羞加也當內廉辟堂塗也腸胃次腊以其出牛羊也膚豕肉也唯燖者有膚此饌先陳其位後言其次重大禮詳其事也宮必有碑所以識日景引陰陽也凡碑引物者宗廟則麗牲焉以取毛血其材宮廟以石窆之用木○腊音昔膷音香臐許云反膮許堯反燖音尋窆彼驗反

腥二牢鼎二七無鮮魚鮮腊設于阼階前西面南陳如飪鼎二列有腥者所以優賓也

堂上八豆設于戶西西陳皆二以並東上韭菹其南醓醢屈戶室戶也東上變於親食賓也醓醢汁也屈猶錯也今文並皆為併○公親食賓則設豆西上此東上是變於親食賓也屈猶錯也菹醢不自相當交錯陳之也疏云謂其東上醓醢醓醢西昌本昌本西麋臡音泥麋臡西菁菹菁菹北鹿臡鹿臡東葵菹葵菹東蝸醢蝸醢東韭菹此兼用朝事饋食之豆○菹莊居反醓他感反

八籩

繼之。黍。其南稷。錯。黍在北。○疏云，繼者，繼八豆以西陳之。錯者，黍稷二種相間錯也。六鉶繼之。
牛。以西羊豕。豕南牛。以東羊豕。鉶，羹器也。○不言綈屈錯者，綈文自具，故不言也。兩簠
繼之。粱在北。簠不次簋者，粱稻加也。凡饌屈錯要相變。八壺設于西序。北上。二以竝。
南陳。壺酒尊也。酒蓋稻酒粱酒。不錯者，酒不以雜錯爲味。西夾六豆設于西墉下。北上。韭
菹。其東醓醢。屈。六簋繼之。黍。其東稷。錯。四鉶繼之。牛以南羊。羊
東豕。豕以北牛。兩簠繼之。粱在西。皆二以竝。南陳。六壺西上。二
以竝。東陳。東陳，在北墉下，統於豆。○疏曰，六豆者，先設韭菹，其東醓醢，又其東昌本，南麋臡，麋臡西菁菹，又西鹿臡，
此陳還取朝事之豆。饌于東方。亦如之。東方東夾室。西北上。亦韭菹其東醓醢也。○疏曰，云西北
上者，則於其東壁下南陳，西北有韭菹，東有醓醢，次昌本，次南
麋臡，次西有菁菹，次北有鹿臡，亦屈錯也。岐柔兩夾之饌，方位

順局非相對而陳也壺東上西陳。亦在北墉下統於豆醯醢百罋夾碑。十以為列。醯在東。夾碑在鼎之中央也醯在東醯穀陽也醢肉陰也○疏云罋瓦器其容一觳旊人云簋實一觳又云豆實三而成觳四升曰豆則罋與簋同受斗二升也禮器註云壺大一石瓦甒五斗即此壺大一石也○罋烏弄反餼一牢。陳于門西。北面東上。牛以西羊豕豕西牛羊豕。餼生也牛羊右手牽之豕束之寢右亦居其左米百筥。筥半斛。設于中庭。十以為列。北上。黍粱稻皆二行。稷四行。庭實固當庭中言當中庭者南北之中也東西為列列當醯醢南亦相變也此言中庭則設碑近如堂深也○上享時直言庭實入設不言中庭則在東西之中其南北三分庭一在南此更言中庭欲明南北之中也上文公立於中庭宰受幣於中庭皆南北之中也知東西為列者以經言北上故知之若南北縱陳止得言東西不得言北上醯醢南北列米筥東西列是相變也米在中庭其北有醯醢夾碑知碑之設近庭北如堂之深也○筥居呂反行戶郎反門外。米三十車。

車。秉有五籔。設于門東，爲三列，東陳。大夫之禮，米禾皆視死牢，秉、籔數名也。秉有五籔，二十四斛也。籔讀若不數之數，今文籔或爲逾。○疏云：餁一牢，腥二牢，是三牢死，故米禾皆三十車。十斗曰斛，十六斗曰籔，十籔曰秉。一秉十六斛，又五籔爲八斛，是二十四斛也。○籔，色縷反。禾三十車，車三秅，設于門西，西陳。秅，數名也。三秅，千二百秉。四百秉爲一秅。○秅，丁故反。薪芻倍禾。倍禾者，以其用多，薪從米，芻從禾，四者之車，皆陳北輈。凡此所以厚重禮也。聘義曰：古之用財不能均如此，然而用財如此其厚者，言盡之於禮也。盡之於禮，則內君臣不相陵，而外不相侵，故天子制之，而諸侯務焉爾。○輈，丁留反。賓皮弁迎大夫于外門外，再拜。大夫不答拜。大夫使者，卿也。○大夫，即若所使卿韋弁者也。揖入。及廟門，賓揖入。賓與使者揖而入，使者止執幣，賓俟之于門內，謙也。古者天子適諸侯，必舍於太祖廟；諸侯行，舍于諸公廟；大夫行，舍于大夫廟。大夫奉束帛。執其所以將命。入，三揖，皆行。皆猶並也。使者尊，不後主人。至于階，讓。大夫先升一等。讓不言三、不成三也。凡升者、主人讓于客三、敵者則客三辭、主人乃許升、亦道賓之義也。使者尊、主人三讓、則許升矣、今使者三讓、則是主人四讓也、公雖尊、亦三讓乃許升、不可以不下主人也、古文曰三讓。○註意謂凡升者必三讓、敵者則客三辭、主人先升以道之、是成三讓也、若尊則主人三讓、而客即升、如此經大夫先升是也、主人三讓、客不三辭、故云不成三也、假使客三辭、而猶先升、則是主人四讓矣、禮固無四讓法也、故即經文大夫先升、知大夫未嘗三辭、是謂不成三也、公雖尊、當其為主人、亦必三讓、乃先升、此主人自下之義也。賓從升堂北面聽命。北面于階上也、大夫東面致命。賓降階西再拜稽首。拜饌亦如之。大夫以東帛問、致饗饋也、賓殊拜之、敬也、重君之禮也、○大夫東面致命、在西階上也、賓降階西再拜、東階之西也、殊拜者、分别兩次拜之、成拜訖、又降拜也。大夫辭升成拜。尊賓、○成拜處、亦當東階之西、受幣堂中西北面。趨主君命也、堂中西、中央之西、大夫降。出。賓降。授老幣。出迎大夫。老、家臣也、賓出迎、欲儐之、大夫禮辭。許、入。揖讓如初。賓升一等。大夫從升堂。賓先升，敵也。皆北面。庭實設。馬乘。乘四馬也。賓降堂，受老束錦。大夫止。止不降，使之餘尊。○主人降，賓亦降，敵體之禮也。今主人降而大夫止，是使命之餘尊。賓奉幣西面。大夫東面。賓致幣。不言致命，非君命也。大夫對。北面當楣再拜稽首。稽首，尊君客也。致對有辭也。受幣于楹間。南面退。東面俟。賓北面授，尊君之使。賓再拜稽首送幣。大夫降。執左馬以出。出廟門，從者亦訝受之。

賓送于外門外。再拜。明日。賓拜于朝。拜饔與餼。皆再拜稽首。拜謝主君之恩惠於大門外。周禮曰：凡賓客之治令，訝聽之。此拜亦皮弁服。○周禮秋官，有掌訝。訝，引之者，明賓客發館至朝，來往皆掌訝前驅爲之導。上介饔餼三牢。飪一牢在西鼎七。羞鼎三。飪鼎七，無鮮魚鮮腊也。賓介皆異館。○此下言下大夫餼上介。腥一牢在東鼎七。堂上之饌六。六者，賓西夾之數。

西夾亦如之。筥及甕，如上賓。凡所不貶者，尊介也。言如上賓者，明此賓客介也。○無東方之饌。餼一牢。門外米禾視死牢，牢十車，薪芻倍禾。凡其實與陳，如上賓。凡，凡飪以下。其物陳其位也。○賓下大夫韋弁，用束帛致之。上介韋弁以受，如賓禮。介不皮弁者，以其受大禮似賓，不敢純如賓也。儐之兩馬束錦。○使者受儐禮，當亦如卿受賓儐也。士介四人，皆餼大牢，米百筥，設于門外。牢米不入門，畧之也。米設當門，亦十爲列，北上。牢在其南，西上。○此下言宰夫饋士介。宰夫朝服牽牛以致之。執紖牽之，東面致命，朝服無束帛，亦畧之。士介西面拜迎。○下記云士館于工商，則此致者在工商之館門外也。士介朝服北面再拜稽首受。受於牢東拜，自牢後適宰夫右受，由前東面授從者。無儐。既受，拜送之矣。明日，衆介亦各如其受之服，從賓拜於朝。

右歸饔餼於賓介

賓朝服問卿。不皮弁，別於主君。卿每國三人。○自此至如主人受幣禮不拜，皆言賓問主國卿大夫之事。賓初以君幣問卿，次以私幣面卿，次上介特面，次眾介皆面，次上介以君幣問下大夫，嘗使至者，次上介以私幣面下大夫，凡六事，分爲三節，次又設言大夫不見之禮，賓自聘覿主君禮畢，君送賓後，賓即請有事于大夫，至明日，拜饔餼于朝，迄即備舉此禮，此下賓問卿。卿受于祖廟。重賓禮也。祖，王父也。○初賓請有事于大夫，君禮辭許，是以卿不敢更辭。下大夫擯。無士擯者，既接於君所，急見之。○設擯多者，示相見有漸，卿與賓既接于君所，故不須士擯。擯者出請事。大夫朝服迎于外門外，再拜。賓不荅拜。揖。大夫先入，每門每曲揖。及廟門，大夫揖入。入者，省內事也，既而俟于宁也。○疏云宁門屋宁也，不俟于庭下君也。擯者請命。亦從入而出請，不几筵，辟君也。庭實設四皮。麋鹿皮也。賓奉束帛入，三揖，皆行。

至于階讓。皆猶並也。古文曰三讓。賓升一等。大夫從升堂。北面聽命。賓先升，使者尊。賓東面致命。致其君命。大夫降階西再拜稽首。賓辭。升成拜。受幣堂中西北面。於堂中央之西受幣，趨聘君之命。賓降出。大夫降授老幣。無儐。不儐賓，辟君也。擯者出請事。賓面如覿幣。面亦見也。其謂之面，威儀質也。○此下賓面卿。賓奉幣庭實從。庭實四馬。入門右。大夫辭。大夫於賓入，自階下辭迎之。賓遂左。見私事也，雖敵賓猶謙，入門右，為若降等然。曲禮曰：客若降等，則就主人之階，主人固辭，於客然後客復就西階。庭實設。揖讓如初。大夫至庭中，旋並行。大夫升一等。賓從之。大夫先升道賓。大夫西面。賓稱面。稱舉也，舉相見之辭以相接。大夫對。北面當楣再拜。受幣于楹間。南面退西面立。受幣楹間，敵也。賓亦振幣進，北面授。賓當楣再拜送幣。降出。大夫降授老幣。

右賓問卿面卿。

擯者出請事。上介特面。幣如覿。介奉幣。特面者異於主君士介不從而入也君尊衆介始覿不自別也上賓則衆介皆從之○此下上介特面卿註上賓衆介從之者謂賓問卿面卿時也皮二人贊。亦儷皮也入門右奠幣再拜。降等也大夫辭。於辭上介則出擯者反幣。出還于上介也庭實設。介奉幣入。大夫揖讓如初。大夫亦先升一等今文曰入設介升。大夫再拜受。亦於楹閒南面而受介降拜。大夫降辭。介升。再拜送幣。介既送幣降出也大夫亦授老幣

擯者出請。衆介面。如覿幣。入門右。奠幣。皆再拜。大夫辭。介逆出。擯者執上幣出。禮請受。賓固辭。賓亦爲士介辭○此下衆介面卿大夫答再拜。擯者執上幣。立于門中。以相拜。士介皆辟。老受擯者幣于中庭。

士三人坐取羣幣以從之。擯者出請事。賓出。大夫送于外門外。再拜。賓不顧。不顧言去擯者退。大夫拜辱。拜送也○拜其相巳行禮也

右介面卿

下大夫嘗使至者。幣及之。嘗使至巳國則以幣問之也君子不忘舊○此下問下大夫舊使巳國者上介朝服三介。問下大夫。下大夫如卿受幣之禮。上介三介下大夫使之禮也其面如賓面于卿之禮。○既致公幣而又私面也

右問下大夫

大夫若不見。有故也○此下主國大夫不親受幣之禮君使大夫各以其爵爲之受。如主人受幣禮。不拜。各以其爵主人卿也則使卿大夫也則使大夫不拜代受之耳不當主人禮也

右大夫代受幣

夕。夫人使下大夫韋弁歸禮。夕，問卿之夕也。使下大夫，下君也。君使之云夫人者，以致辭當稱寡小君。○自此至賓拜禮於朝，言主君夫人歸禮於賓與上介。堂上籩豆六，設于戶東，西上，二以竝，東陳。籩豆六者，下君禮也。臣設于戶東，又辟饌位也。其設脯，其南醢，屈，六籩六豆。○疏云：先於北設脯，即於脯南設醢，又於醢東設脯，以次屈而陳之，皆如上也。壺設于東序，北上，二以竝，南陳。醙黍，清皆兩壺。醙，白酒也。凡酒，稻爲上，黍次之，粱次之，皆有清白，以黍間清白者，互相備，明三酒六壺也。先言醙，白酒尊，先設之。○稻黍粱三酒，白者清者各一壺，竝之而陳也。疏曰：醙白也，上言白，明黍粱皆有白，下言清，明稻黍亦有清，於清白中言黍，明醙即是稻，清即是粱也。故言互相備也。○醙，所九反。大夫以束帛致之。致夫人命也。此禮無牢，下朝君也。○夫人於來朝之君有牢，此於聘卿無牢，是下朝君。賓如受饔之禮，儐之乘馬束錦。

上介四豆。四籩。四壺。受之如賓禮。四壺無稻酒也。不致牢、下於君也、儐之兩馬束錦。明日。賓拜禮於朝。於是乃言賓拜、明介從拜也、今文禮爲醴

右夫人歸禮賓介

大夫餼賓大牢米八筐。其陳於門外、黍粱各二筐、稷四筐、二以並南陳、無稻、牲陳於後、東上、不饌於堂庭、辟君也、○自此至牽羊以致之、言主國大夫餼賓及介、記云凡餼大夫黍粱稷筐五斛、案掌客、鄰國之君來朝、卿皆見以羔、膳太牢、侯伯子男膳特牛、彼又無筐米、此侯伯之臣、得用太牢、有筐米者、彼爲君禮、此是臣禮、各自爲差降、賓迎再拜。老牽牛以致之。賓再拜稽首受。老退。賓再拜送。老、室老、大夫之貴臣、上介亦如之。衆介皆少牢米六筐。皆士牽羊以致之。米六筐者、又無粱也、士亦大夫之貴臣、○室老、家相也、士、邑宰也、故爲大夫之貴臣、

右大夫餼賓介

公於賓壹食再饗。饗謂亨大牢以飲賓也公食大夫禮曰設洗如饗則饗與食互相先後也古文壹皆爲一、今文饗皆爲鄉、○自此至致食以侑幣槩言主國君臣於賓介食饗燕獻之數及不親食饗之法食禮無酒饗禮有酒○食音嗣

燕與羞俶獻無常數。羞謂禽羞鴈鶩之屬成熟煎和也俶始也始獻四時新物聘義所謂時賜無常數由恩意也古文俶作淑○俶昌淑反鶩音木

賓介皆明日拜于朝上介壹食壹饗。饗食賓介爲介從饗獻矣復特饗之客之也○饗禮介從饗若食禮介雖從入不從食、

若不親食使大夫各以其爵朝服致之以侑幣如致饔無儐。君不親食謂有疾及他故也必致之不廢其禮也致之必使同班敵者易以相親敬也致禮於卿使卿致禮於大夫使大夫非必命數也無儐以已本宜往古文侑皆作宥○侑幣食禮有侑食之幣周禮典命大國小國卿大夫命數不同此所使致禮但取爵同耳不計命數也食禮賓當往君所受禮

無儐使者之法，今雖使人致禮，以賓本宜赴廟，故仍無儐也。

致饗以酬幣，亦如之。

酬幣，饗禮酬賓勸酒之幣也，所用未聞也。禮幣束帛乘馬，亦不是過也。禮器曰：琥璜爵，蓋天子酬諸侯。

大夫於賓壹饗壹食。上介若食若饗。若不親饗，則公作大夫致之以酬幣，致食以侑幣。

作，使也。大夫有故，君必使其同爵者為之致之。列國之賓來，榮辱之事，君臣同之。○疏云此直言饗食，不言燕，當亦有燕也。

右主國君臣饗食賓介之法。

君使卿皮弁還玉于館。

玉，圭也。君子於玉比德焉，以之聘，重禮也。還之者，德不可取於人，相切厲之義也。皮弁者，始以此服受之，不敢不終也。○自此至賓送不拜，言主君使卿請賓館還玉及報享之事。

賓皮弁襲，迎于外門外，不拜，帥大夫以入。

迎之不拜，示將去，不純為主也。帥，道也。古文曰迎于門外，古文帥為卒。大夫升自西階鉤楹。鉤楹由楹內將南面致命致命不東面以賓在下也必言鉤楹者賓在下嫌楹外也賓自碑內聽命。升自西階。自左南面受圭。退負右房而立。聽命於下敬也自左南面右大夫且竝受也必竝受者若鄉君前耳退為大夫降逡遁今文或曰由自西階無南面○碑內碑之北聽命畢乃升受圭受畢大夫降賓遂退因負右房而立俟也大夫降中庭。賓降自碑內東面。授上介于阼階東。大夫降出言中庭者為賓降節也授於阼階東者欲親見賈人藏之也賓還阼階下西面立○賓自阼階向西階自西階向阼階皆由碑內雖升降西階賓不由西向堂塗也故下經註云出入猶東上介出請賓。迎大夫還璋如初入。出請請事於外以入告也賓雖將去出入猶東塾升堂由西階凡介之位未有改也賓禮。迎大夫賄用束紡。賄予人財之言也紡紡絲為之今之縛也所以遺聘君可以為衣服相厚之至也○縛息絹反禮玉束帛乘皮皆如還玉禮。禮禮聘君也所以報享也亦言玉璧可知

也今文禮皆作醴○皆者謂賄紡與禮玉二事其升受皆如還玉之儀也大夫出賓送不拜○

右還玉報享

公館賓○為賓將去親存送之厚殷勤且謝聘君之義也公朝服○自此至賓退言明日賓將發君往存賓賓來請命之

事館賓者拜賓於館也賓辟○不敢受國君見已於此館也此亦不見言辟者君在廟門敬也凡君有事於諸臣之家車

造廟門乃下○註云此亦不見亦勞賓時也上介聽命○聽命於廟門中西面如相拜然也擯者每贊君辭則曰敢

不承命告于寡君之老聘享夫人之聘享問大夫送賓公皆再拜○拜此四事公東

面拜擯者北面○擯者歷舉四事而君拜之公退賓從請命于朝○賓從者實為拜主君之館已也言請

命者以已不見不敢斥尊者之意公辭賓退○辭其拜也退還館裝駕為旦將發也周禮曰賓從拜辱于朝明日客

拜禮賜遂行

右賓將行君館賓

賓三拜乘禽於朝，訝聽之。發去乃拜乘禽，明已受賜，大小無不識。○他賜皆卽拜于朝，唯日歸乘禽不勝其拜，故於發時總三拜之。自此至送至于竟，言賓行主君贈送之禮。遂行，舍于郊。始發且宿近郊，自展軨。

公使卿贈，如覿幣。贈，送也，所以好送之也。言如覿幣，見爲反報也。今文公爲君。受于舍門外，如受勞禮，無儐。不入，無儐，明去而宜有已也。如受勞禮，以贈勞同節。使下大夫贈上介，亦如之。使士贈衆介，如其覿幣。大夫親贈，如其面幣，無儐。贈上介亦如之。使人贈衆介，如其面幣。士送至于竟。

右賓行主國贈送

使者歸，及郊，請反命。郊，近郊也。告郊人，使請反命於君也。必請之者，以已久在外，嫌有罪惡，不可以入。春秋時鄭伯惡其大夫高克使之將兵逐而不納此蓋　朝服載旜。
請而不得入。自此至拜其辱言使者歸反命於朝
行時稅舍于此郊今還至此正其故　禳。禳祭名也爲行道
行服以俟君命敬也古文旜作膳　乃入。累歷不祥禳之以
除災
四　乃入陳幣于朝西上。上賓之公幣私幣皆陳上介公幣陳。
他介皆否。皆否者公幣私幣皆不陳此幣使者及介所得於彼
國君卿大夫之贈賜也其或陳或不陳詳尊而略卑
也其陳之及卿大夫處者待之如夕幣其禮於君者不陳上賓
使者公幣君之賜也私幣卿大夫之幣也他介士介也言他容
衆從者。○註云禮於君者不陳謂賄用束紡禮　束帛各加其庭
玉束帛乘皮不陳之者以使者將親執以告
實皮左。不加於其皮上榮其多　公南鄉。亦宰告于君君乃朝服
也。○不令相掩蔽也　出門左南鄉。○疏云此
陳幣當如初夕幣之時是以　卿進使者。使者執圭垂繅北面上
鄭此註亦依夕幣而言之
介執璋屈繅立于其左。此主於反命士介亦隨入並立東上。○
疏云今此賓執圭賓則裼註言亦者亦

初行受于朝時反命曰以君命聘于某君某君受幣于某宮某君再拜以享某君某君再拜。君亦揖使者進之乃進反命也某君某國名也某宮若言桓宮僖宮也某君再拜受也必言此者明彼君敬己君不辱命○註君亦揖使者初受命于朝位立定時君揖使者乃進受命明反命亦然宰自公左受玉。亦於使者之東同面並受也不右使者由便也○疏云此言亦者亦於出使初受玉時宰自公左授使者圭同面凡並授者授由其右受由其左此受由其右者因東藏之便受上介璋致命亦如之。變反言致者若云非君命也致命曰以君命聘於某君夫人某君再拜以享於某君夫人某君再拜不言受幣于某宮可知略之○受上介璋賓受之也賓受璋當亦垂繅而致命本以君夫人聘君夫人但婦人無外事亦君命之故言致命若非君命然也執賄幣以告曰某君使某子賄授宰。某子若言高子國子凡使者所當以告君者上介取以授之賄幣在外也禮玉亦如之。亦執束帛加璧也告曰某君使某子禮宰受之士隨自後左士介受乘皮如初上介

出取玉束帛、士介從取皮也、○賓將告君之時、上介出取玉帛、
士介取皮賓執玉帛以告、宰受玉帛、士即自士介後居其右而
受皮向東藏之。執禮幣以盡言賜禮。禮幣、主國君初禮賓之幣也、以盡言賜禮謂自此至於贈、○自郊勞
至贈行、八度禮賓、皆有幣、執郊勞之幣而歷舉其全以告也、○盡津忍反公曰然而不善乎。善其能使於四
方而猶女也、授上介幣再拜稽首公答再拜。授上介幣當拜公言也、不授宰者當復陳之
私幣不告。亦畧卑也、君勞之再拜稽首君答再拜。勞之以道路勤苦、若有獻。
則曰某君之賜也。言此物某君之所賜予為惠者也、其所獻雖珍異、不言其為彼君服御物、謙也、其大夫出
反必獻、忠孝也、君其以賜乎。不必其當君也、獻不拜者、為君之答已也、○所獻是賓入已之物、蓋彼國之君於常
幣外、別有賜予者、曰君其以賜乎、言未必可當君用、或以為賜下之需乎、上介徒以公賜告如上賓
之禮。徒謂空手、不執其幣、君勞之再拜稽首君答拜。勞士介亦如之。士介四人

旅答壹拜，又賤也。○疏云：上介再拜稽首，君答拜，不言再拜，則君答上介一拜矣。勞士介不言皆，則總答一拜矣。勞上介，君答一拜，已是賤；士介四人共答一拜，故云又賤也。此一拜答臣下，周禮九拜，七曰奇拜，是也。

君使宰賜使者幣，使者再拜稽首。○以所陳幣賜之也。禮，臣子人賜之而必獻之君父，不敢自私服也。君父因以予之，則拜受之，如更受賜也。既拜，宰以上幣授之。

賜介，介皆再拜稽首。○士介之幣皆載以造朝，不陳之耳。與上介同受賜命，俱拜。既拜，宰亦以上幣授上介。

乃退。○君揖入，皆出去。

介皆送至于使者之門。○將行俟于門，反又送于門，與尊長出入之禮也。

乃退揖。○揖，別也。

使者拜其辱。○隨謝之也。再拜上介，三拜士介。○士三人，每人一拜，士卑。

右使者反命

釋幣于門。○門，大門也。主于闑，布席于闑西，閾外東面，設洗于門外東方，其餘如初于禰時。出于行，入于門，不兩告，告所先見也。○自此至亦如之言使還禮門奠禰之事。乃至于禰。筵几于室。薦脯醢。告反也。薦進也。觴酒陳。主人酌進奠一獻也。言陳者，將復有次也。先薦後酌，祭禮也。行釋幣，反釋奠，畧出謹入也。席于阼。爲酢主人也。酢主人者，祝取爵酌，不酢於室，異於祭。薦脯醢。成酢禮也。三獻。室老亞獻，士三獻也。每獻奠，輒取爵酌主人自酢也。○註當以輒取爵酌主人爲句，言室老酌主人，因自酢也。疏于酌字句，未是。一人舉爵。三獻禮成，更起酒也。主人奠之，未舉也。獻從者。從者，家臣從行者也。主人獻之，勞之也。皆升飲酒於西階上，不使人獻之，辟國君也。行酬乃出。主人舉奠酬從者，下辯，室老亦與焉也。上介至亦如之。

右使還奠告

聘遭喪。入竟則遂也。遭喪，主國君薨也。入竟則遂，國君以國爲體，士既請事，已入竟矣。闗人未告則反。○自此至卒殯乃歸，皆聘者遭喪之禮。或所聘國君薨，及夫人世子喪；或出聘後本國君薨；或聘賓有私喪；或賓死，及介死：凡四節。不郊勞。子未君也。不筵几。致命不於廟就尸柩於殯宮又不神之。不禮賓。喪降事也。○疏曰云不禮者謂既行聘享訖不以醴酒禮賓也。主人畢歸禮。賓所飲食不可廢也。禮謂饔餼饗食。賓唯饔餼之受。受正不受加也。○疏曰饔餼大禮是其正自饗食之等是其加也。不賄不禮玉不贈。喪殺禮爲之不備。○賄謂束紡禮玉謂以束帛乘皮報享贈謂賓出至郊以物贈之。遭夫人世子之喪君不受使大夫受于廟其他如遭君喪。夫人世子死君爲喪主使大夫受聘禮不以凶接吉也其他謂禮所降。○禮所降謂郊勞禮賓饗食賄贈之類。遭喪將命于大夫主人長衣練冠以受。遭喪謂主國君薨夫人世子死也此三者皆大夫攝主人長衣素純布衣也去衰易冠不以純凶接純吉也吉時在裏爲中衣中衣長衣繼皆揜尺表之曰深衣純袂寸半耳君喪不言使大夫受于未君無使臣義也。○疏云向來所釋皆是君主始薨假令君薨踰年嗣子即位鄰國朝聘以吉禮受之於廟雖踰年而未葬則亦使人受之。

右遭所聘國君喪及夫人世子喪

聘君若薨于後入竟則遂。既接於主國君也、赴者未至則哭于巷衰于館。未至謂赴告主國君者也哭于巷者哭于巷門未可爲位也衰于館未可以凶服出見人其聘享之事自若吉也今文赴作訃受禮。受饔餼也不受饗食。亦不受加赴者至則衰而出。禮爲鄰國闕於是可以凶服將事也、○禮爲鄰國闕襄公二十三年傳語謂鄰國有喪爲之徹樂也唯稍受之。稍稟食也、○饔餼亦不受矣、歸。

執圭復命于殯升自西階不升堂。復命于殯者臣子之于君父存亡同子即位不哭。將有告請之事宜清淨也不言世子者君薨也諸臣待之亦皆如朝夕哭位、辯復命如聘。自陳幣至于上介以公賜告無勞。○徧復命於殯如聘禮之常但不代君作勞辭耳子臣皆哭。使者既復命子與羣臣皆哭、與介入北鄉哭。北鄉哭新至別於朝夕、○疏云復命之時介在幣南北面去殯遠復命訖除去幣賓更與介前入近殯北鄉哭朝夕哭位在阼階下西面今賓介新至故於殯前北鄉也出袒括髮悲哀變於外臣也○子奔喪則袒括髮於殯東矣入門右即位踊從臣位自哭至踊如奔喪禮

右出聘後本國君喪

君有私喪則哭于館衰而居不饗食私喪謂其父母哭于館衰而居不敢以私喪自聞于主國凶服于君之吉使春秋傳曰大夫以君命出聞喪徐行而不反○衰而居謂服衰居館行聘享即皮弁吉服春秋傳宣公八年公羊傳文歸使衆介先衰而從之已有齊斬之服不忍顯然趨於往來其在道路使介居前歸又請反命已猶徐行隨之君納之乃朝服既反命出公門釋服哭而歸其他如奔喪之禮吉時道路深衣

右賓聘有私喪

賓入竟而死遂也主人爲之具而殯具謂始死至殯所當用○疏云若未入竟即反來殯

非謂殯於館、斂於棺而已。介攝其命。○為致聘享之禮也、初時、上介接聞命、上介接聞君命、故賓死得攝其命、君弔、介為主人。○雖有臣子親姻、猶不為主人、以介與賓竝命於君、尊也、主人歸禮幣、必以用。○當中奠賵諸喪具之用、不必如賓禮、介受賓禮、無辭也。○介受主國賓已之禮、無所辭也、以其當陳之以反命也、有賓喪、嫌其辭之、待賓之禮、介代為受而不辭、○主國不饗食。○前經云、上介壹食壹饗、歸、介復命、柩止于門外。○門外、大門外也、必以柩造朝、達其忠心、○疏云、君有三門、皋應路、又有三朝、內朝在路寢庭、正朝在路門外、應門外無朝、外朝應在皋門外、經直云止於門外、無入門之言、明知止於大門外外朝之上、介卒復命、出奉柩送之、君弔、卒殯。○卒殯、成節乃去、○柩既殯、君與大夫乃盡去、以殯是喪之大節、若大夫介卒、亦如之。○不言上介者、小聘上介士也、○亦如之、謂在聘國及反本國諸事、士介死、為之棺斂之。○不具他衣物也、自以時服也、君不弔焉。○主國君使人弔、不親往、若賓死、未將命、則既斂于棺造于朝介將命。未將命、謂俟間之後也、以柩造朝、以已[illegible]朝、志在達君命、○疏云、上介國外死、不以柩造朝可知、若介死歸復命唯上介造于朝若介死雖士介賓既復命往卒殯乃歸。往謂送柩、

右出聘賓介死

小聘曰問不享有獻不及夫人主人不筵几不禮面不升不郊勞。記旣於聘、所以爲小也、獻、私獻也、面、猶覿也、○前經旣詳聘禮、末復言小聘之異、不禮者、聘訖、不以醴禮賓也、面不升者、謂私覿庭中受之、不升堂也、其禮如爲介三介。如爲介、如爲大聘上介、○禮主國待賓之禮、謂饔餼食饗之屬、如待大聘時大夫之爲上介者、其賓則士三人爲之介也、

右小聘

久無事則聘焉事謂盟會之屬若有故則卒聘束帛加書將命百名以上書於策不及百名書於方故謂災患及時事相告請也將猶致也名書文也今謂之字策簡也方板也○有故如告糴乞師之類卒聘倉猝而聘不待殷聘之期也字多書於策策以衆簡編連也字少書於方一板可盡也主人使人與客讀諸門外受其意既聘享賓出而讀之不於內者人稠處嚴不得審悉主人主國君也人內史也書必璽之○讀諸門外就門外燕閒之處讀之客將歸使大夫以其束帛反命於館為書報也明日君館之既報館之書問尚疾也

右記有故卒聘致書之事

既受行出遂見宰問幾月之資資行用也古者君臣謀密草創未知所之遠近問行用當知多

少而已。古文資作齋。○齋，子兮反

使者既受行日朝同位。謂前夕幣之間，同位者，使者北面，介立于左，少退，別於其處臣也。○未受命行以前，卿大夫士面位各異。

出祖釋軷，祭酒脯，乃飲酒于其側。祖，始也。既受聘享之禮，行出國門，止陳車騎，釋酒脯之奠於軷，爲行始也。詩傳曰：「軷，道祭也。」謂祭道路之神。春秋傳曰：「軷涉山川。」然則軷，山行之名也。道路以險阻爲難，是以委土爲山，伏牲其上，使者爲軷，祭酒脯，祈告也。卿大夫處者於是餞之，飲酒於其側。禮畢，乘車轢之而遂行，舍於近郊矣。其牲，犬羊可也。古文軷作祓。○疏曰：在國內釋幣於行者，謂平適道路之神；出國門釋奠于軷者，謂山行道路之神。○軷，蒲末反。騎，其義反。轢，力狄反。

右記使者受命將行之禮

所以朝天子，圭與繅皆九寸，剡上寸半，厚半寸，博三寸，繅三采六等，朱白蒼。圭，所執以爲瑞節也。剡上，象天圓地方也。雜采曰繅，以韋衣木板，飾以三色再就，所以薦玉，重慎也。

九寸、三公之圭也、古文繅或作藻、今文作璪、○疏云、凡圭、天子
鎮圭、公桓圭、侯信圭、皆博三寸、厚半寸、剡上左右各寸半、唯長
短依命數不同、以韋衣木板、木板大小一如玉制、然後以韋衣
包之、大小一如其板、經云三采六等、註云三色再就、就即等也
一采爲再就、三采即六等也、一匝爲一就、

問諸侯朱綠繅八寸。

三采據公侯伯、天子五采、子男則二采、
二采再就、降於天子也、於天子曰朝、於諸侯曰問、記之於聘、文
互相備、○降於天子、降於朝天子也、疏謂諸侯自相朝亦同圭
與繅九寸、侯伯以下依命數、諸侯遣臣問天子、圭與繅亦八寸、
故註云於天子曰朝、於諸侯曰問、文互相備也、又云、此言八寸、
據上公之臣、侯伯之臣則六寸、子
男之臣則四寸、各下其君二等、

皆玄纁繫。長尺絢組。

采成文曰絢、繫
無事則以繫玉、因以爲飾、皆用五采組、上以玄、下以絳、爲地、今
文絢作約、○繅以藉玉、繫以聯玉與繅、組即所以飾繫者、其質
上玄下纁、而又加五采之組也、○
繫音計、長直亮反、組音祖、約音趨

問大夫之幣。俟于郊。爲肆。又齎皮馬。

肆猶陳列也、齎猶付也、使者既受命、宰夫載問大夫之
禮待於郊、陳之爲行列、至則以付之也、使者初行、舍于

近郊幣云肆馬云賷因其宜亦互文也不於朝付之者辟君禮也必陳列之者不夕也古文肆爲肄○賷子兮反

右記朝聘玉幣

辭無常孫而說○孫順也大夫使受命不受辭辭必順且說○孫音遜說音悅辭多則史少則不達○史謂筴祝辭苟足以達義之至也○至極也今文至爲砥○聘問之辭難豫爲成說其大要在謙遜而和悅辭多則近史祝辭少則不足以達意苟足以達意而又不失之多修辭之義於是爲至辭曰非禮也敢對曰非禮也敢○辭辭不受也對答問也二者皆卒曰敢言不敢

記修辭之節因及辭對二言

卿館於大夫大夫館於士士館於工商○館者必於廟不館於敵者之廟爲大尊也自官師以上有廟有寢工商則寢而已管人爲客三日具沐五日具浴○管人掌客館者也客謂使

者，下及士介也。

記賓館

饔不致。不以束帛致命，草次饌，饔具輕。賓不拜。以不致命。沐浴而食之。自潔清，尊主國君賜也。記此，重者沐浴可知。○重者謂饔餼。

記設饔

卿大夫訝。大夫訝。大夫士訝。士皆有訝。卿使者大夫，上介也。士衆介也。訝，主國君所使迎待賓者，如今使者護客。○按周禮秋官有掌訝，彼謂天子設官，此諸侯因賓至，以降一等者訝之，使待事於客，適所求索也。賓即館。訝將公命。使已迎待之命。○謂以君使已迎待之命，告之於賓。又見之以其摯。又復也。復以私禮見者，訝將舍於賓館之外，宜相親也。大夫訝者執鴈，士訝者執雉。賓既將公事。復見訝以其摯。既已

也、公事聘、享、問大夫復報也、使者及上介執鴈、羣介執雉、各以見其訝、

記賓訝往復之禮

凡四器者○唯其所寶以聘可也○言國獨以此爲寶也、四器謂圭璋璧琮○註據公侯伯而言、若子男聘用璧琮、享用琥璜、四器唯其所寶、故以行聘、非所寶則不足以通誠好矣、

釋聘用圭璧之故

宗人授次○次以帷○少退于君之次○主國之門外、諸侯及卿大夫之所使者次位皆有常處○疏云、朝聘陳賓介、上公九十步、侯伯七十步、子男五十步、使其臣聘、又各降二等、其次皆依其步數、就西方而置之、未行禮之時、止於次中、至將行禮、賓乃出次、凡爲次、君次在前、臣次在後、故云少退于君之次、

記授賓次

上介執圭。如重。授賓。慎之也、曲禮曰、凡執主器、執輕如不克、○此謂將聘主君廟門外、上介屈繅授賓時、

賓入門。皇。升堂。讓。將授。志趨。皇、自莊盛也、讓、謂舉手平衡也、志猶念也、念趨、謂審行步也、孔子之

執圭、鞠躬如也、如不勝、上如揖、下如授、勃如戰色、足蹜蹜如有
循、古文皇皆作王、○疏云、賓入門皇、謂未至堂時、升堂讓、謂升
堂東面向主君之時、將授志趨、謂賓執玉向楹將授玉之時、念
鄉入門在庭時、執玉徐趨、今當亦然、愚謂註所云審行步者、謂
審乎君、行一、臣行二之節也、疏又云、曲禮云、執天子之
器則上衡、註云謂高於心、國君則平衡、註云謂與心平、

授如爭。承。下如送。君還而后退。爭、爭鬭之爭、重失隊也、而后猶然後也、○疏云、授、謂就東楹授玉於主君時、如

與人爭接取物、恐失墜、下如送者、謂聘享每訖、君實不送、而賓
之敬、如君送然、君迴還、賓則退出廟門、更行後事、非謂賓出大
門也、愚謂下如送、當與論語下如授同解、言其授玉時、手容也、
君還、謂君轉身、將授玉於宰而後、賓退而下階、若以下、爲下階
退、爲出廟門、

下階。發氣怡焉。再三舉足。又趨。發氣舍息也、再三舉足、自安定、乃復

恐非文次、

趨也。至此云舉足，則志趨，卷豚而行也。孔子之升堂，鞠躬如也，屏氣似不息者。出降一等，逞顏色，怡怡如也。沒階趨進，翼如也。○豚大本反。

及門，正焉。容色復故，此皆心變見於威儀。○出門將更行後事，此皆心變見於威儀，統指賓入門以下而言。

執圭入門，鞠躬焉，如恐失之。記異說也。○疏云：亦謂方聘執圭入廟門時。

及享，發氣焉盈容。發氣，舍氣也。孔子之於享禮，有容色。○註：舍氣，卽舍息。

衆介北面，蹌焉。容貌舒揚。○疏云：此謂賓行聘，衆介從入門左北面。

私覿，愉愉焉。容貌和敬。○疏云：舒於盈容也。

出，如舒鴈。威儀自然而有行列。舒鴈，鵝也。○兼指賓介。○疏云：此出廟門之外，又舒緩於愉愉也。

皇且行，入門主敬，升堂主慎。○復記執玉異說。

右三記賓介聘享之容

凡庭實隨入，左先，皮馬相間可也。隨入，不竝行也。間，猶代也。士物有宜，君子不以所無爲禮。

畜獸同類可以相代古文間作干

賔之幣。唯馬出。其餘皆東。馬出當從廐也餘物皆東藏之內府

多貨則傷于德。貨天地所化生謂玉也君子於玉比德焉朝聘之禮以爲瑞節重禮也多之則是主於貨傷敗其爲德○圭璧璋琮聘享君與夫人各用一而已

幣美則沒禮。幣人所造成以自覆幣謂束帛也愛之斯欲衣食之君子之情本取相厲以德多之是所重在貨而傷于德也也是以享用幣所以副忠信美之則是主於幣而禮之本意不見也○註以自覆幣謂束帛也幣字疑當作敝字自覆蔽謂其可爲衣也愛之當作愛之忠信即其愛之之情

賄在聘于賄。賄財也○于讀曰爲言主國禮賔當視賔之聘禮而爲之財也賔客者主人所欲豐也若苟豐之是又傷財也周禮曰凡諸侯之交各稱其邦而爲之幣以其幣爲之禮古文賄皆作悔○吞視也賄謂賄用束紡禮用玉帛乘皮及贈之屬是也

記庭實貨幣之宜

凡執玉無藉者襲。藉謂繅也繅所以縕藉玉○按疏以屈繅爲無藉垂繅爲有藉又以繅有二種其說愈支

而難適。曲禮陳氏註云，所謂無藉，謂圭璋特達，不加束帛，當執圭璋之時，其人則襲；有藉者，謂璧琮加于束帛之上，當執璧琮時，其人則裼。此定說也。又按曲禮鄭註亦云圭璋特而襲，璧琮加束帛而裼。疏引熊氏云，朝時用圭璋特，賓主俱襲，行享時用璧琮，加束帛，賓主俱裼，亦是也。先儒已有此說，亦非陳氏創爲之也。

記襲裼之節

禮。不拜至。以賓不於是始至。今文禮爲醴。○禮爲聘享畢，公禮賓也。疏以爲聘時，似非經意。

醴。尊于東箱。瓦大一。有豐。瓦大，瓦尊。豐，承尊器。如豆而卑。○大音泰。薦脯五職。祭半職。橫之。職，脯如版然者，或謂之脡，皆取直貌焉。○脡大頂反。祭醴。再扱。始扱一祭。卒再祭。卒，謂後扱。○扱初洽反。

主人之庭實。則主人遂以出。賓之士訝受之。此謂餘三馬也。左馬賓執以出矣。士，士介從者。○主人牽者從賓以出，至門外，士介迎受之。

記公禮賓儀物

既覿。賓若私獻奉獻將命。時有珍異之物、或賓奉之、所以自序尊敬也、猶以君命致之、擯者入告。出禮辭。辭其獻也、賓東面坐奠獻、再拜稽首。送獻不入者、奉物禮輕、擯者東面坐取獻、舉以入告。出禮請受。東面坐取獻者、以宜並受也、其取之由賓南而自後右賓也

賓固辭。公答再拜。拜受於賓也、固亦衍字、擯者立于闑外以相拜。賓辭。相、贊也、古文闑為槷、擯者授宰夫于中庭。東藏之、既乃介覿、若兄弟之國。則問夫人。兄弟謂同姓、若婚姻甥舅有親者、問、猶遺也、謂獻也、不言獻者、變於君也、非兄弟獻不及夫人、

記覿後賓私獻

若君不見。君有疾、若他故不見使者、使大夫受。受聘享也、大夫、上卿也、自下聽命。自西

階升受負右房而立賓降亦降。此儀如還圭然而賓大夫易處耳今文無而○還圭之儀見前經

不禮。辟正主也○聘享記以醴禮賓主君之禮也

記君不親受之禮

幣之所及皆勞不釋服。以與賓接於君所賓又請有事于已不可以不速也所不及者下大夫未嘗使者也不勞者以先是賓請有事於已同類既聞彼爲禮所及則已往有嫌也所以知及不及者賓請有事固曰某子某子

記大夫勞賓

賜饔唯羹飪筮一尸若昭若穆。羹飪謂飪一牢也肉謂之羹唯是祭其先大禮之盛者也筮尸若昭若穆容父在父在則祭祖父卒則祭禰腥餼不祭則士介不祭也士之初行不釋幣于禰不祭可也古文羹爲羔飪作腍○腍而甚反

僕爲祝祝曰孝孫某孝子某薦嘉禮于皇祖某甫皇考

某子。僕爲祝者大夫之臣攝官也○上文云若昭若穆故此亦兩言之○祝祝上之六反下之又反如饋食之禮。如少牢饋食之禮不言少牢今以大牢也今文無之○疏云致爵加爵及獻兄弟弟子等固當畧之假器於大夫。不敢以君之器爲祭器朌肉及廋車。朌猶賦也廋廋人也車巾車也二人掌覗車馬之官也賦及之明辯也古文朌作紛○祭訖須朌無不徧也夏官廋人職掌養馬○朌音班廋所求反

記賓受饔而祭

聘日致饔。明日問大夫。不以殘日問人崇敬也古文曰問夫人也夕夫人歸禮。與君異日下之也今文歸作饋既致饔旬而稍宰夫始歸乘禽日如其饔餼之數。稍稟食也乘謂乘行之禽也謂鴈鶩之屬其歸之以雙爲數其賓與上介也古文既爲餼○十日之後賓不得時反則致稍廩與乘禽鴈鶩之屬行有行列故曰乘禽如饔餼之數者一牢當一雙故聘義云乘禽日伍雙是饔餼五牢者也上介則日三雙士介

日一雙。士中日則二雙。中猶間也。不一日一雙，大寡不敬也。凡獻執一雙，委其餘于面。執一雙以將命也。面，前也。其受之也，上介受以入告之，士舉其餘從之，賓不辭，拜受于庭，上介執之以相拜于門中，乃入授人，上介受，亦如之，士介拜受于門外。禽羞俶獻比。比，放也。其致之禮如乘禽也。禽羞謂成熟有齊和者。俶獻，四時珍美新物也。俶，始也。言其始可獻也。聘義謂之時賜。

記賓主行禮之節次及禽獻之等殺

歸大禮之日。既受饔餼。請觀。聘於是國，欲見其宗廟之好，百官之富，若尤尊大之焉。訝帥之自下門入。帥猶道也。從下門外入，游觀非正也。

記賓游觀

各以其爵朝服。此句宜在凡致禮下。

士無饔無饔者無儐。謂歸餼也

記士介之殺禮

大夫不敢辭君初爲之辭矣。此句宜在明日問大夫之下、

凡致禮皆用其饗之加籩豆。凡致禮謂君不親饗賓及上介以酬幣致其禮也、其其賓與上介也加籩豆謂其實也亦實於罋筐饗禮今亡、無饔者無饗禮。士介無饗禮、

記不親饗與無饗

凡餼大夫黍粱稷筐五斛。謂大夫餼賓上介也器寡而大畧、

記大夫餼賓上介之實與器

既將公事賓請歸。謂已問大夫事畢請歸不敢自專謙也、主國留之饗食燕獻無日數盡殷勤也凡賓

拜于朝。訝聽之。拜，拜賜也。唯稍不拜。

記賓請歸拜賜

燕則上介爲賓。賓爲苟敬。饗食，君親爲主，尊賓也。燕，私樂之禮，崇恩殺敬也。賓不欲主君復舉禮事禮已，于是辭爲賓，君聽之，從諸公之席，命爲苟敬。苟敬者，主人所以小敬也。更降迎其介以爲賓。介，大夫也，雖爲賓猶卑於君，君則不與亢禮也。主人所以致敬者，自敵以上。宰夫獻。爲主人，代公獻。

記燕聘賓之禮

無行則重賄反幣。無行，謂獨來復無所之也。必重其賄與反幣者，使者歸以得禮多爲榮，所以盈聘君之意也。反幣，謂禮玉束帛乘皮，所以報聘君之享禮也。昔秦康公使西乞術聘于魯，辭孫而說。襄仲曰：不有君子，其能國乎？厚賄之。此謂重賄反幣者也。今文曰賄反幣。

記特聘宜加禮

曰子以君命在寡君。寡君拜君命之辱。此贊君拜聘享辭也、在存也。○此及下三節節前經公館賓賓辟時公皆再拜之四事此其贊拜之辭也、君以社稷故在寡小君拜。此贊拜夫人聘享辭也言君以社稷故者夫人與君敵體不敢當其惠也其卒亦曰寡君拜命之辱、君貺寡君延及二三老。拜。此贊拜問大夫之辭、貺賜也大夫曰老、又拜送。拜送賓也其辭蓋云子將有行寡君敢拜送此宜承上君館之下、

記公館賓拜四事之辭

賓於館堂楹閒釋四皮束帛。賓不致主人不拜。賓將遂去是館留禮以禮主人所以謝之不致不拜、不以將別崇新敬也

賓謝館主人

大夫來使無罪饗之。樂與嘉賓爲禮過則餼之。餼之生致其牢禮也其致之辭不云君之有故耳聘義曰使者聘而誤主君不親饗食所以愧厲之也不言罪者罪將執之○君有故亦不親饗此以使者有過不饗故致辭異也其介爲介。饗賓有介者尊賓行敵禮也○疏云饗賓於廟之時還以聘之上介爲介上經云上介一食一饗則是從賓爲介之外復別饗也有大客後至則先客不饗食致之。畢不與尊齊禮

記饗不饗之宜

唯大聘有几筵。謂受聘享時也小聘輕雖受于廟不爲神位

記受聘大小不同

十斗曰斛。十六斗曰籔。十籔曰秉。秉十六斛今江淮之間量名有爲籔者今文籔爲逾

百四十斗。謂一車之米、秉有五籔、○致饔時、每車米數 四秉曰筥。此秉謂刈禾盈手之秉也、筥、穧名也、若今萊陽之間、刈稻聚把、有名爲筥者、詩云、彼有遺秉、又云、此有不斂穧、○穧才計反 十筥曰稯。十稯曰秅。四百秉爲一秅。一車之禾三秅、爲千二百秉、三百筥、三十稯也、古文稯作緵、○致饔時、禾三十車、車三秅、此其秉數、○稯音總、緵子工反

明致饔米禾之數

儀禮　鄭氏註　濟陽張爾岐句讀

公食大夫禮第九

鄭目錄云主國君以禮食小聘大夫之禮於五禮屬嘉禮大戴第十五小戴第十六别錄第九○疏云篇中薦豆六黍稷六簋庶羞十六豆此等皆是下大夫小聘之禮下及別言食上大夫之法聘禮據侯伯之大聘此篇小聘大夫者周公設經互見爲義又云不言食賓與上介直言大夫者小聘上介乃是士是以直云大夫兼得大夫聘賓與上介亦兼小聘之賓○食音嗣

公食大夫之禮使大夫戒各以其爵○戒猶告也告之必使同班敵者易以相親敬○自此至饌于東房皆將食大夫戒備之事疏云此篇雖據子男大夫爲正兼見五等諸侯大聘使卿之事故云各以其爵也

上介出請入告○問所以爲來事

三辭○爲既先受賜不敢當既先受賜謂聘日致饔

賓出拜辱○拜使者屈辱來迎己

大夫不答拜將命○不答拜爲人使也將猶致也

賓再拜稽首○受命

大夫

還。復於君、賓不拜送遂從之。不拜送者爲從之、不終事。賓朝服卽位于大門外。如聘。於是朝服則初時玄端、如聘亦入于次俟。○疏曰、云大門外如聘者、則賓主設擯介以相待如聘時、又云賓在館拜所戒大夫、卽玄端、賓遂從大夫至君大門外、入次乃去玄端、著朝服、出次卽位也

右戒賓

卽位具。主人也、擯者俟君於大門外、卿大夫士序、及宰夫具其饌物、皆於廟門之外。○卽位者、待賓之人、具者、待賓之物。羹定。肉謂之羹、定猶熟也、著之者、下以爲節。甸人陳鼎七、當門南面西上、設扃鼏。鼏若束若編。七鼎、一大牢也、甸人、冢宰之屬、兼亨人者、南面西上、以其爲賓、統於外也、扃、鼎扛、所以舉之者也、凡鼎鼏、蓋以茅爲之、長則束本、短則編其中央、今文扃作鉉、古文鼏皆作密。設洗如饗。必如饗者、先饗後食、如其近者也、饗禮亡、燕禮則設洗於阼階東南、古文饗或作鄉。○註引燕禮、欲見設洗之法、燕與饗食同。小臣具槃匜

在東堂下。爲公盥也公尊不就洗小臣於小賓客饗食掌正君服位○夏官小臣職云小祭祀賓客饗食如大僕之法○匜以支反宰夫設筵加席几。設筵於戶西南面而左几公不賓至授几者親設湆醬可以略此無尊。主於食不獻酬飲酒漿飲俟于東房。飲酒清酒也漿飲截漿也其俟奠於豐上也飲酒先言飲明非獻酬之酒也漿飲先言漿別於六飲也○食禮不獻酬設清酒以撥酳口故言飲酒漿人共王六飲水漿醴涼醫酏此云漿飲明是漿之一種不兼六飲漿亦以酳口也註云漿飲截漿也疏云截之言載以其汁滓相載故云截漢法有此名也凡宰夫之具。饌于東房。凡非一也飲食之具宰夫所掌也酒漿不在凡中者雖無尊猶嫌在堂

右陳具

公如賓服迎賓于大門內。不出大門降於國君○自此至階上北面再拜稽首言主君迎賓拜至之事大夫納賓。大夫謂上擯也納賓以公命賓入門左。公再拜。賓辟。再拜稽首。

左西方賓位也辟逡遁不敢當君拜也公揖入。賓從。揖入道之及廟門。公揖入。廟禰廟也○疏云儀禮之內單言廟者皆據禰廟若非禰廟則言廟祧又云受聘在祖廟食饗在禰燕禮又在寢是其差次也賓入。三揖。每曲揖及當碑揖相人偶至于階。三讓。讓先升公升二等。賓升。遠下人君大夫立于東夾南。西面北上。東夾南東西節也取節於夾明東於堂序西爲堂序東有夾室○此謂主國卿大夫立位並下文士小臣宰內官等皆從公入立于其位也士立于門東。北面西上。統於門者非其正位辟賓在北○按燕禮大射士在西方東面北上是其正位也小臣東堂下。南面西上。宰東夾北。西面南上。宰宰夫之屬也古文無南上內官之士。在宰東北。西面南上。夫人之官內宰之屬也自卿大夫至此不先即位從君而入者明助君饗食賓自無事介門西。北面西上。西上自統於賓也然則承擯以下立於士西少進東上○疏云承擯以下立於士西少進東上者以介統於賓而西上則擯統於君而東上，可知。又承擯，是大夫尊於士，故知少進東上也。公當楣北鄉，至再拜，賓降也。公再拜。楣謂之梁。至再拜者，興禮俟賓，嘉其來也。公再拜，賓降矣。賓西階東，北面答拜。西階東，少就主君，敬也。擯者辭。辭拜於下。拜也。公降一等，辭曰：寡君從子，雖將拜，興也。賓降再拜，公降，擯者釋辭矣，賓猶降，終其再拜稽首，興起也。賓栗階升，不拜。自以已拜也。栗，實栗也。不拾級連步，趨主國君之命，不拾級而下曰辵。○按疏及燕禮記註疏所言，升降有四法：拾級連步，謂兩足相隨不相過，是尋常升階法；栗階者，始升猶聚足連步，至近上二等，左右足各一發而升堂，是趨君命之法，故燕禮記云「凡栗階不過二等」；又此經註不拾級而下曰辵，疏以爲越三等，是下階近地三等，即不聚足也；又云越一等爲歷階，共爲四法。○辵音綽。命之成拜，階上北面再拜稽首。賓降拜，主君辭之，賓雖終拜，於主君之意猶爲不成。

右賓入拜至

士舉鼎。去鼏於外。次入。陳鼎于碑南。南面。西上。右人抽扃。坐奠于鼎西南。順出自鼎西。左人待載。入由東，出由西，明爲賓也。今文奠爲委，古文待爲持。○自此至逆退復位，言鼎入載實于俎，以待設次入序入也。雍人以俎入陳于鼎南。旅人南面加匕于鼎。退。旅人，雍人之屬，旅食者也。雍人言入，旅人言退，文互相備也。出入之由，亦如舉鼎者。匕俎每器一人，諸侯官多也。大夫長盥。洗東南。西面。北上。序進盥。退者與進者交于前。卒盥。序進。南面匕。長以長幼也。序猶更也。前，洗南。載者西面。載者，左人也。亦序自鼎東西面於其前，大夫匕則載之。魚腊飪。飪，熟也。食禮宜熟，饗有腥者。載體進奏。體謂牲與腊也。奏謂皮膚之理也。進其理，本在前。下大夫體七个。○其載牲腊之體，進其奏理之本，使之向人。體七个者，疏以爲當用右胖肩、臂、臑、肫、胳、脊、脅，其左胖爲庶羞，下文十六豆、二十豆是也。魚七。縮俎。寢右。右首也。寢右，進鬐音奇也。乾魚近腴多骨鯁。○魚在俎爲縱於人爲橫、腸胃七。同俎。以其同類也、不異其牛羊腴賤也、此俎實凡二十八。○同類者同是腴也、二十八牛羊各十四也、倫膚七。倫理也、謂精理滑脆者、今文倫或作論腸。胃。膚。皆橫諸俎。垂之。順其在牲之性也、腸胃垂及俎拒、大夫既匕。匕奠于鼎。逆退復位。事畢、宜由便也、士匕載者、又待設俎、

右載鼎實於俎

公降盥。將設醬。○此下乃詳食賓之節、爲賓設正饌、賓祭正饌、爲賓設加饌、賓祭加饌、賓三飯、侑賓以束帛、賓卒食、凡七節、而禮終賓出、賓降。公辭。辭其從已、卒盥。公壹揖壹讓。公升。賓升。揖讓皆一殺於初、古文壹皆作一、宰夫自東房授醯醬。授、授公也、醯醬以醯和醬。○疏曰、按記云、蒲筵常、長丈六尺、於堂上戶牖之間、南面設之、乃設正饌於中席已東、自中席已西設庶羞也、公設之。以其爲饌本、賓辭。北面

坐遷而東遷所。東遷所，奠之東側，其故處。○所，處也。君設當席中，賓稍東遷之，不敢當君設，故辟其故處。公
立于序內西鄉。不立阼階上，示親饌。賓立于階西疑立。不立階上，以主君離阼也。疑，正立
自定之貌。今文曰西階。宰夫自東房薦豆六，設于醬東，西上，韭菹以東醓
醢、昌本；昌本南麋臡，以西菁菹、鹿臡。醓醢，醢有醓。昌本，昌蒲本，菹也。醢有骨謂之臡。菁蕪
菁菹也。今文臡皆作麋。○臡，奴兮反。士設俎于豆南，西上，牛、羊、豕、魚在牛南，腊、腸
胃亞之。亞，次也。不言綪錯，俎尊也。○綪，側耕反。膚以為特。直豕與腸胃東也。特膚者，出下牲賤。旅人
取匕，甸人舉鼎，順出奠于其所。以其空也。其所，謂當門。宰夫設黍稷六簋
于俎西，二以並，東北上，黍當牛俎，其西稷，錯以終，南陳。並，併也。今文曰
併。古文簋皆作軌。大羹湆不和，實于鐙。宰右執鐙，左執蓋，由門入，升自

阼階盡階不升堂授公以蓋降出入反位大羹湆煮肉汁也大古之羹不和無鹽菜瓦豆謂之鐙宰謂大宰宰夫之長也有蓋者饌自外入爲風塵今文湆爲汁又曰入門自阼階無升○宰位在東夾北西面南上今以蓋降出送門外及更入反此位也○鐙音登公設之于醬西賓辭坐遷之亦東遷所宰夫設鉶四于豆西東上牛以西羊羊南豕豕以東牛鉶菜和羹之器○下記云牛藿羊苦豕薇是菜和羹以鉶盛之○鉶音刑飲酒實于觶加于豐豐所以承觶者也如豆而卑宰夫右執觶左執豐進設于豆東食有酒者優賓也設于豆東不舉也燕禮記曰凡奠者於左○凡奠者於左舉者於右鄉飲酒鄉射記皆有此文註以爲燕禮記誤也宰夫東面坐啓簋會各郤于其西○會簋蓋也亦一一合郤之各當其簋之西贊者負東房南面告具于公負東房負房戶而立也南面者欲得鄉公與賓也

右爲賓設正饌

公再拜揖食。再拜、拜賓饌具、賓降拜。答公拜、公辭。賓升再拜稽首。不言成拜降未拜、賓升席坐取韭菹以辯擩于醢上豆之閒祭。擩猶染也、今文無于、○醓亦醢也、少牢云、尸取韭菹辯擩于三豆、○擩五經文字汝主反贊者東面坐取黍實于左手。辯。又取稷辯反于右手。興以授賓。賓祭之。取授以右手便也、賓亦興受、坐祭之於豆祭也、獨云贊興優賓也、少儀曰、受立授立不坐、三牲之肺不離。贊者辯取之。壹以授賓。肺不離者、刌之也、不言刌、刌則祭肺也、此舉肺不離而刌之、便賓祭也、祭離肺者、絕肺祭也、壹猶稍也、古文壹作一、○離而不殊、留中央少許相連、謂之離肺、刌則切斷之、故云不離、祭離肺者、必用手絕斷其連處、刌肺則否、故註云便賓祭也、壹說文訓專壹、廣韻訓合、當是總合授賓使之祭、如上文祭黍稷之例、註云猶稍也、下文註云、每肺興受、恐與經未合、食禮本殺、節文不宜如是其

祭、

賓興受坐祭。於是云賓興受坐祭，重牲也、賓亦每胏與受，祭於豆祭、挩手，扱上鉶以柶，辯擩之上鉶之間祭。扱以柶，扱其鉶菜也。挩，拭也，拭以巾、祭飲酒於上豆之間。魚臘醬湆不祭。不祭者，非食物之盛者、

右賓祭正饌

宰夫授公飯粱。公設之于湆西。賓北面辭，坐遷之。既告具矣，而又設此，殷勤之加也。遷之，遷而西之，以其東上也。公與賓皆復初位。位，序內階西、宰夫膳稻于粱西。膳，猶進也。進稻粱者以簠、士羞庶羞，皆有大蓋，執豆如宰。羞，進也。庶，衆也。進衆珍味可者也、大，以肥美者特爲臠，所以祭也。魚或謂之膴，膴，大也。唯醢醬無大、如宰，如其進大羹湆，右執豆，左執蓋、○蓋執豆，兼蓋而執之也、先者反之。釋曰：反之者，以其庶羞十六豆，羞人不足，故先至者反取之。下文云先者一人升設於稻南，其人不

反、則此云先者反之謂第二、已下爲先者、也。○此段有釋曰字、疑是疏文、俟質別本由門入。升自西階。庶羞
多、羞人不足、則相授於階上、復出取也。○註兼上文先者一人。升設于稻南簋西。間容人。
簋西黍稷西也、必言稻南者、明庶羞加、不與正豆併也、間容人者、賓當從間往來也、旁四列。西北上。不統於正
饌者、雖加、自是一禮、是所謂羞胾中別、膷以東。臐膮。牛炙。膷、臐、膮、今時臛也、牛曰膷、羊曰臐、豕曰膮、皆香
美之名也、古文膷作香、臐作薰、炙南醢。以西牛胾。醢。牛鮨。先設醢、絣之以次也、內則謂鮨爲膾、然則
膾用鮨、今文鮨作鰭、○鮨、圖解臣之反鮨南羊炙。以東羊胾。醢。豕炙。炙南醢。以西
豕胾。芥醬。魚膾。芥醬、芥實醬也、內則曰、膾春用葱、秋用芥衆人騰羞者。盡階不升堂。
授。以蓋降出。騰當作媵、媵送也、授、授先者一人、贊者負東房。告備于公。復告庶羞具者、
以其異饌、

右爲賓設加饌

飲酒豐　膚俎
昌本　麋臡　豕俎　腸胃俎
醓醢　菁菹　羊俎　腊俎
韭菹　鹿臡　牛俎　魚俎

席東正饌

牛鉶　牛鉶　黍簋　稷簋
羊鉶　豕鉶　稷簋　黍簋
醯醬　黍簋　稷簋
太羹

北
戶　牖
蒲筵

梁簋
稻簋
漿飲豐

席西加饌

牛炙　醢　豕炙　醢
豕膮　牛胾　醢　豕胾
羊臐　醢　羊胾　芥醬
牛膷　牛鮨　羊炙　魚膾

贊升賓。以公命命賓升席。賓坐席末。取粱。即稻。祭于醬湆閒。即就也祭稻粱不以豆祭祭加宜於加。○醬湆不得言加註偶誤粱是公所親設醬湆亦公所親設公設是饌尊處故祭粱不於豆而於此耳贊者北面坐。辯取庶羞之大。興。一以授賓。賓受。兼壹祭之。一一受之而兼壹祭之庶羞輕也自祭之於腳臑之間以異饌也○一以授賓者品授之也兼壹祭之者總祭之也賓降拜。拜庶羞。○前疏云上文正饌公先拜賓答拜此賓先拜公公答拜公辭。賓升。再拜稽首。公答再拜。

右賓祭加饌

賓北面自閒坐。左擁簠粱。右執湆。以降。自閒坐由兩饌之間也擁抱也必取粱者公所設也以之降者堂尊處欲食於階下然也公辭。賓西面坐奠于階西。東面對。西面坐取之。栗階升。北面反奠于其所。降辭公。奠而後對成其意也降辭公敬也必辭公者爲其尊而親臨已食待食贊者之事。○成其意者成其降食階下之意、降辭公辭、公之親臨也、公許。賓升。公揖退于箱。箱東夾之前、俟事之處、擯者退負東塾而立。無事、賓坐遂卷加席。公不辭。贊者以告公、公聽之、重來優賓。○公聽之而不輕來、所以優賓使不煩勞也、賓三飯以湆醬。每飯歠湆、以殽擩醬、食正饌也、三飯而止、君子食不求飽、不言其殽、優賓。○疏曰、牲特牲少牢尸食時、舉殽皆言次第、此不言者、任賓取之、是優賓也、宰夫執觶漿飲。與其豐以進。此進漱也、非爲卒食、爲將有事、緣賓意欲自潔清、賓挩手。興受。受觶、宰夫設其豐于稻西。酒在東、漿在西、是所謂左酒右漿、庭實設。乘皮、○設之、將以侑賓、賓坐祭。遂飲。奠於豐上。飲漱、

右賓食饌三飯

公受宰夫束帛。以侑。西鄉立。束帛、十端帛也、侑、猶勸也、主國君以爲食賓殷勤之意未至、復發帛

以勸之、欲用深安賓也、西鄉立序內位也、受束帛于序端、賓降筵。北面。以君將有命也、北面於西階上、擯者進相幣。爲君釋幣、辭於賓、賓降辭幣。升聽命。降辭幣、主國君又命之、升聽命、釋許辭、降拜。當拜受幣、公辭。賓升。再拜稽首。受幣。當東楹。北面。主國君南面授之、當東楹者、欲得君行一臣行二也、退。西楹西東面立。俟主國君送幣也、退不負序、以將降、公壹拜。賓降也。公再拜。賓不敢俟成拜、介逆出。以賓事畢、賓北面揖執庭實以出。揖執者、示親受、公降立。俟賓反、上介受賓幣。從者訝受皮。從者、府史之屬、訝、迎也、今文曰梧受、○上介、士介也、子男小聘使大夫、士介一人而已、故知訝受者是府史之屬也、

右公以束帛侑賓

賓入門左。沒霤。北面再拜稽首。便退則食禮未卒、不退則嫌更人行拜、若欲從此退、○沒霤門

膳醢盡處嫌謂食食之嫌公辭。止其拜使之卒食揖讓如初。如初入也升。賓再拜稽首。公答再拜。賓拜拜主國君之厚意賓揖介入復位賓降辭公如初。將復食賓升。公揖退于箱。賓卒食會飯三飲。卒已也已食會飯三漱漿也會飯謂黍稷也此食黍稷則初時食稻粱○上文宰夫設黍稷云啓會是簋兼會設之稻粱不言啓會是簋不兼會故經以黍稷爲會飯也前三飯一飲漱此云三飲當九飯也不以醬湆。不復用正饌也初時食加飯用正饌此食正飯用庶羞互相成也後言湆或時後用

右賓卒食

捝手興。北面坐取粱與醬以降。西面坐奠于階西。示親徹也不以出者非所當得又以已得侑幣○公所親設賓亦親徹東面再拜稽首。卒食拜也不北面者異於辭○前受侑出更入門北面拜其時欲辭退故北面此卒食禮終故東面公降再拜。答之也不辭之使升堂明禮有終介逆出。

賓出公送于大門內再拜賓不顧初來揖讓而退不顧退禮畧也示難進易退之義擯者以賓不顧告公公乃還也

右禮終賓退

有司卷三牲之俎歸于賓館卷猶收也無遺之辭也三牲之俎正饌尤尊盡以歸賓尊之至也歸俎者實于篚他時有所釋故○特牲及士虞俎歸尸三个是有所釋此無所釋故稱卷也魚腊不與以三牲之俎無所釋故也禮之有餘爲施惠不言腸胃膚者在魚腊下不與可知也古文與作豫

右歸俎于賓

明日賓朝服拜賜于朝拜食與侑幣皆再拜稽首朝謂大門外訝聽之受其言入告出報也此下大夫有士訝

右賓拜賜

上大夫八豆。八簋。六鉶。九俎。魚腊皆二俎。記公食上大夫異於下大夫之數豆加葵菹蝸醢四四爲列俎加鮮魚鮮腊三三爲列無特。此下別言食禮之異者食上大夫之禮君不親食之禮大夫相食之禮大夫不親食之禮凡四事魚腸胃倫膚若九。若十有一。下大夫則若七若九。此以命數爲差也九謂再命者也十一謂三命者也七謂一命者也九或上或下者再命謂小國之卿次國之大夫也卿則曰上大夫則曰下大國之孤視子男。小國之上大夫次國之下大夫皆再命故鼎實皆以九爲數疏云大國之孤四命與子男同十三侯伯十五上公十七差次可知庶羞西東毋過四列。謂上下大夫也古文毋爲無。下大夫庶羞十六東西四行南北亦四行上大夫庶羞二十東西四行南北則五行上大夫庶羞二十加於下大夫以雉兔鶉鴽。鴽無母。疏云案爾雅釋鳥云鴽鴾母郭璞曰鵪也莊子曰田鼠化爲鴽淮南子云蝦蟆

所化。月令曰田鼠化爲鴽。然則鴽鶉一物也。據經鶉鴽並列。還是兩物。○圖解鶉音淳。鴽音如

右食上大夫禮之加於下大夫者

若不親食。謂主國君有疾病若他故。○他故謂死喪及賓有過或大客繼至之屬。按聘禮聘遭喪主人畢歸禮賓唯饔餼之受。謂有死喪而致饔與食則賓不受之。若疾病及餘事不親食者其致之皆可受也。使大夫各以其爵。朝服以侑幣致之。執幣以將命。豆實實于罋。陳于楹外。二以並。北陳。簋實實于筐。陳于楹內兩楹閒。二以並。南陳。陳罋筐於楹閒者。象授受於堂中也。南北相當。以食饌同列耳。罋北陳者。變於食。罋數如豆。醢芥醬從焉。筐米四。今文並作併。庶羞陳于碑內。生魚也。魚腊從焉。上大夫加鮮魚鮮腊。雉兎鶉鴽。不陳于堂。辟正饌。庭實陳于碑外。執乘皮者也。不參分庭一在南者。以言歸宜近內。牛羊豕陳于門內。西方東上。爲其踐汙館庭。使近外。賓朝服

以受如受饗禮。朝服食禮輕也無儐。以已本宜往、明日賓朝服以拜賜于朝。訝聽命。賜亦謂食侑幣、

右君不親食使人往致

大夫相食。親戒速。記異於君者也速召也先就告之歸具既具復自召之迎賓于門外拜至。皆如饗拜。饗大夫相饗之禮也、今文古文饗或作鄉、降盥受醬湆侑幣束錦也皆自阼階降堂受授者升一等。皆者、謂受醬受湆受幣也侑用束錦大夫文也降堂謂止階上今文無束賓止也。主人三降、賓不從。○疏曰、以主人降堂不至地故賓止不降也愚案註言三降不數降盥者盥時賓亦從降、自如常法也賓執粱與湆之西序端。不敢食於尊處主人辭賓反之卷加席。主人辭賓反之辭幣降一等主人從。從辭賓降受侑幣再拜稽首。主

人送幣亦然。敵也辭於主人降一等。主人從。辭謂辭其臨已食、卒食。徹于西序端。亦親徹、東面再拜降出。拜亦拜卒食、其他皆如公食大夫之禮。釋曰云其他、謂豆數、俎體陳設皆不異、上陳、但禮異者、謂親戒速、君則不親、迎賓公不出、此大夫出大門、公受醬湆幣不降、此大夫則降也、公食大夫、大夫降食於階下、此言西序端、上公食卷加席公不辭、此則辭之、皆是異也。○愚以爲降而盥、侑用錦降辭幣時、主人從而辭降、受幣時、主人稽首送幣、降辭主人、主人從降、卒食、徹於西序端、不拜階下、亦皆異於公食者、

右大夫相食之禮

若不親食。則公作大夫。朝服以侑幣致之。作使也、大夫有故君必使其同爵者爲之致禮、列國之賓來、榮辱之事、君臣同、賓受于堂。無儐。與受君禮同、

右大夫不親食君使人代致

不宿戒。食禮輕也此所以不宿戒者謂前期三日之戒申戒爲宿謂前期一日戒不速。食賓之朝夙興戒之

賓則從戒者而來不復召不授几。異於醴也無作席。公不坐亨于門外東方。必於門外者大

夫之事也東方者主陽司宮具几與蒲筵常。緇布純。加萑席尋。玄帛純。皆

卷自末。司宮大宰之屬掌宮廟者也丈六尺曰常半常曰尋純緣也萑細葦也末經所終有以識之必長筵者以有左

右饌也今文萑皆爲莞○疏曰上陳饌之時正饌在左庶羞在右陳饌雖不在席上皆陳於席前當席左右其間容尺故必長

筵也宰夫筵。出自東房。筵本在房宰夫敷之也天子諸侯左右房賓之乘車在大門外

西方北面立。賓車不入門廣敬也凡賓即朝中道而往將至下行而後車還立于西方賓及位而止北面卿大夫

之位當車前凡朝位賓主之間各以命數爲遠近之節也○疏曰云卿大夫之位當車前者案大行人云上公立當軹侯伯立

當前疾子男立當衡又云大國之孤朝位當車前則卿大夫立
亦與孤同一節云凡朝位賓主之間各以命數爲遠近之節者
案大行人云上公朝位賓主之間九十步侯伯七十步子男五
十步註云朝位謂大門外賓下車及王車出迎所立處又云凡
諸侯之卿其禮各下其君二等云依命數者據君而言其臣依
君命數而降之愚按經文北面立者指其車而言前經賓朝服
卽位于大門外如聘是下行入俟于次矣則所
云立當車前者何時乎此段註疏未能詳俟質鉶芼牛藿羊苦。
豕薇皆有滑。藿豆葉也苦苦荼也滑堇荁之屬今文苦爲芐○堇音謹荁音丸芐音戸贊者盥從俎
升。俎其所有事○贊者佐賓祭故盥升以待事俎先設故俎升亦升簋有蓋冪。稻粱將食乃設去會於房蓋以
冪冪巾也今文或作冪凡炙無醬。已有鹹和上大夫蒲筵。加萑席。其純皆如下
大夫純。謂三命大夫也孤爲賓則莞筵紛純加繅席畫純也卿擯由下。不升堂也○此謂上擯於堂下詔賓
主升降周旋之事而不升堂上贊。下大夫也。上謂堂上擯贊者事相近以佐上下爲名○堂上之贊以下大

十二

夫爲之擯佐於堂下贊佐於堂上故曰事相近言其相終始也

上大夫庶羞。酒飲漿飲。庶羞可也。

於食庶羞宰夫又設酒漿以之食庶羞可也以優賓○前經下大夫不言食庶羞言飲漱不言飲酒亦其禮之殊者

拜食與侑幣。皆再拜稽首。

嫌上大夫不稽首○雖上大夫必執臣禮故記特明之

儀禮　鄭氏註　濟陽張爾岐句讀

覲禮第十

鄭目錄云覲見也諸侯秋見天子之禮春見曰朝夏見曰宗秋見曰覲冬見曰遇朝宗禮備覲遇禮省是以享獻不見焉三時禮亡唯此存爾覲禮於五禮屬賓大戴第十六小戴十七別錄第十○疏曰按曲禮下云天子當扆而立諸侯北面而見天子曰覲天子當宁而立諸公東面諸侯西面曰朝鄭註諸侯表見曰朝受摯於朝受享於廟生氣文也秋見曰覲一受之於廟殺氣質也朝者位於內朝而序進覲者位於廟門外而序入王南面立於扆宁而受焉夏宗依春冬遇依秋春秋時齊侯唁魯昭公以遇禮相見取易略也是朝宗禮備覲遇禮省可知

覲禮至于郊王使人皮弁用璧勞侯氏亦皮弁迎于帷門之外再拜　郊謂近郊去王城五十里小行人職曰凡諸侯入王則逆勞于畿則郊勞者大行人也皮弁者天子之朝朝服也璧無束帛者天子之玉尊也不言諸侯言侯氏者明國殊舍異禮不凡之也郊舍狹寡爲帷宮以受勞掌舍職曰爲帷宮設旌門

○此下言侯氏入覲初至之事至郊則郊勞至國則賜舍凡二節○疏云引小行人職者小行人既勞于畿明近郊使大行人也案大行人上公三勞侯伯再勞子男一勞小行人云凡諸侯入王則逆勞于畿不辨尊卑則五等同有畿勞其子男唯有此一勞而已侯伯又加遠郊勞上公又加近郊勞則此云近郊據上公而言

使者不答拜遂執玉三揖至于階使者不讓先升侯氏升聽命降再拜稽首遂升受玉

不答拜者為人使不當其禮也不讓先升奉王命尊也升者升壇使者東面致命侯氏東階上西面聽之

使者左還而立侯氏還璧使者受侯氏降再拜稽首使者乃出

左還還南面示將去也立者見侯氏將有事於已俟之也還玉重禮○疏曰直云使者左還不云拜送玉者凡奉命使皆不拜送若身自致者乃拜送

侯氏乃止使者使者乃入侯氏與之讓升侯氏先升授几侯氏拜送几使者設几答拜

侯氏先升賓禮統焉几者安賓所以崇優厚也上介出止使者則已布席也

侯氏用束帛乘馬儐使者。使者再拜受。侯氏再拜送幣。儐使者所以致尊敬也拜者各於其階。使者降。以左驂出。侯氏送於門外。再拜。侯氏遂從之。騑馬曰驂左驂設在西者其餘三馬侯氏之士遂以出授使者之從者于外從之者遂隨使者以至朝

右王使人郊勞

天子賜舍。以其新至道路勞苦未受其禮且使即安也賜舍猶致館也所使者司空與小行人爲承擯今文賜作錫○疏云賜舍猶致館者猶聘禮賓至於朝君使卿致館也知小行人爲承擯者案聘禮致館賓主人各擯介故知此亦陳擯介必知使小行人爲承擯者案小行人云及郊勞眂館將幣爲承而擯是其義也曰。伯父女順命于王所。賜伯父舍。此使者致館辭。○女音汝侯氏再拜稽首。受館儐之束帛乘馬。王使人以命致館無禮猶儐之者尊王使也侯氏受館於外既則儐使者於內。○外館舍之門外也

右王賜侯氏舍

天子使大夫戒曰。某日。伯父帥乃初事。大夫者，卿爲訝者也。掌訝職曰：凡訝者，賓客至而往詔相其事。戒，猶告也。其爲告，使順循其事也。初，猶故也。今文帥作率。○此下言將覲之事。王使人告覲期，諸侯先期受次于廟，凡二事。帥乃初事者，遵循朝覲之舊典也。侯氏再拜稽首。受覲日也。

右王戒覲期

諸侯前朝。皆受舍于朝。同姓西面北上。異姓東面北上。言諸侯者，明來朝者衆矣。顧其入覲不得並耳。受舍于朝，受次于文王廟門之外。聘禮記曰：宗人授次，次以帷，少退於君之次。則是次也。言舍者，尊舍也。天子使掌次爲之。諸侯上介先朝受焉。此覲也，言朝者，覲遇之禮雖簡，其來之心猶若朝也。分別同姓異姓，受之將有先後也。春秋傳曰：寡人若朝于薛，不敢與諸任齒。則周禮先同姓。○疏云：春夏受贄於朝，無迎法；受享於廟，有迎禮。秋冬受贄受享皆在廟竝無迎法是以大門外無位旣受覲於廟故在廟門外受次又云天子春夏受享諸侯相朝聘迎賓客者皆有外次卽聘禮記宗人授次是也有外次於大門外者則無廟門外之內次天子覲遇在廟者有廟門外之內次無大門外之外次此文是也又云下曲禮云天子當依而立諸侯北面而見天子曰覲彼諸侯皆北面不辨同姓異姓與此不同者此謂廟門外爲位時彼謂入見天子時岐案受舍于朝康成以爲受次于文王廟門之外蓋以下文有禰祖廟門之東一語遂以爲宗廟戴氏駁之甚當天子三朝臯門內庫門外之朝謂之外朝路門外之朝謂之內朝亦曰治朝其後路寢謂之燕朝燕朝非接見諸侯之所則受享于廟者路門外之朝天子當扆而立者也受贄于朝者庫門外之朝天子當宁而立者也鄭旣以廟爲宗廟遂以朝爲路門外之內朝故其註曲禮者曰朝者位于內朝而序進覲者位于廟門外而序入當亦誤也

右受次于廟門外

侯氏裨冕釋幣于禰。將覲質明時也裨冕者衣裨衣而冠冕也裨之爲言埤也天子六服大裘爲上其餘為裨以事尊卑服之而諸侯亦服焉上公衮無升龍侯伯鷩子男毳孤絺卿大夫玄此差司服所掌也禰謂行主遷主矣而云禰親之也釋幣者告將覲也其釋幣如聘大夫將受命釋幣于禰之禮既則祝藏其幣歸乃埋之於祧西階之東○此下至升成拜降出備言入覲之事質明先以將覲告行主乃入覲以瑞玉為贄次行三享次肉袒請罪凡三節王勞之乃出裨冕者上公衮冕侯伯鷩冕子男毳冕也案玉藻諸侯玄冕以祭不得服衮冕以下而此裨冕釋幣于禰者以將入天子之廟故服之也○裨婢支反

乘墨車載龍旂弧韣。乃朝以瑞玉有繅。墨車大夫制也乘之者入天子之國車服不可盡同也交龍為旂諸侯之所建弧所以張縿之弓也弓衣曰韣瑞玉謂公桓圭侯信圭伯躬圭子穀璧男蒲璧繅所以藉玉以韋衣木廣袤各如其玉之大小以朱白蒼為六色今文玉為璧繅或為璪○案巾車云同姓金路異姓象路四衛革路蕃國木路各得天子五路之一今乃乘大夫之墨車者以金象等路皆在本國所乘既入天子之國方服裨冕以朝不可更乘此車同於王者故註云車服不可盡同也弧韣與龍旂並言註以為張縿之弓仍是旂上一物信然否俟考○韣音獨繅音早天子設斧依於戶牖之間左右几。依如今綈素屏風也有繡斧文所以示威也斧謂之黼几玉几也左右者優至尊也其席莞席紛純加繅席畫純加次席黼純○依讀如衮於豈反孔安國顧命傳云扆屏風畫爲斧文置戶牖間是也莞席紛純繅並周禮司几筵文天子衮冕負斧依。衮衣者裨之上也績之繡之爲九章其龍天子有升龍有降龍衣此衣而冠冕南鄉而立以俟諸侯見○自衮冕至玄冕五者皆裨衣唯衮爲最尊天子與上公同服以有升龍爲異九章一曰龍二曰山三曰華蟲四曰火五曰宗彝皆績於衣六曰藻七曰粉米八曰黼九曰黻皆繡於裳凡九也

嗇夫承命告于天子。嗇夫蓋司空之屬也爲末擯承命於侯氏下介傳而上上擯以告天子天子見公擯者五人見侯伯擯者四人見子男擯者三人皆宗伯爲上擯春秋傳曰嗇夫馳○疏云此所陳擯介當在廟之外門東陳擯從北鄉南行西陳介從南鄉北各自爲上下嗇夫承命告于天子則命先從侯氏出下文天子得命呼之而入命又從天子下至侯氏即令入此覲遇之禮畧唯有此一辭而已司儀云交擯三辭者據諸侯自相見於大門外法其天子春夏受享於廟見於

大門外亦可交擯三辭矣又云大宗伯爲上擯小行人爲承擯嗇夫爲末擯若子男三擯此則足矣若侯伯四擯別增一士上公五擯更別增二士若時會殷同則肆師爲承擯○註引嗇夫馳者欲見嗇夫是卑官爲末擯也顧炎武云此文在書徵不引書而曰春秋傳者孔氏古文康成時未見也

天子曰非他伯父實來予一人嘉之伯父其入予一人將受之。言非他者親之辭嘉之者美之之辭也上擯又傳此而下至嗇夫侯氏之下介受之傳而上上介以告其君君乃許入今文實作寔嘉作賀

侯氏入門右○坐奠圭○再拜稽首○入門右執臣道不敢由賓客位也卑者見尊奠摯而不授

擯者謁○謁猶告也上擯告以天子前辭欲親受之如賓客也其辭所易者曰伯父其升

侯氏坐取圭○升致命○王受之玉○侯氏降階東北面再拜稽首○擯者延之曰升○升成拜○乃出○擯者請之侯氏坐取圭則遂左降拜稽首送玉也從後詔禮曰延延進也○侯氏得擯者之告坐取圭遂向門左從左堂塗升自西階致命也

右侯氏執瑞玉行覲禮

四享。皆束帛加璧。庭實唯國所有。四當爲三。古書作三四或皆積畫。此篇又多四字。字相似。由此誤也。大行人職曰。諸侯廟中將幣皆三享。其禮差又無取於四也。初享或用馬。或用虎豹之皮。其次享三牲魚腊籩豆之實。龜也。金也。丹漆絲纊竹箭也。其餘無常貨。此地物非一國所能有。唯所有分爲三享。皆以璧帛致之。○疏云。三牲魚腊籩豆之實以下。皆禮器文。云璧帛致之者。據享天子而言。若享后即用琮錦。但三享在庭。分爲三段。一度致之。據三享而言。非謂三度致之爲皆也。

奉束帛。匹馬卓上。九馬隨之。中庭西上。奠幣。再拜稽首。卓讀如卓王孫之卓。卓猶的也。以素的一馬以爲上。書其國名。後當識其何產也。馬必十匹者。不敢斥王之乘。用成數。敬也。○疏云。中庭亦是南北之中。不參分庭一在南者。以其三享同陳。須入庭深設之故也。

擯者曰。予一人將受之。亦言王欲親受之。

侯氏升致命。王撫玉。侯氏降自西階。東面授宰幣。

西階前再拜稽首。以馬出授人。九馬隨之。王不受玉撫之而已輕財也以馬出隨侯氏出授王人於外也王不使人受馬者至于享王之尊益君侯氏之卑益臣○疏云幣卽束帛加璧并玉言幣故小行人合六幣宰卽太宰太宰主幣周禮太宰職云大朝覲會同贊玉幣玉獻玉几玉爵註云助王受此四者是也春夏受贄於朝雖無迎法王猶在朝至受享又迎之而稱賓主覲禮受享皆無迎法不下堂而見諸侯已是王尊侯卑王猶親受其玉至于三享使自執其馬王不使人受之於庭是王之尊益君侯氏之卑益臣也又云諸侯覲天子享天子說亦當有幣問公卿大夫事畢。三享說

右覲已卽行三享

乃右肉袒于廟門之東。乃入門右。北面立。告聽事。右肉袒者刑宜施於右也凡以禮事者左袒入更從右者臣益純也告聽事者告王以國所用爲罪之事也易曰折其右肱无咎○告聽事者告王以己

所爲多罪願聽王譴責之事也擯者謁諸天子。天子辭於侯氏曰。伯父無事。歸寧乃邦。謁告寧安也乃猶女也侯氏再拜稽首。出自屏南適門西。遂入門左。北面立。王勞之。再拜稽首。擯者延之曰。升。升成拜。降出。王辭之不即左者當出隱於屏而襲之也天子外屏勞之勞其道勞也

右侯氏請罪天子辭乃勞之

天子賜侯氏以車服。迎于外門外。再拜。賜車者同姓以金路異姓以象路服則衮也鷩也毳也古文曰迎于門外也〇自此至乃歸皆言王賜禮侯氏之事疏云案周禮巾車掌五路玉路以祀尊之不賜諸侯金路同姓以封象路異姓以封革路以封四衛木路以封蕃國鄭云同姓謂王子母弟率以功德出封雖爲侯伯其畫服猶如上公賜魯侯鄭伯服則衮冕得乘金路以下與上公同則太公與杞宋雖異姓服衮冕乘金路矣異姓謂舅甥之國與王有親者得

乘象路、異姓侯伯、同姓子男、皆乘象路以下四衛、謂要服以內、庶姓與王無親者、自侯伯子男、皆乘革路以下、蕃國據外為總名、皆乘木路而已。案司服上陳王之吉服有九、下云公之服自衮冕而下、如王之服、侯伯自鷩冕而下、如公之服、子男自毳冕而下、如侯伯之服也

路先設。西上。路下四。亞之。重賜無數。在車南。路謂車也、凡君所乘車曰路、路下四、謂乘馬也、亞之次車而東也、詩云、君子來朝、何錫予之、雖無予之、路車乘馬、又何與之、玄衮及黼、重猶善也、所加賜善物、多少由恩也、春秋傳曰、重錦三十兩、○鄭註周禮云、路大也、君之居以大為名、是以云路寢路門之等、

諸公奉篋服。加命書于其上。升自西階。東面。大史是右。言諸公者、王同時分命之而使賜侯氏也、右讀如周公右王之右、是右者、始隨入、於升東面、乃居其右、古文是為氏也。○疏云、言諸非一之義、以諸侯來覲者衆、各停一館、故命諸公分往賜之、周公右王、左傳晉祁奚請、引之者、證大史是右、是佐公而在公右之義也、大史畢始時隨公後升、訖、公東面、大史於是乃居公右、而並東面、以宣王命也、○大音泰

侯氏升。西面立。大史

述命。讀王命書也侯氏降兩階之間。北面再拜稽首。受命升成拜。大史辭之降也春秋傳曰。且有後命。以伯舅耋老毋下拜。此辭之類。○春秋傳。僖九年。王使宰孔賜齊侯語。引之者。證此大史述王辭侯氏下拜。亦如此。但彼未降已辭。齊侯亦不升成拜。以年老故也大史加書于服上。侯氏受。受篋服使者出。侯氏送。再拜。儐使者。諸公賜服者。束帛四馬。儐大史亦如之。既云拜送。乃言儐使者。以勞有成禮。略而遂言。○使者。兼公與大史而言。儐使者在拜送前。乃於送後畧言之者。以前經郊勞時。已詳載成禮。故畧言已足也

右王賜侯氏車服

同姓大國。則曰伯父。其異姓。則曰伯舅。同姓小邦。則曰叔父。其異姓小邦。則曰叔舅。據此禮云伯父。同姓大邦而言

右王辭命稱謂之殊

饗禮乃歸。禮謂食燕也。王或不親。以其禮幣致之。略言饗禮。互文也。掌客職曰。上公三享三食三燕。侯伯再享再食再燕。子男一享一食一燕。

右略言王待侯氏之禮以上廟受覲禮竟

諸侯覲於天子。爲宮方三百步。四門。壇十有二尋。深四尺。加方明于其上。四時朝覲受之於廟。此謂時會殷同也。宮謂壝土爲埒以象墻壁也。爲宮者於國外。春會同則於東方。夏會同則於南方。秋會同則於西方。冬會同則於北方。八尺曰尋。十有二尋則方九十六尺也。深謂高也。從上曰深。司儀職曰。爲壇三成。成猶重也。三重者。自下差之爲三等。而上有堂焉。堂上方二丈四尺。上等中等下等。每面十二尺。方明者。上下四方神明之象也。上下四方之神者。所謂明神也。會同而盟。明神監之。則謂之天之司盟。有象者。猶宗廟之有主乎。王巡守至于方嶽

之下諸侯會之亦爲此宮以見之司儀職曰將會諸侯則命爲
壇三成宮旁一門詔王儀南鄉見諸侯也○自此至篇末皆言
時會殷同及王巡守爲壇而見諸侯之事疏云案大宗伯云時
見曰會殷見曰同鄭註云時見者言無常期諸侯有不順服者
王將有征討之事則既朝覲王爲壇於國外合諸侯而命事焉
春秋傳曰有事而會不協而盟是也殷猶衆也十二歲王如不
巡守則六服盡朝朝禮既畢王亦爲壇合諸侯以命政焉所命
之政如王巡守殷見四方四時分來終歲則遍若如註則
時會殷同亦有朝覲在廟假命當方諸侯有不順服則順服者
皆來朝王其中若當朝之歲者自於廟朝覲若不當朝之歲者
當在壇朝十二年王不巡守則殷朝六服之内若當歲者郎在
廟其餘在壇朝故鄭言既朝覲乃爲壇於國外也朝事儀求在
壇朝而先言帥諸侯拜日亦謂帥已朝者諸侯而言也南鄉見
諸侯者王在堂上公於上等侯伯於中等子男於下等奠玉拜
皆升堂授玉乃
降也○埒音劣**方明者木也方四尺設六色東方青南方赤西**
方白北方黑上玄下黃設六玉上圭下璧南方璋西方琥北方

璜。東方圭。六色象其神，六玉以禮之，上宜以蒼璧，下宜以黃琮，而不以者，則上下之神，非天地之至貴者也。設玉者，刻其木而著之。○據註與疏，方明之制，合六木而爲之，上下四方各異色，刻木爲陷而飾以玉，蓋以一物而象上下四方之神，非六物也。**上介皆奉其君之旂置于宮，尚左。公侯伯子男皆就其旂而立。**置于宮者，建之，豫爲其君見王之位也。諸公中階之前北面東上，諸侯東階之東西面北上，諸伯西階之西東面北上，諸子門東北面東上，諸男門西北面東上。尚左者，建旂公東上，侯先伯，伯先子，子先男，而位皆上東方也。諸侯入壝門，或左或右，各就其旂而立，王降階，南鄉見之，三揖，土揖庶姓，時揖異姓，天揖同姓，見揖，位乃定，古文尚作上。○疏云：中階之前已下，皆朝事儀明堂位文，言上者，皆以近王爲上。土揖庶姓之等，是司儀職，鄭彼註云：土揖，推手小下之也；時揖，平推手也；天揖，推手小舉之。**四傳擯。**王既揖五者，升壇，設擯，升諸侯，以會同之禮。其奠瑞玉及享幣，公拜於上等，侯伯於中等，子男於下等。擯者每延之，升堂致命，王受玉撫玉，降拜於下等，及請事勞，皆如覲禮，是以記之覲云。四傳擯者，每一位畢，擯者以告，乃更陳列而升其次公也侯也伯也各一位子男俠門而俱東上亦一位也至庭乃設擯則諸侯初入門王官之伯帥之耳古文傳作傅○據註疏推其次第上介先期置旂質明王帥諸侯拜日東郊反祀方明二伯帥諸侯入壝門左右立王降階南鄉三揖諸侯皆就其旂而立乃傳擯就瑞玉以覲璧帛以享請事勞皆如前經所陳也

天子乘龍。載大旂。象日月升龍降龍。出拜日於東門之外。反祀方明。

此謂會同以春者也馬八尺以上為龍大旂大常也王建大常縿首畫日月其下及旒交畫升龍降龍朝事儀曰天子冕而執鎮圭尺有二寸繅藉尺有二寸搢大圭乘大路建大常十有二旒樊纓十有二就貳車十有二乘帥諸侯而朝日於東郊所以教尊尊也退而朝諸侯由此二者言之已祀方明乃以會同之禮見諸侯也凡會同者不協而盟司盟職曰凡邦國有疑會同則掌其盟約之載書及其禮儀北面詔明神既盟則藏之言北面詔明神則明神有象也象者其方明乎及盟時又加於壇上乃以載辭告焉詛祝掌其祝號○疏云邦國有疑則有盟事朝日既畢乃祀方明於壇祀方明禮畢退去方明於下天子乃升壇與諸侯相見朝禮既畢乃更加方

明於壇與諸侯行盟誓之禮若邦國無疑王帥諸侯朝日而已無祀方明之事

禮日於南門外禮月與四瀆於北門外禮山川邱陵於西門外

此謂會同以夏冬秋者也變拜言禮者客祀也

禮月於北郊者月太陰之精以爲地神也盟神必云日月山川焉者尚著明也詩曰謂予不信有如皦日春秋傳曰縱子忘之山川神祇其忘諸乎此皆用明神爲信也○鄭云變拜言禮者客祀也拜日於東門之外日賓在東故言拜日月四瀆山川邱陵不在其處但於此致敬而已故云客祀不言拜而言禮也禮畢亦反祀方明而見諸侯矣

祭天燔柴祭山邱陵升祭川沈祭地瘞

升沈必就祭者也就祭則是謂王巡守及諸侯之盟神也其盟揭其著明者燔柴升沈瘞祭禮終矣備矣郊特牲曰郊之祭也迎長日之至也大報天而主日也宗伯職曰以實柴祀日月星辰則燔柴祭天謂祭日也柴爲祭日則祭地瘞者祭月也日月而云天地靈之也王制曰王巡守至于岱宗柴是王巡守之盟其神主日也春秋傳曰晉文公爲踐土之盟而傳云山川之神是諸侯之盟其神主山川也月者太陰之精上爲天使臣道莫貴焉是王官之

伯會諸侯而盟其神主月與古文瘞作殪○此言天子巡守四岳各隨方向祭之以爲盟主於山言升於川言沈是就其處而舉此禮故知是王者巡守之事鄭前註云王巡守至于方岳之下諸侯會之亦爲此宮以見之爲此經設也鄭又以祭天爲祭日祭地爲祭月皆非正祭天地之神前經春夏皆祭日則此言祭天燔柴亦謂春夏東巡南巡也前經秋祭西郊此言祭山邱陵升亦西巡事前經冬祭月與四瀆此言祭川沈祭地瘞亦北巡事未知然否姑據註疏釋之

記

几俟于東箱。王即席乃設之也東箱東夾之前相翔待事之處偏駕不入王門。在旁與已同曰偏同姓金路異姓象路四衞革路蕃國木路駕之與王同謂之偏駕不入王門乘墨車以朝是也偏駕之車舍之於館與○周禮巾車掌王五輅玉輅以祀金輅以賓象輅以朝革輅以即戎木輅以田此五輅者天子乘之爲正諸侯分受其四則爲偏也駕之爲偏其猶冕之爲裨與奠圭于繅上。謂釋於地也○侯氏入門右奠圭于地時以所垂之繅承藉之

儀禮

鄭氏註　濟陽張爾岐句讀

喪服第十一　子夏傳

鄭目錄云、天子以下、死而相喪衣服年月親疏隆殺之禮、不忍言死而言喪、喪者棄亡之辭、若全存居於彼焉、已亡之耳、大戴第十七、小戴第九、劉向別錄第十一、○疏云、案喪服上下十有一章、從斬至緦麻、升數有異、異者、斬有正義不同、爲父以三升爲正、爲君以三升半爲義、其冠同六升、三年齊衰、惟有正服四升、冠七升、繼母慈母雖是義、以配父、故與因母同、是以略爲節、有正而已、杖期齊衰有正而已、父在爲母、與爲妻同正服、齊衰五升、冠八升、不杖齊衰期章、有正有義二等、正則五升、冠八升、義則六升、冠九升、齊衰三月章、皆義服、齊衰六升、冠九升、曾祖父母、計是正服、但正服合以小功、以尊其祖、不服小功而服齊衰、非本服、故同義服也、殤大功有降有義、爲夫之昆弟之長子殤是義、其餘皆降服也、降服衰七升、冠十升、義服衰九升、冠十一升、大功章、有降有正有義、姑姊妹出適之等是降、婦人爲夫之族類爲義、自餘皆正、衰冠如上釋也、繐衰唯有義服、四升半、皆冠七升而已、以諸侯大夫爲天子、故同義服也。殤小功有降有義，婦人爲夫之族類是義，自餘皆降服。降則衰冠同十升，義則衰冠同十二升。小功亦有降有正有義，如前釋。緦麻亦有降有正有義，皆如上陳，但衰冠同十五升抽去半而已。自斬以下至緦麻，皆以升數，升數少者在前，升數多者在後。要不得以此升數爲叙者，一則正義及降升數不得同在一章，又緦衰四升半在大功之下、小功之上。鄭下註云，在小功之上者，欲審著縷之精粗。若然喪服章次雖以升數多少爲前後，要取縷之精粗爲次第也。

○喪服。斬衰裳，苴絰、杖，絞帶，冠繩纓，菅屨者。者者，明爲下出也。凡服，上曰衰，下曰裳。麻在首在要皆曰絰。絰之言實也，明孝子有忠實之心。首絰象緇布冠之缺項，要絰象大帶，又有絞帶象革帶，齊衰以下用布。○喪服二字，此一篇總目。斬衰裳，謂斬三升布以爲上衰下裳也。苴絰杖絞帶，苴字冒下三事，謂以苴麻爲首絰要絰，苴竹爲杖，又以苴麻爲絞帶。苴，惡貌，又黎黑色也。冠繩纓，以六升布爲冠，又屈一條繩爲武，垂下爲纓也。疏云，此繩纓不用苴麻，用枲麻。菅屨，以菅草爲屨。周公設經，上陳其服，下列其人，故以者字截句，言喪服如此等者，臣子爲君爲父然也。故註云，者者明爲下

出也詿齊衰以下用布單指絞帶一事而言○苴七餘反絰大結反絞戸交反一如字菅古顏反屨九具反

傳曰斬者何不緝也苴絰者麻之有蕡者也苴絰大搹左本在下去五分一以爲帶齊衰之絰斬衰之帶也去五分一以爲帶大功之絰齊衰之帶也去五分一以爲帶小功之絰大功之帶也去五分一以爲帶緦麻之絰小功之帶也去五分一以爲帶苴杖竹也削杖桐也杖各齊其心皆下本杖者何爵也無爵而杖者何擔主也非主而杖者何輔病也童子何以不杖不能病也婦人何以不杖亦不能病也盈手曰搹搹扼也中人之扼圍九寸以五分一爲殺者象五服之數也爵謂天子諸侯卿大夫士也無爵謂庶人也擔猶假也無爵者假之以杖尊

其爲主也、非主謂衆子也。○蕢麻子麻之有子者、質色粗惡、以之爲首絰要絰與絞帶也。苴絰大搹者、首絰之大、其圍九寸、應中人大指食指之一扼也。左本在下者、本謂麻根、首絰之制以麻根置左當耳上、從額前遶項後、復至左耳上、以麻之末加麻根之上、綴束之也。賈疏以爲此對爲母則右本在上也。去五分一以爲帶、帶要絰也。去首絰五分之一、以爲要絰之數。首絰九寸、則要絰七寸二分也。齊衰首絰七寸二分、其要絰則五寸零二十五分寸之十九。自大功至緦麻、其首絰要絰降殺之法、並放此。苴杖斬衰所用、削杖齊衰所用、因釋杖而兼及之。削謂削之令方。喪服小記云、絰殺五分而去一、杖大如絰。鄭註云、如要絰也。傳云童子婦人皆不杖、疏以爲此庶童子、不杖。若當室童子、則免而杖矣。又喪服小記云、女子子在室爲父母、其主喪者不杖、則子一人杖。鄭註云、無男昆弟、使同姓爲攝主、不杖、則子一人杖、謂長女也。是婦人亦有時當杖。疏又云、禮記諸文言婦人杖者甚衆、何言無杖。愚意禮記雜出漢儒、當據此傳爲正。○蕢扶云反。搹音革。擔市艷反

絞帶者、繩帶也。冠繩纓、條屬、右縫。冠六升、外畢。鍛而勿

厭。衰三升。菅屨者。菅菲也。外納。屬猶著也通屈一條繩爲武垂下爲纓著之冠也布八十縷爲升升字當爲登登成也今之禮皆以登爲升俗誤已行久矣雜記曰喪冠條屬以別吉凶三年之練冠亦條屬右縫小功以下左縫外畢者冠前後屈而出縫於武也○絞帶者絞麻爲繩以作帶也疏云大如要絰要絰象大帶此象革帶又云苴帶至虞後變麻服葛絞帶至虞後亦當變麻服布葢以意推之冠繩纓條屬者冠以繩爲纓同條而連屬也疏曰案禮記云喪冠條屬以別吉凶若然吉冠則纓武別材凶冠則纓武同材是以鄭云通屈一條繩爲武謂將一條繩從額上約之至項後交過兩廂各至耳於武綴之各垂於頤下結之云著之冠者武纓皆上屬著冠冠六升外畢是也右縫者其冠三辟積向右爲之小功以下冠亦三辟積向左爲之不同也外畢者疏云冠廣二寸落項前後兩頭皆在武下鄉外出反屈之縫於武而爲之兩頭縫畢鄉外故云外畢由在武下出反屈之故喪冠又謂之厭冠鍛者用水濯之以冠是首飾故布倍衰裳而又鍛之但勿加灰耳衰三升裳與衰同可知此子爲父正服若臣爲君義服則衰三升半菅屨即菅菲

以菅草爲屨也、疏云、周公時謂之屨、子夏時謂之菲、外納者、
鄭氏以納爲收餘、謂編屨畢、以其餘頭向外結之、○屬音燭
升鄭音登登成也鍛丁亂反 居倚廬。寢苫枕塊。哭晝夜無時。歠粥。朝一溢
米。夕一溢米。寢不脫絰帶。既虞。翦屏柱楣。寢有席。食疏食水
飮。朝一哭夕一哭而已。既練。舍外寢。始食菜果。飯素食。哭無
時。二十兩曰溢、爲米一升二十四分升之一、楣謂之梁、柱楣
所謂梁闇、疏猶麤也、舍外寢於中門之外、屋下壘墼爲之、
不塗墍、所謂堊室也、素猶故也、謂復平生時食也、斬衰不書
受月者、天子諸侯卿大夫士、虞卒哭異數、○居倚廬一段言
居三年喪之大節、自居倚廬至不脫絰帶、言未葬時事、既虞
謂葬畢卒哭後、練謂小祥後也、居倚廬者、疏云、孝子所居在
門外東壁、倚木爲廬、既夕鄭註云、倚木爲廬在中門外東方、
北戶、又喪大記云、凡非適子者、自未葬倚於隱者爲廬、註云、
不欲人屬目、蓋廬於東南角、若然適子則廬於其北顯處爲
之、以當應接弔賓、故不於隱者、哭晝夜無時者、疏云、哭有三

無時始死未殯已前哭不絶聲一無時既殯已後卒哭祭已前阼階之下爲朝夕哭在廬中思憶則哭二無時既練之後無朝夕哭唯有廬中或十日或五日思憶則哭三無時也卒哭之後未練之前唯有朝夕哭是一有時也據疏則傳言哭晝夜無時謂未殯前哭不絶聲卒哭前哀至則哭也歠粥三句三日始食後之食節也既虞翦屏柱楣疏云既虞之後乃改舊廬西鄉開戶翦去戶傍兩廂屏之餘草柱楣者前梁謂之楣楣下兩頭竪柱施梁乃夾戶傍之屏也練十三月之祭此日以練布爲冠服故以名祭即小祥也既練舍外寢者註以爲堊室明非正寢但於中門外舊廬處爲屋以居而已是月男子除首絰而帶獨存婦人除要帶而絰獨存其服期者則即吉註云復平生時食此據穀食而言謂精鑿如平生不復用粗糲非謂飲酒食肉也註云斬衰不言受月疏云服隨衰降殺以冠爲受斬衰裳三升冠六升既葬後以其冠爲受衰裳六升冠七升小祥又以其冠爲受衰裳七升冠八升自餘齊衰以下受服之時差降可知然葬後有受有不受經皆有文此斬衰及齊衰應言受月而不言者以天子以下葬期不同其葬期遠者虞而受服葬期近者卒哭而受服有此異

數經言其上下合同者，故畧之不言也。○枕之鴆反，塊苦對反，歠昌悅反，粥之六反，柱丁主反，楣亡悲反，疏食音嗣，擊古狄反，塈其旣反。

父。

傳曰：爲父何以斬衰也？父至尊也。

諸侯爲天子。

傳曰：天子至尊也。

君。

傳曰：君至尊也。天子、諸侯及卿大夫有地者，皆曰君。○疏曰：士無臣，雖有地，不得君稱，故僕隸等爲其長，弔服加麻，不服斬也。

父為長子。不言嫡子、通上下也。亦言立嫡以長。

傳曰。何以三年也。正體於上。又乃將所傳重也。庶子不得為長子三年。不繼祖也。此言為父後者、然後為長子三年。重其當先祖之正體、又以其將代已為宗廟主也。庶子者、為父後者之弟也。言庶者、遠別之也。小記曰、不繼祖與禰、此但言祖不言禰、容祖禰共廟、

為人後者。

傳曰。何以三年也。受重者必以尊服服之。何如而可為之後。同宗則可為之後。何如而可以為人後。支子可也。為所後者之祖父母妻。妻之父母昆弟。昆弟之子。若子。若子者、為所為後之親、如親子、

○受重者、受宗廟祭祀之重也。所後者之祖父母、即其曾祖父母。所後者之妻、即其母。所後者之妻之父母昆弟昆弟之

不即其外祖父母及舅與內兄弟皆如親子爲之著服也不偏言他親其並如親子可推知也

妻爲夫。

傳曰夫至尊也。○自此以下論婦人服

妾爲君。

傳曰君至尊也。妾謂夫爲君者不得體之加尊之也雖士亦然

女子子在室爲父。女子子者子女也別於男子也言在室者關已許嫁

布總箭笄髽衰三年。此妻妾女子子喪服之異於男子者總束髮謂之總者既束其本又總其末箭笄篠也髽露紒也猶男子之括髮斬衰括髮以麻則髽亦用麻也蓋以麻自項而前交於額上卻繞紒如著幓頭焉小記曰男子冠而婦人笄男子免而婦人髽凡服上曰衰下曰裳此但言衰不言裳婦人不殊裳衰如男子衰下如深衣深衣則衰無帶下又

無衽○疏云經之體例皆上陳服下陳人此服之異在下言之者欲見與男子同者如前與男子異者如後故設文與常不例也又曰上文列服之中冠纚纓非女子所服此布總笄髽等亦非男子所服是以爲文以易之也○髽側瓜反幓七消反

傳曰。總六升。長六寸。箭笄長尺。吉笄尺二寸。○總六升者首飾象冠數長六寸謂出紒後所垂爲飾也○總六升註云象冠數謂象斬衰冠之數餘服當亦各象其冠布之數長六寸註知其指紒後者以其束髮處人所不見無寸可言也疏云此斬衰六寸南宮縚妻爲姑總八寸以下雖無文大功當與齊同八寸總麻小功同一尺吉總當尺二寸與笄同也又云此斬之笄用箭下記云女子子適人爲父母婦爲舅姑用惡笄鄭以爲榛木爲笄則檀弓南宮縚之妻之姑之喪云蓋榛以爲笄是也吉時大夫士與妻用象天子諸侯之后夫人用玉爲笄今於喪中唯有此箭笄及榛二者若言寸數亦不過此二等五服皆用一尺而已是以女子子爲父母既用榛笄卒哭之後折吉笄之首歸於夫家以榛笄之外無可差降也○長直亮反子嫁。反在父之室。爲父三年。謂遭喪後而出者。始服齊衰期。出而虞則受以三年之喪受。既虞而出則小祥亦如之。既除喪而出則已。凡女行於大夫以上曰嫁。行於士庶人曰適人。○疏云。嫁女爲父五升衰八升總。虞後受以八升衰九升總。今未虞而出。虞後受服。當與在室之女同。以三年之喪受。三年之喪。始死。三升衰裳六升冠。既葬以其冠爲受。六升衰裳七升冠。此被出之女。亦受以衰六升總七升也。既虞而出。已受以出嫁齊期之受矣。至小祥後練祭乃受以衰七升總八升。與在室之女同。若既小祥而出。以其嫁女本爲父母期至此已除。則不復更爲父母著服也。又云。若天子之女嫁於諸侯。諸侯之女嫁於大夫。出嫁爲夫斬。仍爲父母不降。以其外宗內宗及與諸侯爲兄弟者。爲君皆斬。明知女雖出嫁反爲君不降

公士大夫之衆臣。爲其君布帶繩屨。士。卿士也。公卿大夫厭於天子諸侯。故降其衆臣布帶繩屨。貴臣得伸。不奪其正。○布帶與齊衰同。繩屨與大功同。自二事外。並如斬衰之制也。貴臣與衆臣異。則得依上文絞帶

菅屨○厭一葉反

傳曰公卿大夫室老士貴臣其餘皆衆臣也君謂有地者也○衆臣杖不以即位近臣君服斯服矣繩屨者繩菲也○室老家相也士邑宰也近臣閽寺之屬君嗣君也斯此也近臣從君喪服無所降也繩菲今時不借也○傳言公卿大夫之家臣唯家老與邑宰二者是貴臣其餘皆衆臣經所言爲其君布帶繩屨者皆是屬也公卿大夫有有地有無地此所謂君謂有地者也有地者其衆臣又不但帶屨有別雖有杖不得與嗣君同即東階下朝夕哭位無地者之臣則得以杖即位若夫近君之小臣又與衆臣不同嗣君所服近臣斯服之矣

疏衰裳齊牡麻絰冠布纓削杖布帶疏屨三年者○疏猶麤也○以四升麤布爲衰裳而緝之牡麻爲首絰要絰冠以七升布爲武垂下爲纓削桐爲杖七升布爲帶以象苴帶疏草爲屨服此服以至三年

者下文所列者其人也○牡茂后反

傳曰齊者何緝也牡麻者枲麻也牡麻絰右本在上冠者沽功也疏屨者藨蒯之菲也沽猶麤也冠尊加其麤麤功大功也齊衰不書受月者亦天子諸侯卿大夫士虞卒哭異數○牡麻麻之華而不實者牡麻爲絰其本在冠右而居末上此首絰結束之法也齊衰冠用七升布而麤加人功以冠尊故升數恆多而加飾也藨蒯皆草名以此草爲屨也受衰必於虞卒哭虞卒哭異數故齊衰不言其受月亦如斬衰章也○枲子似反沽音古後同藨皮表反蒯古怪反

父卒則爲母尊得伸也○疏云父卒三年之內而母卒仍服期要父服除後而母死乃得伸三年

繼母如母

傳曰繼母何以如母繼母之配父與因母同故孝子不敢殊

也。因猶親也。

慈母如母。

傳曰：慈母者何也。傳曰：妾之無子者，妾子之無母者，父命妾曰：女以爲子。命子曰：女以爲母。若是，則生養之，終其身如母。死則喪之三年如母，貴父之命也。此謂大夫之妾也。不命則亦服庶母慈己之服可也。大夫之妾子，父在爲母大功，則士之妾子爲母期矣。父卒則皆得伸也。○疏曰：傳別舉傳者，是子夏引舊傳證成己義故也。又云妾之無子者，謂舊有子今無者，若未經有子，恩慈淺，則不得立後而養他子。不云君命妾曰而云父者，對子而言父，故言父也。云貴父之命者，一非骨肉之屬，二非配父之尊，但唯貴父之命故也。又云案喪服小記云：爲慈母後者，爲庶母可也，爲祖庶母可也。鄭云緣爲慈母後之義，父之妾無子者，亦可命己庶子爲後。疏又云：鄭知此主謂大夫士之妾，知非天子諸侯之妾與妾子者。下記云、公子爲其母練冠麻衣縓緣、既葬除之、父没乃大功、何有命爲母子爲之三年乎。又云、不命則亦服庶母慈已之服者、謂但使養之、不命爲母子、爲之服小功、若不慈已則緦麻矣。註父卒則皆得伸、謂皆得爲其母三年。愚嘗疑爲祖庶母後之說。陳氏註云、若父之妾有子而子死、已命已之妾子後之亦可、故云爲祖庶母可也。徐氏註云、凡妾之有子者稱庶母、祖庶母、其無子者則稱父妾、祖妾而已。但爲庶母後、即後此母、爲祖庶母後、即後其子之受室者、此爲不同耳。顧炎武云、父命妾曰、女以爲子、謂憐其無母、視之如子、長之育之、非立之以爲妾後也。喪服小記以爲爲慈母後、此漢儒之誤、吾未之敢信也。得之、

母爲長子。

傳曰。何以三年也。父之所不降。母亦不敢降也。不敢降者、不敢以已尊降祖禰之正體。疏云、母爲長子、不問夫之在否、

疏衰裳齊牡麻絰冠布纓削杖布帶疏屨期者。○疏云此章雖止一期而禫杖具有案雜記云期之喪十一月而練十三月而祥十五月而禫註云此謂父在爲母即是此章者也

傳曰問者曰何冠也曰齊衰大功冠其受也緦麻小功冠其衰也帶緣各視其冠。問之者斬衰有三其冠同今齊衰有四章不知其冠之異同爾緣如深衣之緣今文無冠布纓○疏曰云齊衰大功冠其受也者降服齊衰四升冠七升既葬以其冠爲受衰七升冠八升正服齊衰五升冠八升既葬以其冠爲受衰八升冠九升義服齊衰六升冠九升既葬以其冠爲受衰九升冠十升降服大功衰七升冠十升既葬以其冠爲受受衰十升冠十一升正服大功衰八升冠十升既葬以其冠爲受受衰十升冠十一升義服大功衰九升冠十一升既葬以其冠爲受受衰十一升冠十二升以其初死冠升與既葬衰升數同故云冠其受也云緦麻小功冠其衰也者以其降服小功衰十升正服小功衰十一升義服小功衰十二升緦麻十五升抽其半七升半冠皆與

衰升數同，故云冠其衰也。云帶緣各視其冠者，帶謂布帶象苴帶者，緣謂喪服之内中衣緣，用布緣之，二者之布升數多少，各比擬其冠也。按註斬衰有三，指爲父、爲君、爲子之三等，齊衰四章，謂三年、杖期、不杖期、三月，凡四章也。疏又云，喪服中衣用布，亦當各視其冠。○緣以絹反

父在爲母。

傳曰：何以期也？屈也。至尊在，不敢伸其私尊也。父必三年然後娶，達子之志也。○吳澄云：夫爲妻之服既除，則子爲母之服亦除，家無二尊也。子服雖除，而居喪之實如故，所殺者三年之文而已。

妻。

傳曰：爲妻何以期也？妻至親也。適子，父在則爲妻不杖，以父爲之主也。服問曰：君所主，夫

人妻大子適婦父在子爲妻以杖卽位謂庶子○疏云天子以下至士庶人父皆不爲庶子之妻爲喪主故夫皆爲妻杖得伸也

出妻之子爲母。出猶去也

傳曰出妻之子爲母期則爲外祖父母無服傳曰絕族無施服親者屬出妻之子爲父後者則爲出母無服傳曰與尊者爲一體不敢服其私親也在旁而及曰施親者屬母子至親無絕道○妻出則與其族絕卽無旁及之服唯母子至親爲相連屬故爲服也爲父後者謂父沒適子代父承宗廟祭祀之事故云與尊者爲一體

父卒繼母嫁從爲之服報○疏云父卒繼母嫁此母已爲父服斬衰三年恩意之極故子爲之一期得伸禫杖云從爲之服者以其繼母又嫁便是路人子仍着服故生從爲之文也報者兩相爲服也喪服上下幷記云報者十

有二、皆無降殺之差、吳氏以從爲從之改嫁、顧炎武云、從字句、謂年幼不能自立、從母而嫁也、母之義既絶於父、故不得三年、而其恩猶在於子、不可以不爲之服也。○爲于僞反

傳曰。何以期也。貴終也。嘗爲母子、貴終其恩、

不杖麻屨者。此亦齊衰、言其異於上、○疏曰、此章與上章、雖杖與不杖不同、其正服齊衰裳皆同五升、而冠八升、則不異也。

祖父母。

傳曰。何以期也。至尊也。

世父母叔父母。

傳曰。世父叔父。何以期也。與尊者一體也。然則昆弟之子何

以亦期也。旁尊也。不足以加尊焉。故報之也。父子一體也。夫妻一體也。昆弟一體也。故父子首足也。夫妻牉合也。昆弟四體也。故昆弟之義無分。然而有分者。則辟子之私也。子不私其父。則不成爲子。故有東宮。有西宮。有南宮。有北宮。異居而同財。有餘則歸之宗。不足則資之宗。世母叔母何以亦期也。以名服也。

宗者。世父爲小宗典宗事者也。資取也。爲姑在室。亦如之。○世叔父與尊者一體。於祖爲父子。於父爲兄弟。是與己之尊者爲一體也。以其爲旁尊。不足以加尊於人。故爲昆弟之子。亦如其服以報之。若祖之正尊。則孫爲祖期。而祖但爲孫大功矣。下文皆廣明一體之義。且以見尊之有正有旁。恩禮所由降殺也。末言有餘不足。皆統於宗。仍以明一體之義。世叔母曰以名服者。二母本是路人。以牉合於世叔父。故有母名。因而服之。即上所云夫妻一體也。○旁

薄浪反胖普半反

大夫之適子爲妻。○疏曰云大夫之適子爲妻在此不杖章則上杖章爲妻者是庶子爲妻父沒後適子亦爲妻杖亦在彼章也愚按下經大夫庶子爲妻大功不知註疏何以云當杖

傳曰何以期也父之所不降子亦不敢降也何以不杖也父在則爲妻不杖。大夫不以尊降適婦者重適也凡不降者謂如其親服服之降有四品君大夫以尊降公子大夫之子以厭降公之昆弟以旁尊降爲人後者女子子嫁者以出降○案下經適婦在大功章庶婦在小功章父之所不降謂不降在小功也子亦不敢降大夫衆子爲妻皆大功今適子爲妻期是亦不敢降也前章註云父在子爲妻以杖即位謂庶子者蓋士禮也若大夫之庶子父在僅得服大功何以得以杖即位乎

昆弟。昆兄也爲姊妹在室亦如之

爲衆子。衆子者，長子之弟及妾子，女子子在室亦如之。士謂之衆子，未能遠別也。大夫則謂之庶子，降之爲大功。天子國君不服之。內則曰：冢子未食而見，必執其右手；適子庶子已食而見，必循其首。○註引內則，證衆子之異於長子也。

昆弟之子。

傳曰：何以期也？報之也。檀弓曰：喪服兄弟之子，猶子也，蓋引而進之。

大夫之庶子爲適昆弟。兩言之者，適子或爲兄，或爲弟。

傳曰：何以期也？父之所不降，子亦不敢降也。大夫雖尊，不敢降其適，重之也。適子爲庶昆弟，庶昆弟相爲，亦如大夫爲之。○疏曰：云父之所不降者，即斬章父爲長子是也。云子亦不敢降者，於此服期是也。按後經大夫爲庶子降服大功，適子爲庶昆弟，庶昆弟相爲，並大功，故註曰如大夫爲之。

適孫。

傳曰。何以期也。不敢降其適也。有適子者。無適孫。孫婦亦如之。周之道、適子死則立適孫、是適孫將上爲祖後者也。長子在、則皆爲庶孫耳。孫婦亦如之。適婦在、亦爲庶孫之婦。凡父於將爲後者、非長子、皆期也。○傳言有適子者無適孫、明此言適孫、是長子死、其適孫承重者、祖爲之期。若長子在、則同於庶孫、但爲服大功也。顧炎武云、家子身之副貳也、家無二主、亦無二副、故有適子者無適孫。唐高宗有太子而復太孫、非矣。注言凡父於將爲後者、非長子、皆期也。謂無適長子、而立衆子爲後、亦但爲之期。曰凡父、則士以上皆然也。

爲人後者。爲其父母報。○子出後於人、爲本生父母服期、其本生父母亦報之以期者。顧炎武云、重其繼大宗、故不以出降也。

傳曰。何以期也。不貳斬也。何以不貳斬也。持重於大宗者降其小宗也。爲人後者孰後。後大宗也。曷爲後大宗。大宗者尊之統也。禽獸知母而不知父。野人曰父母何算焉。都邑之士則知尊禰矣。大夫及學士則知尊祖矣。諸侯及其大祖。天子及其始祖之所自出。尊者尊統上。卑者尊統下。大宗者尊之統也。大宗者收族者也。不可以絕。故族人以支子後大宗也。適子不得後大宗。

都邑之士、則知尊禰、近政化也、大祖始封之君、始祖者感神靈而生、若稷契也、自由也、及始祖之所由出、謂祭天也、上猶遠也、下猶近也、收族者、謂別親疏、序昭穆、大傳曰、繫之以姓而弗別、綴之以食而弗殊、雖世百婚姻不通者、周道然也。○持重於大宗、謂既為大宗服重服也、大宗者尊之統、謂其為族中尊貴之統緒也、爵尊者其尊統所及者遠、天子諸侯是也、爵卑者其尊統所及者近、大夫士是也、上下雖不同、凡為大宗、則其族中尊貴之統緒也、凡為大宗、皆以收合族人、使不乖睽者也、故不可以絕、故為之後者、即降其本宗、適子不得後大宗、以其自當主

小宗之事故也、

女子子適人者爲其父母昆弟之爲父後者。

傳曰。爲父何以期也。婦人不貳斬也。婦人不貳斬者何也。婦人有三從之義。無專用之道。故未嫁從父。既嫁從夫。夫死從子。故父者子之天也。夫者妻之天也。婦人不貳斬者。猶曰不貳天也。婦人不能貳尊也。爲昆弟之爲父後者何以亦期也。婦人雖在外。必有歸宗。曰小宗。故服期也。從者、從其敎令。歸宗者、父雖卒、猶自歸宗。其爲父後服重者、不自絶於其族類也。曰小宗者、言是乃小宗也。小宗明非一也。小宗有四。丈夫婦人之爲小宗、各如其親之服、避大宗。○出嫁之女爲本宗期者三、父一、母一、昆弟爲父後者一。婦人雖已嫁在外、必有所歸之宗、此昆弟之爲父後者即繼禰之小宗故爲之服期也註小宗有四者謂繼高祖之宗繼曾祖之宗繼祖之宗繼禰之宗或夫婦人爲四等小宗各如其親疏尊卑服之無所加減大宗則五服外皆爲齊衰三月五服内則依其月算爲之齊衰故云辟大宗也女子適人爲其私親皆降一等於兄弟之爲父後者則不降也

繼父同居者。

傳曰。何以期也。傳曰。夫死。妻穉。子幼。子無大功之親。與之適人。而所適者。亦無大功之親。所適者。以其貨財爲之築宮廟。歲時使之祀焉。妻不敢與焉。若是則繼父之道也。同居則服齊衰期。異居則服齊衰三月也。必嘗同居。然後爲異居。未嘗同居。則不爲異居。妻穉謂年未滿五十子幼謂年十五已下子無大功之親謂同財者也爲之築宮廟於家門之外、神不歆非族、妻不敢與焉、恩雖至親、族已絕矣、天不可二、此以恩服爾、未嘗同居、則不服之、○必嘗同居、然後爲異居者、前時三者具爲同居、後三者一事闕、即爲異居、乃爲齊衰三月、若初往繼父家時三者即不具、是未嘗同居、全不爲服、○

適施隻反

爲夫之君、

傳曰○何以期也、從服也○○從夫而服也

姑姊妹女子子適人無主者、姑姊妹報○

傳曰○無主者謂其無祭主者也、何以期也、爲其無祭主故也○

無主後者、人之所哀憐、不忍降之、○姑姊妹女子子已適人、應降服大功、以其無祭主不忍降、還爲之期、其姑姊妹亦爲姪兄弟報、女子子不言報者、爲父母自然猶期、不須言報也、爲君之父母妻長子祖父母。

傳曰何以期也。從服也。父母長子君服斬。妻則小君也。父卒。然後爲祖後者服斬。○此爲君矣而有父若祖之喪者謂始封之君也若是繼體則其父若祖有廢疾不立父卒者父爲君之孫宜嗣位而早卒今君受國於曾祖○註言繼體之君容有祖父之喪者謂父有廢疾不立而受國於祖或祖有廢疾不立父宜立而又早卒受國於曾祖故身已爲君而又有父若祖之喪皆爲之三年其臣從服爲之期也疏又載趙商問已爲諸侯父有廢疾不任國政不任喪事而有祖喪欲言三年則父在欲言期復無主其制度年月如何答曰天子諸侯之喪皆服斬無期彼志與此註相兼乃具按此經所言君之父祖皆未嘗爲君者若已爲君則嗣立者不得稱君而臣亦不敢僭爲之期矣

妾爲女君。

傳曰何以期也妾之事女君與婦之事舅姑等。女君君適妻也女君於妾無服報之則重降之則嫌○註報之則重二句解女君於妾無服之故嫌謂嫌若姑爲婦降服也。

婦爲舅姑。

傳曰何以期也從服也。

夫之昆弟之子。男女皆是

傳曰何以期也報之也。

公妾大夫之妾爲其子。

傳曰何以期也妾不得體君爲其子得遂也。此言二妾不得從於女君尊降其子也女君與君一體唯爲長子三年其餘以尊降之與妾子同也○疏云諸侯爲衆子無服大夫爲衆子大功其妻體君亦從夫而降，妾賤不得體君，故自爲其子得伸，遂而服期也。

女子子爲祖父母。

傳曰：何以期也？不敢降其祖也。經似在室，傳似已嫁，明雖有出道，猶不降。○疏云：已嫁之女，可降旁親，祖父母正期，故不降也。又云經傳互言之，欲見在室出嫁同不降。

大夫之子爲世父母、叔父母、子、昆弟、昆弟之子、姑姊妹、女子子無主者，爲大夫命婦者，唯子不報。命者，加爵服之名，自士至上公，凡九等。君命其夫，則后夫人亦命其妻矣。此所爲者，凡六命夫、六命婦。○大夫之子得行大夫禮，降其旁親一等，此十二人皆合降至大功，以其爲大夫，爲命婦，尊與已同，故不降。唯子不報者，子爲父母三年，女子適人自當服期，不得言報，餘人則皆報也。

傳曰：大夫者，其男子之爲大夫者也。命婦者，其婦人之爲大夫妻者也。無主者。命婦之無祭主者也。何以言唯子不報也。女子子適人者。爲其父母期。故言不報也。言其餘皆報也。何以期也。父之所不降。子亦不敢降也。大夫曷爲不降命婦也。夫尊於朝。妻貴於室矣。無主者、命婦之無祭主、謂姑姊妹女子子也、其有祭主者、如衆人、唯子不報、男女同、不報、爾傳唯據女子子、似失之矣、大夫曷爲不降命婦、據大夫於姑姊妹女子子、既已出降、大功、其適士者、又以尊降、在小功也、夫尊於朝、與已同、婦貴於室、從夫爵也○其有祭主者如衆人、謂亦服大功、

大夫爲祖父母。適孫爲士者。

傳曰。何以期也。大夫不敢降其祖與適也。不敢降其祖與適、則可降其旁親也

公妾以及士妾爲其父母。○自公妾及士妾中、包孤卿大夫之妾、

傳曰。何以期也。妾不得體君。得爲其父母遂也。

然則女君有以尊降其父母者。與春秋之義。雖爲天王后。猶曰吾季姜。是言子尊不加於父母。此傳似誤矣。禮妾從女君而服其黨服。是嫌不自服其父母。故以明之。

疏衰裳齊。牡麻絰。無受者。

無受者。服是服而除。不以輕服受之。不著月數者。天子諸侯葬異月也。小記曰。齊衰三月與大功同者繩屨。○凡受服皆因葬練祥乃行。此至葬後卽除。故無變服之理。雖不言月數。大夫士三月葬。故以三月爲主。

寄公爲所寓。

寓亦寄也。爲所寄之國君服。

傳曰。寄公者何也。失地之君也。何以爲所寓服齊衰三月也。

言與民同也。

諸侯五月而葬。而服齊衰三月者。三月而藏其服。至葬又更服之。既葬而除之。

丈夫婦人。爲宗子宗子之母妻。婦人、女子子在室、及嫁歸宗者也、宗子、繼别之後、百世不遷、所謂大宗也、

傳曰何以服齊衰三月也。尊祖也。尊祖故敬宗。敬宗者尊祖之義也。宗子之母在。則不爲宗子之妻服也。○喪服小記云、别子爲祖、繼别爲大宗、别子謂始有家者也、國君太子、嗣爲國君、其次子、卽是别子、如魯桓公太子同、既爲君、次子慶父、叔牙、季友等、爲别子、後皆各爲其家之祖、其世世嫡長、是謂大宗也、故曰敬宗者、尊祖之義也、疏云、必爲宗子母妻服者、以宗子燕食族人於堂、其母妻亦燕食族人之婦於房、皆序以昭穆、故族人爲之服也、宗子母在則不爲宗子之妻服者、疏以爲宗子母在、則其妻不得與祭燕食族人、故不爲服、必待其母七十以上、宗子妻得與祭、乃爲之服也、顧炎武云、家無二主也、

爲舊君君之母妻。

傳曰。爲舊君者。孰謂也。仕焉而已者也。何以服齊衰三月也。言與民同也。君之母妻。則小君也。仕焉而已者。謂老若有廢疾而致仕者也。爲小君服者。恩深於民。

庶人爲國君。不言民而言庶人。庶人或有在官者。天子畿內之民。服天子亦如之。

大夫在外。其妻長子爲舊國君。在外。待放已去者。○疏云。大夫在外。不言爲舊君服與不服者。案雜記云。違諸侯之大夫。不反服。違大夫之諸侯。不反服。以其尊卑不敵。若然。其君尊卑敵。乃反服舊君服。

傳曰。何以服齊衰三月也。妻言與民同也。長子言未去也。妻雖從夫而出。古者大夫不外娶。婦人歸宗。往來猶民也。春秋傳曰。大夫越境逆女。非禮。君臣有合離之義。長子去。可以無服。

繼父不同居者。嘗同居。今不同。

曾祖父母

傳曰。何以齊衰三月也。小功者。兄弟之服也。不敢以兄弟之服服至尊也。正言小功者。服之數盡於五。則高祖宜緦麻。曾祖宜小功也。據祖期。則曾祖宜大功。高祖宜小功也。高祖曾祖皆有小功之差。則曾孫玄孫爲之服同也。重其衰麻。尊尊也。減其日月。恩殺也。

大夫爲宗子。

傳曰。何以服齊衰三月也。大夫不敢降其宗也。

舊君。大夫待放未去者。

傳曰。大夫爲舊君。何以服齊衰三月也。大夫去。君埽其宗廟。故服齊衰三月也。言與民同也。何大夫之謂乎。言其以道去君而猶未絕也。以道去君，謂三諫不從，待放於郊。未絕者，言爵祿尚有列於朝，出入有詔於國，妻子自若民也。○此章言爲舊君者三：爲舊君，及其母妻，此昔仕今已在其故國者也；大夫在外，此其身已去，其子尚在本國者也；此言舊君，則大夫去而未絕，孟子所謂三有禮者也。埽其宗廟，謂使宗族爲之祭祀；爵祿有列，謂舊位仍在；出入有詔於國，疏以爲兄弟宗族猶存，吉凶書信相告不絕。

曾祖父母爲士者如衆人。

傳曰：何以齊衰三月也？大夫不敢降其祖也。○按此上三節並承大夫爲三宗。

女子子嫁者、未嫁者爲曾祖父母。

傳曰：嫁者，其嫁於大夫者也。未嫁者，其成人而未嫁者也。何

以服齊衰三月。不敢降其祖也。言嫁於大夫者、明雖尊猶不降也、成人謂年二十、已笄醴者也、此者不降、明有所降、

大功布衰裳。牡麻絰。無受者。大功布者、其鍛治之功、麤沽之、○此、降服大功、疏云、降服大功衰七升冠十升、功謂人功、用灰鍛治、大功者用功麤、小功者用功細、

子女子子之長殤中殤。殤者、男女未冠笄而死可哀殤者、女子子許嫁、不為殤也、○疏云、兄弟之子亦同此、

傳曰。何以大功也。未成人也。何以無受也。喪成人者。其文縟。喪未成人者。其文不縟。故殤之絰。不樛垂。蓋未成人也。年十九至十六。為長殤。十五至十二。為中殤。十一至八歲。為下殤。

不滿八歲以下皆爲無服之殤。無服之殤以日易月。以日易月之殤。殤而無服。故子生三月則父名之。死則哭之。未名則不哭也。

縟猶數也。其文數者。謂變除之節也。不樛垂者。不絞其帶之垂者。雜記曰。大功以上散帶。以日易月。謂生一月者哭之一日也。殤而無服者。哭之而已。爲昆弟之子女子子亦如之。凡言子者。可以兼男女。又云女子子者。殊之以子關適庶也。○凡喪至小斂。大功以上。皆散其麻帶之垂者。至成服乃絞之。小功以下。初即絞之。此殤大功亦于小斂服麻散垂。至成服亦不絞。以其未成人也。○縟音辱。樛居糾反。

叔父之長殤中殤。姑姊妹之長殤中殤。昆弟之長殤中殤。

夫之昆弟之子女子子之長殤中殤。適孫之長殤中殤。

大夫之庶子。爲適昆弟之長殤中殤。公爲適子之長殤中殤。

大夫爲適子之長殤中殤。公君也。諸侯大夫不降適殤者，重適也。天子亦如之。○自叔父至適昆弟皆是成人，齊衰期。公與大夫之適子皆是成人，斬衰。以其殤並入大功。

其長殤皆九月，纓絰。其中殤七月，不纓絰。絰有纓者，爲其重也。自大功已上，絰有纓，以一條繩爲之。小功已下，絰無纓也。

大功布衰裳，牡麻絰纓，布帶，三月。受以小功衰，即葛，九月者。受猶承也。凡天子諸侯卿大夫既虞，士卒哭而受服。正言三月者，天子諸侯無大功，主於大夫士也。此雖有君爲姑姊妹女子子嫁於國君者，非內喪也。○非內喪則彼國自於五月葬後受服，此自以三月受服，同於大夫士也。

傳曰。大功布九升。小功布十一升。此受之下也。以發傳者，明受盡於此也。又受麻絰以葛絰。間傳曰：大功之葛與小功之麻同。○大功有降有正有義。降則衰七升，冠十升；正則衰八升，冠亦十升；義則衰九升冠十一升卒哭後各以其冠爲受或受十升或受十一升受十升者降小功之布受十一升者正小功之布也今傳曰大功布九升小功布十一升據義服大功而言故註云受之下也自此而下小功葬後唯有變麻卽葛因故衰更無受服之法故又云明受盡於此也受麻絰以葛絰解經文卽葛引閒傳者以証大功葛絰大小之制也

姑姊妹女子子適人者。

傳曰何以大功也出也。出必降之者蓋有受我而厚之者○此等並是本期今降大功以其夫自爲之禫杖期故於此從薄也

從父昆弟。世父叔父之子也其姊妹在室亦如之

爲人後者爲其昆弟。

傳曰何以大功也爲人後者降其昆弟也。○疏曰若然於本宗餘親皆降一等

庶孫。男、女、皆、是、下殤小功章曰、為姪庶孫、丈夫婦人同、

適婦。適婦、適子之妻、

傳曰。何以大功也。不降其適也。婦言適者、從夫名、

女子子適人者。為衆昆弟。父在、則同、父沒、乃為父後者服期也、

姪丈夫婦人。報。為姪男女服同、

傳曰。姪者何也。謂吾姑者。吾謂之姪。此名對姑生稱、若對世叔、唯得言昆弟之子、不得名姪、

夫之祖父母。世父母。叔父母。

傳曰。何以大功也。從服也。夫之昆弟。何以無服也。其夫屬乎

父道者。妻皆母道也。其夫屬乎子道者。妻皆婦道也。謂弟之妻婦者。是嫂亦可謂之母乎。故名者人治之大者也。可無愼乎。

道猶行也。謂弟之妻爲婦者，卑遠之，故謂之婦。嫂者，尊嚴之稱。嫂猶叟也。叟，老人稱也。是爲序男女之別爾。若已以母婦之服服兄弟之妻，兄弟之妻以舅子之服服己，則是亂昭穆之序也。治猶理也。父母兄弟夫婦之理，人倫之大者，可不愼乎。大傳曰：同姓從宗合族屬，異姓主名治際會，名著而男女有別。○婦人與夫之昆弟不相爲服，常情所疑，故傳於此發之，以爲從父之妻，可名爲母；從子之妻，可名爲婦，故可相與爲服，若弟之妻，不可謂之婦，兄之妻，不可謂之母，是路人也。路人而復爲之服，近於亂矣，故推而遠之，塞亂源也。其謂之嫂，謂之婦者，立此名以尊嚴之，卑遠之爾。顧炎武曰：外親之同爨猶緦，而獨兄弟之妻不爲制服者，以其分親而年相亞，故聖人嫌之，嫌之故遠之，而大爲之坊，不獨以其名也。存其恩於娣姒，而斷其義於兄弟，聖人之所以處此者精矣。

大夫爲世父母叔父母子昆弟昆弟之子爲士者。子謂庶子。

傳曰何以大功也。尊不同也。尊同則得服其親服。尊同謂亦爲大夫者。親服期。

公之庶昆弟大夫之庶子爲母妻昆弟。公之庶昆弟則父卒也。大夫之庶子則父在也。其或爲母謂妾子也○疏云若云公子是父在今繼兄而言弟又公子父在爲母妻在五服之外今服大功故知父卒也大夫之庶子繼父而言又大夫卒子爲母妻得伸今但大功故知父在也於適妻君大夫自不降其子皆得伸今爲母但大功明妾子自爲己母也。

傳曰何以大功也。先君餘尊之所厭不得過大功也。大夫之庶子則從乎大夫而降也。父之所不降子亦不敢降也。言從乎大夫而降、則於父卒如國人也昆弟庶昆弟也舊讀昆弟在下、其於厭降之義宜蒙此傳也是以上而同之父所不降謂適也○據註及疏此經文昆弟二字舊在傳後、鄭君始移在傳前與母妻合文、

皆爲其從父昆弟之爲大夫者。皆者言其互相爲服、尊同則不相降其爲士者、降在小功、適子爲之、亦如之○疏曰、此文承上公之庶昆弟大夫之庶子之下、則是二人、爲此從父昆弟之爲大夫者以其二人爲父所厭降親今此從父昆弟爲大夫故此二人不降而服大功依本服也愚謂經文皆字謂上文公庶昆弟大夫庶子並然也註以互相爲釋之、恐未當註其爲士者從父昆弟之爲士者也適子爲之亦如之明不特大夫之庶子不爲之降也此又依經推言之、

爲夫之昆弟之婦人子適人者。婦人子者女子子也不言女子子者因出見恩疏○疏云此謂世叔母爲之服在家期出嫁大功、

大夫之妾爲君之庶子。下傳曰何以大功也妾爲君之黨服得與女君同指爲此也妾爲君之長子亦

三年自爲其子期異於女君也士之妾爲君之衆子亦期

女子子嫁者未嫁者爲世父母叔父母姑姊妹舊讀合大夫之妾爲君之庶子女子子嫁者未嫁者言大夫之妾爲此三人之服也

傳曰嫁者其嫁於大夫者也未嫁者成人而未嫁者也何以大功也妾爲君之黨服得與女君同下言爲世父母叔父母姑姊妹者謂妾自服其私親也此不辭即實爲妾遂自服其私親當言其以見之齊衰三月章曰女子子嫁者未嫁者爲曾祖父母經與此同足以見之矣傳所云何以大功也妾爲君之黨服得與女君同文爛在下爾女子子成人者有出道降旁親及將出者明當及時也○愚按舊讀與傳文甚協鄭君必欲破之不知何故且女子未嫁而逆降旁親於義亦自可疑兩存其說可也

大夫大夫之妻大夫之子公之昆弟爲姑姊妹女子子嫁於大夫者。○君爲姑姊妹女子子嫁於國君者。○疏云大夫大夫之妻若夫公之昆弟皆降旁親姑姊妹已下一等大功又以出降當小功但嫁於大夫尊同無尊降直有出降故皆大功也又云大夫妻爲夫之姑姊妹在室及嫁皆小功若不爲大夫妻又降在緦麻今在大功科中者此命婦爲本親姑姊妹已之女子子也又云國君絶期已下今爲尊同故亦不降依嫁服大功

傳曰何以大功也尊同也尊同則得服其親服諸侯之子稱公子公子不得禰先君公子之子稱公孫公孫不得祖諸侯此自卑別於尊者也若公子之子孫有封爲國君者則世世祖是人也不祖公子此自尊別於卑者也是故始封之君不

臣諸父昆弟。封君之子。不臣諸父而臣昆弟。封君之孫。盡臣諸父昆弟。故君之所爲服。子亦不敢不服也。君之所不服。子亦不敢服也。不得禰不得祖者。不得立其廟而祭之也。卿大夫以下。祭其祖禰。則世世祖是人。不得祖公子者。後世爲君者。祖此受封之君。不得祀別子也。公子若在高祖以下。則如其親服。後世遷之。乃毀其廟爾。因國君以尊降其親。故終說此義云。○疏云。諸侯絶旁期。大夫降一等。今此大功所以亦爲服者。各自以其尊同。故服之也。諸侯之子稱公子。已下。因尊同。遂廣說尊不同之義也。諸侯支庶。不稱諸侯子。變名公子。卑遠之也。不得禰不得祖者。以其廟已有適子爲君者立之。支庶不得並立廟。故云不得也。其後子孫。自以此公子公孫爲祖。所謂別子也。公子之後。有封爲諸侯者。則其子孫以此始封之君爲祖。不以公子爲祖。凡此者。皆以著尊卑之別也。自由也。由其位之或卑或尊。各自爲別也。下言有不臣者。有臣者。其不臣者。則爲之服。其臣者。則不爲之服也。

繐衰裳牡麻絰既葬除之者。

傳曰繐衰者何以小功之繐也。治其縷如小功而成布四升半細其縷者以恩輕也升數少者以服至尊也凡布細而疏者謂之繐今南陽有鄧繐○疏云傳云小功之繐則帶屨亦同小功可知

諸侯之大夫爲天子。

傳曰何以繐衰也諸侯之大夫以時接見乎天子。接猶會也諸侯之大夫以時會見於天子而服之則其士庶民不服可知○謂諸侯使大夫來見天子適有天子之喪則其服如此愚意諸侯若來會葬其從行者或亦然

小功布衰裳澡麻帶絰五月者。澡者治去莩垢不絕其本也小記曰下殤小功帶澡麻不絕其本屈而反以報之○大功已上絰帶有本小功以下斷本此殤小功重於成人小功故帶不絕本與大功同疏曰屈而反以報

之者謂先以一股麻不絕本者爲一條展之爲繩報合也以一頭屈而反鄉上合之乃絞垂又云不言屨者當與下章同吉屨無絇也又云此亦無受○莩音數

叔父之下殤○適孫之下殤○昆弟之下殤○大夫庶子爲適昆弟之下殤○爲姑姊妹女子子之下殤○爲人後者爲其昆弟從父昆弟之長殤○叔父至女子子八人皆是成人期長殤中殤則大功下殤則小功爲人後者爲其昆弟與凡人之爲從父昆弟二者本服大功其長殤則小功

傳曰問者曰中殤何以不見也大功之殤中從上小功之殤中從下○問者據從父昆弟之下殤在緦麻也大功小功皆謂服其成人也大功之殤中從上則齊衰之殤亦中從上也此主謂丈夫之爲殤者服也凡不見者以此求之也○此章有從父昆弟之長殤緦麻章有從父昆弟之下殤唯不

見中殤故發此問成人當服大功者其中殤與長殤同成人當服小功者其中殤與下殤同凡不見於經者皆當以此例求之此男子服殤者之法若婦人爲夫族服殤法又在後緦麻傳也

爲夫之叔父之長殤。不見中殤者中從下也

昆弟之子女子子夫之昆弟之子女子子之下殤。○此皆成人爲之齊衰期者

爲姪庶孫丈夫婦人之長殤。○姑爲姪祖爲庶孫皆成人大功

大夫公之昆弟大夫之子爲其昆弟庶子姑姊妹女子子之長殤。○大夫爲昆弟之長殤小功謂爲士者若不仕者也以此知爲大夫無殤服也公之昆弟不言庶者此無服無所見也大夫之子不言庶者關適子亦服此殤也云公之昆弟爲庶子之長殤則知公之昆弟猶大夫○疏云此三人爲此六種人成人以

尊降至大功故長殤小功中亦從上、

大夫之妾爲庶子之長殤。君之庶子、○疏云、妾爲君之庶子、成人在大功、今長殤在小功、

小功布衰裳。牡麻絰。卽葛。五月者。卽就也、小功輕、三月變麻、因故衰以就葛絰帶而五月也、問傳曰、小功之葛、與緦之麻同、舊說小功以下、吉屨無絇也、

從祖祖父母。從祖父母。報。祖父之昆弟之親、○疏云、從祖祖父母、是曾祖之子、祖之兄弟、從祖父母者、是從祖祖父之子、父之從父昆弟、報者、恩輕、兩相爲服、

從祖昆弟。父之從父昆弟之子、○疏云、此是從祖父之子、已之再從兄弟、

從父姊妹。父之昆弟之女、○疏云、不言出適與在室、皆小功、以姊旣逆降、宗族亦逆降報之、此說可疑、當通下文孫適人者爲一節、皆爲出適而降小功也、

孫適人者。孫者、子之子、女孫在室亦大功也、

爲人後者爲其姊妹適人者。不言姑者、舉其親者而恩輕者降可知、

爲外祖父母。

傳曰。何以小功也。以尊加也。

從母。丈夫婦人報。從母、母之姊妹。○疏云、云丈夫婦人者、馬氏云、從母報姊妹之子男女也、

傳曰。何以小功也。以名加也。外親之服皆緦也。外親異姓、正服不過緦。丈夫婦人、姊妹之子、男女同。○傳云外親之服皆緦者、明小功之爲加、重也、有母名、故加之、

夫之姑姊妹。娣姒婦報。夫之姑姊妹不殊在室及嫁者、因恩輕畧從降、

傳曰。娣姒婦者。弟長也。何以小功也。以爲相與居室中。則生

小功之親焉。娣姒婦者、兄弟之妻相名也、長婦謂穉婦爲娣婦、娣婦謂長婦爲姒婦、○經言婦與夫之姑姊妹相爲服、傳則單言二婦相爲服、然所謂相與居室中者、實兼姑姊娣姒等也、

大夫大夫之子公之昆弟爲從父昆弟庶孫姑姊妹女子子適士者。從父昆弟及庶孫、亦謂爲士者、○從父昆弟庶孫本大功、此降小功、故註謂爲士者、以尊降也、

大夫之妾爲庶子適人者。君之庶子女子子也、庶女子子在室大功、其嫁於大夫亦大功、○疏云、此適人者、謂適士也、

庶婦。夫將不受重者、

君母之父母從母。君母、父之適妻也、從母、君母之姊妹、○疏云、此謂妾子爲適母之父母及姊妹、

傳曰。何以小功也。君母在則不敢不從服。君母不在則不服。

不敢不服者恩實輕也

凡庶子爲君母如適子

君子子爲庶母慈己者君子子者大夫及公子之適妻子

傳曰君子子者貴人之子也爲庶母何以小功也以慈己加也

云君子子者則父在也父沒則不服之矣以慈己加則君子子亦以士禮爲庶母緦也內則曰異爲孺子室於宮中擇於諸母與可者必求其寬裕慈惠溫良恭敬慎而寡言者使爲子師其次爲慈母其次爲保母皆居子室他人無事不往又曰大夫之子有食母庶母慈己者此之謂也其不慈己則緦可矣不言師保慈母居中服之可知也國君世子生卜士之妻大夫之妾使食子三年而出見於公宮則劬非慈母也士之妻自養其子○加謂於緦麻上加至小功也註父沒則不服謂不服其加服仍爲服緦以此慈母本庶母也引內則國君養子之法註大夫公子之適妻子亦得立三母耳又言士妻大夫妾是國君養子於三母之外又有食子者不與慈母同類也國君子於三母無服士妻自養其子故註知爲

大夫公子之適妻子也。

緦麻三月者。緦麻布衰裳而麻絰帶也。不言衰絰，略輕服，省文。○疏云，以緦如絲者爲衰裳，又以澡治莩垢之麻爲絰帶，故曰緦麻。

傳曰。緦者。十五升抽其半。有事其縷。無事其布。曰緦。謂之緦者，治其縷，細如絲也。或曰有絲，朝服用布，何衰用絲乎。抽猶去也。雜記曰，緦冠澡纓。○縷細如朝服，而數則半之，細而疎也。事，鍛治之事。治其縷，不治其布也。澡纓者，以澡治之布爲冠纓也。

族曾祖父母。○族祖父母。○族父母。○族昆弟。族曾祖父者，曾祖昆弟之親也。族祖父者，亦高祖之孫，則高祖有服明矣。○疏曰，此即禮記大傳云，四世而緦，服之窮也，名爲四緦麻者也。族曾祖父母者，已之曾祖親兄弟也。族祖父母者，已之祖父從父昆弟也。族父母者，已之父從祖昆弟也。族昆弟者，已之三從兄弟也。皆名爲族族屬也。骨肉相連屬。又云。此四緦麻。與己同出高祖。己上至高祖爲四世。旁亦四世。旁四世既有服。於高祖有服明矣。

庶孫之婦。庶孫之中殤。庶孫者。成人大功。其殤中從上。此當爲下殤。言中殤者。字之誤爾。又諸言中者皆連上下也。○疏曰。庶孫之婦緦者。以其適子之婦大功。庶子之婦小功。適孫之婦小功。庶孫之婦緦。是其差也。

從祖姑姊妹適人者。報。從祖父從祖昆弟之長殤。不見中殤中從下。○此皆本服小功。以或出適。或長殤。降一等。

外孫。女子子之子。

從父昆弟姪之下殤。夫之叔父之中殤下殤。言中殤者。中從下。○此皆成人大功。大功中殤從下。婦人服夫族殤法也。

從母之長殤。報。○從母成人小功。

庶子爲父後者爲其母

傳曰何以緦也傳曰與尊者爲一體不敢服其私親也然則何以服緦也有死於宮中者則爲之三月不舉祭因是以服緦也君卒庶子爲母大功大夫卒庶子爲母三年士雖在庶子爲母皆如衆人○註言庶子爲母大功及三年者皆謂不承後者若承後則皆緦士在庶子爲母如衆人謂亦齊衰期也士卑無厭故如衆人也

士爲庶母

傳曰何以緦也以名服也大夫以上爲庶母無服

貴臣貴妾此謂公士大夫之君也殊其臣妾貴賤而爲之服貴臣室老士也貴妾姪娣也天子諸侯降其臣妾無服士卑無臣則士妾又賤不足殊有子則爲之緦無子則已

傳曰。何以緦也。以其貴也。○愚按大夫以上、爲庶母無服、而服其貴臣貴妾、於義似難强通、此始承上士爲庶母之文、言士禮耳、其私屬亦可謂之臣、妾之有子者、卽貴者也

乳母。謂養子者有他故、賤者待之慈巳、

傳曰。何以緦也。以名服也。

從祖昆弟之子。族父母爲之服。與其父同曾祖爲其子服緦、

曾孫。孫之子、

父之姑。歸孫爲祖父之姊妹。○爾雅云、女子謂昆弟之子爲姪、謂姪之子爲歸孫、

從母昆弟。

傳曰。何以緦也。以名服也。

甥（姉妹之子）

傳曰。甥者何也。謂吾舅者吾謂之甥。何以緦也。報之也。○（甥既服舅以緦、舅亦報甥以緦也）

壻（女子子之夫也）

傳曰。何以緦。報之也。○（壻既從妻而服妻之父母、妻之父母遂報之服、）

妻之父母。

傳曰。何以緦。從服也。（從於妻而服之）

姑之子。（外兄弟也）

傳曰。何以緦。報之也。○（姑之子、既爲舅之子服、舅之子、亦爲姑之子服也）

舅。母之兄弟、

傳曰。何以緦。從服也。從於母而服之

舅之子。內兄弟也、

傳曰。何以緦。從服也。○從服者、亦從於母而服之、

夫之姑姊妹之長殤。○婦人爲夫之姑姊妹成人小功、

夫之諸祖父母報。諸祖父母者、夫之所爲小功從祖祖父母、外祖父母、或曰、曾祖父母、曾祖於曾孫之婦無服、而云報乎、曾祖父母正服小功、妻從服緦、○或以諸祖爲有曾祖、故鄭破其非、

君母之昆弟。

傳曰。何以緦。從服也。從於君母而服緦也、君母在、則不敢不服、君母卒、則不服也、

從父昆弟之子之長殤。昆弟之孫之長殤。爲夫之從父昆弟之妻。○二長殤、本服皆小功、夫之從父昆弟之妻、同堂娣姒也、降於親娣姒、

傳曰。何以緦也。以爲相與同室。則生緦之親焉。長殤中殤降一等。下殤降二等。齊衰之殤中從上。大功之殤中從下。○同室者、不如居室之親也、齊衰大功、皆明其成人也、大功之殤中從下、則小功之殤亦中從下也、此主謂妻爲夫之親服也、凡不見者、以此求之、

記

公子爲其母。練冠。麻。麻衣縓緣。爲其妻。縓冠。葛絰帶。麻衣縓緣。皆旣葬除之。○公子、君之庶子也、其或爲母、謂妾子也、麻者、緦麻之絰帶也、此麻衣者、如小功布、深衣、爲不制衰裳

變也。詩云、麻衣如雪、縓、淺絳也、一染謂之縓、練冠而麻衣縓緣、三年練之受飾也、檀弓曰、練、練衣黃裏縓緣、諸侯之妾子厭於父、爲母不得伸、權爲制此服、不奪其恩也、爲妻縓冠葛絰帶、妻輕、

傳曰。何以不在五服之中也。君之所不服。子亦不敢服也。君之所爲服、子亦不敢不服也。君之所不服、謂妾與庶婦也、君之所爲服、謂夫人與適婦也、諸侯之妾貴者視卿、賤者視大夫、皆三月而葬、

大夫。公之昆弟。大夫之子。於兄弟降一等。兄弟、猶言族親也、凡不見者、以此求之也

爲人後者。於兄弟降一等。報。於所爲後之兄弟之子若子。言報者、嫌其爲宗子不降。註所謂宗子、指爲人後者、恐人疑入繼大宗、主宗事、本親不爲降服、故云報、明兩相爲服、皆降也、

兄弟皆在他邦。加一等。不及知父母。與兄弟居。加一等。皆在他邦、謂行

仕、出遊若辟仇、不及知父母、父母早卒、

傳曰、何如則可謂之兄弟。傳曰、小功以下爲兄弟。於此發兄弟傳者、嫌大功已上、又加也、大功已上、若皆在他國、則親自親矣、若不及知父母、則固同財矣、○所爲加服者、小功以下兄弟也、若大功以上、恩自隆重、不容再加、

朋友皆在他邦、袒免、歸則已。謂服無親者、當爲之主、每至袒時則袒、袒則去冠、代之以免、舊說云、以爲免象冠、廣一寸、已、猶止也、歸有主、則止也、主若幼少、則未止、小記曰、大功者主人之喪、有三年者、則必爲之再祭、朋友虞祔而已、○袒時、謂小斂訖、正主人袒而括髮之時、朋友在外無主、則爲之袒、而以免代冠、小記所言、旁人主喪之法、大功之親必爲之練祭祥祭、乃已、朋友則虞祔而已、

朋友麻。朋友雖無親、有同道之恩、相爲服緦之絰帶、檀弓曰、羣居則絰、出則否、其服弔服也、周禮曰、凡弔當事則弁絰、

弁絰者、如爵弁而素加環絰也、其服有三、錫衰也、緦麻也、疑衰也、王爲三公六卿錫衰、爲諸侯緦衰、爲大夫士疑衰、諸侯及卿大夫亦以錫衰爲弔服、當事則弁絰、否則皮弁、辟天子也、士以緦衰爲喪服、其弔服則疑衰也、舊說以爲士弔服、布上素下、或曰素委貌冠加朝服、論語曰、羔裘玄冠不以弔、何朝服之有乎、然則二者皆有似也、此實疑衰也、其弁絰皮弁之時、則如卿大夫然、又改其裳以素、辟諸侯也、朋友之相爲服、即士弔服疑衰素裳、庶人不爵弁、則其弔服素冠委貌、○麻者、謂服如弔服而加緦之絰帶、緦服蓋以澡麻爲首絰要帶、引周禮者、見天子以下、各有弔服、士之弔服則疑衰、其或弁絰、或皮弁、如卿大夫而改其裳也、疑者擬也、擬於吉也、吉服十五升、而此服用十四升、是近於吉、朋友之服、即此服而加麻也、周禮司服凡弔事弁絰服、此經註引之、作凡弔當事則弁絰、誤、當事則弁絰者、諸侯卿大夫也、當正之、

君之所爲兄弟服室老降一等。公士大夫之君、○公卿大夫對其室老、亦有君稱、其爲兄弟服已降一等、室老從之而服、又降一等、

夫之所爲兄弟服妻降一等。○唯夫之昆弟之子不降、

庶子爲後者爲其外祖父母從母舅無服。不爲後。如邦人。○若不爲後亦如邦人爲母黨服也、

宗子孤爲殤。大功衰小功衰皆三月。親則月算如邦人。言孤、有不孤者、不孤則族人不爲殤服服之也、不孤、謂父有廢疾、若年七十而老、子代主宗事者也、孤爲殤長殤中殤大功衰、下殤小功衰、皆如殤服而三月、謂與宗子絕屬者也、親、謂在五屬之內、算、數也、月數如邦人者、與宗子有期之親者、成人服之齊衰期、長殤大功衰九月、中殤大功衰七月、下殤小功衰五月、有大功之親者、成人服之、齊衰三月、卒哭受以大功衰九月、其長殤中殤大功衰五月、下殤小功衰三月、有小功之親者、成人服之齊衰三月、卒哭受以小功衰五月、其殤與絕屬者同、有緦麻之親者、成人及殤皆與絕屬者同、○緦麻之親與絕屬者同、謂成人則齊衰三月、殤則如記所言也

改葬緦。謂墳墓以他故崩壞，將亡失尸柩者也。改葬者，明棺物毀敗，改設之，如葬時也。其奠如大斂，從廟之廟，從墓之墓，禮宜同也。服緦者，臣爲君也，子爲父也，妻爲夫也。必服緦者，親見尸柩，不可以無服，緦三月而除之。

童子唯當室緦。童子，未冠之稱也。當室者，爲父後承家事者，爲家主，與族人爲禮，於有親者，雖恩不至，不可以無服也。

傳曰：不當室，則無緦服也。

凡妾爲私兄弟如邦人。嫌厭降之也。私兄弟，自其族親也。女君有以尊降其兄弟者，謂士之女爲大夫妻，與大夫之女爲諸侯夫人，諸侯之女爲天王后者，父卒，昆弟之爲父後者，宗子亦不敢降也。○疏云：妾言凡者，總天子以下至士，故凡以該之也。妾爲私親，疑爲君與女君所厭降，實則不厭，故服同邦人常法，謂如女子適人者之服也。

大夫弔於命婦，錫衰。命婦弔於大夫，亦錫衰。弔於命婦，命婦死也；弔於大夫，大夫

死也小記曰諸侯弔必皮弁錫衰服問曰公爲卿大夫錫衰以居出亦如之當事則弁絰大夫相爲亦然爲其妻往則服之出則否

傳曰錫者何也麻之有錫者也錫者十五升抽其半無事其縷有事其布曰錫

謂之錫者治其布使之滑易也錫者不治其縷哀在內也緦者不治其布哀在外也君及卿大夫弔士唯當事皮弁錫衰而已士之相弔則如朋友服疑衰素裳凡婦人相弔吉笄無首素緦

女子子適人者爲其父母婦爲舅姑惡笄有首以髽卒哭子折笄首以笄布緦

言以髽則髽有著笄者明矣○疏云正服齊衰冠八升則正齊衰緦亦八升長八寸此卒哭後宜從大功十升之布緦也

傳曰笄有首者惡笄之有首也惡笄者櫛笄也折笄首者折

吉笄之首也。吉笄者。象笄也。何以言子折笄首而不言婦。終
之也。櫛笄者、以櫛之木爲笄、或曰榛笄、有首者、若今時刻鏤
摘頭矣、卒哭而喪之大事畢、女子子可以歸於夫家、而
著吉笄折其首者、爲其大飾也、吉笄尊、變其尊者、婦人之義
也、據在夫家、宜言婦、終之者、終子道於父母之恩、○按傳言
終之者、因記本以女子子與婦並言惡笄有首以髽、下單言
子折笄首布總、而不言婦當如何、故解之曰、終之也謂當以
惡笄終期也、註云、據在夫家宜言婦、仍指女子子而言、誤會
傳文、又疏云、出適女子、與在家婦、俱著惡笄、以女子外成、旣
以哀殺事人、故獨折笄首耳、此卽傳文、正解下文則
不免曲狥鄭註矣、○櫛恥一反鏤音陋摘他狄反
妾爲女君。君之長子。惡笄有首。布總。
凡衰。外削幅。裳。內削幅。幅三袧。削猶殺也、大古冠布衣布、先知
爲上、外殺其幅、以便體也、後知
爲下、內殺其幅、稍有飾也、後世聖人易之、以此爲喪服、袧者、謂
辟兩側空中央也、祭服朝服、辟積無數、凡裳前三幅、後四幅也

○疏云、自此已下、盡袪、尺二寸、記衰裳之制、用布多少尺寸之數也、云凡者、總五服而言、云衰外削幅者、謂縫之邊幅向外、裳內削幅者、亦謂縫之邊幅向內、云幅三袧者、據裳而言、爲裳之法、前三幅、後四幅、幅皆三辟攝之、又云七幅布幅二尺二寸、兩畔各去一寸爲削幅、共十四尺、故須辟積要中也、○袧音鉤

若齊。裳內。衰外。○齊緝也、凡五服之衰、一斬四緝、緝裳者內展之、緝衰者外展之、○上言五服衰裳之縫、斬衰裳亦在其中、此言衰裳之下、用鍼功緝之者、斬衰裳不緝、故言若以別之、

負。廣出於適寸。○負在背上者也、適辟領也、負出於辟領外、旁一寸、○疏曰、以一方布置於背上、上畔縫著領下畔垂放之、以在背上、故有負名、適辟領、卽下文適也、出於辟領外旁一寸、總尺八寸也、

適博四寸。出於衰。○博廣也、辟領廣四寸、則與闊中八寸也、兩之爲尺六寸也、出於衰者、旁出衰、不著寸數者、可知也、○適以在兩肩者而言則四寸、竝闊中共八寸、兩之則爲尺六寸、上文負廣出適旁各一寸、故疏以爲總尺八寸也、衰

衽、當前出於衰者、以兩肩辟領向前、望衰之外也、疏云、衰廣四寸、辟領橫廣總尺六寸、除中央四寸當衰、兩旁各出衰六寸也、

衰長六寸。博四寸。 廣袤當心也、前有衰、後有負板、左右有辟領、孝子哀戚無所不在、○綴於外衿之上、故得廣長當心、

衣帶下尺。 衣帶下尺者、要也、廣尺、足以掩裳上際也、○此謂帶衣之帶、非大帶革帶類也、用布高一尺、上綴衣身、遶要前後、據疏、衣帶言其物、下尺者、向下量之一尺、言其度也、今則目之曰帶下尺矣、

衽二尺有五寸。 衽、所以掩裳際也、二尺五寸、與有司紳齊也、上正一尺、燕尾二尺五寸、凡用布三尺五寸、○疏云、取布三尺五寸、廣一幅、留上一尺爲正、不破、一尺之下、從一畔旁入六寸、乃向下邪向下一畔一尺五寸、去下畔亦六寸、橫斷之、留下一尺爲正、如是、則用布三尺五寸、得兩條衽、衽各二尺五寸、然後兩旁皆綴於衣、垂之向下、掩裳際、此謂男子之服、婦人則無、

袂。屬幅。屬猶連也連幅謂不削○疏云屬幅者謂整幅二尺二寸不削去其邊取其與衣縱橫皆二尺二寸正方也

衣二尺有二寸。此謂袂中也言衣者明與身參齊二尺二寸其袖足以容中人之肱也衣自領至要二尺二寸倍之四尺四寸加闊中八寸而又倍之凡衣用布一丈四寸○二尺二寸據衣身之長而言鄭註則總計用布多少之數也其云加闊中八寸而又倍之者卽別用布一尺六寸以為領者也

袪。尺二寸。袪袖口也尺二寸足以容中人之併兩手也吉時拱尚左手喪時拱尚右手

衰三升。三升有半。其冠六升。以其冠為受。受冠七升。衰斬衰也或曰三升半者義服也其冠六升齊衰之下也斬衰正服變而受之此服也三升三升半其受冠皆同以服至尊宜少差也○疏云自此至篇末皆論衰冠升數多少也以其冠為受謂至虞時服三升三升半之衰者改用六升之布為衰如其初喪之冠也受冠七升者既以六升布為衰卽亦更以七升布為冠也註其冠六升齊衰之下者疏云齊服降服四升正服五升義服六升以其六

升是義服故云下也、

齊衰四升。其冠七升。以其冠爲受。受冠八升。言受以大功之上也、此謂爲母服也、齊衰正服五升、其冠八升、義服六升、其冠九升、亦以其冠爲受、凡不著之者、服之首主於父母○疏云此據父卒爲母齊衰三年而言、註受以大功之上、以降服大功衰七升也、

繐衰四升有半。其冠八升。此諸侯之大夫爲天子繐衰也、服在小功之上者、欲著其縷之精麤也、升數在齊衰之中者、不敢以兄弟之服服至尊也、

大功八升。若九升。小功十升。若十一升。此以小功受大功之差也、不言七升者、主於受服、欲其文相値、言服降而在大功者衰七升、正服衰八升、其冠皆十升、義服九升、其冠十一升、亦皆以其冠爲受也、斬衰受之以下大功、受之以正者、重者輕之、輕者從禮、聖人之意然也、其降而在小功者、衰十升、正服衰十一升、義服衰十二升、皆以卽

葛及緦麻無受也此大功不言受者其章既著之

儀禮

鄭氏註　　濟陽張爾岐句讀

士喪禮第十二

鄭目錄云士喪其父母自始死至於既殯之禮喪於五禮屬凶大戴第四小戴第八別錄第十二○疏云鄭直云士喪父母不言妻與長子二者亦依士禮

士喪禮。死於適室。幠用斂衾。適室正寢之室也疾者齊故于正寢焉疾時處北牖下死而遷之南牖下有牀衽幠覆也斂衾大斂所幷用之衾衾被也小斂之衾當陳喪大記曰始死遷尸于牀幠用斂衾去死衣○疾者齊以正性情故必於正寢若卽安燕寢與側室者是不得其正君大夫士皆小斂一衾大斂二衾始死大斂未至故且以其一覆尸至大斂則一以爲薦一以爲覆故註云大斂所幷用之衾也不用小斂衾者以小斂時近其衾當陳故不用死衣病時所加新衣也○幠火吳反斂力豔反

復者一人。以爵弁服。簪裳于衣。左何之。扱領于帶。復者有司招魂復魂也天子則夏采祭僕之屬諸侯則小臣爲之爵弁服純衣纁裳也禮以冠名服簪連也○復者招魂

使反檀弓所謂孝子盡愛之道有禱祀之心焉者是也復者人數多少各如其命之數士一命故一人簪裳于衣連綴其裳于衣之下也扱領于帶者平叠衣裳使領與帶齊并何於左肩以便升屋也夏采祭僕周禮二官名掌復事者但用純衣纁裳不用爵弁而云爵弁服是以冠名其服也○簪側林反純側其反

升自前東榮中屋北面招以衣。曰皐某復三。降衣于前。北面招求諸幽之義也皐長聲也某死者之名也復反也降衣下之也喪大記曰凡復男子稱名婦人稱字○榮屋翼也復聲必三者禮成于三前謂前檐○中如字

受用篋。升自阼階。以衣尸。受者受之於庭也復者其一人招則受衣亦一人也人君則司服受之衣尸者覆之若得魂反之○此復衣以覆尸浴則去之不以襲斂○衣於旣反

復者降自後西榮。不由前降不以虛反也降因徹西北扉若云此室凶不可居然也自是行死事○詘言徹西北扉蓋以喪大記云將沐甸人取所徹廟之西北扉薪用之故云復者降時徹之其爲說近誣○扉扶味反

右復魂復者猶冀其生復而不生始行死事、

楔齒用角柶、爲將含恐其口閉急也。○楔息結反綴足用燕几。綴猶拘也爲將屨恐其辟戾也今文綴爲對。○案記云綴足用燕几校在南御者坐持之註云校脛也尸南首几脛在南以拘足則不得辟戾矣是几兩頭有脛側立此几並排兩足於兩脛之間以夾持之也。○綴丁劣反奠脯醢醴酒升自阼階奠于尸東。鬼神無象設奠以憑依之。○案檀弓曾子曰始死之奠其餘閣也與餘閣者閣中之餘食也疏以爲無過一豆一籩醴酒亦科用其一、帷堂。事小訖也。○案檀弓曾子曰尸未設飾故帷堂小斂而徹帷以此時尚未襲斂暫帷堂以爲蔽故鄭云事小訖、

右事死之初事喪禮凡二大端一以奉體魄一以事精神楔齒綴足奉體魄之始奠脯醢事精神之始也

乃赴于君。主人西階東南面命赴者拜送。赴告也。臣君之股肱耳目，死當有恩。○大夫以上父兄命赴者，士則主人親命。有賓則拜之。賓僚友羣士也。其位猶朝夕哭矣。○凶命赴遂拜賓，不然則不出。疏曰：云其位猶朝夕哭矣者，謂賓弔位猶如賓朝夕哭位。其主人之位則異於朝夕，而在西階東南面拜之，拜訖西階下東面，下經所云拜大夫之位是也。朝夕哭位詳見後。

右使人赴君。

入坐于牀東。衆主人在其後。西面。婦人俠牀東面。衆主人，庶昆弟也。婦人，謂妻妾子姓也，亦適妻在前。○入坐云者，承上文出命赴、拜賓訖，復入此位也。○俠古洽反。親者在室。謂大功以上父兄姑姊妹子姓在此者。衆婦人戶外北面。衆兄弟堂下北面。衆婦人、衆兄弟，小功以下。

右主人以下室中哭位。愚案主人哭位，唯小斂以前在此。小斂後，則在階下矣。

君使人弔。徹帷。主人迎于寢門外。見賓不哭。先入門右北面。使人，士也。禮使人必以其爵。使者至，使人入將命，乃出迎之。寢門，內門也。徹帷，扆之，事畢則下之。○扆，苞據反　弔者入升，自西階東面。主人進中庭。弔者致命。主人不升，賤也。致命曰：君聞子之喪，使某，如何不淑。○疏云：大夫之子，得升受命，乃降拜。　主人哭。拜稽顙成踊。稽顙，頭觸地。成踊，三者三。　賓出。主人拜送于外門外。

右君使人弔。

記曰：尸在室，有君命，眾主人不出。

君使人襚。徹帷。主人如初。襚者左執領，右執要，入升致命。襚之言遺也。衣被曰襚。致命曰：君使某襚。○疏曰：云主人如初者，如上弔時，迎于寢門外以下之事也。　主人拜如初。襚者入。衣尸。出。主人拜送如初。○疏曰、云主人拜如初者、亦如上主人進中庭哭拜稽顙成踊、唯君命出。升降自西階。遂拜賓。有大夫。則特拜之。即位于西階下。東面。不踊。大夫雖不辭。入也。唯君命出、以明大夫以下時來弔襚、不出也、始喪之日、哀戚甚、在室、故不出拜賓也、大夫則特拜、別於士旅拜也、即位西階下、未忍在主人位也、不踊、但哭拜而已、不辭而主人升入、明本不爲賓出、不成禮也、

右君使人襚、疏云、君襚雖在襲前、襲與小斂俱不得用、大斂乃用之、

親者襚。不將命。以即陳。大功以上、有同財之義也、不將命、不使人將之致於主人也、即陳、陳在房中、

庶兄弟襚。使人以將命于室。主人拜于位。委衣于尸東牀上。庶兄

弟即衆兄弟也變衆言庶容同姓耳將命曰某使某襚拜于位室中位也○委衣者將命者委之也朋友襚親以進主人拜委衣如初退哭不踊親以進親之恩也退下堂反賓位也主人徒哭不踊別於君襚也○委衣如初如其于尸東牀上委之者朋友也徹衣者執衣如襚以適房凡於襚者出有司徹衣○疏曰執衣如襚者上文君襚之時襚者左執領右執要此徹衣者亦左執領右執要故云如襚也

右親者庶兄弟朋友襚

爲銘各以其物亡則以緇長半幅䞓末長終幅廣三寸書銘于末曰某氏某之柩銘明旌也雜帛爲物大夫之所建也以死者爲不可別故以其旗識識之愛之斯錄之矣亡無也無旗不命之士也半幅一尺終幅二尺在棺爲柩今文銘爲旃也○䞓丑貞反竹杠長三尺置于宇西階上杠銘橦也宇梠也○宇檐下也疏云此始造銘且置宇下西階上待爲重訖置于重卒塗殯置于肂○橦

丈江反

右爲銘

甸人掘坎于階間少西爲垼于西牆下東鄉甸人有司主田野者垼塊竈西牆中庭之西今文鄉爲西○坎以埋沐浴餘潘及巾柶等塊竈以煮潘水○掘其物反垼音役鄉許亮反

新盆槃瓶廢敦重鬲皆濯造于西階下新此瓦器五種者重死者盆以盛水槃承渜濯瓶以汲水也廢敦敦無足者所以盛米也重鬲鬲將縣於重者也濯滌溉也造至也猶饌也以造言之喪事遽○槃承渜濯罝尸牀下承之○敦音對重直容反鬲音歷造七到反

右沐浴含飯之具陳於階下者

陳襲事于房中西領南上不綪襲事謂衣服也綪讀爲絳屈也襲事少上陳而下不屈江沔之

閒謂縈收繩索爲綪古文綪皆爲精○不綪者以衣裳少單行列去可盡不須屈轉重列也○綪註作綪側庚反明衣
裳用布所以親身爲圭潔也鬠笄用桑長四寸緌中桑之爲言喪也用爲笄取其名也長四寸
不冠故也緌笄之中央以安髮○鬠髻也會聚其髮也
緌中者兩頭闊中央狹則於髮安也○鬠音膾緌音蕤布巾環
幅不鑿環幅廣袤等也不鑿者士之子親含反其巾而已大夫
以上賓爲之含當口鑿之嫌有惡古文環作還○布巾
爲飯含而設所以覆死者面○廣古曠反袤音茂掩練帛廣終幅長五尺析其末掩裹首也
析其末爲將結於頤下又還結於項中瑱用白纊瑱充耳纊新綿○瑱他見反幎目用緇方尺
二寸赬裏著組繫幎目覆面者也幎讀若詩曰葛藟縈之之縈赬赤也著充之以絮也組繫爲可結也○四
角有繫於後結之○幎音縈握手用玄纁裏長尺二寸廣五寸牢中旁寸著
組繫牢讀爲樓樓謂削約握之中央以安手也今文樓爲緌旁爲方○牢中旁寸者削約其中一股之兩旁各一寸兩頭

皆廣五寸中央容四指處廣三寸也○牢音樓決用正王棘若檡棘組繫纊極二決猶闓也挾弓以橫執弦詩云決拾既佽正善也王棘與檡棘善理堅刃者皆可以爲決極猶放弦也以沓指放弦令不挈指也生者以朱韋爲之而三死用纊又二明不用也古文王爲三今文檡爲澤世俗謂王棘矺鼠○決著于右手巨指極冒於食指中指無名指皆射所用具備之以象生示組繫極之繫也○檡音澤矺音託冒緇質長與手齊經殺掩足質韜尸者制如直囊上曰質下曰殺質正也其用之先以殺韜足而上後以質韜首而下齊手上玄下纁象天地也喪大記曰君錦冒黼殺綴旁七大夫玄冒黼殺綴旁五士緇冒赬殺綴旁三凡冒質長與手齊殺三尺○綴旁者綴質與殺相接之處使相連也○冒亡報反殺所界反爵弁服純衣謂生時爵弁所服之服也純衣者纁裳古者以冠名服死者不冠○爵弁服即士之常服以助祭者也○純莊其反皮弁服皮弁所衣之服也其服白布衣素裳也○皮弁者於天子爲視朝之服諸侯大夫士則爲視朔之服也褖衣黑衣裳赤褖之謂褖褖之言緣也所以表袍者也喪大記曰衣必有裳袍

必有表不襌謂之一稱古文褖爲緣○疏云此褖衣則玄端又云連衣裳以其用之以表袍袍連衣裳故也又引雜記子羔襲用税衣纁袡曾子曰不襲婦服則此褖衣不用赤緣註云赤緣之謂褖者只證其名同耳○褖他亂反

緇帶黑繒之帶○疏云上陳三服同用一帶

靺韐一命縕韍○合赤韋爲之故名靺韐亦名縕韍三服其設靺韐亦如帶矣○靺音妹韐古荅反縕音温韍音弗

竹笏笏所以書思對命者玉藻曰笏天子以璆玉諸侯以象大夫以魚須文竹士以竹本象可也又曰笏度二尺有六寸其中博三寸其殺六分而去一又曰天子搢珽方正於天下也諸侯荼前詘後直讓於天子也大夫前詘後詘無所不讓今文笏作忽

夏葛屨冬白屨皆繶緇絇純組綦繫于踵冬皮屨變言白者明夏時用葛亦白也此皮弁之屨士冠禮曰素積白屨以魁柎之緇絇繶純純博寸綦屨係也所以拘止屨也綦讀如馬絆綦之綦○按士冠禮云素積白屨此皮弁之屨也疏云三服相參帶用玄端屨用皮弁靺韐用爵弁各用其一以當三服又云繶謂條在牙底相接之縫中絇在屨鼻純謂緣口皆以條爲之○繶於力反綦音其絇其于反相方于反

庶襚

繼陳不用、庶衆也、不用、不用襲也、多陳之爲榮、少納之爲貴、○庶繼親者庶兄弟朋友所繼、繼陳謂繼襲衣之下陳之、此不用以襲、至小斂則用之、唯君繼至大斂乃用也、

右陳襲事所用衣物于房中、

貝三實于笄。貝水物、古者以爲貨、江水出焉、笄竹器名、稻米一豆實於筐。豆四升、沐汁

浴巾二。皆用綌於笄。巾所以拭汙垢、浴巾二者上體下體異也、綌麤葛、○疏云此士禮上下同用綌、玉藻云浴用二巾、上絺下綌、彼據大夫以上、櫛於簞。簞、葦笥、浴衣於篋。浴衣已浴所衣之衣、以布爲之、其制如今通裁、○浴衣既浴著之以晞身、皆饌于西序下南上。皆者皆貝以下、東西牆謂之序、中以南謂之堂、

右沐浴飯含之具陳于序下者、

管人汲，不說繘，屈之。管人，有司主館舍者。不說繘，將以就祝濯米，屈縈也。○喪事遽，故汲水者不解脫其繘，但縈屈之，往就用處。○繘，君必反。祝淅米于堂，南面，用盆。祝，夏祝也。淅，汏也。管人盡階，不升堂，受潘，煮于垼，用重鬲。盡階，三等之上。喪大記曰：管人受沐，乃煮之。甸人取所徹廟之西北厞薪，爨之。○潘，淅米汁，所用以沐者也。○潘，芳元反。祝盛米于敦，奠于貝北。復於筐處也。○盛音成。士有冰，用夷槃可也。謂夏月而君加賜冰也。夷槃，承尸之槃。喪大記曰：君設大槃造冰焉，大夫設夷槃造冰焉，士併瓦槃無冰，設牀襢笫，有枕。○夷槃造冰本大夫禮，君加賜有冰，則用夷槃可也。造，猶內也。○襢，之善反。笫，莊矣反。外御受沐入。外御，小臣侍從者。沐，管人所煮潘也。主人皆出，戶外北面。象生平沐浴裸裎，子孫不在旁，主人出而襢笫。○襢笫，去牀，盝水便也。乃沐，櫛，挋用巾。挋，晞也，清也，古文挋皆作振。○疏云：挋謂拭也。櫛訖，又以巾拭髮，拭訖，仍未作紒，待蚤揃訖，乃鬠用組，是其次也。○挋，之愼反。揃，同翦。浴，用巾，挋用浴衣。用巾用拭之也喪大記曰御者二人浴浴水用盆沃水用枓○枓音主渜濯棄于坎。沐浴餘潘水巾櫛浴衣亦幷棄之古文渜作緣揃浨之間語蚤揃如他日。蚤讀爲爪斷爪揃鬚也人君則小臣爲之他日平生時○蚤字一讀如云蚤則揃之揃鬚雖本喪大記恐非此處經意○蚤音爪下鬌蚤同揃子前反鬠用組。乃笄。設明衣裳。用組組束髮也古文鬠皆爲括○疏云鬠紒乃可設明衣以蔽體是其次也主人入即位。已設明衣可以入也

右沐浴

商祝襲祭服褖衣次。商祝祝習商禮者商人教之以敬於接神宜襲布衣牀上祭服爵弁服皮弁服皆從君助祭之服大蜡有皮弁素服而祭送終之禮也襲衣於牀牀次含牀之東衽如初也喪大記曰含一牀襲一牀遷尸於堂又一牀○此但布衣牀上尙未襲而云襲者衣與衣相襲而布之也其布衣先祭服次褖衣至襲于尸則褖衣近明祭服在外

主人出南面左袒。扱諸面之右。盥于盆上。洗貝執以入宰洗柶。建于米。執以從。倶入尸西鄉也。今文宰不言執。○扱諸面之右，面前也。謂袒左袂扱於右腋之下帶之內。盆卽前淅米盆。盥手、洗貝洗柶笲於其上，洗貝執以入。洗訖，還於笲內執以入。宰洗柶建于米，亦於廢敦之內建之。商祝執巾從入。當牖北面。徹枕。設巾。徹楔。受貝。奠于尸西。當牖北面，直尸南也。設巾，覆面，爲飯之遺落米也。如商祝之事位，則尸南首明矣。○疏曰：云受貝者，就尸東主人邊受取笲貝，從尸南過奠尸西牀上，以待主人親含也。主人由足西牀上坐東面。不敢從首前也。祝受貝米奠之口實，不由足也。○祝受貝由尸南奠尸西，故主人空手由足過。祝又受米。奠于貝北。宰從立于牀西在右。米在貝北，便扱者也。宰立牀西，在主人之右，當佐飯事。○祝於宰邊受米訖，宰亦從主人由足而西。主人左扱米實于右。三。實一貝。左中亦如之。又實米唯盈。于右，尸口之右。唯盈，取滿而已。○疏云右

謂口東邊也、主人襲反位。襲復衣也、位在尸東、

右飯含、

商祝掩瑱設幎目乃屨綦結于跗連絇。掩者先結頤下既瑱幎目乃還結項也跗足上
也絇屨飾如刀衣鼻在屨頭上以餘組連之止足坼也○疏云掩有四腳後二腳先結頤下待設瑱塞耳并設幎目乃結項後
也連絇者屨綦既結以餘組穿連兩屨之絇使兩足不相離也○跗芳于反乃襲三稱。遷尸於襲上而衣之凡衣
死者左衽不紐襲不言設牀又不言遷尸於襲上以其居當牖無大斂○三稱爵弁服皮弁服褖衣也上文已布之含東牀上
今飯含訖乃遷尸就其上而衣之也左衽不紐出喪大記衽鄉左反生時也不紐謂束畢結之示不復解也○稱尺證反明
衣不在筭。筭數也不在數明衣襌衣不成稱也○註疏皆以明衣襌不成稱故不筭愚謂此親體之衣非法服故不
筭也設韐。帶搢笏。韐帶韎韐緇帶不言韎緇者省文亦欲見韐自有帶韐帶用革搢插也插於帶之右旁古文韐

為合也○疏云生時緇帶以束衣革帶以佩韍玉之等生時有二帶死亦備此二帶**設決麗于掔自飯持之設握乃連掔**○麗施也掔手後節中也飯大擘指本也決以韋為之籍有彄彄內端為紐外端有橫帶設之以紐環大擘本也因沓其彄以橫帶貫紐結於掔之表也設握者以綦繫鉤中指由手表與決帶之餘連結之此謂右手也古文麗亦為連掔作捥○其左手無決者則下記云設握裏親膚繫鉤中指結于掔是也○掔烏亂反彄苦侯反環音患**設冒櫜之幠用衾**○櫜韜盛物者取事名焉衾者始死時斂衾今文櫜為櫜○櫜古刀反**巾柶鬠蚤埋于坎**○坎至此築之也將襲辟奠既則反之○巾柶用以飯合者鬠亂髮蚤手足爪辟奠即始死之奠設于尸東者方襲時辟之襲訖則反之尸東此奠襲後又名襲奠○鬠音獪

右襲尸

重木刊鑿之甸人置重于中庭三分庭一在南○木也懸物焉曰重刊斲治鑿之

爲縣鑿孔也。士重木長三尺。○設重以依神，以其木有物懸于下，相重累，故得重名。即下文二鬲粥也。參分庭一在南者，其置重處當中庭三分之一，而在其南，其北一分，其南二分也。據既夕篇置重如初，疏云亦如上篇三分庭，一在南，二在北，而置之，是置重處在中庭近南。愚謂重以依神，若置之近南，殆若推而遠之矣，且參分庭句，一在南句，亦覺不文。案本經言參分庭一在南者不一，其自外入而言參分庭一在南者，據外而言近南者也；其自內出而言參分庭一在南者，據內而言近北者也。重固自內出者也。

夏祝鬻餘飯，用二鬲于西牆下。夏祝，祝習夏禮者也。夏人教以忠，其於養宜。鬻餘飯，以飯尸餘米爲鬻也。重，主道也。士二鬲，則大夫四，諸侯六，天子八，與簋同差。○上文甸人爲竈西牆下，至此夏祝以歠尸餘米煮爲粥，而盛于鬲。

幂用疏布，久之，繫用靲，縣于重。幂用葦席，北面，左衽，帶用靲，賀之，結于後。久讀爲灸，謂以蓋塞鬲口也。靲，竹䈸也。以席覆重，辟屈而反，兩端交於後，左衽，西端在上。賀，加也。古文幂皆作密。○以粗布爲鬲之幂，塞令堅固可久。以竹䈸爲索，繫鬲貫重木鑿孔中而懸之。又以葦席北

向拵重東端爲下向西西端爲上向東又以竹簦爲帶加束之而結于後○軨圖解軨蔑通張鳳翔本軨音今字彙音琴簦音蔑

祝取銘置于重。祝習周禮者也

右設重以上並始死之日所用之禮

厥明陳衣于房南領西上綪絞橫三縮一廣終幅析其末。綪屈也絞所以收束衣服爲堅急者也以布爲之縮從也橫者三幅從者一幅析其末者令可結也喪大記曰絞一幅爲三○厥明者繼昨日而言死之第二日也此下爲將小斂陳其衣物奠牲○從子容反

緇衾赬裏無紞。紞被識也斂衣或倒被無別於前後可也凡衾制同皆五幅也○紞丁感反

祭服次。爵弁服皮弁服

散衣次。褖衣以下袍繭之屬

凡十有九稱。祭服與散衣

陳衣繼之。庶襚

不必盡用。取稱而已不務多○盡津忍反

右陳小斂衣

饌于東堂下，脯醢醴酒，冪奠用功布，實于簞，在饌東。功布，鍛濯灰治之布也。凡在東西堂下者，南齊坫。古文奠為尊。○坫在堂隅。設盆盥于饌東，有巾。為奠設盥也。喪事略，故無洗也。○為設奠人設。

有饌小斂奠及設東方之饌

苴絰大鬲，下本在左，要絰小焉，散帶垂長三尺。牡麻絰，右本在上，亦散帶垂，皆饌于東方。苴絰，斬衰之絰也。苴麻者，其貌苴，以為絰。服重者尚麤惡。絰之言實也。鬲，搤也。中人之手搤圍九寸，絰帶之差自此出焉。下本在左，重服統於內而本陽也。要絰小焉，五分去一。牡麻絰者，齊衰以下之絰也。牡麻絰者，其貌易，服輕者宜差好也。右本在上，服輕本於陰而統於外。散帶之垂者，男子之道文多變也。饌于東方，東坫之南，苴絰為上。○疏云：此小斂絰有散麻帶垂之，至三日成服絞之。婦人初而絞之，與小功以下男子同。饌于東方，堂上坫南非堂下也。○鬲音革，差初賣反。婦人之帶，牡麻結本，在房。婦人亦有苴絰，但言帶者，記其異。此齊衰婦人，斬衰婦人，亦有苴絰也。

右陳小斂絰帶。

牀笫夷衾，饌于西坫南。笫，簀也。夷衾，覆尸之衾。喪大記曰：自小斂以往，用夷衾。夷衾質殺之裁猶冒也。○夷衾之制，如作冒者，上以緇爲質，下以經爲殺，但連而裁之爲不同耳。西方盥，如東方。爲舉者設盥也。如東方者，亦用盆布巾，饌於西堂下。○舉者，爲將舉尸者。

右陳牀笫夷衾及西方之盥。

陳一鼎于寢門外，當東塾，少南，西面。其實特豚，四鬄，去蹄，兩胉，脊、肺。設扃鼏，鼏西末。素俎在鼎西，西順，覆匕，東柄。鬄，解也。四解之，殊肩髀而已、喪事略、去蹄、去其甲、爲不潔清也、胉脅也、素俎、喪尚質、既饌、將小斂、則辟襲奠、今文蹄爲剔、胉爲迫、古文鼏爲密、○疏云、辟襲奠、亦當於室之西南隅、如將大斂辟小斂奠於序西南也、○蹄他歷反、胉音博

右陳鼎實、○以上小斂待用衣物、計五節、

士盥、二人以並、東面立于西階下、○立、俟舉尸也、今文並爲併、○舉尸、謂從襲牀遷尸於戶內服上、布席于戶內、下莞上簟、○有司布斂席也、商祝布絞衾散衣祭服、祭服不倒、美者在中、○斂者趨方、或顛倒衣裳、祭服尊、不倒之也、美善也、善衣後布、於斂則在中也、既後布祭服而又言善者在中、明每服非一稱也、○按疏云、斂衣半在尸上、是有藉者、有覆者、既云十九稱、取法天地之終數、當以十爲藉、九爲覆也、其斂法、於戶內地上布席、席上布絞衾、絞衾上布衣、遷尸衣上、復用衣加尸上、乃結絞衾也、士舉遷尸反位、○遷尸於服上、設牀第于兩楹之間、衽如初、有枕、○衽、寢臥之席也、亦下莞上簟、○此牀

待斂後俠尸衽如初，如戶內之莞簟也。**卒斂，徹帷。**尸已飾。**主人西面馮尸，踊無算。主婦東面馮，亦如之。**馮，服膺之。馮音憑，下同。**主人髻髮袒。眾主人免于房。**始死，將斬衰者雞斯，將齊衰者素冠。今至小斂變，又將初喪服也。髻髮者，去笄纚而紒。眾主人免者，齊衰將袒，以免代冠。冠，服之尤尊，不以袒也。免之制未聞，舊說以為如冠狀，廣一寸。喪服小記曰：斬衰髻髮以麻，免而以布。此用麻布為之，狀如今之著幓頭矣。自項中而前，交於額上，卻繞紒也。于房、于室，釋髻髮宜於隱者。今文免皆作絻，古文髻作括。○髻音括，免音問，絻音問。**婦人髽于室。**始死，婦人將斬衰者，去笄而纚；將齊衰者，骨笄而纚。今言髽者，亦去笄纚而紒也。齊衰以上至笄猶髽。髽之異於髻髮者，既去纚而以髮為大紒，如今婦人露紒，其象也。檀弓曰：南宮縚之妻之姑之喪，夫子誨之髽曰：爾毋縱縱爾，爾毋扈扈爾。其用麻布，亦如著幓頭然。○髽，側瓜反。**士舉男女奉尸侇于堂。幠用夷衾。男女如室位，踊無算。**侇之言尸也。夷衾，覆尸柩之衾也。堂，謂楹間牀笫上也。今文侇作夷。○疏云：初死，幠用大斂之衾以小斂之衾當陳今小斂後大斂之衾當擬大斂故用覆棺之夷衾以覆尸也○侇音夷　主人出于足降自西階眾主人東即位婦人阼階上西面主人拜賓大夫特拜士旅之即位踊襲絰于序東復位○拜賓鄉賓位拜之也即位踊東方位襲絰于序東東夾前○主人降西階拜賓訖鄉東方阼階下即西面位踊踊訖襲絰主人至此始即阼階下位也

右小斂侇尸及主人主婦袒髻免髽襲絰之節

乃奠○祝與執事爲之　舉者盥右執匕郤之左執俎橫攝之入阼階前西面錯錯俎北面○舉者盥出門舉鼎者右人以右手執匕左人以左手執俎因其便也攝持也西面錯錯鼎於此宜西面錯俎北面俎宜西順之○錯七故反下同　右人左執匕抽扃予左手兼執之取鼏委于鼎北加扃不坐○抽扃取鼏加扃於鼎上皆右手今文扃爲鉉古文予爲于鼏爲密　乃朼○

載。載兩髀于兩端。兩肩亞。兩胉亞。脊肺在於中。皆覆。進柢。執而俟。乃朼以朼次出牲體右人也載受而載於俎左人也亞次也凡七體皆覆爲塵柢本也進本者未異於生也骨有本末古文朼爲匕髀爲脾今文胉爲迫柢皆爲胝○皆覆謂牲體皆覆設之○朼必李反柢丁計反胝音帝夏祝及執事盥。執醴先。酒脯醢俎從。升自阼階。丈夫踊。甸人徹鼎。巾待于阼階下。執事者諸執奠事者巾功布也執者不升已不設祝既錯醴將受之奠于尸東。執醴酒北面西上。執醴酒者先升尊也立而俟後錯要成也豆錯俎錯于豆東立于俎北西上醴酒錯于豆南。祝受巾巾之。由足降自西階。婦人踊。奠者由重南東。丈夫踊。巾之爲塵也東反其位○立于俎北西上奠豆俎之人也俟祝畢事同由足降自西階疏云主人位在阼階下婦人位在上故奠者升丈夫踊奠者降婦人踊各以所見先後爲踊之節也奠者由重南東丈夫踊者奠者奠訖主人見

[illegible]之、叓與主人爲踊節也、又以其重主道、神所憑依、故必由重南東過、是以主人又踊也、賓出。主人拜送于門外。廟門外也、○此賓爲小斂來者、註云廟、卽此適寢、蓋以鬼神所在、則曰廟、故名適寢爲廟也、

右小斂奠

乃代哭。不以官。代、更也、孝子始有親喪、悲哀憔悴、禮防其以死傷生、使之更哭、不絕聲而已、人君以官尊卑、士賤、以親疏爲之、三日之後、哭無時、周禮、挈壺氏、凡喪縣壺以代哭、喪大記、君喪縣壺乃官代哭、大夫官代哭不縣壺、士代哭不以官、

此小斂後節哀之事、

有襚者。則將命。擯者出請入告。主人待于位。喪禮略於威儀、既小斂、擯者乃用辭、出請之辭曰、孤某使某請事、擯者出告須。以賓入。須、亦待也、出告之辭曰、孤某須矣、賓入。中

庭北面致命主人拜稽顙賓升自西階出于足西面委衣如於室禮降出主人出拜送衣尸東牀上也如於室禮亦委朋友親襚如初儀西階東北面哭踊三降主人不踊朋友既委衣又還哭於西階上不背主人襚者以褶則必有裳執衣如初徹衣者亦如之升降自西階以東帛爲褶無絮雖複與禪同有裳乃成稱不用表也以東藏以待事也古文褶爲襲○執衣如初謂左執領右執要如君襚時○褶音牒

右小斂後致襚之儀○以上皆親喪第二日禮

宵爲燎于中庭宵夜也燎大燭○按下記云既襲宵爲燎于中庭是未殯前夜皆設燎也○燎力召反厥明滅燎陳衣于房南領西上綪絞紟衾二君襚祭服散衣庶襚凡三十稱紟不在算不必盡用紟單被也衾二者始死斂衾今又復制也小斂衣數自天子達

大斂則異矣、喪大記曰、大斂布絞縮者三、橫者三、○紟其鴆反東方之饌兩瓦甒、其實醴酒、角觶、木柶。毼豆兩、其實葵菹芋、蠃醢。兩籩無縢。布巾。其實栗不擇。脯四脡。此饌但言東方、則亦在東堂下也、毼白也、齊人或名全菹爲芋、縢緣也、詩云、竹柲緄縢、布巾、籩巾也、籩豆具而有巾、盛之也、特牲饋食禮有籩巾、今文蠃爲蝸、古文縢爲甸、○毼亡甫反、毼音曷、蠃力禾反、縢大登反、脡大頂反、緄古本反、

奠席在饌北。斂席在其東。大斂奠而有席、彌神之、

掘肂見衽。肂、埋棺之坎也、掘之於西階上、衽、小要也、喪大記曰、君殯用輴、欑至于上、畢塗屋、大夫殯以欑、欑置于西序、塗不暨于棺、士殯見衽、塗上、帷之、又曰、君蓋用漆、三衽三束、大夫蓋用漆、二衽二束、士蓋不用漆、二衽二束、○見衽者、其所掘坎淺深之節也、衽小要也、所以聯合棺蓋縫者、今謂之銀錠扣、見衽者、坎不沒棺、其衽見於上、註引喪大記、三衽三束、謂每一面三處用衽、又以皮三處束之也、○肂以二反、衽而甚反、要一遙反、輴喪大記音春、欑在官反、

棺入、主人不哭。升棺用軸。蓋在下。軸、輁

〔軸也輁狀如牀軸其輪輓而行○軸長六反輁九勇反〕敖黍稷各二筐有魚腊饌于西坫南。〔敖所以惑蚍蜉令不至棺旁也爲舉者設盆盥於西○敖五刀反〕陳三鼎于門外北上豚合升魚鱄鮒九腊左胖髀不升其他皆如初。〔合升合左右體升於鼎其他皆如初謂豚體及匕俎之陳如小斂時合升四鬄亦相互耳○鱄市轉反鮒音附胖音判〕燭俟于饌東。〔燭燋也饌東方之饌有燭者堂雖明室猶闇火在地曰燎執之曰燭〕

右陳大斂衣奠及殯具

祝徹盥于門外入升自阼階丈夫踊。〔祝徹祝與有司當徹小斂之奠者小斂設盥于饌東有巾大斂設盥于門外彌有威儀○祝徹謂祝與徹二事之人疏云陳大斂饌訖當設盥於門外〕祝徹巾授執事者以待。〔授執巾者於尸東使先待於阼階下爲大斂奠又將巾之祝還徹醴也○巾覆小斂奠者也今徹奠故先徹巾、待設大斂奠復用之徹饌。先取醴酒。北面。北面立、相待俱降、其餘取先設者出于足。降自西階。婦人踊。設于序西南。當西榮。如設于堂。爲求神於庭、孝子不忍使其親須臾無所馮依也、堂謂尸東也、凡奠設于序西南者、畢事而去之、○疏云、但將設後奠、則徹先奠於西序南、後奠事畢、則去之醴酒位如初。執事豆北南面東上。如初者、如其醴酒北面西上也、執醴尊、不爲便事變位、○醴酒、執醴執酒之人、執事、執豆俎之人、立于豆北相待、設酒醴訖、同東適新饌也乃適饌。東方之新饌、○執事者適新饌處以待事

右徹小斂奠、

帷堂。徹事畢、○始爲大斂將遷尸、故帷之婦人尸西東面。主人及親者升自西階。出于足。西面袒。袒、大斂變也、不言髽免髻髮、小斂以來自若矣、士盥位如初。亦既盥竝立西階下、

有席如初。亦下莞上簟，鋪於阼階上，於楹間爲少南。商祝布絞紟衾衣。美者在外。君襚不倒。至此乃用君襚，主人先自盡。有大夫則告。後來者，則告以方斂，非斂時則當降拜之。○註解有大夫爲後來者，以此此日大夫皆爲視斂來，其蚤至者則升自西階，北面視斂，如記所陳也。士舉遷尸復位。主人踊無筭。卒斂。徹帷。主人馮如初。主婦亦如之。疏曰，士舉遷尸，謂從戶外夷牀上，遷尸於斂上。

右大斂。

主人奉尸斂于棺。踊如初。乃蓋。棺在肂中，斂尸焉，所謂殯也。檀弓曰，殯于客位。主人降拜大夫之後至者。北面視肂。北面於西階東。衆主人復位。婦人東復位。阼階上下之位。設熬，旁一筐。乃塗。踊無筭。以木覆棺上而塗之，爲火備。卒塗。祝取銘置于建。主人復位，踊，襲。為銘設柎，樹之建東。

右殯。

乃奠燭，升自阼階。祝執巾席從，設于奧，東面。執燭者先升堂照室，自是不復奠於尸。祝執巾與執席者從入，為安神位。室中西南隅謂之奧。執燭南面，巾委於席右。祝反降，及執事執饌。東方之饌。士盥，舉鼎入，西面北上，如初。載，魚左首，進鬐，三列，腊進柢。如初，如小斂舉鼎執匕俎扃鼏朼載之儀。魚左首，設而在南。鬐，脊也。左首進鬐，亦未異於生也。凡未異於生者，不致死也。古文首為手，鬐為耆。○疏云：案公食右首進鬐，此云左首，則與生異，而云亦未異於生者，彼公食言右首，據席而言；此左首，據載者而言。若設於席，則亦右首也。○鬐，巨之反。祝執醴如初，酒、豆、籩、俎從，升自阼階。丈夫踊。甸人徹鼎。如初，祝先升。奠由楹內入于室，醴酒北面。亦如初。設豆右菹。菹南栗。栗東脯。豚當豆。魚次腊。特于俎北。醴酒在籩南。巾如初。右菹，菹在醢南也。此左右異於魚者，載者統於執，設者統於席。醴當栗南，酒當脯南。○註載者二句，言其載俎時則以執者之左右爲左右，及設於席則以席之左右爲左右也。既錯者出。立于戶西。西上。祝後闔戶。先由楹西。降自西階。婦人踴。奠者由重南東。丈夫踴。爲神馮依之也。○闔，戶臘反。

右大斂奠、

賓出。婦人踴。主人拜送于門外。入。及兄弟北面哭殯。兄弟出。主人拜送于門外。小功以下至此可以歸，異門大功亦存焉。衆主人出門。哭止。皆西面于東方。闔門。○東方，門外之東方。闔門，內人闔廟門。主人揖就次。次，謂斬衰倚廬，齊衰堊室也。大

功有帷帳、小功緦麻有牀第可也。○揖就次、相揖各就其次也。○堊於各反

右大斂畢送賓送兄弟及出就次之儀。

君若有賜焉，則視斂。既布衣，君至。賜，恩惠也。斂，大斂。君視大斂，皮弁服襲裘。主人成服之後往，則錫衰。主人出迎于外門外，見馬首，不哭。還入門右，北面，及衆主人袒。不哭，厭於君，不敢伸其私恩。巫止于廟門外，祝代之。小臣二人執戈先，二人後。巫掌招彌以除疾病。小臣掌正君之法儀者。周禮男巫王弔則與祝前，喪祝王弔則與巫前。檀弓曰：君臨臣喪，以巫祝桃茢執戈以惡之，所以異於生也。皆天子之禮。諸侯臨臣之喪，則使祝代巫，執茢居前，下天子也。小臣，君行則在前後，君升則俠阼階北面。凡宮有鬼神曰廟。君釋菜，入門，主人辟。釋菜者，祝為君禮門神也。必禮門神者，明君無故不來也。禮運曰：諸侯非問疾弔喪而入諸臣之家，是謂君臣為謔。○菜七代反

君升自阼階西

祝負墉南面、主人中庭。祝南面房中東鄉君、牆謂之墉、主人中庭、進益北、○祝相君之禮、故須鄉君。君哭、主人哭、拜稽顙。成踊、出。出、不敢必君之卒斂事、君命反行事。主人復位。大斂事、君升主人。主人西楹東北面。命主人使之升、升公卿大夫。繼主人東上。乃斂。公、大國之孤、四命也、春秋傳曰、公在壑谷、○繼主人、繼主人而西、卒。公卿大夫逆降、復位。主人降、出。逆降者、後升者先降、位、如朝夕哭弔之位、○疏云、卒者、謂卒斂也、主人降出者、亦是不敢久留君、出謂主人出、鄉門外立、君反主人。主人中庭。君坐撫當心。主人拜稽顙。成踊、出。撫、手案之、凡馮尸、興必踊、今文無成、君反之、復初位。眾主人辟于東壁南面。以君將降也、南面則當坫之東、○疏云、初位、即中庭位、○辟婢亦反、君降西鄉、命主人馮尸。主人升自西階、由足西面馮尸。不當君所、踊。主婦東面馮、亦如之。

君必降者、欲孝子盡其情。○不當君所、不當君所撫之處也、奉尸斂于棺。乃蓋。主人降。出。君反之。入門左。視塗。肂在西階上、入門左、由便趨疾、不敢久留君、君升即位。衆主人復位。卒塗。主人出。君命之反奠。入門右。亦復中庭位、○衆主人復位、自東復阼階下位、註亦復中庭位、釋入門右、謂在門右南北當中庭也、乃奠。升自西階。以君在阼、○疏云、凡奠皆升自阼階、爲君在阼故辟之、而升西階也、君要節而踊。主人從踊。節、謂執奠始升階及既奠出車南東時也、卒奠。主人出。哭者止。以君將出、不敢讙囂聒尊者也、君出門。廟中哭。主人不哭。辟。君式之。辟、逡遁辟位也、古者立乘、式、謂小俛以禮主人也、曲禮曰、立視五巂、式視馬尾、○巂、曲禮音攜、貳車畢乘。主人哭拜送。貳車、副車也、其數各視其命之等、君出使異姓之士乘之、在後、君弔蓋乘象輅、曲禮曰、乘君之乘車、不敢曠左、左必式、襲。入即位。衆主人襲。拜大夫之後至者。成踊。後至、布衣而後來者、

○疏云，若未布衣時來，即入前卿大夫從君之內。賓出，主人拜送。自賓出以下，如君不在之儀。○謂如前章所陳賓出諸儀。

右君臨視大斂之儀，以上皆喪親第三日事。

三日成服，杖，拜君命及衆賓，不拜棺中之賜。既殯之明日，全三日，始歠粥矣。禮，尊者加惠，明日必往拜謝之。棺中之賜，不施已也。曲禮曰：生與來日。○疏曰：引曲禮者，彼註云：與猶數也。生數來日，謂成服杖以死明日數也。死數往日，謂殯斂以死日數也。

右成服。經云三日，除死日數之，實則喪之第四日。

朝夕哭，不辟子卯。既殯之後，朝夕及哀至乃哭，不代哭也。子卯，桀紂亡日，凶事不辟，吉事闕焉。婦人即位于堂，南上，哭。丈夫即位于門外，西面北上，外兄弟在其南。

南上。賓繼之北上。門東北面西上。門西北面東上。西方東面北上。主人即位辟門。外兄弟異姓有服者也。辟開也。凡廟門有事則開無事則閉。○疏云此外位丈夫亦哭但文不備、婦人拊心不哭。方有事止讙囂。○疏云方有事謂徹大斂奠設朝奠。○拊芳甫反主人拜賓。旁三右還入門哭。婦人踊。先西面拜乃南面拜東面拜也。○主人朝夕廬中諸殯宮門外即位哭。此時衆賓來取其拜之如此。拜哭乃入門、主人堂下直東序西面。兄弟皆即位如外位。卿大夫在主人之南。諸公門東少進。他國之異爵者門西少進。敵則先拜他國之賓。凡異爵者拜諸其位。賓皆即此位乃哭盡哀止、主人乃右還拜之、如外位矣兄弟齊衰大功者、主人哭則哭、小功緦麻亦即位乃哭、上言賓、此言卿大夫、明其亦賓爾、少進前於列、異爵卿大夫也、他國卿大夫亦前於列、尊之、拜諸其位、就其位特拜、○主人入即堂下之位、賓入哭其拜之如此、疏云、此內位不言外兄弟以其雖在主人之南少退故卿大夫繼主人而言諸公少進謂進於士此所陳位不言士之屬吏當亦在門右又在賓之後也○直音值徹者盥于門外燭先入升自阼階丈夫踊徹者徹大斂之宿奠祝取醴北面取酒立于其東取豆籩俎南面西上祝先出酒豆籩俎序從降自西階婦人踊序次也○疏云祝執醴在先次酒次豆籩次俎爲次第也設于序西南直西榮醴酒北面西上豆西面錯立于豆北南面籩俎既錯立于執豆之西東上酒錯復位醴錯于西遂先由主人之北適饌遂先者明祝不復位也適饌適新饌將復奠乃奠醴酒脯醢升丈夫踊入如初設不巾入入於室也如初設者豆先次籩次酒次醴也不巾無菹無栗也菹栗具則有俎有俎乃巾之錯者出立于戶西西上滅燭出祝闔門先降自西階婦人踊奠者

由重南東。丈夫踊。賓出。婦人踊。主人拜送。哭止乃奠，奠則禮畢矣。今文無拜。○註哭止乃奠，約略朝夕奠之節而言也。衆主人出。婦人踊。出門哭止。皆復位。闔門。主人卒拜送賓。揖衆主人。乃就次。

右朝夕哭奠自第四日至葬前竝用此禮。

朔月。奠用特豚魚腊。陳三鼎如初。東方之饌亦如之。朔月，月朔日也。自大夫以上，月半又奠。如初者，謂大斂時。無籩。有黍稷。用瓦敦。有蓋。當籩位。黍稷併於甒北也。於是始有黍稷，死者之於朔月月半，猶平常之朝夕，大祥之後則四時祭焉。○朝夕之奠有醴酒豆籩，而無黍稷，至月朔殷奠乃有黍稷，如平時常食者。以下室又自有燕養之饌，故雖不設黍稷而不爲薄也。既奠殯宮，又饋下室者，蓋必神之所在故也。

主人拜賓。如朝夕哭。卒徹。徹宿奠也。舉鼎入升。皆如初奠之儀。卒朼。

釋匕于鼎。俎行。杝者逆出。甸人徹鼎。其序醴酒菹醢黍稷俎。行俎、者、俎後執。執俎者行、鼎可以出。其序升入之次。其設于室。豆錯。俎錯。腊特。黍稷當籩位。敦啓會。卻諸其南。醴酒位如初。當籩位、俎南黍、黍東稷、會蓋也、今文無敦。○疏曰、知當籩位俎南黍、黍東稷者、依特牲所設爲之也、○會古外反祝與執豆者巾。乃出。其爲之也、主人要節而踊。皆如朝夕哭之儀。月半不殷奠。殷盛也、士月半不復如朔盛奠、下尊者、有薦新。如朔奠。薦五穀若時果物新出者、徹朔奠。先取醴酒。其餘取先設者。敦啓會。面足。序出如入。啓會、徹時不復蓋也、面足、執之令足間鄉前也、敦有足、則敦之形、如今酒敦、其設于外。如于室。外序西南、

右朔月奠及薦新、

筮宅冢人營之

宅葬居也冢人有司掌墓地兆域者營猶度也詩云經之營之

掘四隅外其壤掘中南其壤

為葬將北首故也

既朝哭主人皆往兆南北面免絰

兆域也新營之處免絰者求吉不敢純凶○免如字

命筮者在主人之右

命尊者宜由右出也少儀曰贊幣自左詔辭自右

筮者東面抽上韇兼執之南面受命

韇藏筴之器也兼與筴執之今文無兼○韇音獨

命曰哀子某為其父某甫筮宅度茲幽宅兆基無有後艱

某甫且字也若言山甫孔甫矣宅居也度謀也茲此也基始也言為其父筮葬居今謀此以為幽冥居兆域之始得無後將有艱難乎艱難謂有非常若崩壞也孝經曰卜其宅兆而安厝之古文無兆基作朞○注某甫且字也且者聊且虛擬之謂以其人無可指故曰某以虛擬之兆基域兆之基址也古文期無有後艱義意自備

筮人許諾不述命右還北面指中封而筮卦者在左

述循也既受命而申言之曰述不述者士禮略凡筮因會命筮為述

命、中封、中央壤也、卦者、識爻卦畫地者、古文述皆作術、卒筮、執卦以示命筮者。命筮者受視、反之、東面旅占、卒、進告于命筮者與主人、占之曰從。卒筮、卦者寫卦示主人、乃受而執之、旅、衆也、反與其屬共占之、謂掌連山歸藏周易者、從、猶吉也、主人經哭、不踊。若不從、筮擇如初儀。更擇地而筮之、歸殯前北面哭、不踊。易位而哭、明非常。○疏曰、朝夕哭當在阼階下西面、今筮宅來北面哭者、是易位、非常故也、

右筮宅兆、

既井槨、主人西面拜工、左還槨、反位、哭、不踊。婦人哭于堂。既、已也、匠人爲槨、刊治其材、以井構於殯門外也、反位、拜位也、既哭之、則往施之竁中矣、主人還槨、亦以既朝哭矣、○左還槨、循行一週、視其良楛也、獻材于殯門外、西面北上、綪。主人徧視之、如哭槨。獻素

獻成亦如之。材、明器之材、視之、亦拜工、左還、形法定爲素、飾治畢爲成。○檀弓云、既殯旬、而布材與明器、經言還椁獻材、在筮宅卜日之間、知彼二事俱在旬內外也。○徧音遍

右哭椁哭器、

卜日。既朝哭。皆復外位。卜人先奠龜于西塾上。南首。有席。楚焞置于燋。在龜東。楚、荊也、荊焞、所以鑽灼龜者、燋、炬、所以燃火者也、周禮菙氏掌共燋契、以待卜事、凡卜以明火爇燋、遂灼其焌契、以授卜師、遂以役之、○周禮所謂燋即此燋、所謂焌契即此楚焞也、○焞存悶反燋哉約反菙時髓反焌音俊爇如悅反族長涖卜。及宗人吉服立于門西。東面南上。占者三人在其南。北上。卜人及執燋席者在塾西。族長、有司掌族人親疏者也、涖、臨也、吉服、服玄端也、占者三人、掌玉兆瓦兆原兆者也、在塾西者、南面東上、○疏云、宗人掌禮之官、非卜筮者、闔東扉。主婦立

于其內。扉門扉也。席于闑西閾外。爲卜者也。古文闑作槷閾作蹙○闑魚列反宗人告事

具。主人北面。免經左擁之。涖卜即位于門東西面。涖卜族長也。更西面當代

主人命卜。卜人抱龜燋。先奠龜西首。燋在北。既奠燋又執龜以待之○疏曰卜人抱龜燋謂

從塾上抱鄉閾外待也。宗人受卜人龜示高。以龜腹甲高起所當灼處示涖卜也。涖卜受視。

反之。宗人還。少退受命。受涖卜命授龜宜近受命宜御也。命曰哀子某來日某

卜葬其父某甫考降無有近悔。考登也降下也言卜此日葬魂神上下得無近於咎悔者乎○

考父也降骨肉歸復于土也卜得吉則體魄永安不近於悔矣。許諾不述命。還即席西面坐命

龜興。授卜人龜負東扉。宗人不述命亦士禮略凡卜述命命龜異龜重威儀多也負東扉俟龜之兆也

卜人坐作龜興。作猶灼也周禮卜人凡卜事示高揚火以作龜致其墨興起也。宗人受龜示涖

卜涖卜受視反之宗人退東面乃旅占卒不釋龜告于涖卜與主人占曰某日從。不釋龜復執之也占文曰爲日授卜人龜告于主婦主婦哭。不執龜者下主人也告于異爵者使人告于衆賓。衆賓僚友不來者也疏曰上云既朝哭皆復外位外位中有異爵卿大夫等故就位告之卜人徹龜宗人告事畢主人經入哭如筮宅賓出拜送若不從卜擇如初儀。

右卜葬日

儀禮

鄭氏註　濟陽張爾岐句讀

既夕第十三

鄭目錄云、士喪禮之下篇也、既已也、謂先葬二日、已夕哭時、與葬間一日、凡朝廟日、請啓期必容焉、此諸侯之下士一廟、其上士二廟、則既夕哭先葬前三日、大戴第五、小戴第十四、別錄名士喪禮下篇第十三、

既夕哭、既、已也、謂出門哭止、復外位時、請啓期告于賓、將葬、當遷柩于祖、有司於是乃請啓肂之期於主人、以告賓、賓宜知其時也、今文啓爲開、○請啓期、主人曰、在明旦、有司遂以告賓、

右請啓期

夙興、設盥于祖廟門外、祖、王父也、下士祖禰共廟、○疏云、陳鼎此設盥、亦在門外東方、如大斂也、

皆如殯、東方之饌亦如之、皆、皆三鼎也、如殯、如大斂既殯之奠、侇牀饌于階間、侇之言、尸也、朝正柩、用此牀、○疏云、謂柩至祖廟兩楹之間、尸北首之時、乃用此牀、

右豫、於祖廟陳饌、

二燭俟于殯門外、早闇以爲明也、燭用蒸、○大曰薪、小曰蒸、丈夫髽散帶垂、即位如初、爲將啓變也、此互文以相見耳、髽、婦人之變、喪服小記曰、男子免而婦人髽、男子冠而婦人笄、如初、朝夕哭門外位、○據疏、當云丈夫免、婦人髽、此或偶脫去二字、註以爲互見也、疏又云、啓殯之後、雖斬衰亦免而無括髮、婦人不哭、主人拜賓、入即位、袒、此不蒙如初者、以男子入門不哭也、不哭者、將有事、止讙囂也、商祝免袒、執功布入、升自西階、盡階、不升堂、聲三、啓三、命哭、功布、灰治之布也、執之以接神、爲有所拂仿也、聲三、三有聲、存神也、啓三、三言啓、告神也、舊說以爲聲噫興也、今文免作絻、○三息暫反、燭入、炤徹與啓肂者、○疏云、二燭、一燭入室中照徹奠、一燭於堂照開殯肂也、祝降、與夏祝交于階下、取銘置于重、祝降者、祝徹宿奠降也、與夏祝交、事相接也、夏祝取銘置于重、爲啓肂遷之、吉事交相左、凶事交相右、今文銘皆爲名、○

燭入室、祝從而入、徹宿奠、徹奠者降至階下、夏祝升取銘、亦至階下、故曰交、降階者近東、升階者近西、是交相右也、○夏戶雅反、祝之六反、**踊無算。**主人也、○此開殯之時、**商祝拂柩用功布。幠用夷衾。**拂去塵也、幠覆之爲其形露、○柩出自肂、故拂之、覆之、疏云、夷衾當隨柩入壙、○註疏無幠字、圖解有幠字、似當有

右啓殯

遷于祖。用軸。遷徙也、徙於祖、朝祖廟也、檀弓曰、殷朝而殯於祖、周朝而遂葬、蓋象平生時將出必辭尊者、軸、輁軸也、軸狀如轉轔、刻兩頭爲軹、輁狀如長牀、穿桯、前後著金而關軸焉、大夫諸侯以上、有四周、謂之輴、天子畫之以龍、**重先。奠從。燭從。柩從。燭從。主人從。**行之序也、主人從者、丈夫由右、婦人由左、以服之親疏爲先後、各從其昭穆、男賓在前、女賓在後、○此從奠啓殯時所徹、去口之夕奠也、疏云、柩前後有燭、以柩車隔閡、故各有燭以炤道、及至廟、燭在前者、升炤正柩、在後者、在階下炤升柩、**升自西階。**柩也、猶用子道、不由阼也、**奠俟于下、東面。**

北上俟正柩也主人從升婦人升東面衆主人東即位東方之位○疏云舉主婦東面主人西面可知又云唯主人主婦升衆主人從柩至西階下遂鄉東階下即西面位正柩于兩楹間用夷牀兩楹間象鄉戶牖也是時柩北首○疏云戶牖之間賓客之位亦是人君受臣子朝事之處父母神之所在故於兩楹之間北面鄉之主人柩東西面置重如初如殯宮時也○亦如上篇三分庭一在南而置之席升設于柩西奠設如初巾之升降自西階席設于柩之西直柩之西當西階也從奠設如初東面也不統於柩神不西面也不設柩東東非神位也巾之者為禦當風塵○此宿奠從殯宮來還依室中東面設法設之於席前也主人踊無算降拜賓即位踊襲主婦及親者由足西面設奠時婦人皆室戶西南面奠畢乃得東面親者西面堂上迫疏者可以居房中○前者主人從殯宮中降拜賓入即位袒至此乃襲設奠時主人方在柩東設奠訖主人降拜賓婦人乃得由柩足鄉東西面也

右遷柩朝祖、

薦車直東榮。北輈。薦、進也、進車者、象生時將行陳駕也、今時謂之魂車、輀、輴也、車當東榮、東陳西上於中庭○以明旦將行、故豫陳車、乘車、道車、槀車也、非載柩之車、○輀竹求反 質明滅燭。質正也、 徹者升自阼階。降自西階。徹者、辟新奠、不設序西南、已再設、爲褻、○徹者、徹去從奠也、 乃奠如初。升降自西階。爲遷祖奠也、奠升不由阼階、柩北首辟其足、○奠夙興所陳三鼎及東方之饌、如初者、亦於柩西當階之上、東面席前奠之、 主人要節而踊。節、升降、○奠升時、主人踊、降時、婦人踊、由重南、主人踊也、 薦馬纓三就。入門北面。交轡。圉人夾牽之。駕車之馬、每車二疋、纓、今馬鞅也、就、成也、諸侯之臣、飾纓以三色而三成、此三色者、蓋條絲也、其著之如罽然、天子之臣、如其命數、王之革路條纓、圉人、養馬者、在左右曰夾、既奠乃薦馬者、爲其踐汙廟中也、凡入門、參分庭一在南、○疏云、此三色、如聘禮記、三色、朱白蒼也、 御者執策立于馬後。

哭成踊。右還出。主人於是乃哭踊者薦車之禮成於薦馬、○主人哭踊訖、馬則右還而出、賓出。主人送于門外。

右薦車馬、設遷祖之奠、

有司請祖期。亦因在外位請之、當以告賓、每事畢輒出、將行而飲酒曰祖、祖始也曰日側。側昳也謂將過中之時、○主人應有司之辭、主人入、袒。乃載。踊無筭。卒束、襲。袒爲載變也、乃舉柩卻下而載之、束、束棺於柩車、賓出、遂匠納車于階間、謂此車、○賓出卽納柩車、主人送賓、返、入、乃載、柩在堂北首、今以足鄉前下堂、載於車也、○註無乃字案疏當有乃字降奠、當前束。下遷祖之奠也、當將束、猶當尸腢也、亦在柩車西、束有前後也、○疏云、未束以前、其奠使人執之、待束訖、乃降奠之當束也、商祝飾柩。一池、紐前䞓後緇、齊三采、無貝。飾柩、爲設牆柳也、巾奠乃牆、謂此也、牆有布帷、柳有布荒、池者、象宮室之承霤、以竹爲之、狀如小車笭、衣以青布、一池縣於柳前、士不揄絞紐所以聯帷荒、前赤後黑、因以爲飾、左右面各有前後齊居柳之中央、若今小車蓋上㲲矣、以三采繒爲之、上朱、中白、下蒼、著以絮、元士以上、有貝、○飾柩在旁爲帷、牆有帷、在上爲柳、柳有荒、牆柳自其縛木爲格者而言、帷荒自其張於外者而言、池象承霤、即簷也、紐垂於四隅齊者、柳之頂結也、○紐女九反、揄音遙、霤力又反

設披。

披輅柳棺上、貫結於戴、人居旁牽之、以備傾虧、喪大記曰、士戴前纁後緇、二披用纁、今文披皆爲藩、○以帛繫棺紐、著柳骨、謂之戴、又以帛繫戴而出其餘於帷外、使人牽之謂之披、註文輅字當是絡字、

屬引。

屬猶著也、引所以引柩車、在軸輴曰紼、古者人引柩、春秋傳曰、坐引而哭之三、○引謂紼繩、屬著於柩車、

右將祖時先載柩飾柩車、

陳明器於乘車之西。

明器、藏器也、檀弓曰、其曰明器、神明之也、言神明者、異於生器、竹不成用、瓦不成味、木不成斵、琴瑟張而不平、竽笙備而不和、有鐘磬而無筍簴、陳器於乘車之西、則重之北也、

折橫覆之。

折猶庪也、

方鑿連木爲之、蓋如牀、而縮者三、横者五、無簀、窆事畢、加之壙上、以承抗席、横陳之、截爲苞筲以下、緌於其北、便也、覆之、見善面也、○折、加於壙時、善者鄉下、今陳之、反善面鄉上也、○庪九委反

抗木。横三。縮二。

抗、禦也、所以禦止土者、其横與縮、各足掩壙、○抗音剛

加抗席三。

席所以禦塵、○加者、加於抗木之上、

加茵。用疏布。緇翦。有幅。亦縮二横三。

茵所以藉棺者、翦、淺也、幅、緣之、亦者、亦抗木也、及其用之、木三在上、茵二在下、象天三合地二、人藏其中焉、今文翦作淺、○茵設壙中、先布横三、乃布縮二、厝柩後、施抗壙上、先用縮二、乃用横三、註云木三在上茵二在下、據旣設後人所見而言也、其實抗茵皆三者在外、二者在內、如渾天家、地之上下四面、皆有天也、故疏云、木與茵皆有天三合地二、○茵音因

器。西南上。綪。

器、用言之也、陳明器、以西行南端爲上、綪、屈也、不容、則屈而反之、

茵。

茵在抗木上、陳器次而北也、○愚意茵字當連上綪字爲句、言陳器當從茵屈轉而北也、不然、前已詳茵、豈合重舉、

苞二。

所以裹奠羊豕之肉、○奠謂遣奠、

筲三。黍稷麥。

筲、畚種類也、其容蓋與簋同一觳也、○疏云、筲以菅草爲之、畚器所

以盛穜、此筲與畚同類也

甕三醯醢屑冪用疏布

甕、瓦器、其容亦蓋一㪷、屑、薑桂之屑也、內則曰屑桂與薑、冪覆也、今文冪皆作密、○㪷音斛

甒二醴酒冪用功布

甒亦瓦器、古文甒皆作廡

皆木桁久之

桁所以庪苞筲甕甒也、久當爲灸、灸謂以蓋案塞其口、每器異桁、○桁戶庚反

用器弓矢耒耜兩敦兩杅槃匜匜實于槃中南流

此皆常用之器也、杅盛湯漿、槃匜盥器也、流匜口也、今文杅爲桙、○杅音于

無祭器

士禮略也、大夫以上、兼用鬼器人器也、

有燕樂器可也

與賓客燕飲用樂之器也

役器甲冑干笮

此皆師役之器、甲、鎧、冑、兜鍪、干、楯、笮、矢箙、○笮側白反鎧苦代反兜丁侯反鍪音矛楯當允反

燕器杖笠翣

燕居安體之器也、笠、竹䈆蓋也、翣、扇、○翣所甲反

右陳器與葬具載柩陳器二事畢則日及側矣

徹奠巾席俟于西方主人要節而踊

巾席俟於西方、祖奠將用焉、要節者、來象升、丈夫踊

去象降、婦人踊、徹者由明器北、西面、既徹由重東南、不設於序西南者、非宿奠也、宿奠必設者、為神馮依之久也、○此所徹遷祖之、奠、為將旋柩鄉外、更設祖奠、故遷之巾席、即所徹奠之巾席、俟者、奠已東去、而巾席猶執以俟也、註象升象降者、此奠在庭、徹者無升降之事、共有往來、主人以其往來為踊節、與徹室中之奠、升階降階者同、故云象也、**祖**。為將祖變 **商祝御柩**。亦執功布居前、為還柩車為節 **乃祖**。還柩鄉外、為行始、○旋柩車、使轅鄉外也、○還音患 **踊襲少南**。**當前束**。主人也、柩還、則當前束南、○疏云、前祖為祖變、今既祖說、故踊而襲、束未還之時、當前束近北、今還車、則當前束少南、**婦人降、即位于階間**。為柩將去有時也、位東上、○疏云云、位東上者、以堂上時婦人在阼階西面、統於堂下男子、今柩車南還、男子亦在車東、故婦人降、亦東上、統于男子也、婦人不鄉車西者、以車西有祖奠、故辟之、在車後、愚案婦人在車後南面、故註云東上、**祖、還車不還器**。祖有行漸、車亦宜鄉外也、器之陳、自已南上、○車前所薦之乘車道車稾車也、陳器本自南上、不須更還也、**祝取銘、置于茵**。重不藏、故於此移銘加於茵上、○銘本當于重、今將行、隨柩、故移置茵上也、二人還重左還、重與車馬還相反、由便也○疏云、車馬在中庭之東、以右還鄉門爲便、重在門內面鄉北、人在其南、以左還鄉門爲便、布席乃奠如初主人要節而踊、車已祖、可以爲之奠也、是之謂祖奠○疏云、祖奠既與遷祖奠同、車西人皆從車西來、則此要節而踊、一與遷祖奠同、薦馬如初、柩動車還、宜新之也、賓出主人送有司請葬期、亦因在外位時、入復位、主人也、自死至於殯、自啓至於葬、主人及兄弟恒在內位○主人既以葬期命有司而遂入、疏云、自死至於殯在內位、據在殯宮中、自啓至於葬在內位、據在祖廟中、又云、始死未小斂以前位在尸東、小斂後位在阼階下、若自啓之後、在廟位亦在阼階下也

右還柩車設祖奠

公賵玄纁束馬兩、公、國君也、賵所以助主人送葬也、兩馬、士制也、春秋傳曰、宋景曹卒、魯季康子使冉求賵

之以馬、曰其可以稱旌繁乎○春秋傳見哀公二十三年、引之者、証以馬賵人之事○賵芳鳳反 擯者出請入告○主人釋杖迎于廟門外○不哭○先入門右○北面及衆主人袒○尊君命也、衆主人自若西面、 馬入設○設於庭在重南、 賓奉幣○由馬西○當前輅北面致命○賓使者、幣玄纁也、輅轅縛所以屬引、由馬西、則亦當前輅之西、於是北面致命、得鄉柩與奠、柩車在階間少前三分庭之北、輅有前後、 主人哭○拜稽顙○成踊○賓奠幣于棧左服出○棧謂柩車也、凡士車制、無漆飾、左服象授人授其右也、張車箱、今文棧作輚、疏云、主人哭拜、仍於門右北面、柩車四輪迫地、無漆飾、故言棧也、此車南鄉以東為左、尸在車上、以東為右、故奠左服象授人右也○棧士板反 宰由主人之北舉幣以東○柩東、主人位以東藏之○此時主人仍在門東北面、經云主人之北、指柩東定位而言、此位雖無主人、宰不得履之以過、故由其北也、 士受馬以出○此士謂胥徒之長也、有勇力者受馬、聘禮曰、皮馬相間可也、 主人送于外門外○

拜。稽顙。入復位。杖。

右國君賵禮

賓賵者將命。賓，卿大夫士也。○疏云，言將命者，身不來，遣使者將命告主人。擯者出請。入告。出告須。不迎，告曰，孤某須。馬入設。賓奉幣。擯者先入。賓從。致命如初。初，公使者。主人拜于位。不踊。柩車東，位也。既啓之後，與在室同。○疏云，始死時，庶兄弟襚，使人以將命于室，主人拜于位，此主人亦拜于位，俱是不爲賓出，有君命亦出迎矣。賓奠幣如初。舉幣受馬如初。擯者出請。賓出在外，請之爲其復有事。○疏云，若無事，賓報事畢，送去也。若奠。賓致可以奠也。○致其堪祭之物。入告。出以賓入。將命如初。士受羊如受馬。又請。士，亦謂胥徒之長。又，復也。若賻。賻之言，補也，助也。貨財曰賻。入告。主人出門左。西面。賓東面將命。主人出者，賻主施於主人主人拜賓坐委之。宰由主人之北。東面舉之。反位。坐委之、明主人哀戚、志不在受人物、反位、反主人之後位。○宰位在主人之後、若無器。則捂受之。謂對相授、不委地。○捂五故反

又請。賓告事畢。拜送。入。○主人入、贈者將命。贈送、○謂以幣若器送死者也、擯者出

請。納賓如初。如其入告出告須、賓奠幣如初。亦於棧左服、若就器。則坐奠于

陳。就猶善也、贈無常、惟翫好所有、陳、明器之陳、○謂乘車之西、陳明器之處所也、凡將禮。必請而后拜

送。雖知事畢、猶請、君子不必人意、兄弟。賵奠可也。兄弟、有服親者、可且賵且奠許其厚也、賵奠於死生兩施、

所知。則賵而不奠。所知、通問相知也、降於兄弟、奠施於死者爲多、故不奠、知死者贈。知生

者賻。各主於所知、書賵於方。若九。若七。若五。方、板也、書賵奠賻贈之人名與其物於板、每板

若九行、若七行、若五行、書遣於策。策、簡也、遣猶送也、謂所當藏物茵以下○疏云、聘禮記云、百名以上書於策、不

及百名，書於方，以賓客贈物名字少，故書於方，遣送死者明器之等，并贈死者玩好之物，名字多，故書之於策。乃代哭如初。棺柩有時將去，不忍絕聲也。初，謂既小斂時。宵爲燎于門內之右。爲哭者爲明。○門內之右，門東也。哭者在柩東，東故於門內右照之。

右賓賵奠賻贈之禮，以上葬前一日事。

厥明，陳鼎五于門外，如初。鼎五，羊、豕、魚、腊、鮮獸，各一鼎也。士禮特牲三鼎，盛葬奠，加一等，用少牢也。如初，如大斂奠時。○亦如大斂陳鼎在廟門外。其實羊左胖。反吉祭也。言左胖者，體不殊骨也。○特牲、少牢，吉祭皆升右胖，此則用左，體不殊骨者，左邊共爲一段也。髀不升。周貴肩賤髀，古文髀作脾。○髀，步禮反。腸五胃五。亦盛之也。○疏云，少牢用腸三胃三，今加至五，亦是盛此奠也。離肺。離，㨄。○㨄，離之，不絕中央少許。○㨄，苦圭反。豕亦如之，豚解，無腸胃。如之，亦羊左胖，髀不升，離肺也。豚解，解之如解豚，亦前肩後肫脊脅而已。無腸胃者君子不食溷腴○豚解總有七段今取左胖則爲四段豚解無腸胃言其不與羊同者也魚腊鮮獸皆如初鮮新殺者士腊用兔加鮮獸而無膚者豕既豚解略之○疏云腊與鮮皆用兔又云葬奠用少牢攝盛則常用膚與少牢同以豕既豚解喪事略則無膚亦略之而加鮮獸也東方之饌四豆脾析蜱醢葵菹嬴醢脾讀爲雞脾肶之脾脾析百葉也蜱蜯也今文嬴爲蝸○脾析牛百葉此用少牢無牛當是羊百葉○蜱皮佳反肶尺之反蜯步講反四籩棗糗栗脯糗以豆糗粉餌○據疏引籩人鄭註籩實有糗餌粉餈二物此經云糗但糗餌也二物皆稻黍米粉所爲合蒸則爲餌作餅熬之則爲餈又糗與粉皆大豆末初擣之則爲粉熬之則爲糗糝二物使不粘着也註云以豆糗粉餌謂以豆之糗而粉此餌也餈類今蒸糕餈類今胡餅○糗去九反醴酒此東方之饌與祖奠同在主人之南當前輅北上巾之○疏云祖奠與大斂奠同二豆二籩此葬奠四豆四籩籩豆雖不同而同處耳云北上者蓋兩甒在北次南饌四豆豆南饌四籩也陳器明器也夜斂藏之○疏云至此厥明更陳之也滅燎執燭俠輅北

而。照徹與葬奠也、○疏云、輅西者、照徹祖奠輅東者、照葬奠之饌、賓入者拜之。明自啓至此、主人無出禮、徹者入。丈夫踊。設于西北。婦人踊。猶阼階升時也、亦既盥乃入、入由重東而主人踊、猶其升也、自重北西面而徹、設于柩車西北、亦猶序西南。○將設葬奠、先徹祖奠、徹者東。由柩車北東適葬奠之饌。○疏云、以其徹訖、當設葬奠、故徹者由柩車北東適葬奠之饌、取而設于柩東、西也、鼎入。舉入陳之也、陳之蓋於重東北、西面北上、如初、乃奠。豆南上。綪。籩嬴醢南。北上。綪。籩嬴醢南、辟醴酒也、○如疏所釋、先饌脾析於西南、次北蜱醢、蜱醢東葵菹、菹南嬴醢、是謂南上綪、籩於嬴醢以南爲次、先設棗、棗南設糗、糗東設栗、栗北設脯、是謂北上綪、籩之西脾析之南、設醴酒、故註云辟醴酒也、俎二以成。南上。不綪。特鮮獸。成猶併也、不綪者、魚在羊東、腊在豕東、古文特爲俎、○如疏所釋、以羊豕魚腊之次自南而北而東而南、迴環設之、爲綪、羊豕魚腊併設、皆自南始、爲不綪、鮮獸在北、無偶、爲特也、醴酒在籩西。北上。統於豆也、奠者出。主人要節而踊。亦以往來

爲節奠出重北西既奠由重東南○疏云此奠饌在輅東言由重北者亦是由車前明器之北鄉柩車西設之設訖由柩車南而東者禮之常也

右葬日陳大遣奠

甸人抗重出自道道左倚之還重不言甸人抗重言之者重既虞將埋之言其官使守視之抗舉也出自道出從門中央也不由闑東西者重不反變於恒出入道左主人位今時有死者鑿木置食其中樹於道側由此○疏云道左倚之者當倚於門東北壁

薦馬馬出自道車各從其馬駕于門外西面而俟南上南上便其行也行者乘車在前道槀序從○疏云案下記云乘車載旜道車載朝服槀車載簑笠是序從也

徹者入踊如初徹巾苞牲取下體苞者象既饗而歸賓俎者也取下體者脛骨象行又俎實之終始也士苞三个前脛折取臂臑後脛折取骼亦得俎釋三个雜記曰父母而賓客之所以爲哀○牲陳于俎其脛骨

在兩端故胣骨爲俎實之終始士一苞之中有三个牲體臂也臑也骼也前脛器云苞二牢豕各一苞也俎釋三个者苞取之餘尚留三个疏以爲羊俎有二段豕俎有四段相通計之爲俎釋三个留之爲分禱五祀也。不以魚腊。非正牲也

行器。目葬行明器在道之次○行器運動明器使行也 茵苞器序從。如其陳之先後 車從。次器 徹者出踊如初。於是廟中當行者唯柩車

右將葬抗重出重馬苞器以次先行鄉壙

主人之史請讀賵。執算從。柩東當前束西面。不命毋哭。哭者相止也。唯主人主婦哭。燭在右南面。史北面請既而與執算西面於主人之前讀書釋算燭在右南面炤書便也古文算皆爲筴 讀書釋算則坐。必釋算者榮其多○疏云讀書者立讀之敬也釋算者坐爲釋之便也 卒命哭滅燭書與算執之以逆出。卒已也 公史自西方東

面命毋哭。主人主婦皆不哭。讀遣卒命哭。滅燭出。公史、君之典禮書者、遣者、入壙之物、君使史來讀之、成其得禮之正以終也、燭俠輅、○讀賵讀遣、皆以告死者、

右讀賵讀遣、

商祝執功布以御柩。執披。居柩車之前、若道有低仰傾虧、則以布爲抑揚左右之節、使引者執披者知之、士執披八人、今文無以、○引柩者、執披者、皆視商祝所執布以用力也、○仰五郎反、主人袒。乃行。踊無筭。袒爲行變也、乃行、謂柩車行也、凡從柩者、先後左右、如遷于祖之序、○疏云、上遷于祖時、註云、主人從者、丈夫由右、婦人由左、以服之親疏爲先後、各從其昭穆、男賓在前、女賓在後、此從柩向壙之序、一亦如之也、出宮。踊。襲。哀次、○疏云、大門外有賓客次舍之處、父母生時接賓之所、主人至此感而哀此次、是以有踊、踊訖即襲、襲訖而行也、至于邦門。公使宰夫贈玄纁束。邦門、城門也、贈、送也、○至壙乃說賵贈用制幣玄纁束、所用即此幣、

三八

去杖不哭由左聽命賓由右致命柩車前輅之左右也當時止柩東○疏云在廟柩車南鄉左則在東此出國北門柩車鄉北左則前輅之西也主人哭拜稽顙賓升實幣于蓋降主人拜送復位杖乃行升柩車之前實其幣於棺蓋之柳中若親授之然復位反柩車後○疏云賓升實幣于蓋載以之壙此贈專爲死者故若親授之然又云云復位反柩車後者上在廟位在柩車東此行道故在柩車後也

右柩車發行及在道君使宰賵之儀

至于壙陳器于道東西北上統於壙○疏云廟中南上此則北上故云統於壙也茵先入當藉柩也元士則葬用輁軸加茵焉屬引於是說載除飾更屬引於緘耳古文屬爲燭○緘耳棺束之末結爲耳以紼貫之而下棺主人袒衆主人西面北上婦人東面皆不哭從羨道爲位乃窆主人哭踊無算窆下棺也今文窆爲封○疏云主人哭踊不言處還於壙東西面也襲贈用制幣

玄纁束拜稽顙踊如初。丈八尺曰制二制合之束十制五合○丈八尺曰制是其一端二端合爲一匹束十制計五匹也此所用至邦門公所賵者**卒袒拜賓主婦亦拜賓即位拾踊三襲。**主婦拜賓拜女賓也即位反位也○疏云卒謂贈卒更袒拜賓云反位者各反羨道東西位其男賓在衆主人之南女賓在衆婦之南○拾其業反**賓出則拜送。**相問之賓也凡弔賓有五去皆拜之此擧中焉○案雜記云相趨也出宮而退相揖也哀次而退相問也既封而退相見也反哭而退朋友虞祔而退註所云弔賓有五也**藏器於旁加見。**器用器役器也見棺飾也更謂之見者加此則棺柩不復見矣先言藏器乃云加見者器在見內也內之者明君子之於事終不自逸也檀弓曰周人牆置翣○見棺飾也棺飾帷荒池紐之等周人名爲牆其外又置翣爲飾**藏苞筲於旁。**於旁者在見外也不言甕甒饌相次可知四者兩兩而居喪大記曰棺槨之間君容柷大夫容壺士容甒○柷尺六反**加折。卻之。加抗席。覆之。加抗木。**宜次也○折束之美面向上今用則美面向下故謂卻之註云宜次謂三者之用有宜有次也實土三主人拜鄉人謝其勤勞○疏云勤勞謂在道助執紼在壙助下棺及實土也即位踊襲如初哀親之在斯○疏云既拜鄉人乃於羨道東即位踊無算如初也

右窆柩藏器葬事畢

乃反哭入升自西階東面衆主人堂下東面北上西階東面反諸其所作也反哭者於其祖廟不於阼階西面西方神位○反諸其所作也檀弓文謂親所行禮之處註西方神位未詳其義抑欲鬭諸祖禰之側歟婦人入丈夫踊升自阼階辟主人也主婦入于室踊出即位及丈夫拾踊三入于室反諸其所養也出即位堂上西面也拾更也○反諸其所養也亦檀弓文謂親所饋食之處自小斂主婦等位皆在阼階上西面故註云出即位堂上西面也拾踊者更迭而踊也賓弔者升自西階曰如之何主人拜稽顙賓弔者衆賓之長也反而亡焉失之矣於是爲甚故弔之弔者北面主人拜于

位、不北面拜賓東者、以其亦主人位也、古文無曰字○主人拜賓于西階上東面、註云亦主人位、疏云特牲少牢助祭之賓主人皆拜送于西階東面、故此東面不移、以其亦主人位故也、未知果經意否、始死拜賓于西階、此反而亡、亦拜賓于西階、將無同歟

賓降出主人送于門外拜稽顙○疏云此於雜記五賓當相見之賓

遂適殯宮皆如啓位拾踊三○啓位婦人入升堂丈夫即中庭之位○疏云此如啓位、婦人亦即位于堂東西面、主人即位于堂下直東序西面、直東序西面、即中庭位也、

兄弟出主人拜送○兄弟小功以下也、異門大功亦可以歸、

衆主人出門哭止闔門主人揖衆主人乃就次○次倚廬也、

右反哭于廟于殯宮、出就次、於是將舉初虞之奠矣、

猶朝夕哭不奠○是日也以虞易奠○經言葬後至練、皆朝夕哭、與未葬同、但不奠耳、大斂以來、朝夕有奠、葬後乃不奠也、註言是日、謂葬之日、下註所云朝而葬日中而虞是也、疏以爲釋不奠之故、尚未是、

三虞○虞喪祭名、虞安也、骨

肉歸於土、精氣無所不之、孝子爲其彷徨、三祭以安之、朝葬日中而虞、不忍一日離、○三虞謂葬日初虞、再虞用柔日、後虞用剛日、共三祭也　卒哭、○卒哭、三虞之後祭名、始朝夕之間、哀至則哭、至此祭、止也、朝夕哭而已、○後虞之後、又遇剛日、舉此祭、既祭、則唯朝夕哭、不無時哭、故名其祭曰卒哭也　明日以其班祔、○班、次也、祔、卒哭之明日祭名、祔猶屬也、祭昭穆之次而屬之、

右略言葬後儀節及喪祭之目、

記

士處適寢、寢東首于北牖下。將有疾、乃寢於適室、今文處爲居、于爲於、○疏云、若不疾則在燕寢、○首手又反　有疾、疾者齊。○正情性也、適寢者、不齊不居其室、○齊側皆反　養者皆齊、憂也、○養于亮反　徹琴瑟。去樂　疾病、外內皆埽。爲有賓客來問也、疾甚曰病、○埽素倒反　徹褻衣、加新

衣。故衣垢汙、為來人穢惡之、○疏云、徹褻衣據死者而言、徹褻衣、謂故玄端、加新衣、謂更加新朝服、蓋其齊時已着玄端至此更徹去、易朝服也、新衣不言朝服、互見之也御者四人皆坐持體。為不能自轉側、御者、今時侍從之人、

男女改服。為賓客來問病、亦朝服、主人深衣、○按下主人啼註、於是始去冠而笄纚、服深衣、則此主人深衣四字羨文也

屬纊以俟絕氣。為其氣微難節也、纊、新絮男子不絕於婦人之手、婦人不絕於男子之手。備褻乃行禱于五祀。盡孝子之情、五祀博言之、士二祀、曰門、曰行、乃卒。卒終也、

主人啼、兄弟哭。哀有甚有否、於是始去冠而笄纚服深衣、檀弓曰、始死、羔裘玄冠者易之、○疏云、引檀弓者、證深衣易去朝服之事也、

設牀第當牖、衽下莞上簟、設枕。病卒之間、廢牀、至是設之、事相變、衽、臥席、古文第為茨、○第、側几反遷尸。徙於牖下也、於是幠用斂衾、○疏云徙於牖下者、卽上文牀第當牖者也、

此據經士死于適室幠用斂衾之文、而記君子正終、人子侍

養之事、

復者朝服。左執領。右執要。招而左。衣朝服、服未可以變、○方冀其生、故復者服朝服、不變凶服也、其所執、則經所云爵弁服也、○朝直遙反要一遙反楔貌如軛上兩末。事便也、今文軛作厄、○上兩末、楔屈如軛、以屈處入口、使兩末向上也、○軛於革反綴足用燕几。校在南。御者坐持之。校脛也、尸南首、几脛在南以拘足、則不得辟戾矣、古文校爲枝即牀而奠。當腢。用吉器。若醴若酒。無巾柶。腢肩頭也、用吉器、器未變也、或卒無醴、用新酒、○疏云、即就也、謂就尸牀而設之、尸南首、則在牀東當尸肩頭也、又云、若醴若酒、科有其一、不得並用、○腢古口反卒七忽反

記始死時復魂楔綴設奠諸禮中儀法器物、

赴曰。君之臣某死。赴母妻長子。則曰君之臣某之某死。赴走告也、今文

赴作訃、

記赴君之辭

室中。唯主人主婦坐。兄弟有命夫命婦在焉。亦坐。別尊卑也。○疏云、案大記、士之喪、主人父兄主婦姑姊妹皆坐、鄭云、士賤、同宗尊卑皆坐、此命夫命婦之外、立而不坐者、此謂有命夫命婦來、兄弟爲士者、則立、若無命夫命婦、則同宗皆坐也、

記室中哭位經所未及、

尸在室、有君命、衆主人不出。不二主、○疏云、衆主人不出、在尸東耳、

經於君命弔襚、直言主人、不言衆主人、故記之、

襚者委衣于牀、不坐。牀高、由便、其襚于室、戶西北面致命。始死時也、○小斂後

襚于堂者、則中庭北面致命、

記襚者儀位、

夏祝淅米、差盛之。差擇之、○差七何反盛音成　御者四人、抗衾而浴、禫笫。抗衾為其裸裎蔽之也、禫袒也、袒簀去席、盝水便、盝音祿、○抗音剛禫之善反　其母之喪、則內御者浴、鬠無笄。內御、女御也、無笄猶丈夫之不冠也　設明衣、婦人則設中帶。中帶若今之褌襂、○褌音裩襂音衫　卒洗、貝反于笄、實貝、柱右齻左齻。象齒堅、○卒洗洗貝也、齻謂牙兩畔最長者、實貝者實之於此、以象生平齒堅也、○齻丁千反　夏祝徹餘飯。徹去鬻、○餘飯飯尸餘米也、夏祝徹去者、煑之為鬻、以實重鬲也　瑱塞耳。塞充窒、○不同生人但懸耳旁　掘坎、南順、廣尺、輪二尺、深三尺、南其壤。南順統於堂、輪從也、今文掘為坅、○以埋棄潘者、　甃用塊。塊塩也、古文甃為役、○以煑潘者、　明衣裳。

用幕布。袂屬幅。長下膝。幕布、帷幕之布、升數未聞也、屬幅、不削幅也長下膝、又有裳於蔽下體深也、○疏云、屬幅不削幅者、布幅二尺二寸、凡用布、皆削去邊幅旁一寸爲二十計之則此不削幅、謂繚使相著、還以袂二尺二寸、云長下膝者、謂爲此衣長至膝下、有前後裳不辟。長及轂。不辟積也、轂足跗也、凡他服、短無見膚長無被士、○前後裳、謂前三幅後四幅也、○轂苦角反縓綼緆。一染謂之縓、今紅也飾裳在幅曰綼、在下曰緆、○在幅、裳之側緣也、○縓七絹反綼毗皮反緆他計反緇純。七入爲緇、緇黑色也飾衣曰純謂領與袂、衣以緇、裳以縓、象天地也設握。裏親膚。繫鉤中指。結于擥。擥掌後節中也、手無決者、以握繫一端繞擥還從上自貫反與其一端結之、○前經言設握、言右手有決者、此記左手之無決者、甸人築坅坎。築實上其中、堅之穿坎之名、一曰坅○築之、坅之皆甸人也○坅張鳳翔丘錦反隸人涅厠。隸人、罪人也、今之徒役作者也、涅塞也爲人復往褻之又亦鬼神不用、○涅乃結反既襲。宵爲燎于中庭。宵、夜、

記沐浴含襲時職司服物自記首至此皆始死日事也

厥明滅燎陳衣記節○當襲之明日滅燎之時即陳小斂之衣凡絞紟用布倫如朝服凡凡小斂大斂也倫比也今文無紟古文倫爲輪○朝服十五升此用布亦如之設棜于東堂下南順齊于坫饌于其上兩甒醴酒酒在南篚在東南順實角觶四木柶二素勺二豆在甒北二以並籩亦如之棜今之轝也角觶四木柶二素勺二爲夕進醴酒兼饌之也勺二醴酒各一也豆籩二以併則是大斂饌也記於此者明其他與小斂同陳古文角觶爲角柶○奠用醴酒但用二觶一柶而觶有四柶有二者朝夕二奠谷饌其器也小斂一豆一籩大斂乃二豆二籩記云二以並言大斂奠之不同於小斂奠者惟此也○棜於庶反凡籩豆實具設皆巾之籩豆偶而爲具具則於饌巾之巾之加飾也明小斂一豆一籩不巾○皆者皆東堂與奠所也二籩二豆者饌於東堂設於奠所二處皆巾之也小斂一籩一豆惟至設

於牀東乃巾之方其饌堂東時則不巾矣觶俟時而酌柶覆加之面枋及錯建之時朝夕也檀弓曰朝奠日出夕奠逮日○觶雖豫陳必待奠時乃酌其酌醴之法既酌醴以柶覆於觶上使柄向前及其錯於奠所則扱柶醴中○錯七故反小斂辟奠不出室未忍神遠之也辟襲奠以辟斂既斂則不出於室設于序西南畢事而去之○註不出於室設于序西南不宇貫下八字大斂辟奠及朝夕奠則皆出設于序西南矣無踊節其哀未可節也○承上文小斂既馮尸主人袒髺髮絞帶衆主人布帶衆主人齊衰以下大斂于阼未忍便離主人位也主人奉尸斂于棺則西階上賓之大夫升自西階階東北面東上視斂既馮尸大夫逆降復位中庭西面位○疏云上篇朝夕哭云主人入堂下直東序西面卿大夫在其南卿大夫與主人同西面向殯故知大夫位在中庭西面也巾奠執燭者滅燭出降自阼階由主人之北東巾奠而室事已

記小斂大斂二節中衣物奠設時會處所儀法

既殯主人說髦既殯置銘于肂復位時也今文說皆作稅兒生三月鬋髮爲鬌男角女羈否則男左女右長大猶爲飾存之謂之髦所以順父母幼小之心至此尸柩不見喪無飾可以去之髦之形象未聞○疏引喪大記鄭註云士既殯說髦小斂說髦蓋諸侯禮士既殯諸侯小斂於死者俱三日也○鬌丁果反三日絞垂成服日絞要經之散垂者

冠六升外縪纓條屬厭縪謂縫著於武也外之者外其餘也纓條屬者通屈一條繩爲武垂下爲纓屬之冠厭伏也○解已詳喪服篇首章○縪音必厭一涉反衰三升衣與裳也屨外納納收餘也杖下本竹桐一也順其性也居倚廬倚木爲廬在中門外東方北戶寢苫枕塊苫編藁塊堛也不說絰帶哀戚不在於安哭晝夜無時哀至則哭非必朝夕非喪事不言不忘所以爲親歠粥朝一溢米夕一溢米不食菜果不在於飽與滋味粥糜也二十兩曰溢爲米一升二十四分升

之一、實在木曰果、在地曰蓏、主人乘惡車。拜君命、拜衆賓、及有故行所乘也、雜記曰、端衰喪車皆無等、然則此

惡車、王喪之木車也、古文惡作堊、白狗幦。未成豪、狗幦、覆笭也、以狗皮爲之、取其臑也、白於喪飾宜、古文幦爲冪、○

玉藻君羔幦虎犆、陳註云、幦者覆式之皮、此白狗幦、亦是以狗皮覆車式、○幦亡狄反　蒲蔽。蔽、藩、○謂車兩邊禦風者

以蒲草爲之、御以蒲菆。不在於驅馳、蒲菆牡蒲莖也、古文菆作騶、○蒲菆楊柳之堪爲箭者、御者以之策馬、與爲

蔽之蒲、同名而異類、○菆則留反　犬服。笭間兵服、以犬皮爲之、取堅也、亦白、○服盛矢器、註云、兵服、似泛言五兵之服、

木錧。取少聲、今文錧爲錧、○錧音管　約綏。約、繩、綏所以引升車、木鑣。亦取少聲、古文鑣爲苞、○鑣彼

苗反　馬不齊髦。齊、翦也、今文髦爲毛、主人之惡車、如王之木車、則齊衰以下、其乘素車、繅車、駹車、漆車、與、○駹步江

反　主婦之車亦如之、疏布裧。裧者、車裳帷、於蓋弓垂之、○疏云、疏布裧在亦如之之下、見不與男

子同、○裧尸占反　貳車白狗攝服。貳、副也、攝、猶緣也、狗皮緣服、差飾、○服亦謂盛兵器之服、其他皆

如乘車。如所乘惡車。○唯白狗攝服爲異也。

記殯後居喪者冠服飲食居處車馬之制。

朔月，童子執帚，卻之，左手奉之，童子，隸子弟若內豎寺人之屬。執用左手，卻之，示未用。○疏云：下文埽室聚諸變，故不用箕。從徹者而入。童子不專禮事。○徹，徹宿奠者。此奠，舉席，埽室，聚諸變，布席如初，卒奠，埽者執帚，垂末內鬣，從執燭者而東。比猶先也。室東南隅謂之窔。○比，必二反。窔，一弔反。鬣音獵。燕養、饋、羞、湯沐之饌，如他日。燕養，平常所用供養也。饋，朝夕食也。羞，四時之珍異。湯沐，所以洗去汙垢。內則日三日具沐，五日具浴。孝子不忍一日廢其事親之禮，於下室日設之，如生存也。進徹之時如其頃。○朔夕之奠與朔月之奠設于殯宮，燕養之饌設于下室。下室，燕寢也。朔月若薦新，則不饋于下室。以其殷奠有黍稷也。下室，如今之內堂，正寢聽朝事。○常奠無黍稷，故食時又饋于

下室、今此殷奠、自有黍稷、故不須更饋也、

記朔月及常日掃潔奉養之事、

筮宅。冢人物土。物猶相也、相其地可葬者、乃營之、○經但言筮、記明其先相之、乃筮之也、卜日吉。告從于主婦。主婦哭。婦人皆哭。主婦升堂。哭者皆止。事畢、○經但言主婦哭、不言衆婦人皆哭、與哭止之節、故記詳之、又此條止言卜日事、竊意筮宅得吉、亦當準此儀也、

記筮宅卜日首末事、

啓之昕。外內不哭。將有事、爲其讙囂、既啓命哭、古文啓爲開、○昕音欣夷牀。輁軸。饌于西階東。明階間者、位近西也、夷牀饌於祖廟、輁軸饌於殯宮、其二廟者、於禰亦饌輁軸焉、古文輁或作拱、○疏云、夷牀在祖廟、輁軸在殯宮、以其西階東是同、故並言之、註云、明階間者位近西也者、以經直云階間、恐正當兩階之間、故記人明之、○輁

軸、遷柩之車、其二廟者、將自禰朝祖、故亦饌輁軸、朝祖下柩訖、明日適壙用蜃車、不復用輁軸矣、

記啓殯朝祖之事、

其二廟則饌于禰廟、如小斂奠、乃啓、祖尊禰卑也、士事祖禰上士異廟下士共廟、○將啓、先具此一鼎一豆一籩之奠於禰廟、既啓朝禰、徹從奠、乃設之、至明日朝祖、則設奠如大斂於祖廟、如經文所陳也、朝于禰廟、重止于門外之西、東面、柩入、升自西階、正柩于兩楹閒、奠止于西階之下、東面北上、主人升、柩東西面、衆主人東卽位、婦人從升、東面、奠升、設于柩西、升降自西階、主人要節而踊、重不入者、主於朝祖而行、若過之矣、門西東面待之、便也、○正柩兩楹閒、疏以爲奠位在戶牖之閒、則此於兩楹閒、亦稍近西、乃當奠位也、奠謂從奠、要節而踊者、奠升、主人踊、設者降、婦人踊也、燭先入者升堂、東楹之南、西面、後

入者西階東，北面，在下。照正柩者先，先柩者後，後柩者適祖時，燭亦然，互記於此。○疏云，此燭本是殯宮中照開殯者，在道時，一在柩前，一在柩後，今又一升堂，一在堂下。主人降即位。徹，乃奠，升降自西階。主人踊如初。如其降拜賓至於要節而踊，不薦車，不從此行。○徹者徹從奠，乃奠者奠其如小斂之饌也，經文朝祖時正柩，設從奠訖，主人降拜賓以後，有徹奠、設奠、哭踊之節，此亦如之也。

記二廟者，啓殯先朝禰之儀。

祝及執事舉奠，巾席從而降，柩從，序從如初，適祖。此謂朝禰明日舉奠適祖之序也，此祝執醴先，酒脯醢俎從之，巾席爲後，既正柩，席升設，設奠如初，祝受巾巾之，凡喪自卒至殯，自啓至葬，主人之禮其變同，則此日數亦同矣，序從，主人以下，今文無從。薦乘車，鹿淺幦，干，笮，革靾，載旜，載皮弁服，纓，轡，貝勒，縣于衡。士乘棧車，鹿淺，鹿夏毛也，幦，覆笭，玉藻曰，士齊車，鹿幦豹犆，干，盾也，笮，矢箙也，靾韁也、旜旌旗之屬、通帛爲旜、孤卿之所建、亦攝焉、皮弁服者、視朔之服、貝勒、貝飾勒、有干無兵、有箙無弓矢、明不用、古文靾爲殺、旜爲膳、○疏云此並下車三乘、謂葬之魂車、○靾息列反、犆音直、

道車載朝服。

道車、朝夕及燕出入之車、朝服曰視朝之服也、玄衣素裳、○疏云士乘棧車、更無別車、而上云乘車、下云稾車、此云道車、雖有一車、所用各異、故有乘車道車稾車之名、又云士之道車、而用朝君之服、不用私朝玄端服者、亦攝盛也、

稾車載蓑笠。

稾猶散也、散車以田以鄙之車、蓑笠備兩服、今文稾爲潦、凡道車稾車之纓轡及勒、亦縣于衡也、○田謂田獵、鄙謂巡行縣鄙、○散悉但反

將載。祝及執事舉奠、戶西南面東上。卒束前而降。奠席于柩西。

將於柩西當前束設之、○載、載柩于車、卒束前而降、謂舉奠者、當東柩於車將畢之前、即降也、奠席柩西、爲設奠先設席也、

巾奠。乃牆。

牆、飾柩也、○即帷荒之屬、

抗木。刊。

剝削之、古文刊爲竿、○抗木必刊治之、

茵著用茶實綏澤焉。

茶、茅秀也、綏、廉薑也、澤、澤蘭也、皆取其香且御濕、○茵內所著、非直用茶、兼實綏與澤、○茶大奴反

葦苞

長三尺。一編。用便易也。○以葦爲苞、葦之長三尺、一道編之。菅筲三。其實皆瀹。米麥皆湛之湯、未知神之所享、不用食道、所以爲敬。○以菅草爲筲、其中所盛黍稷麥、皆淹漬之。祖。還車不易位。爲鄉外耳、未行。○車、乘車道車稾車。既祖、則還之向外、但不易初薦時位。執披者旁四人。前後左右各二人。○一旁四人、共八人也。凡贈幣無常。賓之贈也、玩好曰贈、在所有。○以賓客不一、故贈幣無定制。凡糗不煎。以膏煎之、則褻非敬。○葬奠籩實有糗。

記二廟者自禰適祖之儀、及祖廟中薦車載柩陳器奠贈諸事。

唯君命止柩于堩。其餘則否。不敢留神也。堩、道也。曾子問曰、葬既引、至於堩。○堩古鄧反。車至道左。北面立。東上。道左、墓道東、先至者在東。○疏云、當是陳器之南、又云、以乘車道車稾車三者次第爲先後先至者乘車也柩至于壙斂服載之柩車至壙祝說載除飾乃斂乘車道車槀車之服載之不空之以歸送形而往迎精而反亦禮之宜○服三車所載皮弁服朝服簑笠等也卒窆而歸不驅孝子往如慕反如疑爲親之在彼

記柩在道至壙卒窆之而歸之事

君視斂若不待奠加蓋而出不視斂則加蓋而至卒事爲有他故及辟忌也○卒事謂大斂奠訖乃去

記君於臣有視斂不終禮者有既斂加蓋而後至者二者之節

既正柩賓出遂匠納車于階間遂匠遂人匠人也遂人主引徒役匠人主載柩窆之職相左右也

車載柩車周禮謂之蜃車雜記謂之團或作輇或作摶聲讀皆相附耳未聞孰正其車之轝狀如牀中央有轅前後出設前後輅轝上有四周下則前後有軸以輇爲輪許叔重說有輻曰輪無輻曰輇○既朝祖正柩於兩楹主人送賓出以此時納柩車也○蜃市軫反輇市專反

祝饌祖奠于主人之南當前輅北上巾之。

言饌於主人之南當前輅則既祖祝乃饌○既還柩向外祝即饌祖奠于主人之南及還車還重俱訖乃奠之柩車西如初

記朝祖納柩車之節與饌祖奠之處

弓矢之新。沽功。

設之宜新沽示不用今文沽作古○弓矢謂入壙用器舉弓矢以例餘者

有弭飾焉。

弓無緣者謂之弭弭以骨角爲飾○弭亡爾反

亦張可也。

亦使可張

有柲。

柲弓檠弛則縛之於弓裏備損傷以竹爲之詩云竹柲緄縢古文柲作柴○檠音景

設依撻焉。

依纏絃也撻附側矢道也皆以韋爲之今文撻爲銛○疏云依者謂以韋依纏其絃即今時弓[illegible]也撻所以撻矢令出生時以骨爲之

有韣。

韣弓衣也以緇布爲之

翭矢

一乘。骨鏃。短衛。猴猶候也。候物而射之矢也。四矢曰乘。骨鏃短衛。亦云不用也。生時猴矢金鏃。凡為矢五分笴長而羽其一。○衛矢羽也。矢笴長三尺五分羽一。則六寸。是生時之矢羽固不短矣。○猴音侯。鏃子木反

志矢一乘。軒輖中。亦短衛。志猶擬也。習射之矢。書云若射之有志。輖摯也。無鏃短衛。亦示不用。生時志矢骨鏃。凡為矢前重後輕也。○鄭解輖摯也。摯與輊同。軒輊中謂前後輕重均也。註凡為矢前重後輕。亦欲明此軒輊中之異於生用耳。疏引周禮八矢六者前重後輕。恒矢庳矢不前重後輕。非鄭意也。○輖音周。摯音至

記入壙用器弓矢之制。

儀禮　鄭氏註　濟陽張爾岐句讀

士虞禮第十四

鄭目錄云虞安也士旣葬其父母迎精而反日中而祭之於殯宮以安之虞於五禮屬凶大戴第六小戴第十五別錄第十四○疏云虞卒哭在寢祔乃在廟

士虞禮特豕饋食　饋猶歸也○疏云卜日曰牲此虞爲喪祭又葬日虞因其吉日畧無卜牲之禮故指豕體而言不云牲以物與神及人皆言饋○饋其位反

側亨于廟門外之右東面　側亨一胖也亨於爨用鑊不於門東未可以吉也是日也以虞易奠祔而以吉祭易喪祭鬼神於在則曰廟尊言之○疏云案吉禮皆全左右胖皆亨此亨一胖者以其虞不致爵自獻賓已後則無主人主婦及賓已下之俎故唯亨一胖也特牲吉禮鼎鑊皆在門東此云門外之右是門之西未可以吉也愚案此虞實在殯宮卽適寢也而曰廟故註曰尊言之也

魚腊爨亞之北上　爨竈○三鑊皆在西方

饎爨在東壁西面　炊黍稷曰饎饎北上上齊于屋宇於虞有亨饎之爨彌吉

○疏云案特牲云主婦視饎爨于西堂下今在東亦反吉也小斂大斂未有黍稷朔月薦新始有黍稷向吉仍未有爨至此始有亨饎之爨故云彌吉○饎尺志反

設洗于西階西南水在洗西篚在東

反吉也亦當西榮南北以堂深○吉時設洗皆當東榮

尊于室中北墉下當戶兩甒醴酒酒在東無禁冪用絺布加勺南枋

酒在東上醴也絺布葛屬○冪亡狄反

素几葦席在西序下

有几始鬼神也

苴刌茅長五寸束之實于篚饌于西坫上

苴猶藉也○刌度也截也苴刌茅者藉祭之刌茅也度而截之故謂刌茅○苴子徐反刌七本反

饌兩豆菹醢于西楹之東醢在西一鉶亞之

醢在西南面取之得左取菹右取醢便其設之○疏云一鉶亞之菹以東也尸在奧東面設者西面設於尸前菹在南醢在北今於西楹東饌之菹在東醢在西是南面取之得左菹右醢至尸前西面設之便也

從獻豆兩亞之四籩亞之北上

豆從主人獻祝籩從主婦獻尸祝北上菹與棗不東陳別

於正。○疏云：此從獻豆籩，雖文承一鉶之下，而云亞之下，別云北上，是不從鉶東爲次，宜於鉶東北以北爲上，向南陳之。然則東北葅爲首，次南醢，醢東栗，栗北棗，棗東棗，棗南栗，故鄭云北上葅與棗也。云不東陳別於正者，以二豆與鉶在尸爲獻前設正，此皆在獻後爲非正，故東北別也。

餕黍稷二敦于階間。西上。藉用葦席。 藉猶薦也，古文藉爲席。

匜水錯于槃中，南流，在西階之南，簞巾在其東。 流，匜吐水口也。○錯七故反。

陳三鼎于門外之右，北面北上，設扃鼏。 門外之右，門西也。今文扃爲鉉。

匕俎在西塾之西。 不餕於塾上，統於鼎也。塾有西者，是室南鄉。

羞燔俎在內西塾上，南順。 南順，於南面取縮執之便也。肵俎在燔東。

右陳虞祭牲羞酒醴器具。

主人及兄弟如葬服，賓執事者如弔服，皆即位于門外，如朝夕

臨○位婦人及內兄弟○服即位于堂○亦如之○葬服者既夕曰丈夫髽散帶垂也賓執事者賓客來執事也○疏云始虞與葬服同三虞皆同至卒哭則作其喪服乃變麻服葛也賓客來執事以其虞為喪祭主人未執事案曾子問士則朋友奠不足則取於大功以下○臨力蔭反

祝免○澡葛絰帶○布席于室中○東面○右几○降出○及宗人即位于門西○東面○南上○祝亦執事免者祭祀之禮祝所親也澡治也治葛以為首絰及帶接神宜變也然則士之屬官為其長弔服加麻矣至於既卒哭主人變服則除右几於席近南也○祝執事而免者以其身親祭祀之禮不嫌於重也○免音問

宗人告有司具○遂請拜賓○如臨○入門哭○婦人哭○臨朝夕哭

主人即位于堂○衆主人及兄弟○賓即位于西方○如反哭位○既夕曰乃反哭入則升自西階東面衆主人堂下東面北上異於朝夕

祝入門○左○北面○不與執事同位接神尊也○上兄弟賓即位于西方者皆是執事

宗人西階前北面○當詔

主人及賓之事○宗人在堂下是主人在堂時若主人在室宗人卽升堂戸外北面

右主人及賓自門外入卽位

祝盥升取苴降洗之升入設于几東席上東縮降洗觶升止哭縮從也古文縮爲蹙主人倚杖入祝從在左西面主人北旋倚杖西序乃入喪服小記曰虞杖不入於室祔杖不升於堂然則練杖不入於門明矣贊薦菹醢醢在北主婦不薦齊斬之服不執事也曾子問曰士祭不足則取於兄弟大功以下者○疏云齊斬不執事唯爲今時至于尸入之後亦執事兩邊棗栗設于會南至於祔祭雖陰厭亦主婦薦主人自執事也佐食及執事盥出舉長在左舉舉鼎也長在左在西方位也凡事宗人詔之鼎入設于西階前東面北上匕俎從設左人抽扃鼏匕佐食及右人載載載于俎佐食載則亦在右矣今文扃爲鉉古文鼏爲密卒杝者逆退復位

復賓俎入設于豆東。魚亞之。腊特。亞次也今文無之、贊設二敦于俎南。黍。其東稷。簋實尊黍也、○西黍東稷、西上、故云尊黍、經言敦註言簋者、敦有虞氏之器、周制士用之、同姓之士、容得從周制、用簋、設一鉶于豆南。鉶菜羹也佐食出立于戶西。饌已也、今文無于戶西、贊者徹鼎。反于門外、祝酌醴。命佐食啓會。佐食許諾。啓會。卻于敦南。復位。會合也、謂敦蓋也、復位、出立于戶西、今文啓為開、○特牲少牢有酒無醴、故厭亦用酒、此酒醴兼設、以醴陰厭、以酒酳尸、亦其異於吉祭也、祝奠觶于鉶南。復位。復位、復主人之左、主人再拜稽首。祝饗。命佐食祭。饗告神饗也、此祭祭於苴也、饗神辭、記所謂哀子某哀顯相夙興夜處不寧、下至適爾皇祖某甫饗是也、○是陰厭饗神辭、詳下記、佐食許諾。鉤袒。取黍稷祭于苴。三取膚祭。祭如初。祝取奠觶祭。亦如之。不盡。益。反奠之。主人再拜稽首。鉤袒、如今擐衣也、苴

所以藉祭也孝子始將納尸以事其親爲神疑於其位設苴以定之耳或曰苴主道也則特牲少牢當有主象而無可乎

祝祝卒。主人拜如初。哭出。復位。祝祝者釋孝子祭辭○按上疏云迎尸上釋孝子辭經記無文宜與少牢迎尸祝孝子辭同但稱哀爲異

右設饌饗神是爲陰厭

祝迎尸。一人衰絰奉篚哭從尸。尸主也孝子之祭不見親之形象心無所繫立尸而主意焉一人主人兄弟檀弓曰既封主人贈而祝宿虞尸○封彼驗反 尸入門。丈夫踊。婦人踊。踊不同文者有先後也尸入主人不降者喪事主哀不主敬○疏云主人在西序東面衆兄弟西階下亦東面婦人堂上當東序西面見尸有先後故踊有先後 淳尸盥。宗人授巾。淳沃也沃尸盥者賓執事者也 尸及階。祝延尸。延進也告之以升 尸升。宗人詔踊如初。言詔踊如初則凡踊宗人詔之 尸入戶。踊如初。哭

止。哭止。尊尸。婦人入于房。辟執事者。主人及祝拜妥尸。尸拜遂坐。妥安坐也。○妥他果反

右延尸妥尸

從者錯篚于尸左席上，立于其北。北席北也。○此篚象特牲所俎，擬為尸盛餘饌。尸取奠，左執之。取菹擩于醢，祭于豆間。祝命佐食墮祭。下祭曰墮，墮之猶言墮下也。周禮曰：既祭，則藏其墮，謂此也。今文墮為綏，特牲少牢或為羞，失古正矣。齊魯之間謂祭為墮。○尸取奠，取祝所反奠于鉶南之觶也。左執之者，以右手將祭也。下祭曰墮，謂從俎豆上取下當祭之物以授尸，使之祭，佐食但下之而已。疏以為向下祭之誤。佐食取黍稷肺祭授尸。尸祭之，祭奠。祝祝，主人拜如初。尸嘗醴，奠之。如初，亦祝祝卒乃再拜稽首。○其祝辭，即下記云：哀子某圭為而哀薦之饗。佐食舉肺脊授

尸尸受振祭嚌之左手執之右手將有事也尸食之時亦奠肺脊于豆○右手將有事爲下文祭鉶嘗鉶此肺脊至尸卒食佐食方受之實于篚中閒食時亦須奠之于豆

祝命佐食邇敦佐食舉黍錯于席上邇近也

尸祭鉶嘗鉶右手也少牢曰以柶祭羊鉶遂以祭豕鉶嘗羊鉶○此但豕鉶祭之嘗之亦用柶

黍羹湆自門入設于鉶南胾四豆設于左博異味也湆肉汁也胾切肉也○鉶南醴北初設時留空處以待黍羹胾設于左正豆之北也

尸飯播餘于篚不反餘也古者飯用手吉時播餘于會古文播爲半

三飯佐食舉幹尸受振祭嚌之實于篚飯閒啗肉安食氣○幹脅也○啗大敢反

又三飯舉胳祭如初佐食舉魚腊實于篚尸不受魚腊以喪不備味

又三飯舉肩祭如初後舉肩者貴要成也○周人貴肩故以後舉爲貴要成

舉魚腊俎俎釋三个釋猶遺也遺之者君子不盡人之歡不竭人之忠个猶枚也今俗或名枚曰個音相近此腊亦七體如其

牲也。○牲七體，魚腊各七。佐食所舉以授尸者，皆盛於篚。所餘每俎三个，將以改饌於西北隅也。○个古賀反

尸卒食。佐食受肺脊實于篚。反黍如初設。九飯而已，士禮也。篚猶吉祭之有肵俎。○特牲少牢有肵俎以盛尸所舉牲體，此篚亦盛尸所舉牲體。○肵音祈

右饗尸，尸九飯。

主人洗廢爵，酌酒酳尸。尸拜受爵。主人北面答拜。尸祭酒，嘗之。爵無足曰廢爵。酳，安食也。主人北面以酳酢，變吉也。凡異者皆變吉。古文酳作酌。○疏云，特牲少牢尸拜受，主人西面拜送，與北面相反。○酳以介反

賓長以肝從。實于俎，縮，右鹽。縮，從也。從實肝炙於俎也。喪祭進柢，右鹽於俎近北，便尸取之也。縮執俎，言右鹽，則肝鹽併也。○註右鹽於俎近北，據執俎者而言，左肝右鹽，西面向尸，則鹽在肝之北，併於俎上，故云於俎近北。尸右取肝，左擩鹽爲便也。○柢丁計反

尸左執爵，右取肝，擩鹽，振祭。

嚌之。加于俎。賓降，反俎于西塾，復位。取肝右手也。加于俎，從其牲體也。以喪不志於味。○加于俎，盛牲體之俎。賓所反，則肝俎也。復位，復西階前衆兄弟之南東面位。尸卒爵。祝受，不相爵。主人拜。尸答拜。不相爵，喪祭於禮畧。相爵者，特牲曰：送爵皇尸卒爵。祝酌授尸。尸以醋主人。主人拜受爵。尸答拜。醋，報。○醋，才各反。主人坐祭，卒爵，拜。尸答拜。○主人受酢，當亦北面。筵祝，南面。祝接神，尊也。筵用萑席。主人獻祝。祝拜，坐受爵。主人答拜。獻祝，因反西面位。薦菹醢，設俎。祝左執爵，祭薦，奠爵，興，取肺，坐祭，嚌之，興，加于俎，祭酒，嘗之。肝從。祝取肝擩鹽，振祭，嚌之，加于俎，卒爵，拜。主人答拜。祝坐授主人。今文無擩鹽。○薦設皆執事者。祝俎不升鼎，詳見下記。授主人者，虛爵也。主人酌獻佐食。佐食北面拜，坐受爵。主人答拜。佐食祭酒，卒爵拜。主人答拜。受爵。出。實于篚。升堂。復位。篚在庭，不復入，事已也。亦因取杖，乃東面立。○上文哭時，主人升堂，西序東面。至此獻尸畢，不復入室，故復東面位也。

右主人獻尸，并獻祝及佐食。

主婦洗足爵于房中。酌。亞獻尸。如主人儀。爵有足，輕者飾也。昏禮曰：內洗在北堂，直室東隅。○如主人儀，如上文主人酳尸之儀也。自反兩籩棗栗。設于會南。棗在西。尚棗，棗美。○自反者，自往取之而反也。此兩籩及下獻祝籩，即上饌時亞豆東四籩也。尸祭籩。祭酒。如初。賓以燔從。如初。尸祭燔。卒爵。如初。酌獻祝。籩燔從。獻佐食。皆如初。以虛爵入于房。初主人儀。

右主婦亞獻。

賓長洗繶爵三獻燔從如初儀繶爵口足之閒有篆又彌飾○當亦兼獻祝及佐食

右賓長三獻

婦人復位復堂上西面位事已尸將出當哭踊祝出戶西面告利成主人哭西面告告主人也利猶養也成畢也言養禮畢也不言養禮畢於尸閒嫌皆哭丈夫婦人於主人哭斯哭矣祝入尸謖祝入而無事尸則知起矣不告尸者無遵尊者之道也古文謖或爲休○謖所六反從者奉篚哭如初初哭從尸祝前尸出戶踊如初降堂踊如初出門亦如之前道也如初者出如入降如升三者之節悲哀同

右祝告利成尸出

祝反入徹設于西北隅如其設也几在南厞用席改設饌者不知鬼神之節

改設之、庶幾歆饗、所以爲厭飫也、几在南、變右文、明東面不南面漸也、厞、隱也、于厞隱之處從其幽闇、○如其設、謂改設尸之薦俎敦、于西北隅次第一如陰厭時設法也、詳、漸也、以設几與吉祭同爲向吉之漸、厞用席、疏以爲以席爲障使之隱蔽、註有異、○厞扶未反、厭一艷反

祝薦席徹入于房、祝自執其俎出、徹薦席者執事者、祝薦席則初自房來、

贊闔牖戶、鬼神尚居幽闇、或者遠人乘贊、佐食者、

右改設陽厭

主人降、賓出、宗人詔主人降、賓則出廟門、主人出門、哭止、皆復位、門外未入位、宗人告事畢、賓出、主人送、拜稽顙、送拜者、明于大門外也、賓執事者皆去、即徹室中之饌者兄弟也、

右禮畢送賓、

記

虞，沐浴，不櫛。沐浴者，將祭，自潔清。不櫛，未在於飾也。唯三年之喪不櫛，期以下櫛可也。今文曰沐浴。陳牲于廟門外，北首，西上，寢右。言牲，腊在其中。西上，變吉。寢右者，當升左胖也。腊用棜。檀弓曰：既反哭，主人與有司視虞牲。○疏云：案少牢二牲，東上，是吉祭東上。日中而行事。朝葬，日中而虞，君子舉事必用辰正也。再虞、三虞，皆質明。

記沐浴、陳牲、及舉事之期。

殺于廟門西，主人不視。豚解。主人視牲不視殺，凡為喪事畧也。豚解，解前後脛脊脅而已，熟乃體解，升於鼎也。今文無廟。○疏云：特牲吉祭，故主人視牲又視殺。羹飪，升左肩、臂、臑、肫、胳、脊、脅，離肺。膚祭三，取諸左膉上。肺祭一，實于上鼎。肉謂之羹。飪，熟也。脊，正脊也。脅，正脅也。喪禮畧、七體耳、離肺、舉肺也、少牢饋食禮曰、舉肺一、長終肺、祭肺三、皆刌、膉、脰肉也、古文曰、左股上、字從肉從殳、殳矛之殳聲、○士之正祭禮、九體、此七體、故云畧、引少牢禮、明此舉肺祭肺之制亦然、膚祭、擇肉之美者以備祭、○肫音純、膉音益

升魚鱄鮒九、實于中鼎、差減之、○特牲魚十有五、此畧而用九、升腊左胖、髀不升、實于下鼎、腊亦七體、牲之類、皆設扃鼏陳之、嫌既陳乃設扃鼏也、今文扃作鉉、古文鼏作密、載猶進柢、魚進鬐、猶、猶士喪既夕、言未可以吉也、柢、本也、鬐、脊也、今文柢爲眂、古文鬐爲耆、○吉祭、牲進下、魚進腴、變於食生、此喪祭與吉反、是未異於生人也、祝俎髀脰脊脅離肺、陳于階間、敦東、不升於鼎、賤也、統於敦、明神惠也、祭以離肺、下尸、○尸祭用刌肺、

記牲殺體數鼎俎陳設之法、

淳尸盥、執槃西面、執匜東面、執巾在其北、東面、宗人授巾、南面、

槃以盛棄水、爲淺汙人也、執巾不授巾、卑也、○淺音義如濺、○淺音箭

記沃尸面位、

主人在室、則宗人升、戶外北面、當詔主人室事、○經唯言主人在堂宗人所詔之事、佐食無事、則出戶、負依南面、室中尊、不空立、戶牖之閒謂之依、

記宗人佐食面位、

鉶芼用苦若薇、有滑、夏用葵、冬用荁、有柶、苦、苦荼也、荁、堇類也、乾則滑、夏秋用生葵、冬春用乾荁、古文苦爲枯、今文或作芐、○荁音丸、夏葵冬荁、皆所以爲滑也、芼音毛、○豆實葵菹、菹以西嬴醢、籩棗烝、栗擇、棗烝栗擇、則菹刌也、棗烝栗擇、則豆不揭、籩有簾也、

記鉶芼與豆籩之實

尸入。祝從尸。祝在主人前也。嫌如初時主人倚杖入，祝從之。初時主人之心尚若親存，宜自親之。今既接神，祝當詔侑尸也。尸坐不說屨。侍神不敢燕惰。尸謖。祝前鄉尸。前，道也。祝道尸，必先鄉之，爲之節。還。出戶。又鄉尸。還。過主人。又鄉尸。還。降階。又鄉尸。過主人則西階上。不言及階，明主人見尸有蹴踖之敬。降階。還。及門。如出戶。及，至也。言還至門，明其間無節也。降階如升時，將出門如出戶時，皆還向尸也。每將還，必有辟退之容。凡前尸之禮儀在此。○祝之道尸，必先以面鄉尸，乃轉身前行，謂之還。上降階謂正降時，此時祝以面鄉尸；下降階謂既降時，祝則轉身前行，直至及門，乃又鄉尸也。尸出。祝反，入門左，北面復位。然後宗人詔降。○復位，上文祝入門左北面之位。詔降，詔主人降。尸服卒者之上服。上服者，如特牲士玄端也。不以爵弁服爲上者，祭於君之服，非所以自配鬼神。士之妻則宵衣耳。男，男尸。女，女尸，必使異姓，不使賤者。異姓，婦也。賤者，謂庶孫之妾也。尸配尊者，必使適也。○喪祭男女別

尸吉祭則其尸必使異姓、謂女尸以婦不以族次、

記虞尸儀服與侍尸之儀爲尸之人、

無尸則禮及薦饌皆如初。無尸謂無孫列可使者也殤亦是也禮謂衣服即位升降○喪祭而無尸者其衣服位面升降之禮與爲饌之具皆與有尸者同、既饗祭于苴。祝祝卒、記異者之節、不綏祭無黍羹湆胾從獻、不綏言獻記終始也事尸之禮始於綏祭終於從獻綏當爲墮主人哭出復位、於祝祝卒○其不同者當饗祝既卒無墮祭以下事尸之禮主人即哭出復戶外東面位祝闔牖戶降。復位于門西。門西北面位也男女拾踊三。拾更也三更踊○疏云尼言更踊者主人踊主婦踊賓乃踊三者三爲拾也○拾其業反如食間。隱之如尸一食九飯之頃也、祝升止哭聲三啟戶。聲者噫歆也將啟戶警覺神也今文啟爲開、主人入、親之祝從啟牖鄉如初。牖先闔後啟扇在內也鄉

牖一名也、如初者、主人入、祝從在左、主人哭出復位。堂上位也、○仍前戶外東面、卒徹。祝佐食降復位、祝復門西北面位、佐食復西方位、不復設西北隅者、重閉牖戶、褻也、宗人詔降如初。初、贊闔牖戶、宗人詔主人降之、○禮畢降堂、宗人詔之、亦如上經也、

右虞祭無尸者陰厭之儀、

始虞用柔日。葬之日、日中虞、欲安之、柔日陰、取其靜、○古人葬日例用柔日、曰哀子某。哀顯相。夙興夜處不寧。曰、辭也、祝祝之辭也、喪祭稱哀、顯相、助祭者也、顯明也、相助也、詩云、於穆清廟、肅雝顯相、不寧、悲思不安、敢用絜牲剛鬣。敢、昧冒之辭、豕曰剛鬣、香合、黍也、大夫士於黍稷之號、合言普淖而已、此言香合、蓋記者誤爾、辭次黍又不得在薦上、○疏云、曲禮所云黍稷別號、是人君法、嘉薦普淖、嘉薦、菹醢也、普淖、黍稷也、普、大也、淖、和也、德能大和、乃有黍稷、故以為號云、○淖若孝反、音鬧、明齊溲酒。明齊、新水也、言以新水溲釀此

酒也、郊特牲曰、明水涚齊、貴新也、或曰當爲明視、謂兔腊也、今文曰則粢、粢稷也、皆非其次、今文溲爲醙。**哀薦祫事。**始虞謂之祫事者、主欲合先祖也、以與先祖合爲安、今文曰古事。**適爾皇祖某甫。**爾女也、女死者、告之以適皇祖、所以安之也、皇君也、某甫皇祖字也、若言尼甫。**饗。**勸強之也。**再虞皆如初、曰哀薦虞事。**丁日葬、則己日再虞、其祝辭異者一言耳。○皆如初、謂用日祝辭皆與初虞同。**三虞卒哭他、用剛日、亦如初、曰哀薦成事。**當祔於祖廟、爲神安於此、後虞改用剛日、剛日陽也、陽取其動也、士則庚日三虞、壬日卒哭、其祝辭異者亦一言耳、他謂不及時而葬者、喪服小記曰、報葬者報虞、三月而後卒哭、然則虞卒哭之間、有祭事者亦用剛日、其祭無名謂之他者、假設言之、文不在卒哭上者、以其非常也、令正者自相亞也、檀弓曰、葬日中而虞、弗忍一日離也、是日也、以虞易奠、卒哭曰成事、是日也、以吉祭易喪祭、明日祔於祖父、如是虞爲喪祭、卒哭爲吉祭、今文他爲它。○愚按鄭以經文他字爲有非常之祭、似涉强解、此殆羨文、不然當在亦字上、謂他祝辭耳。○報讀爲赴疾之赴。

記三虞卒哭用日不同及祝辭之異者

獻畢未徹乃餞（卒哭之祭既三獻也餞送行者之酒詩云出宿于泲飲餞于禰尸日將始祔于皇祖是以餞送之古文餞爲踐○卒哭祭之明日將祔于廟故卒哭祭畢餞之於寢門之外此下所記即其儀也）尊兩甒于廟門外之右少南水尊在酒西勺北枋（少南將有事於北有玄酒即吉也此在西尚凶也言水者喪質無鼏不久陳古文甒爲廡也○廟門寢門也）洗在尊東南水在洗東篚在西（在門之左少南）饌籩豆脯四脡（酒宜脯也古文脡爲挺○脯以爲籩實也）有乾肉折俎二尹縮祭半尹在西塾（乾肉牲體之脯也如今涼州烏翅矣折以爲俎實優尸也尹正也雖其折之必使正縮從也古文縮爲蹙○二尹正體縮陳俎上又截正體之半以備授祭）尸出執几從席從（祝入亦告利成入前尸尸乃出几席素几葦席也以几席從執事也）尸出門右南面（俟設席也）席設于尊西北東面

几在南。賓出復位。將入臨之位士喪禮賓繼兄弟北上門東北面西上門西北面東上西方東面北上主人出。卽位于門東少南。婦人出。卽位于主人之北。皆西面哭不止。婦人出者重餞尸○疏云婦人有事自堂及房而已今出寢門之外故云重餞尸也尸卽席坐。唯主人不哭。洗廢爵酌獻尸。尸拜受。主人拜送。哭復位。薦脯醢。設俎于薦東。胸在南。胸脯及乾肉之屈也屈者在南變於吉○曲禮云以脯脩置者左胸右末是吉時屈者在左今尸東面而云胸在南則屈在右末在左故云變於吉也○胸其俱反尸左執爵。取脯擩醢。祭之。佐食授嚌。授乾肉之祭尸受。振祭。嚌。反之。祭酒。卒爵。奠于南方。反之反於佐食佐食反之於俎尸奠爵禮有終○爵不酢而奠之是爲禮有終主人及兄弟踊。婦人亦如之。主婦洗足爵。亞獻。如主人儀。無從。踊如初。賓長洗繶爵。三獻。如亞獻。

踊如初。佐食取俎實于篚。尸謖。從者奉篚哭從之。祝前。哭者皆從。及大門內。踊如初。尸男女從尸、男由左、女由右、及至也、從尸不出大門者、由廟門外無事尸之禮也、古文謖作休、

尸出門。哭者止。以餞於外、大門猶廟門、賓出。主人送。拜稽顙。送賓拜於大門外○從尸不出大門者、有事尸限、送賓大門外、自是常禮、但禮有終、賓無答拜之禮也、

主婦亦拜賓。女賓也、不言出、不言送、拜之於闈門之內、闈門如今東西掖門、丈夫說絰帶于廟門外。既卒哭當變麻、受之以葛也、夕日則服葛者爲祔期、今文說爲稅○是日之夕、主人因告賓祔期、則服葛帶也、

入徹。主人不與。入徹者兄弟大功以下、言主人不與、則知丈夫婦人在其中、古文與爲豫、婦人說首絰。不說帶。不說帶、齊斬婦人帶不說也、婦人少變而重帶、帶下體之上也、大功小功者葛帶、時亦不說者、未可以輕文變於主婦之質、至祔、葛帶以即位、檀弓曰、婦人不葛帶○檀弓所言亦謂婦人服齊斬者、大功以下、是日雖不說麻、明日祔祭、則葛帶以即位矣、

無尸。則不

餞。猶出几席。設如初。拾踊三。以餞尸者本爲送神也、丈夫婦人、亦從几席而出、古文席爲筵○雖無尸送神不異、故云如初、哭止。告事畢。賓出。

記卒哭祭畢餞尸、與無尸可餞者送神之禮、

死三日而殯。三月而葬。遂卒哭。謂士也、雜記曰、大夫三月而葬、五月而卒哭、諸侯五月而葬、七月而卒哭、此記更從死起、異人之問、其義或殊。○疏云士三日殯三月葬皆通死日死月數、是以士之卒哭在三月內、大夫以上殯葬除死日死月數、大夫三月葬除死月則通四月、又有五虞則卒哭在五月、諸侯以上可知、註異人謂記者不一人故言有更端、將旦而祔。則薦。薦、謂卒哭之祭。○旦、謂明日之旦、卒辭曰。哀子某。來日某。隮祔爾于爾皇祖某甫。尚饗。卒辭卒哭之祝辭、隮升也、尚庶幾也、不稱餞、明主爲告祔也、今文隮爲齊○疏云、迎尸之前、祝釋孝子辭云爾、女子。曰皇祖妣某氏。女孫祔。於祖母、婦曰孫婦于皇祖姑某氏。不言爾曰孫婦、差疏也、其他辭一也。來日某隮祔、尙饗、饗辭曰。哀子某圭爲而哀薦之饗。饗辭、勸强尸之辭也、圭、絜也、詩曰、吉圭爲饎、凡吉祭饗尸、曰孝子○疏云、祔及練祥吉祭、其辭亦用此、但改哀爲孝耳、

記卒哭祭告祔於神之辭、與饗尸之辭、

明日以其班祔。卒、哭之、明日也、班、次也、喪服小記曰、祔必以其昭穆、亡則中一以上、凡祔已、復于寢、如旣祫、主反其廟、練而後遷廟、古文班或爲辨、辨氏姓或然、今文爲胖○疏云、祔祭與練祭、祭在廟、祭訖、主反於寢、其大祥與禫祭、其主自然在寢、祭之、案下文禫月逢四時吉祭之月、卽得在廟祭、但未配而已、沐浴。櫛。搔翦。彌自飾也、搔當音爪、今文曰沐浴搔翦、或爲蚤揃、揃或爲鬋○搔、註音爪、翦、子淺反、用專膚爲折俎。取諸脰膉。專、猶厚也、折俎、謂主婦以下俎也、體盡人多、折骨以爲之、今以脰膉、貶於純吉、今文字爲折俎、而說以爲肵俎、亦甚誣矣、古文脰膉爲頭嗌也、

○吉祭、折俎用體骨、此用膚爲不同、○臉音益**其他如饋食。**如特牲饋食之事、或云以左胖虞右胖祔、今此如饋食、則尸俎肵俎皆有肩臂、豈復用虞臂乎、其不然明矣、○疏云、上文有俎、則夫婦致爵、以祔時變麻服葛、其辭稱孝、夫婦致爵與特牲同、註或云以下、鄭君以經文破當時左胖虞右胖祔之説也**用嗣尸、**虞祔尚質、未暇筵尸、○用嗣尸者、從虞至祔相繼嗣而用一尸也、**曰孝子某。孝顯。相夙興夜處。小心畏忌。不惰其身。不寧、**稱孝者、吉祭、**用尹祭。**尹、祭脯也、大夫士祭、無云脯者、今不言牲號而云尹祭、亦記者誤矣、**嘉薦。普淖。普薦。溲酒。**普薦、鉶羹、不稱牲、記其異者、今文溲爲醙**適爾皇祖某甫。以隮祔爾孫某甫。尚饗。**欲其祔合、兩告之、曾子問曰、天子崩、國君薨、則祝取羣廟之主而藏諸祖廟、禮也、卒哭成事、而後主各反其廟、然則士之皇祖、於卒哭亦反其廟、無主、則反廟之禮未聞、以其幣告之乎、○上句告死者、下句謂皇祖、

記祔祭之禮、與告祔之辭、

朞而小祥。小祥，祭名。祥，吉也。檀弓曰：歸祥肉。古文朞皆作基。曰薦此常事。祝辭之異者，言常者，朞而祭，禮也。古文常爲祥。○此謂練祭。

又朞而大祥。曰薦此祥事。又，復也。○初喪至此二十五月。

中月而禫。中，猶間也。禫，祭名也。與大祥間一月，自喪至中，凡二十七月。禫之言澹澹然平安意也。古文禫或爲導。○禫，徒感反。

是月也吉祭，猶未配。是月，是禫月也。當四時之祭月則祭，猶未以某妃配某氏，哀未忘也。少牢饋食禮，祝祝曰：孝孫某，敢用柔毛剛鬣，嘉薦普淖，用薦歲事于皇祖伯某，以某妃配某氏。尚饗。○疏云：謂是禫月得禫祭，仍在寢。此月當四時吉祭之月，則於廟行四時之祭，於寢廟而猶未得以某妃配。註引少牢祝辭，明吉祭用配之常也。

記小祥、大祥、禫祭、吉祭之節，與祝辭之異。

儀禮

鄭氏註　　濟陽張爾岐句讀

特牲饋食禮第十五

鄭目錄云特牲饋食之禮謂諸侯之士祭祖禰非天子之士而於五禮屬吉禮○註疏本不詳他書目次吳氏補之云大戴第七小戴第十三別錄第十五疏云案曲禮云大夫以索牛士以羊豕彼天子大夫士此儀禮特牲少牢故知是諸侯大夫士也祭法云適士二廟官師一廟官師謂中下之士祖禰共廟亦兼祭祖無問一廟二廟皆先祭祖後祭禰若祭無問尊卑廟數多少皆同日而祭畢以此及少牢惟筮一日

特牲饋食之禮不諏日。祭祀自孰始曰饋食饋食者食道也諏謀也士賤職褻時至事暇可以祭則筮其日矣不如少牢大夫先與有司於廟門諏丁巳之日○祭祀自孰始曰饋食者初祭卽薦飪熟之牲體及黍稷是用生人食道以事其親若天子諸侯之祭先有灌鬯朝踐饋獻之事至迎尸後乃進熟體黍稷也不諏日者不預諏前月下旬之丁巳以筮來月上旬之丁巳但可以筮則筮而已自此以下筮日筮尸宿尸宿賓視濯與牲凡五節皆祭前戒備之事○諏子須反

及筮日、主人冠端玄、卽位于門外、西面、冠端玄、玄冠玄端、下言玄者玄冠有不玄端者、
門謂廟門 ○玄冠有不玄端者、助祭者玄冠而著朝服是也、此則冠與端皆玄、子姓兄弟如主人之服、
立于主人之南、西面北上、所祭者之子孫、言子姓者、子之所生小宗祭而兄弟皆來與焉、宗子祭則
族人皆侍、有司羣執事如兄弟服、東面北上。士之屬吏也、○疏云、左傳云、士有隷子弟謂此
席于門中、闑西閾外、爲筮人設之也、古文闑作槷、閾作蹙、筮人取筮于西塾、執之、
東面受命于主人、筮人、官名也、筮、問也、取其所用問神明者、謂著也、宰自主人之左贊
命、命曰、孝孫某、筮來日某、諏此某事、適其皇祖某子、尚饗。宰、羣吏之
長、自、由也、贊、佐也、達也、贊命由左者、爲神求變也、士祭曰歲事、此言某事、又不言妃者、容大祥之後禫月之吉祭、皇君也、言君
祖者、尊之也、某子者、祖字也、伯子仲子也、尚庶幾也、○疏云、少儀曰、贊幣自左、詔辭自右、此祭祀宰自左贊命、爲神求吉故變

於常禮也筮者許諾還即席西面坐卦者在左卒筮寫卦筮者執以示主人士之筮者坐蓍短由便卦者主畫地識爻爻備以方寫之主人受視反之反還筮者還東面長占卒告于主人占曰吉長占以其年之長幼旅占之若不吉則筮遠日如初儀遠日旬之外日宗人告事畢

右將祭筮日

前期三日之朝筮尸如求日之儀命筮曰孝孫某諏此某事適其皇祖某子筮某之某爲尸尚饗三日者容宿賓視濯也其之某者字尸父而名尸連言其親庶幾其馮依之也大夫士以孫之倫爲尸○云三日者容宿賓視濯也者爲筮尸之後祭日之前有二日容此二事也必連言尸之父者尸父與所祭者彌親欲其神馮依之也

右筮尸

乃宿尸。宿讀爲肅、肅、進也、進之者、使知祭日當來、凡宿、或作速、記作肅、周禮亦作宿、主人立于尸外門外。子姓兄弟立于主人之後。北面東上。不東面者、來不爲賓客、子姓立于主人之後、上當其後、○子姓東頭爲上者、立當主人之後、不得過主人也、尸如主人服。出門左西面。不敢南面當尊、主人辟。皆東面北上。順尸、○隨順尸意也、主人再拜。尸答拜。主人先拜、尊尸○疏云、此決下文宿賓、賓先拜、主人乃答拜、今此尊尸、是以主人先拜也、案少牢宿尸、祝先釋辭訖、尸乃拜、此尸答拜、後宗人

乃擯辭者、士尸卑、大夫之尸尊、宗人擯辭如初。卒曰。筮子爲某尸。占曰吉。敢宿。宗人擯者、釋主人之辭、如初者、如宰贊命筮尸之辭、卒曰者、著其辭所易也、○如初者、如初筮尸、曰孝孫某、諏此某事、適其皇祖某子、乃易去、下、二語、而、曰、筮子爲某尸、占曰吉、敢宿、祝許諾。致命。受宗人辭、許之、傳命於尸、始宗人、祝北面

至於傳命皆西面受命東面釋之。尸許諾。主人再拜稽首。其許亦宗人受於祝而告主人。尸入。主人退。相揖而去。尸不拜送。尸尊。

右宿尸

宿賓。賓如主人服。出門左。西面再拜。主人東面答再拜。宗人擯曰。某薦歲事。吾子將涖之。敢宿。薦進也。涖臨也。言吾子將臨之。知賓在有司中。今特肅之。尊賓耳。○士前祭二日。選屬吏爲賓。將肅一人以備三獻。屬吏必來助祭。故云吾子將涖之。疏云。屬吏有公有司。有私臣。若在門外時。同在門西東面北上。及其入。爲賓及衆賓者。適西階以俟行事。公有司不選爲賓者。門西北面。私臣不選爲賓。門東北面。賓曰。某敢不敬從。主人再拜。賓答拜。主人退。賓拜送。

右宿賓

厥明夕陳鼎于門外北面北上有鼏。厥其也、宿賓之明日夕、門外北面當門也、古文鼏為密、○宿賓之明日夕、祭前一日之夕也、少牢陳鼎在門東、此當門、士卑、辟大夫也、棜在其南南順實獸于其上東首。順猶從也、棜之制、如今大木轝矣、上有四周、下無足、獸腊也、○特牲三鼎、有豕魚腊、腊野獸之全乾者、○轝音預、牲在其西北首東足。其西棜西也、東足者、尚右也、牲不用棜、以其生、○豕北首東足、寢其左、故云尚右、設洗于阼階東南壺禁在東序豆籩鉶在東房南上几席兩敦在西堂。東房、房中之東、當夾北、西堂、西夾室之前近南耳、○大夫士直有東房西室、故他經直言房不言東、此經特言東房、故註知是房內近東、言當夾北者、兩夾皆堂半以南為之、壁外相望、當夾之北也、西堂西夾室之前近南、亦謂堂上遙望夾室耳、主人及子姓兄弟即位于門東如初。初筮位也、賓及衆賓即位于門西東面北上。不蒙如初者、以賓在而宗人祝不在、○衆之宰在門西、與賓同行、皆與筮

位異也、宗人。視立于賓西北、東面南上。事彌至位彌異宗人視於祭宜近廟
主人再拜、賓答再拜。三拜衆賓、衆賓答再拜。衆賓再拜者士賤旅之得備禮也○案有司徹主人
降南面拜衆賓于門東三拜衆賓門東北面皆答一拜是大夫尊衆賓不得備禮、
主人揖入、兄弟從、賓及衆賓從、即位于堂下。如外位。爲視濯也
宗人升自西階。視壺濯及豆籩。反降。東北面告濯具。濯溉也不言敦鉶者省文也東北面告緣賓意欲聞也言濯具不言絜以
有几席○主人在東階下宗人降自西階宜東面告乃行至賓南而東北面告者欲賓聞之於賓也
賓出。主人出。皆復外位。爲視牲也
宗人視牲。告充。雍正作豕。充猶肥也雍正官名也北面以策動作豕
視聲氣○雍正有司之主割烹者
宗人舉獸尾。告備。舉鼎鼏。告絜。備具
請期。曰羹
飪。肉謂之羹飪熟也謂明日質明時而曰肉熟重豫勞賓宗人既得期西北面告賓有司、
告事畢。賓出。主

人拜送。

右視濯、視牲、

夙興。主人服如初。立于門外東方。南面。視側殺。夙早也、興起也、主人服如初、則其餘有不玄端者、側殺、殺一牲也。○自此至立于中庭、言祭日陳設及位次之事、主人服如初、謂玄端也、案下記、唯尸祝佐食與主人同服、賓及兄弟、筮日筮尸、視濯、亦玄端、至祭日、則皆朝服玄冠、緇帶緇韠、主婦視饎爨于西堂下。炊黍稷曰饎、宗婦爲之、爨竈也、西堂下者、堂之西下也、近西壁、南齊于坫、古文饎作糦、周禮作饎、亨于門外東方。西面。北上。亨煑也、煑豕魚腊以鑊、各一爨、詩云、誰能亨魚、漑之釜鬵。○鬵音尋羹飪。實鼎。陳于門外。如初。初視濯也尊于戶東。玄酒在西。戶東室戶東、玄酒在西尚之、凡尊酌者在左。○鄭註云、凡尊、酌者在左、玄酒不酌、故在右、是以東西爲左右、少儀云、尊者以酌者之左爲上尊、又據酌者北面臨尊、而言左右以西爲左、其位置雖同而言有殊也。實豆籩鉶、陳于房中、如初。如初者、取而實之、既而反之。執事之俎、陳于階間、二列、北上。執事、謂有司及兄弟。二列者、因其位在東西、祝主人主婦之俎亦存焉。不升鼎者、異於神。盛兩敦、陳于西堂。藉用萑。几席陳于西堂、如初。盛黍稷者、宗婦也。萑、細葦。古文用爲于。○藉、慈夜反。萑、音丸。尸盥匜水、實于槃中、簞巾、在門內之右。設盥水及巾、尸尊、不就洗、又不揮。門內之右、象洗在東、統于門東、西上。凡鄉內以入爲左右、鄉外以出爲左右。○以匜貯水而置之槃、待尸盥、則執匜沃水而槃承之。簞巾、簞中貯巾也。門內之右、門東也。祝筵几于室中、東面。爲神敷席也。至此使祝接神。主婦纚笄宵衣、立于房中、南面。主婦、主人之妻、雖姑存、猶使之主祭祀。纚笄、首服。宵、綺屬也。此衣染之以黑、其繒本名曰宵。詩有素衣朱宵、記有玄宵衣。凡婦人助祭者同服也。內則曰、舅沒則姑老、冢婦所祭祀賓客、每事必請於姑。○註引內則者、證主婦爲主人之妻也。○纚、山買反。主人及賓兄弟羣執事。即位于門外。如初。宗人告有司具。具猶辦也主人拜賓如初。揖入即位如初。初視濯也佐食北面立于中庭。佐食賓佐尸食者立于宗人之西○疏云案下記云佐食當事則戶外南面無事則中庭北面此經謂無事時也又云主人行事作階宗人亦在作階南擯主人佐食北面於中庭明在宗人之北可知

右祭日陳設及位次

主人及祝升。祝先入。主人從西面于戶內。祝先入接神宜在前也少牢饋食禮曰祝盥于洗升自西階主人盥升自阼階祝先入南面○自此至主人再拜稽首言主人主婦祝佐食初行陰厭之祭註引少牢者明此經主人及祝盥我面位亦與彼同也主婦盥于房中。薦兩豆葵菹蝸醢。醢在北。主婦盥盥於內洗昏禮婦洗在北堂直室東隅○蝸力禾反宗人遣佐食及執事盥出。命之盥出

當助主人及賓舉鼎主人降。及賓盥出。主人在右。及佐食舉牲鼎。賓長在右。及執事舉魚腊鼎。除鼏。及與也主人在右統於東主人與佐食者賓尊不載少牢饋食禮魚用鮒腊用麋士腊用兎。○疏云鼎在門外北上東爲右人西爲左人右人尊入時在鼎前左人卑入時在鼎後又載牲體于俎又設俎神坐前主人升乃以東爲主今在堂下主人在右故云統於東也賓主當相對爲左右以賓尊不載牲體故使佐食對主人使賓爲右人而使執事在左而載也。○鄉音附宗人執畢先入。當阼階南面。畢狀如叉蓋爲其似畢星取名焉主人親舉宗人則執畢導之既錯又以畢臨匕載備失脫也雜記曰枇用桑長三尺畢用桑長三尺刊其本與末朼畢同材明矣今此朼用棘心則畢亦用棘心舊說云畢似御他神物神物惡桑叉則少牢饋食及虞無叉何哉此無叉者乃主人不親舉耳少牢大夫祭不親舉虞喪祭也主人未執事祔練祥執事用桑叉自此純吉用棘心叉。○朼音匕鼎西面錯。右人抽扃委于鼎北。右人謂主人及二賓既錯皆西面俟也贊者錯俎加匕。

贊者執俎及匕從鼎入者其錯俎東縮加匕東柄既則退而左人北面也○少牢云俎皆設于鼎西西肆又云匕皆加于鼎東枋、乃朼。右人也尊者於事指使可也左人載之、佐食升肵俎鼏之設于阼階西。肵謂心舌之俎也郊特牲曰肵之爲言敬也言主人之所以敬尸之俎古文鼏皆作密○肵音祈卒載加匕于鼎。卒已也已載畢亦加焉、主人升入復位。俎入設于豆東魚次腊特于俎北。入設俎載者腊特饌要方也凡饌必方者明食味人之性所以正○俎入設于豆東豕俎當菹豆之東也魚次魚又次豕東也腊特俎北則與醢相直而正方主婦設兩敦黍稷于俎南西上及兩鉶芼設于豆南南陳。宗婦不贊敦鉶者以其少可親之芼菜也祝洗酌奠奠于鉶南遂命佐食啓會。佐食啓會卻于敦南出立于戸西南面。酌奠奠其爵觶少牢饋食禮啓會乃之○會 反主人再拜稽首祝在左。稽首服之甚者祝在左當爲主人釋辭於神也祝祝曰孝孫某敢用剛鬣、嘉薦、普淖，用薦某事於皇祖某子，尚饗。○淖，女孝反。**卒祝，主人再拜稽首。**

右陰厭

祝迎尸于門外。 尸自外來，代主人接之，就其次而請，不拜，不敢與尊者爲禮。周禮掌次，凡祭祀，張尸次。○自此以下，言迎尸入行正祭。初尸食九飯，次主人酳尸，次主婦亞獻尸，次賓長三獻尸，次獻賓及兄弟，次長兄弟爲加爵，次衆賓長爲加爵，次嗣舉奠，次旅酬，次佐食獻尸，凡十一節。事尸者八節，其獻賓及兄弟與旅酬，皆承尸意而行神惠者也。此九飯節內，有妥尸祝饗，有授祭，有初三飯，有再三飯，有終三飯，有盛肵俎，又其六細節。**主人降立于阼階東。** 主人不迎尸，成尸尊。尸，所祭者之孫也。祖之尸則主人乃宗子，禰之尸則主人乃父道。事神之禮，廟中而已，出迎則爲厭。○厭，一葉反。

尸入門左，北面盥。宗人授巾。 侍盥者，執其器就之。執簞者不授巾，賤也。宗人授巾，庭長尊。少牢饋食禮曰：祝先入門右，尸入門左。○盥器設門右，今尸入門左，各執器就尸盥也。**尸至于階，祝延尸。尸升，**

入。祝先。主人從。延進在後詔侑曰延禮器所謂詔侑武方者也少牢饋食禮曰尸升自西階入祝從主人升自阼階祝先入主人從○詔侑武方彼註武無也引少牢者見此經尸入次𡩜與彼同法也○武音無 尸卽席坐。主人拜妥尸。妥安坐也 尸答拜。執奠祝饗。主人拜如初。饗勸彊之也其辭取于士虞記則宜云孝孫某圭爲孝薦之饗舊說云明薦之○以上妥尸祝饗○彊其丈反 祝命挼祭。尸左執觶右取菹擩于醢。祭于豆閒。命詔尸也挼祭祭神食也士虞禮古文曰祝命佐食墮祭周禮曰既祭則藏其墮墮與挼讀同耳擩醢者染於醢○鄉者設饌陰厭以飫神今尸來當食神食故先挼祭之也挼陸氏作許恚反註云墮挼讀同墮亦作呼回反墮取降下挼取切摩各於祭義有似也○挼註音墮擩如悅反 佐食取黍稷肺祭授尸。尸祭之。祭酒。啐酒。告旨。主人拜。尸奠觶答拜。肺祭刌肺也旨美也祭酒穀味之芬芬者齊敬共之惟恐不美告之美達其心明神享之 祭鉶。嘗之。告旨。主人拜。尸答拜。鉶肉

味之有菜和者、曲禮、客絮羹、主人辭不能亨、○以上尸授祭、

祝命爾敦、佐食爾黍稷于席上。爾近也、近之、便尸之食也、

設大羹湇于醢北。大羹湇、煮肉汁也、不和、貴其質、設之所以敬尸也、不祭不嚌、大羹不爲神、非盛者也、士虞禮曰、大羹湇自門入、今文湇皆爲汁、○疏曰、云醢北者、爲薦左、案公食大夫昏禮、大羹湇皆在薦右、此在左者、神禮變於生人、

舉肺脊以授尸。尸受、振祭、嚌之。左執之。肺氣之主也、脊正體之貴者、先食啗之、所以導食通氣、

乃食、食舉。舉言食者、明凡解體皆連肉、○舉肺脊也、從俎舉向口、因名爲舉、

主人羞肵俎于腊北。肵俎主於尸、主人親羞、敬也、神俎不親設者、貴得賓客以神事其先、

尸三飯、告飽。祝侑、主人拜。三飯告飽、禮一成也、侑、勸也、或曰又勸之使又食、少牢饋食禮侑辭曰、皇尸未實、侑也、○尸三飯、

佐食舉幹。尸受、振祭、嚌之。佐食受、加于肵俎。舉獸幹魚一、亦如之。幹長脅也、獸腊、其體數與牲同、

尸實舉于菹豆。爲將食庶羞、舉謂肺脊、

佐食羞庶

羞四豆。設于左、南上。有醢。庶、衆也。衆羞以豕肉、所以爲異味。四豆者、膮、炙、胾、醢。南上者、以膮炙爲上

以有醢、不得淨也。尸又三飯、告飽、祝侑之如初。禮再成也。○尸又三飯、擧骼及獸

魚如初。尸又三飯、告飽、祝侑之如初。禮三成、獸魚如初者、獸骼、魚一也、擧肩及

獸魚如初。不復飯者、三三者、士之禮大成也、擧先正脊、後肩、自上而卻下、淨而前、終始之次也。○尸又三飯、不復飯

佐食盛肵俎。俎釋三个。佐食取牲魚腊之餘、盛於肵俎、將以歸尸。俎釋三个、爲改饌於西北隅遺之所

釋者、牲腊則正脊一骨、長脅一骨及臑也、魚則三頭而已。个、猶枚也、今俗言物數、有若干個者、此讀然、擧肺脊加

于肵俎、反黍稷于其所。尸授佐食、佐食受而加之、反之也、肺脊初在菹豆。○佐食盛肵俎、

右尸入九飯

主人洗角、升酌、酳尸。酳、猶衍也、是獻尸也、云酳者、尸既卒食、又欲頤衍養樂之、不用爵者、下大夫也、因父

子之道質而用角角加人事略者今文酧皆爲酬○此初獻節內有主人獻尸有尸醋主人且親嘏有主人獻祝主人獻佐食細節凡四

尸拜受主人拜送尸祭酒啐酒賓長以肝從肝肝炙也古文無長○疏云此直云肝從亦當如少牢賓長羞牢肝用俎縮執俎肝亦縮進末鹽在右

尸左執角右取肝擩于鹽振祭嚌之加于菹豆卒角祝受尸角曰送爵皇尸卒爵主人拜尸答拜曰送爵者節主人拜○主人獻尸

祝酌授尸尸以醋主人醋報也祝酌不洗尸不親酌尊尸也古文醋作酢

主人拜受角尸拜送主人退佐食授挼祭退者進受爵反位尸將嘏主人佐食授之挼祭亦使祭尸食也其授祭亦取黍稷肺祭古文挼作綏

主人坐左執角受祭祭之祭酒啐酒進聽嘏聽猶待也受福曰嘏嘏長也大也待尸授之以長大之福也○嘏古雅反

佐食摶黍授祝祝授尸尸受以菹豆執以親嘏主人獨用黍者食之主其

辭則少牢饋食禮有焉○少牢云祝以嘏于主人曰皇尸命工祝承致多福無疆于女孝孫來女孝孫使女受祿于天宜稼于田眉壽萬年勿替引之彼命祝致嘏故云皇尸命工祝此尸親嘏當省去此語直用承致多福以下○摶大官反 主人

左執角再拜稽首受復位詩懷之實于左袂挂于季指卒角拜

尸答拜詩猶承也謂奉納之懷中季小也實于左袂挂袪以小指者便卒角也少牢饋食禮曰興受黍坐振祭嚌之○引少牢亦明此亦當興受坐祭復嚌之也○挂俱賣反

主人出寫齍于房祝以籩受變黍言齍因事託戒欲其重稼齍齍者農力之成功○尸醋主人且親嘏

筵祝南面主人自房還時主人酌獻祝

祝拜受角主人拜送設菹醢俎行神惠也先獻祝以接神尊之菹醢皆主婦設之佐食設俎

祝左執角祭豆興取肺坐祭嚌之興加于俎坐祭酒啐酒以肝

從祝左執角右取肝擩于鹽振祭嚌之加于俎卒角拜主人答

拜受角。○主人獻祝、酌獻佐食。佐食北面拜受角。主人拜送。佐食坐祭。卒角。拜。主人答拜。受角。降反于篚。升入復位。○疏云、下記云、佐食俎、觳折、脊脇、○主人獻佐食、

右主人初獻

主婦洗爵于房。酌。亞獻尸。亞、次也。次、猶貳。主婦貳獻不俠拜者、士妻儀簡耳。○此下主婦亞獻節內有獻尸、有尸酢、有獻祝有獻佐食亦四節、尸拜受。主婦北面拜送。北面拜者、辟內子也。大夫之妻拜於主人北、西面、宗婦執兩籩。戶外坐。主婦受。設于敦南。兩籩、棗栗、棗在西、祝贊籩祭。尸受祭之。祭酒。啐酒。籩祭、棗栗之祭、其祭之亦於豆祭、兄弟長以燔從。尸受。振祭。嚌之。反之。燔、炙肉也。○反之謂反燔于長兄弟、羞燔者受。加于肵。出。出者、俟後

事也、○侯後事、謂侯主婦獻祝、更當羞燔于祝尸卒爵。祝受爵。命送如初。送者、送卒爵○主婦獻尸酢、如主人儀。尸酢主婦、如主人儀者、自祝酌至尸拜送、如酢主人也、不易爵辟內子、○少牢尸酢主婦則易爵也

主婦適房、南面。佐食挼祭。主婦左執爵、右撫祭。祭酒。啐酒。入卒爵。如主人儀。撫挼祭、示親祭、佐食不授而祭於地、亦儀簡也、入室卒爵、於尊者前成禮、明受惠也、○尸酢主婦、

獻祝。籩燔從。如初儀。及佐食。如初。卒。以爵入于房。及佐食如初、如其獻佐食則拜主人之北、西面也、○如初如主人獻佐食之拜位、獻尸獻祝皆北面、此獨西面者、以佐食北面不宜同面拜送也、○主婦獻祝獻佐食、

右主婦亞獻

賓三獻。如初。燔從如初。爵止。初亞獻也、尸止爵者、三獻禮成、欲神惠之均於室中、是以奠而待之

○此下言賓長三獻疏云此一科之內乃有十一爵賓獻尸一也主婦致爵于主人二也主人酢主婦三也主人致爵于主婦四也主婦酢主人五也尸舉奠爵酢賓長六也賓長獻祝七也又獻佐食八也賓又致爵于主人九也又致爵于主婦十也賓受主人酢十一也𢘑案自主婦致爵主人以下皆所謂均神惠於室中者約略分之爲六節○賓獻尸尸暫止爵 席于戶內。爲主人鋪之西面席自房來 主婦洗爵酌致爵于主人。主人拜受爵主婦拜送爵。主婦拜拜於北面也今文曰主婦洗酌爵 宗婦贊豆如初主婦受設兩豆兩籩。初贊亞獻也主婦薦兩豆籩東面也 俎入設。佐食設之 主人左執爵祭薦宗人贊祭奠爵興取肺坐絕祭嚌之興加于俎坐挩手祭酒啐酒。絕肺祭之者以離肺長也少儀曰牛羊之肺離而不提心豕亦然挩拭也挩手者爲絕肺染汙也刌肺不挩手古文挩皆作說 肝從。左執爵取肝擩于鹽坐振祭嚌之宗人受加于俎燔亦如之興席末坐卒爵拜。於席末坐卒爵，敬也。一酳而備，再從而次之，亦均。主婦答拜受爵，酌醋，左執爵拜。主人答拜，坐祭，立飲，卒爵拜。主人答拜。○主婦致爵于主人，因自酢。主婦出反于房。主人降洗，酌致爵于主婦。席于房中南面，主婦拜受爵。主人西面答拜。宗婦薦豆俎，從獻皆如主人。主人更爵，酌醋，卒爵，降，實爵于篚，入復位。主人更爵自酢，男子不承婦人爵也。祭統曰：夫婦相授受，不相襲處，酢必易爵，明夫婦之別。今文授為受。○主人致爵于主婦，更爵自酢。三獻作止爵。賓也，謂三獻者，以事命之。作，起也。舊說云：賓入戶北面曰：皇尸請舉爵。尸卒爵酢。○賓作爵，尸酢賓，其酢當亦祝酌，尸拜送。酌獻祝及佐食。○賓獻祝及佐食。洗爵，酌致于主人主婦。燔從皆如初。更爵，酢于主人。卒復位。洗乃致爵，為異事新之。燔從皆如初者，如亞獻及主人主婦致爵也。凡獻佐食皆無從，其

薦俎、獻兄弟以齒設之、賓更爵自酢、亦不承婦人爵。○賓致爵主人主婦更爵自酢

右賓三獻

主人降阼階。西面拜賓。如初。洗。拜賓而洗爵、為將獻之、如初視濯時、主人再拜賓答拜、三拜衆賓衆賓答再拜者。○此下獻賓獻衆賓設尊酬賓獻長兄弟獻衆兄弟獻內兄弟凡六節以三獻尸訖事神禮成順神意以達惠六節共為一科其設尊兩階先以酬賓又所以為旅酬發端也、賓辭洗。卒洗。揖讓升。酌西階上獻賓。賓北面拜受爵。主人在右答拜。就賓拜者此禮不主於尊也賓卑則不專階主人在右統於其位、薦脯醢。設折俎。凡節解者皆曰折俎不言其體略云折俎非貴體也上賓骼衆賓儀公有司設之、賓左執爵。祭豆。奠爵。興取肺。坐絕祭。嚌之。興加于俎。坐挩手。祭酒。卒爵拜。主人答拜。受爵。酌酢。奠爵拜。賓答拜。主人酌自酢者賓不

敢敵主人主人達其意、主人坐祭卒爵拜賓答拜。執爵以降西面奠于其位。位如初。薦俎從設。位如初復其位東面少牢饋食禮宰夫執薦以從設于祭東司士執俎以從設于薦東是則皆公有司為之與○賓位在西階下東面、今受獻于西階上言位如初明復西階下東面位也、衆賓升。拜受爵。坐祭。立飲。薦俎設于其位。辯。主人備答拜焉。降。實爵于篚。衆賓立飲賤不備禮鄉飲酒記曰立卒爵者不拜既爵備盡盡人之答拜○獻賓及衆賓尊兩壺于阼階東。加勺。南枋。西方亦如之。為酬賓及兄衆行神惠不酌上尊卑異之就其位尊之兩壺皆酒優之先尊東方示惠由近、禮運曰澄酒在下、主人洗觶。酌于西方之尊。西階前北面酬賓。賓在左。先酌西方者、尊賓之義主人奠觶拜。賓答拜。主人坐祭。卒觶拜。賓答拜。主人洗觶。賓辭。主人對。卒洗。酌。西面。賓北面拜。西面者鄉賓位立於西階之前賓所答拜之東北、主人奠觶于薦北。奠酬於薦左、非爲其不舉、行神惠、不可同於飲酒、賓坐取觶。還東面拜。主人答拜。賓奠觶于薦南。揖復位。還東面、就其位薦西、奠觶薦南、明將舉、○疏曰、云揖復位者、則初奠時、少南於位可知、云還東面者、則初賓坐取觶薦東西面可知、故鄭註云、還東面、就其位薦西也○設尊酬賓以啓旅酬、主人洗爵。獻長兄弟于阼階上。如賓儀。酬賓、乃獻長兄弟者、獻之禮成於酬、先成賓禮、此主人之義、亦有薦脀設于位、私人爲之與、○疏云、長兄弟初受獻于阼階上時、亦薦脯醢、設折俎、於阼階上、祭訖、乃執以降、設于下位、皆當如賓儀、愚案註疏皆不言酢、既云、如賓儀、當亦主人自酢也、洗。獻衆兄弟。如衆賓儀。獻卑而必爲之洗者、顯神惠、此言如衆賓儀、則如獻衆賓洗明矣、○獻長兄弟及衆兄弟、洗獻內兄弟于房中。如獻衆兄弟之儀。內兄弟、內賓宗婦也、如衆兄弟、如其拜受坐祭立飲、設薦俎於其位而立、內賓位在房中之尊北、不殊其長、略婦人也、有司徹曰、主人洗獻內賓於房中、南面拜受爵、○

下記云尊兩壺于房中西墉下南上內賓立于其北東面南上宗婦北堂東面北上註引有司徹見拜受爵面位與彼同也

主人西面答拜更爵酢卒爵降實爵于篚入復位。爵辯乃自酢以初不殊其長也內賓之長亦南面答拜○獻內兄弟

右獻賓與兄弟

長兄弟洗觚爲加爵如初儀不及佐食洗致如初無從。大夫士三獻而禮成多之爲加也不及佐食無從殺也致致於主人主婦○此三獻之外復爲加爵云如初儀者如賓長三獻之儀但賓長獻十一爵此長兄弟加獻唯六爵洗觚獻尸一也尸酢長兄弟二也獻祝三也致爵主人四也致爵主婦五也受主人酢六也

右長兄弟加爵

衆賓長爲加爵如初爵止。尸爵止者欲神惠之均於在庭○此衆賓長爲加爵云如初亦如賓長三

獻，但尸受爵祭啐之後，卽止而不飲，待旅酬西階一觶畢，加爵者乃請尸舉爵。衆賓長，非三獻之賓，在庭衆賓中之長者也。

右衆賓長加爵

嗣舉奠，盥入，北面再拜稽首。嗣，主人將爲後者。舉，猶飲酒也。使嗣子飲奠者，將傳重累之者。大夫之嗣子不舉奠，辟諸侯。○此下言主人嗣子飲奠獻尸。舉奠者，舉前陰厭時祝所奠於鉶南之爵而飲之。舉奠本言其事，下文遂以目其人，謂嗣爲舉奠。尸執奠，進受，復位，祭酒，啐酒。尸舉肝，舉奠左執觶，再拜稽首，進受肝，復位，坐食肝，卒觶，拜。尸備答拜焉。食肝，受尊者賜，不敢餘也。備，猶盡也。每拜答之，以尊者與學者爲禮，略其文耳。古文備爲復。舉奠洗酌入，尸拜受，舉奠答拜。尸祭酒，啐酒，奠之。舉奠出，復位。啐之者，答其欲酢已也。奠之者，復神之奠觶。嗣齒於子姓，凡非主人，升降自西階。

右嗣舉奠獻尸

兄弟弟子洗酌于東方之尊，阼階前北面，舉觶于長兄弟，如主人酬賓儀。弟子，後生也。○此下言旅酬，前主人酬賓，已舉西階一觶，此弟子復舉東階一觶，皆為旅酬啓端，因於此時告祭設羞，先旅西階一觶，加爵者即作止爵，次旅東階一觶，又次並旅東西二觶，而神惠均於在庭矣。凡六節。○兄弟弟子舉觶。

宗人告祭脀。脀，俎也。所告者，眾賓、眾兄弟、內賓也。獻時設薦俎于其位，至此禮又殺，告之祭，使成禮也。其祭皆離肺，不言祭豆，可知。

乃羞。羞，庶羞也。下尸，胾醢豆而已。此所羞者，自祝主人至於內賓，無內羞。○告賓祭設庶羞。

賓坐取觶，阼階前北面酬長兄弟。長兄弟在右。薦南奠觶。○賓所取者，主人所用酬賓，賓奠于薦南者也。疏曰：賓主相酬，主人常在東，其同在賓中，則受酬者在左。

賓奠觶拜，長兄弟答拜。賓立卒觶，酌于其尊，東面立。長兄弟拜受觶。賓北面答拜，揖復位。其尊，長兄弟尊也。此受酬者拜，亦北面。○長兄弟尊，阼階東之尊也。疏云：旅酬無算爵，以飲者酬己尊，酬人之時酌彼尊。長兄弟西階前北面，衆賓長自左受旅，如初。旅，行也。受，行酬也。初，賓酬長兄弟。長兄弟卒觶，酌于其尊，西面立。受旅者拜受，長兄弟北面答拜，揖，復位。衆賓及衆兄弟交錯以辯，皆如初儀。交錯，猶言東西。○旅西階一觶。

為加爵者作止爵，如長兄弟之儀。於旅酬之間，言作止爵，明禮殺並作。○如長兄弟之儀，其受尸酢、獻祝、致爵主人主婦、受主人酢，皆同也。前作止爵，待致爵訖。此作止爵在旅酬之間，故註云禮殺並作。○作止爵

長兄弟酬賓，如賓酬兄弟之儀，以辯。卒受者實觶于篚。○長兄弟酬賓，亦坐取其奠觶。此不言交錯以辯，賓之酬不言卒受者實觶于篚，明其相報，禮終於此，其文省。○此所舉奠觶，即上弟子舉於其長者也。○旅阼階一觶。

賓弟子及兄弟弟子洗，各酌于其尊，中庭北面西上。

舉觶于其長。奠觶拜，長皆答拜。舉觶者祭，卒觶拜，長皆答拜。舉觶者洗，各酌于其尊。復初位，長皆拜。舉觶者皆奠觶于薦右。奠觶，進奠之于薦右，非神惠也。今文曰奠于薦右。○賓弟子、兄弟弟子，各舉觶於其長，將交相酬，爲無算爵也。長皆執以興。舉觶者皆復位答拜。長皆奠觶于其所，皆揖其弟子，弟子皆復其位。復其位者，東西面位。弟子舉觶於其長，所以序長幼，教孝弟。凡堂下拜，亦皆北面。爵皆無算。算數也。賓取觶酬兄弟之黨，長兄弟取觶酬賓之黨，唯已所欲，亦交錯以辯，無次第之數。因今接會，使之交恩定好，優勸之。○二觶並舉，爲無算爵。

右旅酬

利洗散，獻于尸。酢。及祝，如初儀。降，實散于篚。利，佐食也。言利以今進酒也。更言獻

者以利待尸禮將終宜一進酒嫌於加爵亦當三也不致爵禮又殺也○以進酒名利利者養也

右佐食獻尸

主人出○立于戶外西南○事尸禮畢祝東面告利成○利猶養也供養之禮成不言禮畢於尸聞之嫌○疏曰少牢云主人出立于阼階上南面祝出立于西階上東面祝告曰利成此戶外告利成彼階上告利成以尊者稍遠於尸若天子諸侯禮畢於堂下告利成尸謖○祝前○主人降○謖起也前猶導也少牢饋食禮曰祝入尸謖主人降立于阼階東西面祝先尸從遂出于廟門前尸之義士虞禮備矣○士虞禮有室中出戶降階出廟前尸之事故云備矣祝反○及主人入復位○命佐食徹尸俎○俎出于廟門○俎所以載肵俎少牢饋食禮曰有司受歸之徹庶羞○設于西序下○爲將餕去之庶羞主爲尸非神饌也尚書傳曰宗室有事族人皆侍終日大宗已侍於賓奠然後燕私燕私者何也已而與族人飲也此徹庶羞置西序下者爲將以燕飲與然則自尸

祝至於兄弟之庶羞、宗子以與族人燕飲於堂、內賓宗婦之庶羞、主婦以燕飲於房、

右尸出歸尸俎徹庶羞

筵對席佐食分簋鉶為將餕分之也、分簋者、分敦黍於會為有對也、敦有虞氏之器也、周制士用虞變敦言簋容同姓之士、得從周制耳、祭統曰、餕者、祭之末也、不可不知也、是故古之人有言曰、善終者如始、餕其是已、是故古之君子曰、尸亦餕鬼神之餘也、惠術也、可以觀政矣、○此下言嗣子共長兄弟對餕、筵對席者、對尸席而設筵、以待下養也、上養坐尸席、東向、此在其東、西向、宗人遣舉奠及長兄弟盥立于西階下東面北上、祝命嘗食養者舉奠許諾升入東面長兄弟對之皆坐佐食授舉各一膚、命、告也、士使嗣子及兄弟養、其惠不過族親、古文養皆作餕、○少牢大夫則二佐食及二賓長餕、命嘗食卽命餕也○養子峻反主人西面再拜祝曰養有以也兩養奠舉于俎許

諾。皆答拜。以讀如何其久也、必有以也之以、祝告蓑釋辭以戒之、言女蓑此當有所以也、以先祖有德而享于此祭、其坐蓑其餕、亦當以之也、少牢饋食禮不戒者、非親聣也、舊說曰主人拜下蓑席南、若是者三。丁寧戒之、〇謂告者三、諾者三、拜者三、皆取舉。祭食。祭舉。乃食。祭鉶。食舉。食乃祭鉶、禮殺。〇前正祭之時尸祭鉶、乃爾黍食之、〇蓑食、卒食。主人降洗爵。宰贊一爵。主人升酌。酳上蓑。上蓑拜受爵。主人答拜。酳下蓑亦如之。少牢饋食禮曰、贊者洗三爵、酌、主人受于戶內、以授次蓑、舊說云主人北面授下蓑爵、〇引少牢者、欲見此亦主人受于戶內以授下蓑、主人拜祝。祝曰酳有與也。如初儀。主人復拜、為戒也、與讀如諸侯以禮相與之與、言女酳此當有所與也、與者與兄弟也、既知似先祖之德、亦當與女兄弟、謂教化之、〇諸侯以禮相與、禮運文、彼言諸侯會同聘問、一德以尊天子、此戒嗣子與長兄弟、及衆兄弟相教化、相與以尊先祖之德也、兩蓑執爵拜。答主人也、〇上文曰如初儀、當亦三告三諾、則拜亦當三拜也、祭酒。

卒爵拜主人答拜兩餕皆降實爵于篚。〇酳餕、上餕洗爵升酌。酢主人。主人拜受爵下餕復兄弟位、不復升也上餕即位坐答拜。既授爵戶內、乃就坐主人坐祭卒爵拜上餕答拜受爵降實于篚。〇上餕酢主人主人出立于戶外西面。事餕者禮畢、

右嗣子長兄弟餕、　愚於此節不能無疑、嗣子子也主人拜祝拜酳、拜受酢、如事嚴賓然、爲之子者何以安乎

祝命徹阼俎豆籩設于東序下。命命佐食阼俎主人之俎宗婦不徹豆籩徹禮略各有爲而已、設于東序下、亦將燕也。〇此下言徹薦俎改設饌爲陽厭祝執其俎以出東面于戶西。俟告利成少牢下篇曰、祝告利成、乃執俎以出、宗婦徹祝豆籩入于房。徹主婦薦俎。宗婦既並徹、徹

其卑者士虞禮曰、祝薦席徹入于房、佐食徹尸薦俎敦、設于西北隅、几在南厞用筵。納一尊、佐食闔牖戶、降。厞隱也、不知神之所在、或諸遠人乎、尸謖而改饌爲幽闇、庶其饗之、所以爲厭飫、少牢饋食禮曰、南面、如饋之設、此所謂當室之白、陽厭也、則尸未入之前、爲陰厭矣、曾子問曰、殤不備祭、何謂陰厭陽厭也、○室中未蓂前先已徹去庶羞、此時佐食又徹阼俎豆籩、祝自執其俎出、宗婦又徹祝豆籩入房、唯餘尸兩薦豆、三俎各三个、兩敦兩鉶、自西南隅改饌、於西北隅爲陽厭也、疏云、引少牢者、見彼大夫禮陽厭南面、此士禮東面、雖面位不同、當室之白則同、又去祭于奧中、不得戶明、故名陰厭、改饌西北隅、以向戶明、故爲陽厭○厭一豔反

祝告利成。降出。主人降即位。宗人告事畢。

右改饌陽厭

賓出主人送于門外。再拜。拜、送賓也、凡去者不答拜、佐食徹阼俎。堂下俎畢

出。記俎出節、兄弟及衆賓、自徹而出、唯賓俎、有司徹歸之、尊賓者、○方祝命佐食徹阼俎之時、堂下衆俎畢出、先徹室中、乃徹堂下、故云記俎出節也

右禮畢送賓

記

特牲饋食其服皆朝服玄冠緇帶緇韠。於祭服此也皆者謂賓及兄弟筮日筮尸視濯亦玄端至祭而朝服朝服者、諸侯之臣、與其君日視朝之服、大夫以祭、命賓兄弟緣孝子欲得嘉賓尊客以事其祖禰故服之、緇韠者、下大夫之臣夙興主人服如初、則固玄端、

唯尸祝佐食玄端玄裳黃裳雜裳可也皆爵韠。與主人同服周禮士之齊服有玄端素端、然則玄裳上士也黃裳中士、雜裳下士、

記祭時衣冠

設洗南北以堂深東西當東榮。〔榮，屋翼也。〕水在洗東。〔祖天地之左海。〕篚在洗西，南順，實二爵、二觚、四觶、一角、一散。〔順，從也。言南從，統於堂也。二爵者，謂賓獻爵止，主婦當致也。二觚，長兄弟酌眾賓長爲加爵，二人班同，迎接也。四觶，一酌奠，其三，長兄弟酬賓，卒受者與賓弟子、兄弟弟子舉觶於其長，禮殺，事相接。禮器曰：貴者獻以爵，賤者獻以散；尊者舉觶，卑者舉角。舊說云：爵一升，觚二升，觶三升，角四升，散五升。〕

壺、棜禁，饌于東序，南順，覆兩壺焉，蓋在南。明日卒奠，冪用綌，即位而徹之，加勺。〔覆壺者，盝瀝水，宜爲其不宜塵。冪用綌，以其堅潔。禁言棜者，祭尚厭飫，得與大夫同器，不爲神戒也。○覆壺者，謂倒置其壺，口下腹上，以漉滌濯之水，且免塵坋。至明日尊于戶東時，始注酒其中。蓋在南，蓋即綌冪。未奠不設冪，卒奠乃設之。奠者，祝洗酌奠鉶南也。即位，戶即席也。〕

籩巾以綌也，纁裏，棗烝，栗擇。〔籩有巾者，果實之物多皮核，優尊者，可烝裹之也。烝、擇互文。舊說云：纁裏者皆玄被。〕鉶芼用苦若薇，皆有滑，夏葵。冬葿。葿苦，苦荼也。葿，堇屬，乾之，冬滑於葵。詩云，周原膴膴，堇荼如飴。今文苦爲芐，芐乃地黃，非也。棘心匕。

刻。刻若今龍頭。牲爨在廟門外東南，魚腊爨在其南，皆西面。饎爨在西壁。饎，炊也。西壁，堂之西牆下。舊說云，南北直屋梠，稷在南。肵俎。心舌皆去本末，午割之。實于牲鼎，載心立舌縮俎。午割，從横割之，亦勿没。立、縮，順其牲。心舌知食味者，欲尸之饗此祭，是以進之。賓與長兄弟之薦自東房，其餘在東堂。東堂，東夾之前，近南。○疏曰，其餘謂衆賓兄弟之薦也。

記器具品物陳設之法

沃尸盥者一人，奉槃者東面，執匜者西面淳沃，執巾者在匜北。匜北執匜之北，亦西面。每事各一人。淳沃，稍注之。今文淳作激。宗人東面取巾，振之三，南面授

尸卒執巾者受宗人代授巾庭長尊尸入主人及賓皆辟位出亦如之辟位逡遁

記事尸之禮

嗣舉奠佐食設豆鹽肝宜鹽也佐食當事則尸外南面無事則中庭北面當事將有事而未至凡祝呼佐食許諾呼猶命也宗人獻與旅齒於衆賓尊庭長齒從其長幼之次佐食於旅齒於兄弟

記佐食所事因及宗人佐食齒列

尊兩壺于房中西墉下南上爲婦人旅也其尊之節亞西方○尊之亞西方者謂設尊兩階時先阼階次西方又次乃於房中故云亞也內賓立于其北東面南上宗婦北堂東面

北上。二者所謂內兄弟內賓姑姊妹也宗婦族人之婦其夫屬于所祭爲子孫或南上或北上宗婦宜統於主婦主婦南面北堂中房而北○姑姊妹賓類自取曲禮云東鄉西鄉以南方爲上宗婦取統於主婦主婦北堂南面故也主婦及內賓宗婦亦旅西面。西面者異於獻也男子獻於堂上旅於堂下婦人獻於南面旅於西面內賓象衆賓宗婦象兄弟其節與其儀依男子也主婦酬內賓之長酌奠于薦左內賓之長坐取奠於右宗婦之娣婦舉觶於其姒婦亦如之內賓之長坐取奠觶酬宗婦之姒交錯以辯宗婦之姒亦取奠觶酬內賓之長交錯以辯內賓之少者宗婦之娣婦各舉觶於其長並行交錯無算其拜及飲者皆西面主婦之東南宗婦贊薦者。執以坐于戶外。授主婦。

三

記設內尊與內兄弟面位旅酬贊薦諸儀

尸卒食而祭饎爨饔爨。雍孰肉以尸享祭竈有功也舊說云宗婦祭饎爨亨者祭雍爨用黍肉而已無

籩豆俎、禮器曰燔燎於爨、夫爨者老婦之祭、盛於盆、尊於瓶、

記祭竈之節

賓從尸、俎出廟門、乃反位、賓從尸送尸也、士之助祭、終其事也、俎尸俎也、賓既送尸、復入反位者、宜與主人爲禮乃去之

記賓送尸反位之節

尸俎、右肩臂臑肫胳、正脊二骨、橫脊、長脅二骨、短脅、尸俎神俎也、士之正祭禮九體、貶於大夫、有併骨二、亦得十一之名、合少牢之體數、此所謂放而不致者、凡俎食之數奇、脊無中、脅無前、貶於尊者、不貶正脊、不奪正也、正脊二骨、長脅二骨者、將舉於尸、尸食未飽、不欲空神俎、○放而不致、禮器文膚三、爲養用二、厭飫一、也、離肺一、離猶捽也、小而長、午割之、亦不提心、謂之舉肺、刌肺三、爲尸主人主婦祭、今文刌爲切魚十

主

有五。魚水物、以頭枚數、陰中之物、取數於月、十有五日而盈、少牢饋食禮、亦云十有五而俎、尊卑同、此所謂經而等也。○經而等亦禮器文、腊如牲骨。不但言體、以有一骨二骨者、祝俎髀脡脊二骨、脅二骨。凡接於神及尸者、俎不過牲三體、以特牲約、加其可併者二、亦得奇名、少牢饋食禮、羊豕各三體、○疏云、加其可併者二骨者、是尊祝也、膚一。離肺一。阼俎臂。正脊二骨。橫脊。長脅二骨。短脅。主人尊、欲其體得祝之加數、五體、又於可併者二、亦得奇名、臂左體臂、膚一。離肺一。主婦俎觳折。觳後足折、分後右足以為佐食俎、不分左臑折、辟大夫妻、其餘如阼俎。餘謂脊脅膚肺、佐食俎觳折。脊脅。三體卑者從正、膚一。離肺一。賓骼。長兄弟及宗人折。其餘如佐食俎。骼、左骼也、賓俎全體、尊賓、不用尊體、為其已甚、卑而全之、其宜可也、長兄弟及宗人折、不言所分、略之、衆賓及衆兄弟內賓宗婦若有公有司私臣皆殽脀。又略、此所折骨、直破折餘體可殽者、升之俎、一而已，不備三者，賤祭禮，接神者貴。凡骨有肉曰殽。祭統曰：凡爲俎者，以骨爲主，貴者取貴骨，賤者取賤骨，貴者不重，賤者不虛，示均也。俎者，所以惠之必均也，善爲政者如此，故曰見政事之均焉。公有司亦士之屬，命於君者也。私臣，自己所辟除者。膚一，離肺一。

記諸俎牲體之名數

公有司門西北面東上，獻次衆賓。私臣門東北面西上，獻次兄弟，升受降飲。獻在後者，賤也。祭祀有上事者，貴之，亦皆與旅。○上事，堂上之事。羣吏中，擇取爲賓爲衆賓，是皆有上事者，在門外時，同在門西東面北上。及其入，賓與衆賓適西階以俟行事，其不在選中者，則北面。如此記所陳其得獻之序，或次衆賓，或次兄弟也，亦皆與旅，謂此二等得獻雖後，與旅則同也。

記羣吏面位獻法

儀禮　　鄭氏註　　濟陽張爾岐句讀

少牢饋食禮第十六

鄭目錄云，諸侯之卿大夫祭其祖禰於廟之禮。羊豕曰少牢，少牢於五禮屬吉禮。大戴第八，小戴第十一，別錄第十六。○疏曰：鄭知諸侯之卿大夫者，曲禮下云，大夫以索牛，用太牢，是天子卿大夫。明此用少牢爲諸侯之卿大夫可知。賓尸是卿，不賓尸爲下大夫，爲異也。

少牢饋食之禮。禮將祭祀，必先擇牲，繫於牢而芻之。羊豕曰少牢，諸侯之卿大夫祭宗廟之牲。○疏曰：自此盡如初，論卿大夫祭前卜日，先筮日之事。又云羊豕曰少牢者，對三牲具爲太牢，但非一牲即得牢稱，一牲即不得牢名，可言特牲也。○少，詩召反。日用丁巳。內事用柔日，必丁巳者，取其令名，自丁寧，自變改，皆爲敬謹，必先諏此日，明日乃筮。○巳音紀。筮旬有一日。旬，十日也。以先月下旬之巳筮來月上旬之巳。○註言巳以例丁，言上旬者，先近日也。

筮於廟門之外。主人朝服，西面于門東。史朝服，左執筮，右抽上韇兼與筮執之東面受命于主人史家臣主筮事者○疏云主人朝服者爲祭而筮還服祭服○朝直遥反韇徒木反主人曰孝孫某來日丁亥用薦歲事于皇祖伯某以某妃配某氏尚饗丁未必亥也直舉一日以言之耳禘于太廟禮曰月用丁亥不得丁亥則已亥辛亥亦用之無則苟有亥焉可也薦進也進歲時之祭事也皇君也伯某且字也大夫或因字爲謚春秋傳曰魯無駭卒請謚與族公命之以字爲展氏是也若仲叔季亦曰仲某叔某季某某妃某妻也合食曰配某氏若言姜氏子氏也尚庶幾饗歆也○疏云禘于太廟曰用丁亥大戴禮文不得丁亥則巳亥辛亥亦用之者以吉事先近日惟用上旬若上旬内不得丁巳配亥苟有亥焉可也若並無亥則餘陰辰亦用之春秋所書有事太廟因不盡丁巳配亥也經云伯某是正祭之稱若時有告請而非常祭祀則共伯直云且字言某甫卿大夫無謚正祭與非常祭一皆言五十字在子上與士正祭禮同直云某子聘禮記皇考某子是也若士告請之祭則稱且字○註伯某且字也以其字無可指故且言某以擬之且者聊且假經言某之意也非謂人之

字爲且字也疏乃云如何祭則直云且字如何祭則言丁十字似人之字有且有不且大失註意矣此其立言之未善也士喪禮筮宅註云某甫且字也若言山甫孔甫矣彼處疏云孔甫之等是實字以某甫擬之是且字却甚分明可以證此處之失註又云大夫或因字爲謚未聞其說顧炎武云謚乃氏之譌鄭君因左氏傳而誤耳經文某氏在某妃配之下文義亦未詳

史曰諾。西面于門西，抽下韇，左執筮，右兼執韇以擊筮。將問吉凶焉故擊之以動其神易曰蓍之德圓而神。疏云筮者是蓍以其用蓍爲筮故名蓍爲筮

遂述命曰：假爾大筮有常。孝孫某，來日丁亥，用薦歲事于皇祖伯某，以某妃配某氏。尚饗。述、術也。重以主人辭告筮也。假、借也。言因蓍之靈以問之。常、吉凶之占繇。○註以常爲吉凶占繇，謂易卦爻之辭。愚詳文義，似謂蓍有常德，即知吉知凶之德，所謂圓而神者也。顧炎武云，假、大也。大筮之大音太。○繇直又反

乃釋韇立筮。卿大夫之蓍長五尺，立筮由便。○對士蓍三尺，則坐筮爲便。

卦者在左坐，卦以木。卒筮，乃

書卦于木。示主人。乃退占。卦者史之屬也卦以木者每一爻畫地以識之六爻備書於板史受以示主人退占東面旅占之吉。則史韇筮。史兼執筮與卦以告于主人。占曰從。從者求吉得吉之言乃官戒。宗人命滌。宰命爲酒。乃退。官戒戒諸官也當共祭祀事者使之具其物且齊也滌溉濯祭器埽除宗廟若不吉。則及遠日。又筮日如初。及至也遠日後丁若後已

右筮祭日

宿。宿讀爲肅肅進也大夫尊儀益多筮日既戒諸官以齋戒矣至前祭一日又戒以進之使知祭日當來古文宿皆作羞○疏曰自此盡改筮尸論筮尸宿尸及宿諸官之事云大夫尊儀益多者大夫宿戒兩有士有宿而無戒是儀累前宿一日。宿戒尸。皆肅諸官之日又先肅尸者重所用爲尸者又爲將筮○當祭前三日先戒當爲尸者明日朝

服筮尸。如筮日之儀。命曰。孝孫某來日丁亥。用薦歲事于皇祖伯某。以某妃配某氏。以某之某爲尸。尚饗。筮卦占如初。某之某者，字尸父而名尸也。字尸父，尊鬼神也。不前期三日筮尸者，大夫下人君，祭之朝乃視濯，與士異。吉則乃遂宿尸。祝擯。筮吉又遂肅尸，重尸也。既肅尸，乃肅諸官及執事者。祝爲擯者，尸神象。主人再拜稽首。祝告曰。孝孫某來日丁亥。用薦歲事于皇祖伯某。以某妃配某氏。敢宿。告尸以主人爲此事來。尸拜許諾。主人又再拜稽首。主人退。尸送。揖。不拜。尸不拜者，尸尊。若不吉。則遂改筮尸。即改筮之，不及遠日。

右筮尸宿尸宿諸官。

既宿尸。反爲期于廟門之外。爲期，肅諸官而皆至，定祭早晏之期。爲期亦夕時也。言既肅尸反爲期、明大夫尊、肅尸而已、其爲賓及執事者、使人肅之、○疏曰、自此盡曰諾乃退、論宗人請祭期之事、主人門東南面○宗人朝服北面○曰請祭期○主人曰比於子○比、次早晏在於子也、主人不西面者、大夫尊、於諸官有君道也、爲期、亦唯尸不來也○比推量也、推量祭時之早晚唯在於子、子謂宗人、宗人曰旦明行事○主人曰諾乃退○旦明、旦日質明、

右爲祭期、

明日○主人朝服卽位于廟門之外○東方南面○宰宗人西面北上○牲北首東上、司馬刲羊○司士擊豕○宗人告備乃退○刲、擊、皆謂殺之、此實既省告備乃殺之、文互者、省文也、尙書傳羊屬火、豕屬水○疏曰、自此盡東榮、論視殺視濯之事、又云、人君視牲視殺別日、大夫視牲視殺同日、人君殺牲于門內、大夫士殺于門外、○刲苦圭反

雍人概鼎匕俎于雍爨、雍爨在

門東南北上雍人掌割亨之事者爨竈也在門東南統於主人北上羊豕魚腊皆有竈竈西有鑊凡概者皆陳之而後告絜○概濯拭之也廩人概甑甗匕與敦于廩爨廩爨在雍爨之北廩人掌米入之藏者甗如甑一孔匕所以匕黍稷者也古文甑爲烝○雍爨以亨牲廩爨以孰黍稷○甑子孕反甗魚展反敦音對司宮概豆籩勺爵觚觶几洗篚于東堂下勺爵觚觶實于篚卒概饌豆籩與篚于房中放于西方設洗于阼階東南當東榮放猶依也大夫攝官司宮兼掌祭器也○司宮概此九種祭器其酌酒之器則實之於篚西方房中近西處也篚謂實酒器者○放方往反

右祭日視殺視濯

羹定雍人陳鼎五三鼎在羊鑊之西二鼎在豕鑊之西魚腊從羊膚從

豕統於牲。○疏曰自此盡簞巾于西階東論鼎及豆籩盤匜等之事司馬升羊右胖髀不升肩臂
臑膊胳正脊一脡脊一橫脊一短脅一正脅一代脅一皆二骨
以並腸三胃三舉肺一祭肺三實于一鼎升猶上也上右胖周所貴也髀不升近竅
賤也肩臂臑肱骨膊胳股骨脊從前爲正脅旁中爲正脊先前脅先後屈而反猶器之綼也並併也脊脅骨多六體各取二骨
併之以多爲貴舉肺一尸食所先舉也祭肺三爲尸主人主婦古文胖皆作辯髀皆作脾今文並皆爲併○膊音純又說文之
允反司士升豕右胖髀不升肩臂臑膊胳正脊一脡脊一橫脊一
短脅一正脅一代脅一皆二骨以並舉肺一祭肺三實于一鼎
豕無腸胃君子不食溷腴雍人倫膚九實于一鼎倫擇也膚脅革肉擇之取美者司士又升
魚腊魚十有五而鼎腊一純而鼎腊用麋司士又升副倅者合升左右胖曰純純猶

四

全也。○此司士與前升豕者非一人，故註云是其副貳也。卒脀，皆設扃鼏，乃舉，陳鼎于廟門之外，東方，北面北上。○北面北上，鄉內相隨。古文鼏皆為密。○脀以牲體實鼎也。○脀，之承反。司宮尊兩甒于房戶之間，同棜，皆有冪，甒有玄酒。○房戶之間，房西室戶東也。棜無足禁者，酒戒也。大夫去足改名，優尊者，若不為之戒然。古文甒皆作廡，今文冪作鼏。司宮設罍水于洗東，有枓。○設篚于洗西，南肆。○枓，剩水器也。凡設水用罍，沃盥用枓，禮在此也。○篚中實勺、爵、觚、觶。鄭云禮在此者，謂全經中言設水之法，其文詳於此也。○枓音主，剩九于反。改饌豆籩于房中，南面，如饋之設，實豆籩之實。○改，更也。為實之更之，威儀多也。如饋之設，如其陳之左右也。饋設東面。○此承上文，亦司宮為之。前饌豆籩房中，依於西，今欲實之，乃更陳如饋時之次第也。豆籩之實，謂菹醢等。小祝設槃匜與簞丹巾于西階東。○為尸將盥。

右羹定實鼎饌器

主人朝服即位于阼階東西面○爲將祭也○疏曰自此盡革順事論祭時將至布設舉鼎上載之○司宮筵于奧祝設几于筵上右之○布陳神坐也室中西南隅謂之奧席東面近南爲右主人出迎鼎除鼏士盥舉鼎主人先入○道之也主人不盥不舉○士禮自舉鼎則盥司宮取二勺于篚洗之兼執以升乃啓二尊之蓋冪奠于棜上加二勺于二尊覆之南柄○二尊兩甒也今文柄爲方○勺以挹酒者鼎序入雍正執一匕以從雍府執四匕以從司士合執二俎以從司士贊者二人皆合執二俎以相從入○相助陳鼎于東方當序南于洗西皆西面北上膚爲下匕皆加于鼎東枋○膚爲下以其加也南于洗西陳于洗西南○既有豕鼎復

取肩別爲一鼎、故謂之加也、俎皆設于鼎西西肆、肵俎在羊俎之北、亦西肆、肵俎在北、將先載也、異其設文、不當鼎、宗人遣賓就主人、皆盥于洗長朼、長朼者、長賓先、次賓後也、主人不朼、言就主人者、明親臨之、古文朼作匕、佐食上利升牢心舌載于肵俎、心皆安下切上、午割勿沒、其載于肵俎、末在上、舌皆切本末、亦午割勿沒、其載于肵、橫之、皆如初爲之于爨也、牢羊豕也、安平也、下割其下、於載便也、凡割本末、食必正也、午割使可絕、勿沒、爲其分散也、肵之爲言敬也、所以敬尸也、周禮、祭尚肺、事尸尚心舌、心舌知滋味、今文切皆爲刌、佐食遷肵俎于阼階西、西縮、乃反、佐食二人、上利升羊、載右胖、髀不升、肩臂臑膊胳、正脊一、脡脊一、橫脊一、短脅一、正脅一、代脅一、皆二骨以並、腸三、胃三、長皆及俎拒、舉肺一、長終肺。祭肺三。皆切。肩臂臑膊胳在兩端。脊脅肺肩在上。升之以尊卑載之以體次、各有宜也、拒讀爲介距之距、俎距、脛中當橫節也、凡牲體之數及載、備於此、○脊脅肺肩在上、肩字殆誤、唐石本、吳澄本、並同、今按上文已言肩、不當重出、且遺胃、則肩字即胃字之誤、可知、下利升豕。其載如羊。無腸胃。體其載于俎。皆進下。進下、變於食生也、所以交於神明、不敢以食道、敬之至也、鄉飲酒禮、進腠、羊次其體、豕言進下、互相見、○食生人之法、進腠、腠骨之本、下骨之末、進下者、以骨之末向神也、○腠千候反司士三人。升魚腊膚。魚用鮒。十有五而俎。縮載。右首。進腴。右首進腴、亦變於食生也、有司載魚橫之、少儀曰、羞濡魚者進尾、○有司載魚橫之、即下篇有司徹、引此及少儀、欲見正祭與儐尸載魚禮異、腊一純而俎。亦進下。肩在上。如羊豕、凡腊之體載禮在此、膚九而俎。亦橫載。革順。列載於俎令其皮相順、亦者、亦其骨體、○亦橫載、上牲、體橫載、此膚亦然、革順者、膚相次而作行列、則其皮順也、

右將祭即位設几加勺載俎、

卒晉、祝盥于洗、升自西階、主人盥、升自阼階、祝先入、南面、主人從、戶內西面、將納祭也、○疏曰、自此盡主人又再拜稽首、論先設置爲陰厭之事也、○載牲於俎、亦謂之晉、主婦被錫衣侈袂、薦自東房、韭菹醓醢、坐奠于筵前、主婦贊者一人亦被錫衣侈袂、執葵菹蠃醢、以授主婦、主婦不興、遂受、陪設于東、韭菹在南、葵菹在北、主婦興、入于房、被錫讀爲髲鬄、古者或剔賤者刑者之髮、以被婦人之紒、爲飾、因名髲鬄焉、此周禮所謂次也、不纚笄者、大夫妻尊、亦衣綃衣而侈其袂耳、侈者蓋半士妻之袂以益之、袂三尺三寸、袪尺八寸、韭菹醓醢、朝事之豆也、而饋食用之、豐大夫禮、葵菹在緌、今文蠃爲蝸、○周禮、追師掌王后以下副編次、鄭彼註云、副首飾、若今步搖、編編列髮爲之、若今假紒、次次第髮長短爲之、所謂髲鬄、髲鬄者、即此文也、特牲、主婦士妻、纚笄而綃衣、此大夫妻、則首服次、亦綃衣而侈其袂、侈袂者、士妻綃衣、袂二尺二寸、袪尺二寸、此大夫妻綃衣、則三分益一、袂三尺三寸、袪尺八寸、故註云半士妻之袂以益之、韭菹、醓醢、本天子祭祀薦腥所用之豆、共有八種、此用其二以饋食、故註云豐大夫禮、韭菹在醓醢之南、葵菹在蠃醢之北、菹醢錯對、是在縟也、○鬄皮義反鬄大計反醓他感反　佐食上利執
羊俎、下利執豕俎、司士三人執魚腊膚俎、序升自西階、相從入、
設俎、羊在豆東、豕亞其北、魚在羊東、腊在豕東、特膚當俎北端、相助也、○特膚者、膚俎單設在四俎之北也、　主婦自東房執一金敦黍、有蓋、坐設于
羊俎之南、婦贊者執敦稷以授主婦、主婦興受、坐設于魚俎南、
又興受贊者敦黍、坐設于稷南、又興受贊者敦稷、坐設于黍南、
敦皆南首、主婦興入于房、敦有首者、尊者器飾也、飾蓋象龜、周之禮、飾器各以其類、龜有上下甲、今

女曰主婦入于房○設黍稷亦絣也祝酌奠遂命佐食啓會佐食啓會蓋二以重設于敦南酌奠酌酒為神奠之後酌者酒尊要成也特牲饋食禮曰祝洗酌奠奠于鉶南重累之主人西面祝在左主人再拜稽首祝祝曰孝孫某敢用柔毛剛鬣嘉薦普淖用薦歲事于皇祖伯某以某妃配某氏尚饗主人又再拜稽首羊曰柔毛豕曰剛鬣嘉薦菹醢也普淖黍稷也普大也淖和也德能大和乃有黍稷春秋傳曰奉粢以告曰潔粢豐盛謂其三時不害而民和年豐也○牲物異號以殊人用也春秋傳桓六年隨季梁之言引之者以證普淖之義

右陰厭

祝出迎尸于廟門之外主人降立于阼階東西面祝先入門右尸入門左主人不出迎尸伸尊也特牲饋食禮曰尸入主人及賓皆辟位出亦如之祝入門右者辟尸盥也既則後

尸○疏曰自此盡牢肺正脊加于肵論尸入正祭之事愚案此正祭內尸入妥尸尸十一飯又自二節宗人奉槃東面于庭南一宗人奉匜水西面于槃東一宗人奉簞巾南面于槃北乃沃尸盥于槃上卒盥坐奠簞取巾興振之三以授尸坐取簞興以受尸巾庭南沒霤○疏曰庭南者於庭近南是沒盡門屋霤近門而盥也祝延尸尸升自西階入祝從由後詔相之曰延延進也周禮曰大祝相尸禮祝從從尸升自西階主人升自阼階祝先入主人從祝接神先入宜也尸升筵祝主人西面立于戶內祝在左主人由祝後而居右尊也祝從尸尸即席乃卻居主人左祝主人皆拜妥尸尸不言尸答拜遂坐拜妥尸拜之使安坐也尸自此答拜遂坐而卒食其間有不啐奠不嘗鉶不告旨大夫之禮尸彌尊也不告旨者為初亦不饗所謂曲而殺○特牲有啐酒嘗鉶告旨主人拜尸答拜不得遂坐鄭解此經遂坐而卒食以其

間皆無此禮，又特牲有祝饗之禮，士賤不嫌與君同，故尸亦告旨。此經初不祝饗，故尸亦不告旨，是殺於君禮也。曲而殺，禮器文。

祝反南面。未有事也，墮祭爾敦，官各肅其職，不命。○方陰厭之初，祝入南面，此既無事，故反其位。○墮，許規反。

右迎尸入妥尸

尸取韭菹辯擩于三豆，祭于豆間。上佐食取黍稷于四敦。下佐食取牢一切肺于俎，以授上佐食。上佐食兼與黍以授尸。尸受，同祭于豆祭。牢，羊豕也。同，合也。合祭於菹豆之祭也。黍稷之祭爲墮祭。將食神餘，尊之而祭之。今文辯爲徧。○合祭于豆祭，豆祭即韭菹之祭于豆間者。祭黍稷者，就器減取而祭，故名墮祭。祭畢，斂而藏之。肺與黍稷皆名爲墮，周禮守祧職既祭則藏其墮是也。先陳設爲陰厭，尸後來即席食，是尸餕鬼神之餘，故尊而祭之，非盛主人之饌而祭也。

上佐食舉尸牢肺正脊以授尸。上佐食爾上敦黍于筵上，右之。爾，近也。或曰移也右之便尸食也重言上佐食明更起不相因〇吳氏云授尸下有尸受祭肺四字今案唐石本亦無四字唯下文食舉疏云云舉牢肺正脊也者上文云上佐食舉尸牢肺正脊以授尸尸受祭肺明今食先云食舉是上牢肺正脊也據此文則賈作疏時經文尚有尸受祭肺四字故吳云然也主人羞肵俎升自阼階置于膚北羞進也肵敬也親進之主人敬尸之加上佐食羞兩鉶取一羊鉶于房中坐設于韭菹之南下佐食又取一豕鉶于房中以從上佐食受坐設于羊鉶之南皆芼皆有柶尸扱以柶祭羊鉶遂以祭豕鉶嘗羊鉶芼菜也羊用苦豕用薇皆有滑〇芼亡報反食舉舉牢肺正脊也先食啗之以為道也三飯食以黍〇疏云以前文先言爾黍故知先食黍上爾黍儕下疏云特牲黍稷此及虞皆不云稷者文不具也其實亦爾之不虛陳而不食也上佐食舉尸牢幹〇尸受振祭嚌之佐食受加于肵幹正脅也古文幹為肵上佐食羞

胾。兩瓦豆有醢。亦用瓦豆。設于薦豆之北。設于薦豆之北、以其加也、四豆亦緶羊胾在南、豕胾在北、無臐膮者、尚牲不尚味、尸又食。食胾。上佐食舉尸一魚。尸受。振祭。嚌之。佐食受。加于肵。橫之。又復也、或言食、或言飯、食大名、小數曰飯、魚橫之者、異於肉、○疏云、一口謂之一飯、故云小數曰飯、大夫不儐尸者、於此時亦當設大羹。○數所角反又食。上佐食舉尸腊肩。尸受。振祭。嚌之。上佐食受。加于肵。腊魚皆一舉者、少牢二牲、略之、腊必舉肩、以肩爲終也、別舉魚腊、崇威儀、○少牢二牲略之者、對特牲三舉獸魚、別舉魚腊崇威儀者、對特牲魚獸常一時同舉、以肩爲終者、牲體貴肩、以所貴者終也又食。上佐食舉尸牢骼。如初。如舉幹也又食。不舉者、鄉大夫之禮、不過五舉須侑尸、○疏曰、云五舉者、舉牢肺、一也、又舉牢幹、二也、又舉一魚、三也、又舉腊肩、四也、又舉牢骼、五也、尸告飽。祝西面于主人之南。獨侑不拜。侑曰。皇尸未實。侑。侑勸也、祝獨勸者、更則尸飽實猶飽也、祝既侑、復反南面。○祝獨侑者、不與主人共侑也。疏曰、云祝既侑復反南面者、尸內主人及祝有事之位、尸席北、祝無事之位、今侑訖、亦復尸北南面位也、**尸又食。上佐食舉尸牢肩。尸受、振祭、嚌之。佐食受、加于肵。**四舉牢體、始於正脊、終於肩、尊於終始。○正脊及肩、皆牲體之貴者。**尸不飯、告飽。祝西面于主人之南。**祝當贊主人辭。**主人不言、拜侑。**祝言而不拜、主人不言而拜、親疏之宜、**尸又三飯。**爲祝一飯、爲主人三飯、尊卑之差、尸十一飯、下人君也、**上佐食受尸牢肺正脊。加于肵。**言受者、尸授之也、尸受牢幹而實舉于菹豆、食畢、操以授佐食焉。○牢肺正脊、即士文所云食舉也、初食舉、不言置舉之所、至此十一飯後、乃言上佐食受尸牢肺正脊加于肵、以特牲禮約推之、方尸三飯、上佐食舉牢幹脢、尸盡置舉於菹豆、至此食畢、尸乃於菹豆上取而授上佐食也、

右尸十一飯、是謂正祭、

主人降洗爵，升，北面酌酒，乃酳尸。尸拜受，主人拜送。酳猶羨也。既食之而又飲之，所以樂之。古文酳作酌。○疏曰：自此盡折一膚，論主人酳尸之事。云酳猶羨也者，取饒羨之義，故以爲樂之也。愚案此初獻禮，主人獻尸，尸酢主人，遂致嘏主人，主人獻祝，主人獻佐食，凡四節。尸祭酒，啐酒。賓長羞牢肝，用俎，縮執俎，肝亦縮，進末，鹽在右。羞，進也。縮，從也。鹽在肝右，便尸擩之。古文縮爲蹙。○疏云：鹽在肝右，據賓長西面手執而言。若至尸前，鹽在尸之左，尸以右手取肝，向左擩之便也。尸左執爵，右兼取肝，擩于俎鹽，振祭，嚌之，加于菹豆，卒爵。主人拜，祝受尸爵。尸答拜。兼，兼羊豕。

右主人獻尸

祝酌授尸。尸醋主人，主人拜受爵，尸答拜。主人西面奠爵，又拜。

主人受酢酒、俠爵拜、彌尊尸、○疏云、祝代尸酌、巳是尊尸、今拜受訖、又拜、是彌尊尸也、上佐食取四敦黍稷、下佐食取牢一切肺、以授上佐食、上佐食以綏祭、綏或作挼、挼讀爲墮、將受嘏、亦尊尸餘而祭之、古文墮爲肵、○取四敦黍稷、於四敦中各取少許也、上佐食以綏祭者、以此黍稷及切肺授主人爲墮祭也、綏許規反、挼及墮讀並同、○綏許規反主人左執爵、右受佐食、坐祭之、又祭酒、不興、遂啐酒、右受佐食、右手受墮於佐食也、至此言坐祭之者、明尸與主人爲禮也、尸恒坐、有事則起、主人恒立、有事則坐、祝與二佐食皆出、盥于洗、入、二佐食各取黍于一敦、上佐食兼受、摶之、以授尸、尸執以命祝、命祝以嘏辭、○命祝使出嘏辭也、卒命祝、祝受以東、北面于戶西、以嘏于主人、曰、皇尸命工祝、承致多福無疆于女孝孫、來女孝孫、使女受祿于天、宜稼于田、眉壽萬年、勿替引之。嘏，大也。予主人以大福。工，官也。承，猶傳也。來讀曰釐。釐，賜也。耕種曰稼。勿，猶無也。替，廢也。引，長也。言無廢止時，長如是也。古文嘏爲格，祿爲福，眉爲微，替爲袂，袂或爲載，載、替聲相近。○女音汝。袂音決。載，大結反。主人坐奠爵，興，再拜稽首。興，受黍，坐振祭，嚌之。詩懷之，實于左袂，挂于季指。執爵以興，坐卒爵，執爵以興，坐奠爵，拜。尸答拜。執爵以興，出。宰夫以籩受嗇黍。主人嘗之，納諸內。詩，猶承也。實於左袂，便右手也。季，猶小也。出，出戶也。宰夫掌飲食之事者。收斂曰嗇，明豐年乃有黍稷也。復嘗之者，重之至也。納，猶入也。古文挂作卦。

右尸酢主人，命祝致嘏。

主人獻祝，設席南面。祝拜于席上，坐受。室中迫狹。○室中迫狹，故祝拜席上也。疏曰：士大夫廟皆兩下五架，正中曰棟，棟南兩架，北亦兩架。棟南一架名曰楣，前承簷，以前名曰庪。棟北一架爲室，南壁而開戶，即是一架之開廣爲室、故云廹狹也、主人西面答拜、不言拜送、下尸、薦兩豆菹醢。葵菹、蠃醢、佐食設俎。牢髀。橫脊一、短脅一、腸一、胃一、膚三。魚一、橫之。腊兩髀屬于尻。皆升下體、祝賤也、魚橫者、四物共俎、殊之也、腊兩髀屬于尻、尻尤賤、不殊、○註云四物、謂羊豕魚腊也、腊用左右胖、故用兩髀、尻比髀爲尤賤、因不殊別之也、○尻苦刀反

祝取菹擩于醢。祭于豆閒。祝祭俎。大夫祝俎無肺、祭用膚、遠下尸、不嚌之、膚不盛、○疏云、特牲尸俎有祭肺離肺、祝俎有離肺無祭肺、是下尸、今大夫祝祭肺離肺俱無、是遠下尸也、離肺祭訖、嚌之加于俎、今以膚替肺、是不盛、故不嚌、祭酒。啐酒。肝牢從。祝取肝擩于鹽。振祭。嚌之。不興。加于俎。卒爵。興。亦如佐食授爵乃興、不拜既爵、大夫祝賤也、○疏云、特牲祝卒爵則拜、士卑、祝不賤也、

右主人獻祝、

主人酌獻上佐食。上佐食戶內牖東北面拜。坐受爵。主人西面答拜。佐食祭酒。卒爵拜。坐授爵興。不啐而卒爵者，大夫之佐食賤，禮略。○疏云：特牲士之佐食亦啐。俎設于兩階之間。其俎折一膚。佐食不得成禮於室中，折者，擇取牢正體餘骨，折分用之。有脊而無薦，亦遠下尸。○疏云：有脊，即俎實是也。無薦，謂無菹醢也。無肺已是下尸，又無薦，是遠下尸也。主人又獻下佐食。亦如之。其脊亦設于階間。西上。亦折一膚。上佐食既獻，則出就其俎。特牲記曰：佐食無事，則中庭北面。謂此時。○西上者，上佐食俎在西，此在其東。

右主人獻兩佐食，初獻禮竟。

有司贊者取爵于篚以升。授主婦贊者于房戶。男女不相因。特牲饋食禮曰：佐食卒角，主人受角，降反于篚。○疏曰：自此盡入于房，論主婦亞獻尸、祝與佐食之事。○此亞獻禮內，主婦獻尸，尸醋主婦，主婦獻祝主婦獻佐食亦四節註引特牲禮者見此亦主人受佐食爵反于篚贊者別取爵授主婦是男女不因爵而用也、婦贊者受以授主婦、主婦洗于房中。出酌。入戶西面拜。獻尸。入戶西面拜由便也下北面者辟人君夫人也拜而後獻者當俠拜也婚禮曰婦洗在北堂直室東隅○引昏禮者明此經婦洗所在亦然也尸拜受主婦主人之北西面拜送爵拜於主之北西面婦人位在內此拜於北則上拜於南、由便也尸祭酒。卒爵。主婦拜。祝受尸爵。尸答拜、

右主婦獻尸、

易爵洗酌授尸。祝出易爵男女不同爵、主婦拜受爵。尸答拜、上佐食綏祭。主婦西面于主人之北受祭祭之。其綏祭如主人之禮。不嘏卒爵拜。尸答拜。不嘏夫婦一體綏亦當作挼古文爲肵

右尸酢主婦、

主婦以爵出。贊者受易爵于篚。以授主婦于房中。贊者、有司贊者也。易爵、亦以授婦贊者。婦贊者受房戶外。入授主婦。主婦洗。酌獻祝。祝拜。坐受爵。主婦答拜于主人之北。卒爵。不興。坐授主婦。不俠拜、下尸也。今文曰祝拜受、

右主婦獻祝、

主婦受酌。獻上佐食于戶內。佐食北面拜。坐受爵。主婦西面答拜。祭酒。卒爵。坐授主婦。主婦獻下佐食。亦如之。主婦受爵以入于房。不言拜於主人之北、可知也。爵奠於內篚、

右主婦獻兩佐食。亞獻禮竟、

賓長洗爵獻于尸。尸拜受爵。賓戶西北面拜送爵。尸祭酒卒爵。賓拜。祝受尸爵。尸答拜。○白此至于其筵前。論賓長終獻之禮。賓長獻尸。尸醋賓長。賓長獻祝。凡三節。

右賓長獻尸

祝酌授尸。賓拜受爵。尸拜送爵。賓坐奠爵。遂拜。執爵以興。坐祭。遂飲。卒爵。執爵以興。坐奠爵。拜。尸答拜。

右尸醋賓長

賓酌獻祝。祝拜。坐受爵。賓北面答拜。祝祭酒。啐酒。奠爵于其筵前。啐酒而不卒爵。祭事畢。示醉也。不獻佐食。將儐尸。禮殺。○疏曰。案特牲賓長獻爵止。註云。欲神惠之均于室中。待夫婦致爵。此大夫禮。或有儐尸者。致爵在儐尸之上。故不致爵。爵不止也。若然。有司徹尸作止爵。三獻致爵於主人。主人不酢主婦。又不致爵於主婦下大夫不儐尸賓獻尸止爵主婦致爵於主人酢主婦主人不致於主婦特牲主人與主婦交相致爵參差不同者此以尊卑爲差降之數故有異也上大夫得儐尸故致爵上辟人君下大夫不儐尸故增酢主婦而已士卑不嫌與君同故致爵具也

右賓長獻祝終獻禮竟

主人出立于阼階上西面祝出立于西階上東面祝告曰利成利猶養也成畢也孝子之養禮畢祝入尸謖主人降立于阼階東西面謖起也謖或作休○謖所六反祝先尸從遂出于廟門事尸之禮訖於廟門外

右祭畢尸出廟

祝反復位于室中主人亦入于室復位祝命佐食徹肵俎降設

于堂下阼階南。徹肵俎不出門、將儐尸也、肵俎而以儐尸者、其本爲不反魚肉耳、不云尸俎、未歸尸○疏曰、自此盡篇末、論徹肵俎、行餕之事、○肵俎之設、本爲尸食魚肉、不可反於俎、故加於肵俎、今擬儐尸、將更食魚肉、故留此肵俎、以俟後加儐尸訖、乃歸尸家也、司宮設對席、乃四人餕。大夫禮、四人餕、明惠大也○設對席者、對尸席而設西向之席、四人餕、二在尸席、二在對席、凡餕之道、施惠之象、故四人餕爲惠大、對特牲二人餕爲惠小也、上佐食盥升、下佐食對之、賓長二人備、備、四人餕也、三餕亦盥升、○備者、兩佐食之外、又以賓二人充此數也、上佐食升居尸席、下佐食西向對之、疏云、下佐食雖云西向對、實近北、不得東西相當、以其一賓長在上佐食之北、一賓長在下佐食之南也、司士進一敦黍于上佐食、又進一敦黍于下佐食、皆右之于席上、右之者、東面在南、西面在北、資黍于羊俎兩端、兩下是餕、資猶減也、減置於羊俎兩端、則一賓長在上佐食之北、一賓長在下佐食之南、今文資作齎○兩下是餕者、二賓長在二佐食之左、於位爲下，故云兩下，分減敎黍置羊俎兩端，二賓於此取食也。司士乃辯舉餕者皆祭黍祭舉。舉，舉膚。今文辯爲徧。○司士徧授餕者各一膚也。疏云：餕者下尸，不舉肵，常舉膚。主人西面三拜餕者。餕者奠舉于俎，皆荅拜，皆反取舉。三拜，旅之，示徧也。言反者，拜時或反其席。在東面席者，東面拜；在西面席者，皆南面拜。司士進一鉶于上餕，又進一鉶于次餕，又進二豆湆于兩下，乃皆食，食舉。湆，肉汁也。○疏云：神坐止有二鉶，卒分進兩佐食，兩下無鉶，故進湆也。卒食，主人洗一爵，升酌，以授上餕。贊者洗三爵，酌，主人受于戶內，以授次餕，若是以辯，皆不拜受爵。主人西面三拜餕者，餕者奠爵，皆荅拜，皆祭酒，卒爵，奠爵，皆拜。主人荅壹拜。不拜受爵者，大夫餕者賤也。荅一拜，略也。古文壹爲一也。○特牲嗣子與兄弟餕，故拜受爵。餕者三人興，出。出，降實爵于篚，反賓位。上餕止。主人受上餕爵，酌以醋于戶內，西面坐奠爵，拜。上餕答拜。坐祭酒，啐酒。○主人自酢者，上餕獨止當尸位，尊不酌也。○疏云：上餕將嘏主人，故在尸位，不可親酌。上餕親嘏，曰：主人受祭之福，胡壽保建家室。親嘏，不使祝授之，亦以黍。○亦摶黍以授主人而致辭也。主人興，坐奠爵，拜，執爵以興，坐卒爵，拜。上餕答拜。上餕興，出。主人送，乃退。送佐食不拜，賤。○退謂主人退。

右餕

儀禮　鄭氏註　濟陽張爾岐句讀

有司徹第十七

鄭目錄云少牢之下篇也大夫既祭儐尸於堂之禮若下大夫祭畢禮尸於室中無別行儐尸於堂之事天子諸侯之祭明日而繹有司徹於五禮屬吉大戴第九小戴第十二別錄少牢下篇第十七○疏曰言大夫既祭儐尸於堂之禮者謂上大夫室中事尸行三獻禮畢別行儐尸於堂之禮又云祭畢禮尸於室中者據下大夫室內事尸行三獻無別行儐尸於堂之事即於室內為加爵禮尸即下文云若不儐尸以下是也

有司徹　徹室中之饋及祝佐食之俎卿大夫既祭而儐尸禮崇也儐尸則不設饌西北隅以此薦俎之陳有祭象而亦足以厭飫神天子諸侯明日祭於祊而繹春秋傳曰辛巳有事于大廟仲遂卒于垂壬午猶繹是也爾雅曰繹又祭也○疏曰自此盡如初論徹室內之饋并更整設及溫尸俎之事○有司謂司馬司士宰夫之屬徹徹去祭時之饌不儐尸者尸出之後設饌於西北隅以厭飫神謂之陽厭此既儐尸有祭象故不設饌西北隅為陽厭也此儐尸與祭同日天子諸侯則明日為之

名曰繹、繹之禮設祭於廟門外之西室、謂之祊、而事尸於堂則爲繹、故註曰天子諸侯明日祭于祊而繹、祊繹同時、而大名曰繹、又正祭時亦有祊祭、但正祭之祊在廟門內、明日又祭之祊於廟門外、○徹直列反　祊百庚反

埽堂　爲儐尸新之、少儀曰、汎埽曰埽、埽帚席前曰拚、○拚方問反

司宮攝酒　更洗益整頓之、令文攝爲聶、○疏云洗益當作槩益、謂槩摡滌益

乃燅尸俎　燅溫也、溫尸俎於爨所亦溫焉、獨言溫尸俎、則祝與佐食不與儐尸之禮、古文燅皆作尋、記或作燖、春秋傳曰、若可燖也、亦可寒也、○春秋傳哀十二年子貢對吳大宰嚭語、鄭引之証燅尸俎是重溫之義、今左傳本燖作尋、○燅音尋

卒燅、乃升羊豕魚三鼎、無腊與膚、乃設扃鼏、陳鼎于門外、如初　腊爲庶羞、膚從豕、去其鼎者、儐尸之禮殺於初、如初者、如廟門之外東方北面北上、今文扃爲鉉、古文鼏爲密、

右將儐尸整設

乃議侑于賓、以異姓　議猶擇也、擇賓之賢者、可以侑尸、必用異姓、廣敬也、是賓主人及賓有司已復內位、

古文侑皆作宥○疏曰自此盡侑答拜論選侑并迎尸及侑之事宗人戒侑戒猶告也南面告於其位戒曰請子爲侑○疏曰知南面告於其位者以賓位在門東北面請以爲侑明面鄉其位可知侑出俟于廟門之外俟待也待於外當與尸更入主人與禮事尸極敬心也

右選侑以輔尸

司宮筵于戶西南面爲尸席也又筵于西序東面爲侑席也尸與侑北面于廟門之外西上言與殊尊卑北面者賓尸而尸益卑西上統於賓客主人出迎尸宗人擯賓客尸而迎之主人益尊擯贊主人拜尸答拜主人又拜侑侑答拜主人揖先入門右道尸尸入門左侑從亦左揖乃讓没霤相揖至階又讓主人先升自阼階尸侑升自西階西楹西北面東上東上統於其席○疏云賓席以東爲上故

也。主人東楹東北面拜至。尸荅拜。主人又拜侑。侑荅拜。拜至，喜之。

右迎尸及侑。

乃舉舉，舉鼎也。舉者不盥，殺也。○自此盡西枋，論門外舉鼎匕俎入陳之事。司馬舉羊鼎。司士舉豕鼎。舉魚鼎。以入。陳鼎如初。如初，如阼階下西面北上。○疏云如初者，如上經正祭時陳鼎之事也。雍正執一匕以從。雍府執二匕以從。司士合執二俎以從。司士贊者亦合執二俎以從。匕皆加于鼎。東枋。二俎設于羊鼎西。西縮。二俎皆設于二鼎西。亦西縮。雍正，羣吏掌辨體名肉物者。府，其屬。凡三匕，鼎一匕。四俎為尸、侑、主人、主婦。其二俎，設于豕鼎魚鼎之西，陳之宜具也。古文縮皆為蹙。雍人合執二俎。陳于羊俎西。並皆西縮。覆二疏匕于其上。皆縮俎。西枋。並，并也。其南俎司馬以羞羊匕湆羊肉湆其北俎司士以羞豕匕湆豕肉湆豕脀湆魚疏匕匕柄有刻飾者古文並皆作併○此二俎以為益送之用匕湆無肉直汁注于疏匕故為匕湆肉湆則肉之從湆中出者實無汁也

右陳鼎階下設俎俟載

主人降受宰几尸侑降主人辭尸對。几所以坐安體周禮大宰掌贊玉几玉爵○自此盡主人及尸侑皆升就筵言主人初獻之儀獻尸獻侑受酢凡三大節此獻尸一節肉授几獻爵主婦薦豆籩司馬載羊俎賓長設羊俎次賓進匕湆司馬羞肉湆次賓羞燔又自有八細節主人拜送爵而主婦薦賓長設正俎而以祭薦司馬抯匕湆而尸祭俎次賓授匕湆而尸啐酒告旨司馬羞肉湆而尸齊肺次賓羞燔而尸卒爵此其相承相應之次有不容稍紊者若司馬載羊俎之下並列十一俎則欲以類從著諸俎之差等耳不以其次也宰授几主人受二手橫執几揖尸。獨揖尸几禮主於尸主人升尸侑升復位。位作階賓階上位○即上文東楹東西楹西之位也主人西面，左手執几，縮之，以右袂推拂几三，二手橫執几，進授尸于筵前。衣袖謂之袂，推拂去塵示新。尸進，二手受于手間。受從手間，謙也。主人退。尸還几，縮之，右手執外廉，北面奠于筵上，左之，南縮，不坐。左之者，異於鬼神，生人陽長左，鬼神陰長右，不坐奠之者，几輕。主人東楹東北面拜。拜送几也。尸復位，尸與侑皆北面荅拜。侑拜者，從於尸。○立侑本以輔尸，故從尸拜也。○以上授尸几。主人降洗。尸侑降。尸辭洗。主人對。卒洗，揖。主人升，尸侑升。尸西楹西北面拜洗。主人東楹東北面奠爵荅拜。降盥。尸侑降。主人辭，尸對。卒盥，主人揖升，尸侑升。主人坐取爵，酌獻尸。尸北面拜受爵。主人東楹東北面拜送爵。降盥者，爲土汚手，不可酌。○以上獻爵。

主婦自東房薦韭菹醓坐奠于筵前菹在西方婦贊者執昌菹醢以授主婦主婦不興受陪設于南昌在東方興取籩于房麷蕡坐設于豆西當外列麷在東方婦贊者執白黑以授主婦主婦不興受設于初籩之南白在西方興退昌昌本也韭菹醓醢昌本麋臡麷熬麥也蕡熬枲實也白熬稻黑熬黍此皆朝事之豆籩大夫無朝事而用之儐尸亦豐大夫之禮主婦取籩興者以饌異親之當外列辟鉶也退退入房也○疏云正祭先薦後獻若繹祭則先獻後薦此儐尸禮與天子諸侯繹祭同故亦先獻後薦也天子諸侯之祭坐尸於堂北面而事之謂之朝事特牲少牢正祭無朝事於堂直有室中之事儐尸用韭菹等皆朝事所用是謂豐大夫之禮然八籩八豆之中各取其四耳

○以上主婦薦豆籩○麷方中反

乃升升牲體於俎也司馬朼羊亦司馬載載右體肩臂肫骼臑正脊一

脡脊一、橫脊一、短脅一、正脅一、代脅一、腸一、胃一、祭肺一、載于一俎。言燅尸俎復序體者、明所舉肩骼存焉、亦著脊脅皆一骨也、臑在下者、折分之以爲肉湆俎也、一俎、謂司士所設羊鼎西第一俎。○此尺正俎、載已、卽當設之豆南者、

羊肉湆、臑折、正脊一、正脅一、腸一、胃一、嚌肺一、載于南俎。肉湆、肉在汁中者、以增俎實爲尸加也、必爲臑折、上所折分者、嚌肺、離肺也、南俎、雍人所設在南者、此以下十一俎、俟時而載、於此歷說之、爾、今文湆爲汁。○疏曰、十一俎者、卽尸之羊肉湆一也、豕脀俎二也、侑之羊俎三也、豕俎四也、主人羊俎五也、羊肉湆俎六也、豕脀七也、主婦羊俎八也、尸、侑、主人、三者皆有魚俎、是其十一、通尸羊正俎爲十二俎、其四俎、尸侑主人主婦載羊體俎、皆爲正俎、其餘八俎、雍人所執二俎、益送往還、故有八、其實止二俎也

司士杝豕、亦司士載、亦右體、肩、臂、肫、骼、臑、正脊一、脡脊一、橫脊一、短脅一、正脅一、代脅一、膚五、嚌肺一、載于一俎。臑在下者、順羊也、俎、謂雍人所

設在北者○此與上羊肉湆並事凡加俎用雍人所設二俎傳送之者

侑俎羊左肩左肫正脊一脅一腸一胃一切肺一載于一俎侑俎豕左肩折正脊一脅一膚三切肺一載于一俎

侑俎用左體侑賤其羊俎過三體有肫尊之加也豕左肩折折分爲長兄弟俎也切肺亦祭肺互言之爾無羊湆下尸也豕又祭肺不嚌肺不備禮俎司士所設羊鼎西之北俎也豕俎與尸同○羊左肩一俎是侑正俎豕俎則加俎註云豕俎與尸同謂亦用雍人所設俎加之也

阼俎羊肺一祭肺一載于一俎羊肉湆臂一脊一脅一腸一胃一嚌肺一載于一俎豕脅臂一脊一脅一膚三嚌肺一載于一俎

阼俎主人俎無體遠下尸也以肺代之肺尊也加羊肉湆而有體崇尸惠亦尊主人臂左臂也侑用肩主人用臂下之也不言左臂者大夫尊空其文也降於侑羊體一而增豕膚三有所屈有所申亦所謂順而摭也阼俎司士所設豕鼎西俎也其湆俎與尸俎同豕俎又與尸豕俎同○羊肺一俎主

人、正、俎、其下二俎、皆、加、俎、俎、亦皆用雍
人所設俎益送之、故註云與尸俎同主婦俎。羊左臑。脊一。脅一。
腸一。胃一。膚一。嚌羊肺一。載于一俎。無豕體而有膚、以主人無
羊體、不敢備也、無祭肺、有
嚌肺、亦下侑也、祭肺尊、言嚌羊肺者、文承膚下、嫌也、膚在羊肺
上則羊豕之體名同、相亞也、其俎司士所設在魚鼎西者、○主
婦有正、俎、
無加、俎、
司士枇魚。亦司士載尸俎。五魚橫載之。侑主人皆一
魚。亦橫載之。皆加膴祭于其上。橫載之者、異於牲體、彌變於神、
膴讀如殷冔之冔、刳魚時、割其
腹以爲大臠也、可用祭也、其俎又與尸豕俎同、○正祭升魚縮
載於俎爲縮、於尸爲橫、右首、進腴、若食生人、亦縮載右首、但進
鰭脊、向人、人爲異、今儐尸、升魚、乃橫載於人爲縮、是不與正祭同、
又與生人異也、魚三俎、皆用與豕、俎益送之、亦若侑主人之豕
脅、故註云其俎又與尸豕俎同、○以上言司馬載尸正俎、遂歷
數十一俎體物、皆俟事至乃載、非此時遽已載也、○膴火吳反
刳空
吳反

卒升。（卒、已也、已、載尸羊俎）賓長設羊俎于豆南。賓降。尸升筵自西方坐。左執爵。右取韭菹擩于三豆。祭于豆間。尸取麷蕡。宰夫贊者取白黑以授尸。尸受兼祭于豆間。（賓長、上賓。○以上賓長設羊俎、）

雍人授次賓疏匕與俎。受于鼎西。左手執俎左廉。縮之。卻右手執匕枋。縮于俎上。以東面受于羊鼎之西。司馬在羊鼎之東。二手執挑匕枋以挹湆。注于疏匕。若是者三。（挑謂之歃、讀如或舂或抌之抌、字或作挑者、秦人語也、此二匕者、皆有淺升、狀如飯橾、挑長枋、可以抒物於器中者、注、猶瀉也、今文挑作抌、挹皆爲扱、○橾七肖反、抒食汝反）尸興。左執爵。右取肺。坐祭之。祭酒。興。左執爵。（肺、羊祭肺、○尸興、承上文尸坐祭豆籩之節、）次賓縮執匕俎以升。若是以授尸。尸卻手受匕枋。坐祭。

儀禮鄭注句讀　有司第十七　六

嚌之興覆手以授賓賓亦覆手以受縮匕于俎上以降嚌湆者明湆肉加耳嘗之以其汁尚味○將進湆肉先進其湆嘗之湆在鼎已調故云尚味若太羹則不在鼎不調也以降者以此匕俎而降○覆芳扶反

尸席末坐啐酒興坐奠爵拜告旨執爵以興主人北面于東楹東答拜旨美也拜告酒美答主人意古文曰東楹之東○以上次賓授匕湆

司馬羞羊肉湆縮執俎尸坐奠爵興取肺坐絕祭嚌之興反加于俎司馬縮奠俎于羊湆俎南乃載于羊俎卒載縮執俎以降絕祭絕肺末以祭周禮曰絕祭湆使次賓肉使司馬大夫禮多崇敬也○司馬縮執縮奠之俎羊肉湆俎也即雍人所設益送之南俎也載于羊俎者載此羊肉湆於尸之正俎也經文司馬縮奠俎于羊湆俎南疑誤觀下受酢羞肉湆節當是縮奠湆俎于羊俎南○以上司馬羞肉湆

▲下尸與供事者

尸坐執爵以興。次賓羞羊燔。縮執俎。縮一燔于俎上。鹽在右。尸左執爵。受燔。擩于鹽。坐振祭。嚌之。興。加于羊俎。賓縮執俎以降。燔、炙。尸降筵。北面于西楹西。坐卒爵。執爵以興。坐奠爵。拜。執爵以興。主人北面于東楹東。答拜。主人受爵。尸升筵。立于筵末。○以上次賓羞燔、

右主人獻尸從獻者凡五豆籩正羊俎匕湆羊肉湆羊燔也

主人酌獻侑。侑西楹西北面拜受爵。主人在其右北面答拜。不洗者、俱獻間無事也。主人就右者。賤不專階。○此下主人獻侑節獻爵薦豆籩設羊俎設羊燔有四細節疏云凡爵行爵從尊者來向卑者俱獻間無事則不洗爵從卑者來向尊雖獻間無事亦洗賤不專階對主人不就尸階者尸尊得專階也○獻侑爵

主婦薦韭菹醓，坐奠于筵前。醓在南方。婦贊者執二籩麷蕡，以授主婦。主婦不興，受之，奠麷于醓南，蕡在麷東。主婦入于房。醓在南方者，立侑爲尸，使正饌統焉。○薦侑豆籩。

侑升筵自北方。司馬橫執羊俎以升，設于豆東。侑坐，左執爵，右取菹㨎于醓，祭于豆間；又取麷蕡，同祭于豆祭。興，左執爵，右取肺，坐祭之，祭酒，興，左執爵。○設侑羊俎。

次賓羞羊燔，如尸禮。侑降筵自北方，北面于西楹西，坐卒爵，執爵以興，坐奠爵，拜。主人答拜。答拜，拜於侑之右。○設侑羊燔。

右主人獻侑。從獻之儀，降於尸者二，羊七湆與肉湆也。

尸受侑爵降洗侑降立于西階西東面主人降自阼階辭洗尸坐奠爵于篚興對卒洗主人升尸升自西階主人拜洗尸北面于西楹西坐奠爵答拜降盥主人降尸辭主人對卒盥主人升尸升坐取爵酌（酌者將酢主人○此下尸酢主人節主人受爵主婦薦豆籩長賓設俎次賓羞匕湆司馬羞肉湆次賓羞燔主人拜崇酒凡七細節特牲少牢主人獻尸尸酢主人主人乃獻祝及佐食此尸待主人獻侑乃酢主人不同者此尸樂達主人之意欲得先進酒於侑彼尸尊欲自達己意故先酢主人也）司宮設席于東序西面主人東楹東北面拜受爵尸西楹西北面答拜（○主人受酢爵）主婦薦韭菹醓醢坐奠于筵前菹在北方婦贊者執二籩麷蕡主婦不興受設麷于菹西北蕡在麷西主人升筵自北方主婦入

于房設籩于菹西北亦辟鉶○疏云特牲少牢皆致爵乃設席此受酢即設席以其儐尸尸益卑主人益尊故也○主婦薦主人豆籩、

長賓設羊俎于豆西主人坐左執爵祭豆籩如侑之祭興左執爵右取肺坐祭之祭酒興○設主人羊俎

次賓羞匕湆如尸禮席末坐啐酒執爵以興○羞主人匕湆、

司馬羞羊肉湆縮執俎主人坐奠爵于左興受肺坐絕祭嚌之興反加于湆俎司馬縮奠湆俎于羊俎西乃載之卒載縮執虛俎以降奠爵于左者神惠變於常也言受肺者明有授言虛俎者羊湆俎訖於此虛不復用○羞主人肉湆、

主人坐取爵以興次賓羞燔主人受如尸禮○羞主人燔、

主人降筵自北方。北面于阼階上。坐卒爵。執爵以興。坐奠爵。拜。執爵以興。尸西楹西答拜。主人坐奠爵于東序南。（不降奠爵於篚，急崇酒。）侑升。尸侑皆北面于西楹西。（見主人不反位，知將與已爲禮。）主人北面于東楹東再拜崇酒。（崇，充也。拜謝尸侑以酒薄充滿。）尸侑皆答再拜。主人及尸侑皆升就筵。○拜崇酒。

右主人受尸酢。薦設亦有五事。尊主人。故與尸同也。主人初獻禮竟。

司宮取爵于篚。以授婦贊者于房東。以授主婦。（房東，房戶外之東。○自此至尸主人及侑皆就筵，凡四節，皆主婦亞獻之事。獻尸一也，獻侑二也，致爵於主人三也，受尸酢四也。）主婦洗爵于房中出實爵尊南西面拜獻尸尸拜于筵上受尊南西面拜由便也○疏曰賓主獻酢無在筵上受法今尸於筵上受者以婦人所獻故尸不與行賓主之禮故不得各就其階主婦西面于主人之席北拜送爵入于房取一羊鉶坐奠于韭菹西主婦贊者執豕鉶以從主婦不興受設于羊鉶之西興入于房取糗與腶脩執以出坐設之糗在蕡西脩在白西興立于主人席北西面○飲酒而有鉶者祭之餘鉶無黍稷殺也糗糗餌也腶脩擣肉之脯今文腶為斷○腶丁亂反尸坐左執爵祭糗脩同祭于豆祭以羊鉶之柶挹羊鉶遂以挹豕鉶祭于豆祭祭酒次賓羞豕匕湆如羊匕湆之禮尸坐啐酒左執爵嘗上鉶執爵以興坐奠爵拜主婦荅拜執爵以興司士羞豕脀尸坐

賓爵興受如羊肉湆之禮坐取爵興次賓羞豕燔尸左執爵受燔如羊燔之禮坐卒爵拜主婦荅拜

右主婦獻尸從獻亦五主婦旣獻爵設兩鉶又設糗脩次賓羞豕匕湆司士羞豕脀次賓羞豕燔儀節與主人獻尸竝相當

受爵酌獻侑侑拜受爵主婦主人之北西面荅拜酌獻者主婦今文無西面主婦羞糗脩坐奠糗于麷南脩在蕡南侑坐左執爵取糗脩兼祭于豆祭司士縮執豕脀以升侑興取肺坐祭之司士縮奠豕脀于羊俎之東載于羊俎卒乃縮執俎以降侑興豕脀無湆於侑禮殺次

賓羞豕燔。侑受如尸禮。坐卒爵。拜。主婦答拜。

右主婦獻侑、其從獻同於尸者亦三、主婦既獻爵、羞糗脩、司士羞豕脀、次賓羞豕燔、降於尸者二、無鉶羹與豕匕湆、

受爵。酌以致于主人。主人筵上拜受爵。主婦北面于阼階上答拜。主婦易位拜于阼階上。辟併敬主婦設二鉶與糗脩。如尸禮。主人其祭糗脩祭鉶、祭酒。受豕匕湆。拜啐酒。皆如尸禮。嘗鉶不拜。主人如尸禮尊也其異者、不告旨、○疏云、按前主婦獻尸、尸啐酒嘗鉶拜、彼拜雖在嘗鉶下、其拜、仍爲啐酒、是以特牲少牢尸嘗鉶皆不拜、或此經啐酒之上無拜文、有者衍字也、○愚按疏言、謂經嘗鉶不拜、正謂啐酒不拜耳、啐酒上拜字衍、又註云其異者不告旨、其意亦然、主婦獻尸、尸啐酒拜、亦告旨之意也、其受豕脀。受豕燔。亦如尸禮。坐卒爵。拜。主婦

北面答拜受爵

右主婦致爵于主人從設並與尸同

尸降筵受主婦爵以降將酢主婦主人降侑降主婦入于房主人立于洗東北西面侑東面于西階西南俟尸洗尸易爵于篚盥洗爵易爵者男女不相襲爵主人揖尸侑將升主人升尸升自西階侑從主人北面立于東楹東侑西楹西北面立俟尸酢尸酢主婦出于房西面拜受爵尸北面于侑東答拜主婦入于房司宮設席于房中南面主婦立于席西設席者主婦尊今文曰南面尸于席西婦贊者薦韭菹醓坐奠于筵前菹在西方婦人贊者執麷蕡以授婦贊者婦贊者不興

受設𨡓于菹西。蕡在𨡓南。婦人贊者宗婦之少者 主婦升筵。司馬設羊俎于豆南。主婦坐。左執爵。右取菹。挭于醢。祭于豆間。又取𨡓蕡兼祭于豆。祭。主婦奠爵。興取肺。坐絕祭。嚌之。興加于俎。坐挩手。祭酒。啐酒。挩手者于帨。帨佩巾。內則曰婦人亦左佩紛帨。古文挩作說○挩由銳反 次賓羞羊燔。主婦興受燔。如主人之禮。主婦執爵以出于房。西面于主人席北。立卒爵。執爵拜。尸西楹西北面答拜。主婦入立于房。主人及侑皆就筵。出房立卒爵。宜鄉尊。不坐者。變於主人也。執爵拜。變於男子也○鄉尊謂對尸而卒爵

右主婦受尸酢。從獻亦三。與侑同。等主婦亞獻禮竟

上賓洗爵以升。酌獻尸。尸拜受爵。賓西楹西北面拜送爵。尸奠

爵于薦左賓降上賓賓長也謂之上賓以將獻異之或謂之長賓奠爵爵止也

右上賓三獻尸尸奠爵不舉欲神惠均于庭待徧得獻乃舉之

主人降洗爵尸侑降主人奠爵于篚辭尸對卒洗揖尸升侑不升侑不升尸禮益殺不從主人實爵酬尸東楹東北面坐奠爵拜尸西楹西北面答拜坐祭遂飲卒爵拜尸答拜降洗尸降辭主人奠爵于篚對卒洗主人升尸升主人實爵尸拜受爵主人反位答拜尸北面坐奠爵于薦左降洗者主人

右主人酬尸特牲及下不儐尸皆無酬尸之事此特有之

奠而不舉、

尸侑主人皆升筵。乃羞。宰夫羞房中之羞于尸侑主人主婦。皆右之。司士羞庶羞于尸侑主人主婦。皆左之。二羞所以盡歡心、房中之羞其籩則糗餌粉餈其豆則酏食糝食庶羞羊臐豕膮皆有胾醢房中之羞內羞也內羞在右陰也庶羞在左陽也○內羞是穀物穀本地產故為陰庶羞是牲物牲本天產故為陽、

右羞于尸侑主人主婦、

主人降。南面拜衆賓于門東。三拜衆賓。門東北面皆答壹拜。拜于門東明少南就之也言三拜者衆賓賤旅之也衆賓一一拜賤也卿大夫尊賓賤純臣也位在門東今文壹為一○衆賓自長賓而下也自此至主人就筵皆主人酬獻外庭內庭之事所謂均神惠也凡七節獻長賓一也獻衆賓二也主人自酢于長賓二

也酬長賓四也獻兄弟五也獻內賓六也獻私人七也主人洗爵長賓辭主人奠爵于篚興對卒洗升酌獻賓于西階上長賓升拜受爵主人在其右北面答拜宰夫自東房薦脯醢醢在西司士設俎于豆北羊骼一腸一胃一切肺一膚一羊骼羊左骼上賓一體賤也薦與設俎者既則俟于西序端古文骼爲胳賓坐左執爵右取脯擩于醢祭之執爵興取肺坐祭之祭酒遂飲卒爵執爵以興坐奠爵拜執爵以興主人答拜受爵賓坐取祭以降西面坐委于西階西南成祭於上尊賓也取祭以降反下位也反下位而在西階西南已獻尊之祭脯肺宰夫執薦以從設于祭東司士執俎以從設于薦東

右主人獻長賓

衆賓長升拜受爵主人答拜坐祭立飲卒爵不拜既爵 既盡也長賓升者以次第升受獻言衆賓長拜則其餘不拜 宰夫贊主人酌若是以辯 主人每獻一人奠空爵于棜宰夫酌授於尊南今文若爲如辯皆作偏 辯受爵其薦脯醢與脀設于其位其位繼上賓而南皆東面其脀體儀也 偏獻乃薦略之亦宰夫薦司士脀儀者尊體盡儀度餘骨可用而用之尊者用尊體卑者用卑體而已亦有切肺膚今文儀皆爲曦或爲議

右辯獻衆賓

乃升長賓主人酌酢于長賓西階上北面賓在左 主人酌自酢序賓意賓卑不敢酢 主人坐奠爵拜執爵以興賓答拜坐祭遂飲卒爵執爵以興坐奠爵拜賓答拜賓降 降反位

右主人自酢于長賓、

宰夫洗觶以升。主人受酌、降酬長賓于西階南。北面。賓在左。主人坐奠爵拜。賓答拜。坐祭。遂飲。卒爵拜。賓答拜。宰夫授主人觶。則受其虛爵奠于篚。○註受其虛爵、指上文酢爵也主人洗。賓辭。主人坐奠爵于篚。對。卒洗。升酌。降復位。賓拜受爵。主人拜送爵。賓西面坐奠爵于薦左。○按此爵至旅酬後與兄弟之長交酬、爲無算爵、

右主人酬賓、

主人洗。升酌。獻兄弟于阼階上。兄弟之長升拜受爵。主人在其右答拜。坐祭。立飲。不拜既爵。皆若是以辯。兄弟長幼立飲。賤不別。大夫之賓。尊於兄

弟宰夫不贊酌者兄弟以親昵來不以官待之辯受爵其位在洗東西面北上。升受爵。其薦脀設于其位。亦辯獻乃薦既云辯矣復言升受爵者為衆兄弟言也衆兄弟升不拜受爵先著其位於上乃後云薦脀設于其位明位初在是也位不繼於主人而云洗東卑不統於尊此薦脀皆使私人○疏云先著其位於上乃云升受爵者謂發此位升堂受爵又云薦脀設於其位者謂受爵時設薦脀於洗東西面位其先生之脀折。脅一膚一。先生長兄弟折豕左肩之折其衆儀也。

右主人獻兄弟

主人洗獻內賓于房中。南面拜受爵。主人南面于其右答拜。內賓姑姊妹及宗婦獻于主婦之席東主人不西面尊不與為賓主禮也南面于其右主人之位恒左人坐祭立飲。不拜既爵。若是以辯。亦有薦脀。亦設薦脀於其位特牲饋食禮記曰內賓立于房中西墉下東面南

上宗婦北堂東面北上

右主人獻內賓、

主人降洗升獻私人于阼階上拜于下升受主人答其長拜乃降坐祭立飲不拜既爵若是以辯宰夫贊主人酌主人於其羣私人不荅拜其位繼兄弟之南亦北上亦有薦脀。私人、家臣、已所自謁除也大夫言私人明不純臣也士言私臣明有君之道北上、不敢專其位、亦有薦脀初亦北面在衆賓之後爾、言繼者以爵既獻爲文、凡獻、位定、主人就筵。古文曰升就筵

右主人獻私人均神惠徧、

尸作三獻之爵。上賓所獻爵、不言三獻作之者、賓尸而尸益卑、可以自舉○自此盡降實于篚尸舉所奠上賓

之爵以成三獻之禮、以上賓舉三獻、因號上賓為三獻、是以事名官、此一禮內凡有四節、尸作爵一也、獻侑二也、致爵于主人三也、受尸酢四也、司士羞湆魚縮執俎以升尸取膴祭祭之祭酒卒爵不羞魚匕湆、略小味也、羊有正俎羞匕湆肉湆、豕無正俎魚無匕湆、隆汚之殺、司士縮奠俎于羊俎南橫載于羊俎卒乃縮執俎以降尸奠爵拜三獻北面荅拜受爵〇尸作賓爵、酌獻侑侑拜受三獻北面荅拜司馬羞湆魚一如尸禮卒爵拜三獻荅拜受爵司馬羞湆魚變於尸〇賓獻侑酌致主人主人拜受爵三獻東楹東北面荅拜賓拜於東楹東以主人拜受於席就之司士羞一湆魚如尸禮卒爵拜三獻荅拜受爵〇賓致爵主人尸降筵，受三獻爵，酌以酢之。既致主人，尸乃酢之，遂賓意。三獻西楹西北面拜，受爵。尸在其右以授之。尸升筵，南面答拜，坐祭，遂飲，卒爵，拜。尸答拜。執爵以降，實于篚。賓受酢。

右上賓三獻禮成。

二人洗觶，升實爵，西楹西北面東上，坐奠爵，拜，執爵以興。尸侑答拜。坐祭，遂飲，卒爵，執爵以興，坐奠爵，拜。尸侑答拜。皆降。三獻而禮小成，使二人舉爵，序殷勤於尸侑。○自此以下言旅酬及無算爵。二人舉觶為旅酬，兄弟後生舉觶于長賓，長加獻尸，次賓舉爵又旅酬，兄弟舉止爵，賓舉奠觶，交錯為無算爵，又凡五節，而儐尸之禮畢矣。洗，升酌，反位。尸侑皆拜受爵。舉觶者皆拜送。侑奠觶于右。奠于右者，不舉也。神惠右不舉，變於飲食。○雖二爵並舉

止用尸一爵酬於下、尸遂執觶以興北面于阼階上酬主人主人在右尸拜
於阼階上、酬禮殺、坐奠爵拜主人答拜不祭立飲卒爵不拜既爵酢就
于阼階上酬主人言就者主人立待之主人拜受爵尸拜送酬不奠者急酬侑也尸
就筵主人以酬侑于西楹西侑在左坐奠爵拜執爵興侑答拜
不祭立飲卒爵不拜既爵酢復位侑拜受主人拜送言酢復位明授於西
階上主人復筵乃升長賓侑酬之如主人之禮遂旅也言升長賓則有贊呼之至
于衆賓遂及兄弟亦如之皆飲于上上西階上遂及私人拜受者升
受下飲私人之長拜於下升受兄弟之爵下飲之卒爵升酢以之其位相酬辯其位兄弟
南位亦拜受拜送升酢由西階○私人位在兄弟之南其長飲於西階下餘私人皆飲於其位卒飲者實爵于

爵。未受酬者、雖無所旅、猶飲、乃羞庶羞于賓兄弟內賓及私人。無房中之羞、賤也、此羞同時羞、則酌房中亦旅、其始主婦舉觶於內賓、遂及宗婦、

右二人舉觶爲旅酬。

兄弟之後生者舉觶于其長。後生、年少也、古文觶皆爲爵、延熹中詔校書、定作觶、洗、升酌。降。北面立于阼階南。長在左。坐奠爵、拜、執爵以興。長答拜。長在左、辟主人、坐祭。遂飲、卒爵、執爵以興。坐奠爵、拜、執爵以興。長答拜。洗、升酌。降。長拜受于其位。舉爵者東面答拜。爵止。拜受答拜不北面者、儐尸禮殺、長賓言奠、兄弟言止、互相發明、相待也、○前主人酬賓、賓奠爵薦左、此後生舉觶、長亦暫止不舉、待後面旅酬畢、乃與賓所奠之爵交錯爲無算爵、故註曰相待、

右兄弟後生舉觶、

賓長獻于尸。如初。無湆。爵不止。賓長者、賓之長次上賓者、非卽上賓也、如初、如其獻侑酢致主人受尸酢也、無湆、爵不止、別不如初者、不使兄弟不稱加爵、大夫尊也、不用觚、大夫尊者也、○衆賓之長獻尸、其儀節與上賓獻尸同、但無魚湆與旣獻卽飲、二者爲異耳、前上賓獻尸、待獻堂下畢乃舉觶、是其止爵也、註不使兄弟三句、言其與特牲禮異、特牲云、長兄弟洗觚爲加爵、

右賓長加獻于尸、

賓一人舉爵于尸。如初。亦遂之于下。一人、次賓長者、如初、如二人洗觶之爲也、遂之于下者遂及賓兄弟、下至於私人、故言亦遂之于下也、上言無湆爵不止、互相發明、○之、適也、往也、謂行此爵于堂下爲旅酬也、

右次賓舉爵于尸、更爲旅酬、

賓及兄弟交錯其酬皆遂及私人爵無算算數也長賓取觶酬兄弟之黨長兄弟取觶酬賓之黨唯已所欲無有次第之數也○長賓所取者主人酬賓賓奠薦左之觶長兄弟所取者後生所舉之觶也

右二觶交錯爲無算爵

尸出侑從主人送于廟門之外拜尸不顧拜送之拜侑與長賓亦如之衆賓從從者不拜送也司士歸尸侑之俎尸侑尊送其家主人退反於寢也有司徹徹堂上下之薦俎也外賓尸雖堂上婦人不徹

右儐尸禮畢

若不賓尸不賓尸謂下大夫也其牲物則同不得備其禮耳舊說云謂大夫有疾病攝昆弟祭曾子問曰攝主不厭祭不旅不假不綏祭不配布奠于賓賓奠而不舉而此備有似失之矣○自此至終篇皆言下大夫不賓尸之事○綏許恚反

則祝侑亦如之。謂尸七飯時。○下大夫之不賓尸者自祝侑以前皆與上大夫賓尸者同此下乃陳其異者祝侑少牢篇尸七飯告飽祝侑曰皇尸未實侑是也尸食。八飯。○祝既侑而尸又飯也乃盛俎臑臂肫。脡脊。橫脊。短脅。代脅。皆牢。盛者盛於所俎也此七體羊豕其脊脅皆取一骨也與所舉正脊幹骼凡十矣肩未舉既舉而俎猶有六體焉。○盛音成盛於所俎將以歸尸特牲尸食訖乃盛賓尸則不盛全以歸尸故也皆牢者謂此七體皆羊豕而非腊也註俎猶有六體謂三脊三脅各有一骨在俎不取以備陽厭也魚七。盛半也魚十有五而俎其一已舉必盛半者魚無足翼於牲象脊脅而已腊辯。無髀。亦盛半也所盛者右體也脊屬焉言無髀者云一純而俎嫌有之古文髀作脾卒盛。乃舉牢肩。尸受。振祭。嚌之。佐食受加于肵。舉七前此舉牢肺舉正脊與牢幹舉魚舉腊肩舉牢骼已六舉至此舉牢肩故云舉七也

右不賓尸者尸八飯後事

佐食取一俎于堂下以入奠于羊俎東（不言魚俎東主於尊）乃摭于魚腊俎俎釋三个其餘皆取之實于一俎以出（个猶枚也魚摭四枚腊摭五枚其所釋者腊則短脅正脅代脅魚三枚而已今文摭爲攈○所釋三个亦備陽厭也）祝主人之魚腊取于是（祝主人主婦俎之魚腊取于此者大夫之禮文待神餘也三者各取一魚其腊主人臂主婦臑祝則骼也與此皆於鼎側更載焉不言主婦未聞）

尸不飯告飽主人拜侑不言尸又三飯（凡十一飯士九飯大夫十一飯其餘有十三飯十五飯）

佐食受牢舉如儐（舉肺脊○如儐者與少牢篇所載上大夫儐尸者儀節同也）

右不賓尸者尸十一飯時事

主人洗酌酳尸賓羞肝皆如儐禮卒爵主人拜祝受尸爵尸答拜祝酌授尸尸以醋主人亦如儐其綏祭其嘏亦如儐（肝牢肝也綏皆）

當作挼挼讀爲藏其隋之隋古文爲挾、其獻祝與二佐食其位其薦脀皆如儐

右不儐尸者主人初獻、與儐尸者正祭初獻同

主婦其洗獻于尸亦如儐自尸侑不飯告飽、至此、與儐同者在上篇主婦反取籩于

房中執棗糗坐設之棗在稷南糗在棗南婦贊者執栗脯主婦

不興受設之栗在糗東脯在棗東主婦興反位棗、饋食之籩、糗、羞籩之實、雜用

之下賓尸也栗脯、加籩之實也反位、反主人之北拜送爵位、尸左執爵取棗糗祝取栗脯以

授尸尸兼祭于豆祭祭酒啐酒次賓羞牢燔用俎鹽在右尸兼

取燔擩于鹽振祭嚌之祝受加于肵卒爵主婦拜祝受尸爵尸

答拜自主婦反籩、至祝受加于肵、此異於儐、○賓尸者方其正祭、主婦獻尸於室、無籩燔從之事、此有籩有燔爲異、以不

賓尸故加厚耳祝易爵洗酌授尸尸以醋主婦主婦主人之北拜受爵尸答拜主婦反位又拜上佐食綏祭如儐卒爵拜尸答拜主婦侠爵拜爲不賓尸降崇敬今文醋曰酢○儐尸者正祭主婦受酢不侠拜爵此侠拜爲異主婦獻祝其酌如儐拜坐受爵主婦主人之北答拜自尸卒爵至此亦與儐同者亦在上篇○謂同上篇正祭亞獻之節宰夫薦棗糗坐設棗于菹西糗在棗南祝左執爵取棗糗祭于豆祭祭酒啐酒次賓羞燔如尸禮卒爵內子不薦籩祝賤使官可也自宰夫薦至賓羞燔亦異于儐○自此下註異於賓賓皆當讀作儐主婦受爵酌獻二佐食亦如儐主婦受爵以入于房

右不賓尸主婦亞獻

賓長洗爵獻于尸。尸拜受。賓尸西北面答拜。爵止。尸止爵者，以三獻禮成，欲神惠之均於室中，是以奠而待之。○賓尸者正祭賓三獻，尸卽卒爵酢賓，並不止爵。至事尸於堂，賓三獻，尸乃止爵，待神惠均於庭，乃作三獻之爵。此不賓尸者，亦三獻止爵，待神惠均于室，蓋略倣其儀也。此一節之內，賓獻尸，爵旣止，主婦致爵于主人，主婦自酢，尸作止爵，尸酢賓，賓獻祝及佐食，賓致爵主人，致爵主婦，賓自酢，乃設羞，亦十小節而禮成。○賓獻尸止爵。

主婦洗于房中，酌致于主人。主人拜受。主婦戶西北面拜送爵。

司宮設席。拜受乃設席，變於士也。○特牲禮未致爵已設席。

主婦薦韭菹醢，坐設于席前，菹在北方。婦贊者執棗糗以從。主婦不興，受，設棗于菹北，糗在棗西。佐食設俎，臂、脊、脅、肺，皆牢，膚三，魚一，腊臂。臂，左臂也。特牲五體，此三者，以其牢與腊臂而七，牢腊俱臂，亦所謂腊如牲體。○牢，謂羊豕也。腊如特體，特牲記文。

主人左執爵，右取

菹挭于醢。祭于豆間。遂祭籩、奠爵、興、取牢肺、坐絕祭。嚌之、興、加于俎、坐挩手、祭酒、執爵以興、坐卒爵、拜。無從者、變於士也、亦所謂順而摭也。○特牲、主婦致爵主人、肝燔並從。主婦答拜。○主婦致爵于主人、

受爵、酌以醋、戶內北面拜。自酢不更爵、殺。主人答拜、卒爵、拜。主人答拜。

主婦以爵入于房。○主婦自酢、

尸作止爵、祭酒、卒爵、賓拜、祝受爵、尸答拜。作止爵乃祭酒、亦變於士、自爵止至作止爵、亦異於賓。○士禮祭酒訖、乃止爵。○尸作止爵、

祝酌授尸、賓拜受爵、尸拜送、坐祭、遂飲、卒爵、拜、尸答拜。○尸酢賓、

獻祝及二佐食。○賓獻祝與佐食

洗致爵于主人洗致爵者以承佐食賤新之主人席上拜受爵賓北面答拜
坐祭遂飲卒爵拜賓答拜受爵○賓致爵主人
酌致爵于主婦主婦北堂司宮設席東面北堂中房以北東面者變於士妻賓尸不變者賓尸禮異矣內子東面則宗婦南面西上內賓自若東面南上○士禮宗婦北堂東面北上主婦南面主婦席北東面拜受爵賓西面答拜席北東面者北為下婦贊者薦韭菹醢菹在南方婦人贊者執棗糗授婦贊者婦贊者不興受設棗于菹南糗在棗東婦人贊者宗婦之弟婦也佐食設俎于豆東羊臑豕折羊脊脅祭肺一膚一魚一腊臑豕折豕折骨也不言所折略之特牲主婦觳折豕無脊脅下主人羊豕四體與腊臑而五主婦升筵坐左執爵右取菹擩于醢祭之祭籩奠爵興取肺

坐絶祭齊之興加于俎坐挩手祭酒執爵興筵北東面立卒爵拜立飲拜既爵者變於大夫賓答拜賓受爵○賓致爵主婦易爵于篚洗酌醋于主人戶西北面拜主人答拜卒爵拜主人答拜賓以爵降奠于篚自賓獻及二佐食至此亦異於賓○賓自酢

乃羞宰夫羞房中之羞司士羞庶羞于尸祝主人主婦內羞在右庶羞在左○設羞

右不賓尸者賓長三獻

主人降拜衆賓洗獻衆賓其薦脀其位其酬醋皆如儐禮○衆賓謂自上賓而下

主人洗獻兄弟與內賓與私人皆如儐禮其位其薦脀皆如儐禮

卒乃羞于賓兄弟內賓及私人辯自乃羞至私人之薦脀此亦與儐同者在此篇不儐尸則祝猶侑耳卒已也乃羞者羞庶羞

右不賓尸者三獻後主人徧獻堂下幷內賓之事

賓長獻于尸尸酢獻祝致醋賓以爵降實于篚致謂致爵于主人主婦不言如初者爵不止又不及佐食

右不賓尸者次賓長爲加爵

賓兄弟交錯其醻無算爵此亦與儐同者在此篇○主人獻賓時賓亦與醻薦左主人徑獻堂下及

內賓後兄弟後生亦舉觶于長至此交錯爲無算爵然闕旅酬直行無算爵是其與賓尸者異故經不言如儐也

右不賓尸無算爵

利洗爵獻于尸尸酢獻祝祝受祭酒啐酒奠之利獻不及主人殺也此亦異於儐

右不賓尸佐食爲加爵

主人出立于阼階上西面祝出立于西階上東面祝告于主人曰利成祝入主人降立于阼階東西面尸謖祝前尸從遂出于廟門祝反復位于室中祝命佐食徹尸俎佐食乃出尸俎于廟門外有司受歸之徹阼薦俎自主人出至此與賓雜者也先羞徹主人薦俎者變于士特牲饋食

禮曰、徹阼俎豆籩設于東序下、○疏云與賓雜謂與賓尸者有同有不同、士禮既餕乃徹阼俎此餕前徹阼俎故云變於士、引特牲者證徹阼俎所置之處、

右不賓尸者、禮終尸出、

乃䐲如儐、○謂上篇自司宮設對席至上餕興出也古文䐲作餕、

右䐲、

卒䐲有司官徹饋饌于室中西北隅南面如饋之設右几厞用席、○官徹饋者司馬司士舉俎宰夫取敦及豆此於尸謖改饌當室之白孝子不知神之所在庶其饗之於此所以為厭飫不令婦人改徹饌敦豆變於始也尚使官也佐食不舉羊豕俎親餕尊也厞隱也古文右作侑厞作茀納一尊于室中、○陽厭殺、無玄酒、司宮埽祭、○埽豆間之祭舊說云埋之西階東、主人出立于阼階上西

面祝執其俎以出立于西階上東面司宮闔牖戶閉牖與戶爲鬼神或者欲幽闇祝告利成乃執俎以出于廟門外有司受歸之衆賓出主人拜送于廟門外乃反拜送賓也者亦拜送其長不言長賓者下大夫無尊賓也○疏云下大夫賤無尊賓故不別其長也婦人乃徹徹祝之薦及房中薦俎不使有司者下大夫之禮○上大夫祭畢則有司徹室中之饌有司饌之婦人徹之外內相兼禮殺

右不賓尸者爲陽厭

儀禮監本正誤 附

十三經監本讀書者所考據當時較勘非一手疎密各殊至儀禮一經脫誤特甚豈以罕習故忽不加意耶易書詩春秋論語孟子禮記充滿天下固不容或誤周禮孝經爾雅三傳人間猶多善本即有誤亦易見儀禮既不顯用於世所賴以不至墜地者獨此本尙在學宮耳顧不免脫誤至此坊間所刻如三禮解詁之類皆踵襲其訛無所是正而補石經闕字者不知以彼正此反以此本爲據竊恐疑誤方來大爲此經累者未必非監本也予既僭定儀禮鄭註句讀乃取石本吳

澄本與監本較摘其脫者誤者羨者倒置者經註互淆者錄之以質同志如左

士冠禮

士昏禮

婦說服于室御受受誤作授第二十七絺

毋違命毋誤作母第五十絺

視諸衿鞶下脫壻授綏姆辭曰未教不足與爲禮也十四字第五十一絺

主人對曰某以得爲外昏姻之數昏從女誤第五十三絺

某得以爲昏姻之故作某以得爲昏姻之故第五十三絺

士相見禮

若嘗爲臣者嘗誤作常第八絺

毋誤作母凡三見第十三十四絺

鄉飲酒禮

尊兩壺于房戶之間加二勺于兩壺壺並誤作壼第六絺

司正升立于序端序誤作席第三十九絺

遵者降席席東南面脫一席字第三十九絺

介俎脊脅肫胳肺脫肫字第四十八絺

鄉射禮

主人賓觶賓之席前北面○北誤作不○第十一絺

樂○正告于賓乃降○樂字誤細書混疏文內第十八絺

適○堂西○改取○一个挾之○取誤作作○第三十絺

以○耦○告于大夫○脫以耦二字○第三十五絺

與進者相左相揖退反位○脫退字○第三十九絺

適左个中皆如之○皆如作亦如○第五十絺

賓與大夫坐○反奠于其所○脫坐字○第六十一絺

遂○西取弓矢○遂誤作送○第七十六絺

各以其物獲下脫士鹿中翿旌以獲七字第八十七絺

燕禮

兩圜壺壺誤作壼第四絺

主人盥洗象觚升實之實誤作賓第十四絺

媵爵者洗象觶升實之實誤作賓第十九絺

降奠于篚易觶洗篚易二字之間誤用圈隔第二十絺

射人乃升大夫大夫皆升就席脫下升字第二十七絺

鵲巢采蘩采蘋蘩誤作繁第三十二絺

大師告于樂正脫于字第三十三絺

士長升拜受觶主人拜送觶送誤作受第三十八緜

大夫立卒爵不拜實之實誤作賓第四十二緜

亨于門外東方上脫其牲狗也四字第四十九緜

大射儀

大射儀第七脫儀字第一緜

兩方壺兩圜壺兩壺獻酒三壺字并誤作壼第十一十二緜

大史在干侯之東北大史誤作大夫第十四緜

主人洗觚升實散觚誤作酬第二十四緜

命去侯侯誤作侯第三十七緜

司射進與司馬正交于階前。于誤作與。第三十八緐

上射降三等。三誤作二。第三十九緐

中等竝行上射於左。於誤作與。第三十九緐

司馬師坐乘之卒。脫卒字。第四十緐

司射東面于大夫之西比耦。比誤作北。第四十一緐

楅之與楅復。二楅字俱誤作楅。第四十三四十五緐

退者與進者相左相揖退。揖退二字之間羨一還字。第四十四緐

司射作射如初。射誤作揖。第四十四緐

由阼階下北面告于公。脫告字。第五十一緐

司射遂袒執弓脫遂字第五十二絺

僕人師洗升實觶以授實誤作賓。第五十四絺

司馬師受虛爵奠于篚脫師字第五十九絺

公答拜賓反位脫賓字第六十九絺

聘禮

門外米禾皆二十車二誤作一。第二十八絺

賓辟不答拜賓誤作客第三十四絺

坐啐醴誤作啐酒第四十八絺

君貺寡君延及二三老拜又拜送誤以又拜送句倒置君貺

句之上第百十八緜

公食大夫禮

衆人騰羞者盡階不升堂授以蓋降出註云授授先者一人誤以一人二字大書同經文連下贊者句第十八緜

賓北面自閒坐左擁簠粱右誤作右簠誤作簋第十九緜

庶羞西東毋過四列毋誤作母第二十五緜

卿擯由下擯誤作賓第三十三緜

覲禮

侯氏裨冕裨誤從示第八緜

坐奠圭。圭誤作主。第十三繇

王受之玉。玉缺一點。第十三繇 另本不缺

伯父無事歸寧乃邦。邦誤作拜。第十八繇

天子乘龍載大旂。旂誤作旆。第二十八繇

喪服

妾爲君。爲誤作謂。第二十繇

持重於大宗者降其小宗也。持重誤作特重。第四十三繇

適子不得後大宗。子誤作人。第四十四繇

異居則服齊衰三月也。脫也字。第四十八繇

大夫去君埽。其宗廟埽誤作歸。第六十三紙

不滿八歲以下皆爲無服之殤。脫皆字第六十五紙

小功布衰裳牡麻絰卽葛五月者。脫者字第八十五紙

壻傳曰何以緦也。唐石經無也字第九十七紙

士喪禮

有大夫則特拜之卽位于西階下。于誤作如、第十紙

櫛於簞。於誤作用。第二十一紙

巾待於阼階下。待誤作侍。第四十三紙

其實葵菹芋。芋字誤少趯勾、第四十七紙

卜人先奠龜于西塾上塾誤作墪第六十九絺

哀子某來日某卜葬其父某甫脫第二某字第七十二絺

既夕

衆主人東即位脫主字第七絺

兩杅誤佚杅字趯勺第十九絺

擯者出請入告脫出字第二十六絺

藏苞筲於旁苞誤從竹第四十二絺

外內皆埽作內外第四十六絺

設握裹親膚裹誤作裹第五十三絺

不說絰帶說誤作設○第五十九絺

主人降即位徹乃奠升降○自西階脫下降字第六十六絺

亦可○張○也唐石經吳氏本俱亦張可也第七十三絺

士虞禮

簞巾○在其東巾誤作布○第五絺

祝饗○饗誤作響○第九絺

卒徹祝佐食降復位○脫復字第二十八絺

適爾皇祖某甫饗○饗誤作響○第三十一絺

尸即席坐唯○主人不哭唯誤作帷○第三十四絺

尸受振祭受誤作授 第三十四緟

無尸則不餞猶出几席設如初拾踊三下脫哭止告事畢賓出七字 第三十七緟唐石經剝蝕尚有賓出二字脚可辨補字闕或亦承監本之誤

搔誤從木 第四十緟

特牲饋食禮

壺禁在東序壺誤作壹 第十緟

主人再拜賓答再拜誤作賓再答拜 第十一緟

視壺濯壺誤作壹 第十一緟

主人服如初立于門外東方南面方誤作房 第十二緟

佐食啓會郤于敦南出立于戶西南面脫戶字第二十紙

洗獻眾兄弟如眾賓儀脫上眾字第三十七紙

尸祭酒啐酒奠之脫尸字第三十九紙

賓立卒觶酌于其尊卒誤作干第四十二紙

眾賓長自左受旅如初脫自字第四十二紙

長皆答拜下脫舉觶者祭卒觶拜長皆答拜十一字第四十三紙

舉觶者洗各酌于其尊尊誤作奠第四十三紙

主人出立於戶外西面外誤作內第四十八紙

纁裏裏誤作裹第五十三紙

祝俎髀脡髀誤作脾第五十八絺

少牢饋食禮

明日朝服筮尸脫服字第六絺

用薦歲事薦誤作爲第六絺

取巾興振之三下脫以授尸坐取簞興七字第二十二絺

尸受同祭于豆祭誤倒作同受第二十四絺

賓戶西北面拜送爵戶誤作尸第三十四絺

尸謖主人降立于阼階東降誤作祭第三十五絺

有司徹

匕皆加于鼎東枋。枋誤作祊。第六絲

覆二疏匕于其上皆縮俎西枋。枋誤作祊。第六絲

司士朼豕亦司士載亦右體。作載右體。第十一絲

尸卻手受匕枋。受誤作授。第十六絲

賓亦覆手以受。受誤作授。第十六絲

乃載于羊俎。卒載、下羨、一俎字。第十七絲

立于主人席北西面。西面誤作面西。第二十一絲

主人其祭糗脩。其誤作共。第二十三絲

賓坐左執爵右取脯擩于醢祭之。脯誤作胏。第二十八絲

遂飲卒爵執爵以興脫下爵字 第二十八緇

宰夫執薦以從薦誤作爵 第二十八緇

其先生之脀折脅一膚一脫其字 第三十一緇

受爵酌獻侑侑拜受三獻北面答拜重出此十四字 第三十四緇

尸降筵受三獻爵酌以酢之脫爵字 第三十四緇

祝易爵洗酌授尸授誤作受 第四十四緇

主婦受爵酌獻二佐食婦誤作人 第四十五緇

賓戶西北面答拜戶誤作尸 第四十五緇

賓兄弟交錯其酬無算爵錯誤作醋 第五十緇

共脫八十字、誤八十八字、羨十七字、倒置者六處、計十三字、經文誤細書一字、註文誤大書混經文二字、誤隔一圈、他如壹一、貳二、參三、廟庿、醋酢、弃棄、于於、視眂、嫁嫂、摯贄、唯惟、大太、廿之為二十、卅之為三十、義既不殊、文難畫一、與夫點畫小誤者、槩置之、

儀禮石本誤字 附

唐石經當時學者以爲蕪累至於今日巳爲老成典型矣乃儀禮亦不免多誤逮補字承譌則又本誤字遂並及之

士冠禮

啐醴捷柶興作建柶 醴冠者節○捷初洽反

士昏禮

降階受笲服脩腶誤作股 婦見舅姑節

某得以爲昏姻之故監本作某以得爲昏姻之故 記文監本似長

士相見禮

鄉飲酒禮

執觶興盥洗北面坐奠觶于其所疏云案鄉射大射禮皆直云取觶洗南面反奠于其所不云盥此俗本有盥者誤（司正表位節）

若有諸公大夫則使人受俎如賓禮受誤作授（徹俎節）

鄉射禮

司射適堂西袒決遂袒誤作祖（補字請射節）

楅髤橫而奉之奉誤作拳（記）

大夫與士射袒纁襦纁誤作薰記

燕禮

司宮筵賓于戶西東上筵誤作之陳饌節

卿升席坐左執爵右祭脯醢脯誤作酺獻卿節

小臣又請媵爵者二大夫大夫媵爵如初監本吳本俱不再出大夫二字再媵爵節

閽人爲大燭於門外無大字終燕節

大射儀

兩圜壺　兩壺獻酒　俱誤作壹陳饌節

主人卒洗賓揖升監本吳氏本俱賓揖乃升獻賓節

賓升成拜拜誤作敗補字公酬賓節

坐授瑟乃降授誤作受補字席工節

主人洗升實爵實誤作賓補字獻工節

南面坐奠觶興奠誤作取補字司正表位節

司射適次袒決遂袒誤作祖補字請射節

南揚弓命去侯侯誤作俟補字三耦射節

聘禮

夫人使下大夫勞以二竹簋方簋作簠郊勞節釋文云簋音甫或作簠劉已疊簋

不從

若賓死未將命未誤作來賓介死節

使者既受行日脫既字記

繅三采六等朱白蒼蒼誤作倉記

又齎皮馬齎誤作賫記

對曰非禮也敢誤作敢辭記

賓既將公事復見訝以其摯訝誤作之記

自西階升受階誤作門記

公答再拜再誤作爯記

聘曰致饔曰誤作白 記

公食大夫禮

陳鼎于碑南南面西上脫一南字 載俎節

如受饔禮無儐儐誤作擯 若不親食節

覲禮

侯氏亦皮弁迎于帷門之外帷誤作惟 補字郊勞節

天子賜舍曰伯父脫曰字 賜舍節

天子曰非他伯父實來脫曰字 補字入覲節

几俟于東箱俟誤作侯 記補字

喪服

若是則生養之終其身如母如誤作慈齊衰三年章補字

士喪禮

祭服不倒倒誤作到小斂節

若不從卜擇如初儀擇誤作宅卜日節

既夕

御者四人皆坐持體之下脫男女改服四字記

鹿淺幦干笮干誤作千記補字

士虞禮

特牲饋食禮

主婦設兩敦黍稷于俎南西上及兩鉶鉶芼設于豆南

吳氏本止一鉶字陰厭節

少牢饋食禮

明日朝服筮尸脫服字筮尸節

如筮日之儀儀作禮筮尸節

司宮摡豆籩勺爵觚觶几洗篚于東堂下几誤作凡視濯節

主婦被錫衣移袂　主婦贊者一人亦被錫衣移袂監本作

侈袂當從陰厭節

祝延尸延誤作筵尸入節

有司徹

有司徹第十七脱徹字篇目

二手執挑匕枋以挹湆挑誤作桃薦尸節

尸卻手受匕枋受誤作授薦尸節

主婦洗爵于房中脱爵字主婦獻尸節

主婦北面答拜受爵尸降筵受主婦爵以降誤作受尸爵主婦致爵于主人節

主人降洗爵作洗觶主人實爵作實觶主人酬尸節

賔坐左執爵右取脯擩于醢祭之脯誤作肺主人獻賔節

主人降洗升獻私人于阼階上阼誤作降補字獻私人節

主人拜受爵尸拜送脫爵字旅酬節

主婦受爵酌獻二佐食婦誤作人不賔尸主婦亞獻節

佐食設俎于豆東羊臑豕折羊脊脅祭肺一脫祭字不賔尸賔致主婦節

泉城文庫

傳世典籍叢書

尚書大傳

儀禮鄭注句讀（上中下）

漱玉詞 漱玉集

稼軒詞疏證（上中下）

靈岩志（上下）

趵突泉志

齊乘（上下）

濟南金石志（上中下）